근대 국어 강독

근대 국어 강독

나찬연

경진출판

『근대 국어 강독』은 근대 국어의 시기에 간행된 문헌의 텍스트를 강독함으로써, 학습자들이 근대 국어를 문헌을 통하여 확인하고 분석하는 능력을 기르기 위한 책이다. 이에 따라서 이 책에서는 17, 18, 19세기에 간행된 문헌에서 국어사적으로 중요한 텍스트를 선정하여 수록하였다. 독자들은 이 책을 통하여 17세기의 국어로부터 19세기 말의 국어에 이르기까지 국어가 변화하는 모습을 확인할 수 있고, 나아가 중세 국어와 어서 근대 국어에 대한 통시적인 안목을 기를 수 있을 것으로 기대한다.

이 책에 실린 근대 국어 문헌의 텍스트를 소개하면 다음과 같다. 먼저 17세기의 문헌으로 『동국신속삼강행실도』, 『첩해신어』, 『노걸대언해』, 『송강가사』를 수록하였다. 그리고 18세기의 문헌으로 『어제경민음』, 『동명일기』, 『한중만록』, 『오륜행실도』를 수록하였다. 끝으로 19세기 문헌으로 『규합총서』, 『태상감응편도설언해』, 『사민필지』, 『독립신문』을 수록하였다.

이 책에서는 국어사적으로 의의가 있는 문헌의 텍스트뿐만 아니라 국문학사적으로 의의가 있는 문헌의 텍스트도 함께 수록하였다. 곧, 이 책에 수록된 작품 중에서 『송강가사』, 『동명일기』, 『한중만록』에 실린 텍스트는 국어학뿐만 아니라 국문학사적 의의도 매우 커서, 고전문학을 공부하는 독자들에게도 도움이 될 것으로 생각한다.

지은이는 『근대 국어 강독』과 함께 『중세 국어 강독』도 발간하였는데, 이 책에서는 15세기와 16세기의 중세 국어 시기에 간행된 문헌의 텍스트를 실었다. 15세기의 문헌으로는 『용비어천가』, 『훈민정음 언해본』, 『석보상절』, 『월인천강지곡』, 『월인석보』, 『두시언해』, 『악학궤범』의 텍스트를 실었으며, 16세기의 문헌으로는 『번역노걸대』, 『번역박통사』, 『번역소학』, 『소학언해』, 『언간과 교서』, 『악장가사』의 텍스트를 실었다.

독자들은 『중세 국어 강독』과 『근대 국어 강독』을 학습함으로써 15세기로부터 19세기 말에 이르는 국어의 통시적 변화 과정을 실제 문헌을 통하여 확인할 수 있다.

이처럼 중세 국어와 근대 국어에 대한 통시적인 변화 모습을 학습함으로써 독자들은 현대 국어가 형성된 과정을 정확하게 이해할 수 있을 것이다.

이 책은 '제7차 교육과정'에 따른 『고등학교 문법』(2010)과 '2015 개정 교육과정'에 따른 『언어와 매체』(2019) 등의 학교 문법 교과서에 기술된 문법 교육의 내용에 기반하여 집필되었다. 그리고 허웅 선생님의 『우리 옛말본』(1975)과 『국어학』(1984), 이기문 교수의 『국어사 개설』(2006), 고영근 교수의 『표준 중세국어 문법론』(2010)에 기술된 문법의 내용과 용어도 이 책에 반영하였다.

지은이는 『근대 국어 강독』과 함께 『중세 국어의 이해』·『중세 국어 강독』, 『중세 국어 입문』도 간행하였다. 중세 국어와 근대 국어를 처음 배우는 독자들은 먼저 『중세 국어 입문』과 『중세 국어의 이해』에 제시된 언어 이론을 학습하고 난 다음에, 『중세 국어 강독』과 『근대 국어 강독』으로 중세와 근대 국어의 텍스트를 강독하기 바란다. 이러한 학습을 통하여 중세 국어와 근대 국어의 공시적인 모습과 함께 국어사의 통시적인 맥락을 이해하는 데에 크게 도움이 될 것이다.

『중세 국어의 이해』·『중세 국어 강독』·『중세 국어 입문』·『근대 국어 강독』이 나오기까지는 여러 사람의 도움이 있었다. 우선 '학교 문법 연구회'의 권영환, 김문기, 박성호 회원은 이 책에 기술된 중세 문법 이론을 검토하고 오류를 수정하는 데에 큰 도움을 주었다. 또한 부산대학교 대학원의 국어국문학과에서 박사과정을 이수하고 있는 나벼리 군은 이 책에 실린 문법 내용과 체제를 개정하는 작업을 맡아 주었다. 그리고 수많은 독자들이 '학교 문법 교실(http://scammar.com)' 홈페이지의 문답방에 문법에 관련한 질문을 올려서, 이 책의 내용을 다듬는 데에 큰 도움이 되었다. 끝으로 책을 발간해 주신 '경진출판'의 양정섭 대표님께 고마운 뜻을 전한다.

지은이에게 평생의 스승으로 남아서 큰 가르침을 주신, 고(故) 나진석 선생님께 이 책을 바친다.

2020. 4.
지은이 씀

차 례

일러두기

1. 이 책에서 형태소 분석에 사용하는 문법적 단위에 대한 약어는 다음과 같다.

범주	약칭	본디 명칭	범주	약칭	본디 명칭
품사	의명	의존 명사	조사	보조	보격 조사
	인대	인칭 대명사		관조	관형격 조사
	지대	지시 대명사		부조	부사격 조사
	형사	형용사		호조	호격 조사
	보용	보조 용언		접조	접속 조사
	관사	관형사	어말 어미	평종	평서형 종결 어미
	감사	감탄사		의종	의문형 종결 어미
불규칙 용언	ㄷ불	ㄷ 불규칙 용언		명종	명령형 종결 어미
	ㅂ불	ㅂ 불규칙 용언		청종	청유형 종결 어미
	ㅅ불	ㅅ 불규칙 용언		감종	감탄형 종결 어미
어근	불어	불완전(불규칙) 어근		연어	연결 어미
파생 접사	접두	접두사		명전	명사형 전성 어미
	명접	명사 파생 접미사		관전	관형사형 전성 어미
	동접	동사 파생 접미사	선어말 어미	주높	상대 높임의 선어말 어미
	조접	조사 파생 접미사		객높	주체 높임의 선어말 어미
	형접	형용사 파생 접미사		상높	객체 높임의 선어말 어미
	부접	부사 파생 접미사		과시	과거 시제의 선어말 어미
	사접	사동사 파생 접미사		현시	현재 시제의 선어말 어미
	피접	피동사 파생 접미사		미시	미래 시제의 선어말 어미
	강접	강조 접미사		회상	회상 표현의 선어말 어미
	복접	복수 접미사		*확인	확인 표현의 선어말 어미
	높접	높임 접미사		*원칙	원칙 표현의 선어말 어미
조사	주조	주격 조사		*감동	감동 표현의 선어말 어미
	서조	서술격 조사		*화자	화자 표현의 선어말 어미
	목조	목적격 조사		대상	대상 표현의 선어말 어미

---

* 종래의 '주관적 믿음 표현, 객관적 믿음 표현, 느낌 표현, 인칭법의 선어말 어미'를 각각 '확인 표현, 원칙 표현, 감동 표현, 화자 표현'의 선어말 어미로 명칭을 변경했다.

2. 이 책의 형태소 분석에서 사용되는 약호는 다음과 같다.

부호	기능	용례
#	어절의 경계 표시.	철수가 # 국밥을 # 먹었다.
+	한 어절 내에서의 형태소 경계 표시.	철수＋-가 # 먹-＋-었-＋-다
( )	언어 단위의 문법 명칭과 기능 설명.	먹(먹다)-＋-었(과시)-＋-다(평종)
[ ]	파생어의 내부 짜임새 표시.	먹이[먹(먹다)-＋-이(사접)-]-＋-다(평종)
	합성어의 내부 짜임새 표시.	국밥[국(국)＋밥(밥)]＋-을(목조)
-a	a의 앞에 다른 말이 실현되어야 함.	-다, -냐 ; -은, -을 ; -음, -기 ; -게, -으면
a-	a의 뒤에 다른 말이 실현되어야 함.	먹(먹다)-, 자(자다)-, 예쁘(예쁘다)-
-a-	a의 앞뒤에 다른 말이 실현되어야 함.	-으시-, -었-, -겠-, -더-, -느-
a(← A)	기본 형태 A가 변이 형태 a로 변함.	지(←짓다, ㅅ불)-＋-었(과시)-＋-다(평종)
a(⇐ A)	A 형태를 a 형태로 잘못 적음(오기)	국빱(⇐ 국밥)＋-을(목)
Ø	무형의 형태소나 무형의 변이 형태	예쁘-＋-Ø(현시)-＋-다(평종)

3. 다음은 문장을 1과 2의 약어와 약호를 사용하여 어절 단위로 분석한 예이다.

> 불휘 기픈 남ㄱ ㅂㄹ매 아니 뮐씨 곶 됴코 여름 하ᄂ니 [용가 2장]

① 불휘 : 불휘(뿌리, 根)＋-Ø(←-이 : 주조)

② 기픈 : 깊(깊다, 深)-＋-Ø(현시)-＋-은(관전)

③ 남ㄱ : 낡(← 나모 : 나무, 木)＋-은(-은 : 보조사)

④ ㅂㄹ매 : ㅂ름(바람, 風)＋-애(-에 : 부조, 이유)

⑤ 아니 : 아니(부사, 不)

⑥ 뮐씨 : 뮈(움직이다, 動)-＋-ㄹ씨(-으므로 : 연어)

⑦ 곶 : 곶(꽃, 花)

⑧ 됴코 : 둏(좋아지다, 좋다, 好)-＋-고(연어, 나열)

⑨ 여름 : 여름[열매, 實 : 열(열다, 結)-＋-음(명접)]

⑩ 하ᄂ니 : 하(많아지다, 많다, 多)-＋-ᄂ(현시)-＋-니(평종, 반말)

4. 단, 아래의 경우에는 예외적으로 다음과 같은 방법으로 어절의 짜임새를 분석한다.

　가. 명사, 동사, 형용사는 특별한 경우가 아니면 품사의 명칭을 표시하지 않는다. 단, 의존 명사와 보조 용언은 예외적으로 '의명'과 '보용'으로 표시한다. 그리고 자동사와 타동사를 구분할 필요가 있을 때에는 각각 '자동'과 '타동'으로 표시한다.

　　① 부톄 : 부텨(부처, 佛) + - ㅣ (← -이 : 주조)
　　② 괴오쇼셔 : 괴오(사랑하다, 愛)- + -쇼셔(-소서 : 명종)
　　③ 올ᄒᆞ시이다 : 욿(옳다, 是)- + -ᄋᆞ시(주높)- + -이(상높)- + -다(평종)
　　④ 밍ᄀᆞᄂᆞ니 : 밍ᄀᆞ(← 밍글다, 製 : 만들다, 타동)- + -ᄂᆞ(현시)- + -니(연어)
　　⑤ 니거늘 : 니(가다, 다니다, 行 : 자동)- + -거늘(연어)

　나. 한자말로 된 복합어는 더 이상 분석하지 않는다.

　　① 中國에 : 中國(중국) + -에(부조, 비교)
　　② 無上涅槃ᄋᆞᆯ : 無上涅槃(무상열반) + -ᄋᆞᆯ(목조)

　다. 특정한 어미가 다른 어미의 내부에 끼어들어서 실현될 때에는 다음과 같이 표기한다. 이때 단일 형태소의 내부가 분리되는 현상은 '…'로 표시한다.

　　① 어리니잇가 : 어리(어리석다, 愚 : 형사)- + -잇(← -이- : 상높)- + -니…가(의종)
　　② 자거시늘 : 자(자다, 宿 : 동사)- + -시(주높)- + -거…늘(-거늘 : 연어)

　라. 형태가 유표적으로 존재하지 않으면서도 문법적이 있는 '무형의 형태소'는 다음과 같이 'Ø'로 표시한다.

　　① 가ᄆᆞ라 비 아니 오는 짜히 잇거든
　　　• ᄀᆞᄆᆞ라 : [가물다(동사) : ᄀᆞ물(가뭄, 旱 : 명사) + -Ø(동접)-]- + -아(연어)
　　② 바ᄅᆞ 自性을 ᄉᆞᄆᆞᆺ 아ᄅᆞ샤
　　　• 바ᄅᆞ : [바로(부사) : 바ᄅᆞ(바르다, 正 : 형사)- + -Ø(부접)]
　　③ 불휘 기픈 남ᄀᆞᆫ
　　　• 불휘(뿌리, 根) + -Ø(← -이 : 주조)
　　④ 내 ᄒᆞ마 命終호라
　　　• 命終ᄒᆞ(명종하다 : 동사)- + -Ø(과시)- + -오(화자)- + -라(← -다 : 평종)

마. 무형의 형태소로 실현되는 시제 표현의 선어말 어미는 다음과 같이 표기한다.

① 동사나 형용사의 종결형과 관형사형에서 나타나는 '과거 시제 표현'의 무형의
선어말 어미는 '-Ø(과시)-'로, '현재 시제 표현'의 무형의 선어말 어미는 '-Ø(현
시)-'로 표시한다.

㉠ 아들들히 아비 <u>죽다</u> 듣고
- 죽다 : 죽(죽다, 死 : 동사)- + -Ø(과시)- + -다(평종)

㉡ 엇던 行業을 지서 惡德애 <u>뻐러딘다</u>
- 뻐러딘다 : 뻐러디(떨어지다, 落 : 동사)- + -Ø(과시)- + -ㄴ다(의종)

㉢ 獄은 罪 <u>지슨</u> 사름 가도는 짜히니
- 지슨 : 짓(짓다, 犯 : 동사)- + -Ø(과시)- + -ㄴ(관전)

㉣ 닐굽 히 너무 <u>오라다</u>
- 오라(오래다, 久 : 형사)- + -Ø(현시)- + -다(평종)

㉤ 여슷 大臣이 힝뎌기 <u>왼</u> 둘 제 아라
- 외(외다, 그르다, 誤 : 형사)- + -Ø(현시)- + -ㄴ(관전)

② 동사나 형용사의 연결형에 나타나는 과거 시제나 현재 시제 표현의 무형의 선
어말 어미는 표시하지 않는다.

㉠ 몸앳 필 <u>뫼화</u> 그르세 다마 男女를 내ᅀᄫ니
- 뫼화 : 뫼호(모으다, 集 : 동사)- + -아(연어)

㉡ 고히 <u>길오</u> <u>놉고</u> <u>고ᄃ며</u>
- 길오 : 길(길다, 長 : 형사)- + -오(←-고 : 연어)
- 놉고 : 높(높다, 高 : 형사)- + -고(연어, 나열)
- 고ᄃ며 : 곧(곧다, 直 : 형사)- + -ᄋ며(-으며 : 연어)

③ 합성어나 파생어의 내부에서 실현되는 과거 시제나 현재 시제 표현의 무형의
선어말 어미는 표시하지 않는다.

㉠ 왼녁 : [왼쪽, 左 : 외(왼쪽이다, 右)- + -은(관전▷관접) + 녁(녁, 쪽 : 의명)]
㉡ 늘그니 : [늙은이 : 늙(늙다, 老)- + -은(관전) + 이(이, 者 : 의명)]

17세기 옛글

1. 동국신속삼강행실도

『동국신속삼강행실도』(東國新續三綱行實圖)는 1617년(광해군 9)에 유근(柳根) 등이 왕명으로 편찬하였다. 이 책은 세종조에 간행된 『삼강행실도』(三綱行實圖)와 중종조에 간행된 『속삼강행실도』(續三綱行實圖)의 후속편에 해당한다.

『동국신속삼강행실도』는 임진왜란을 겪고 난 뒤에 피폐된 국민의 도의(道義)를 부흥하려고 간행하였다. 당초의 계획은 임진왜란을 통하여 발생한 충(忠), 효(孝), 열(烈)의 행적을 채집하고 공포하여 민심을 격려하는 것이었다. 그러나 기술 대상의 폭을 한층 더 넓혀서, 주로 임진왜란 후에 조정으로부터 표창 받은 인물을 중심으로 편찬였다. 주로 『여지승람』(輿地勝覽) 등의 고전과 각 지방의 보고 자료를 폭넓게 취합하여 '충, 효, 열'의 모범이 되는 수많은 사람들의 행적을 기재했다.

이 책은 원집(原集) 17권과 속부(續附) 1권으로 짜여 있다. 원집 권1~8은 효자, 권9는 충신, 권10~17은 열녀이고, 속부는 『삼강행실도』와 『속삼강행실도』에 수록된 인물 72명의 행적을 부록으로 싣고 있다. 각 인물의 행적의 내용을 도화(圖畵) 1장에 그렸고 행적의 내용을 한문으로 적은 다음에 국문을 덧붙였다.

이 책은 근대 국어 초기의 특징을 잘 나타내고 있는데, 이를 정리하면 다음과 같다.

첫째, 간혹 'ㅿ' 글자가 나타나기도 하는데, 전대의 『삼강행실도』와 『속삼강행실도』의 영향을 받은 관습적 표기로 보인다.

(보기) 아ᅀᆞ, 뵈ᅀᆞᆸ고, ᄆᆞᅀᆞᆷ, 나ᅀᆞ명, ᄀᆞᅀᆞᆷ

둘째, 음절의 첫소리에는 'ㆁ' 글자가 쓰이지 않았으나, 음절의 끝소리에 실현되는 /ŋ/의 소리를 적는 데에는 'ㆁ' 글자와 'ㅇ' 글자를 섞어서 적었다.

(보기) ① 능히, 무덤이닝이다, 듕노, 싱시, 금샹됴애
② 쫑, 양셩현, 뎡유왜난, 셩이, 며래덩울

셋째, 된소리를 표기하는 데에 단어의 첫 머리에 'ㅂ'계와 'ㅅ'계 합용 병서와 더불

어서, 'ㅄ'계 합용 병서인 'ㅷ, ㅴ'의 글자가 드물게 사용되고 있다. 여기서 'ㅄ'계는 실제로는 사용되지 않았는데, 중세 국어의 표기 관습상 그대로 남은 흔적이다. 특히 'ㅴ'이 'ㄲ'으로 바뀐 예가 보인다.

> (보기) ① 'ㅂ'계 합용 병서 : 쁘려, 삐고, 뻐나디, 샤슈로뻐, 쏘다가, 밧인, 뜨즈며, 짜
> ② 'ㅅ' 계 합용 병서 : 쏭, 길ㅅ의, 싸홀, 쏘, 샐리, 쌔여
> ③ 'ㅴ' 계 합용 병서 : 쌔텨, 뻐뎌, 쁘리더니 ; 짜, 쁘리되, 쌔예

넷째, 각자 병서 글자인 'ㅆ' 글자와 더불어서 'ㅃ'이 단어의 첫 머리에 쓰인 것이 특징이다.

> (보기) 싸홈의, 유쎡던은 ; 뿌모으, 빠여, 빠뎌, 뻬여, 빠, 뻬텨

다섯째, '이어적기(連綴)'뿐만 아니라 '끊어적기(分綴)'와 '거듭적기(重綴)', '재음소화' 등의 표기 방법도 나타난다.

> (보기) ① 끊어적기의 예 : 모쵝이, ᄆᆞ음애, 도적으로, 부즈의
> ② 거듭적기의 예 : 음시기며 → 음식기며, 자피믈 → 잡피믈, 도저기 → 도적기
> ③ 재음소화 : 븍녀크로 → 븍녁흐로, 겨틔 → 겻히, 녀픠 → 녑히, 수페 → 숩헤

여섯째, 모음과 모음 사이에 실현되는 'ㄹㄹ'을 'ㄹㄴ'으로 표기한 예가 있다.

> (보기) 올라→올나, 믈ᄅ → 믈나, 홀너 → 홀너, 블러→블너

일곱째, /ㅅ/이 음절의 끝에서 /ㄷ/으로 실현되어서 /ㄱ, ㄴ, ㄷ, ㄹ, ㅁ, ㅂ, ㅇ/의 7종성 체계로 굳어졌다.

> (보기) 맛보고〉맏보고, 셧녁키〉섣녁키, 당ᄒ엿거늘〉당ᄒ엳거늘, 잇고〉읻고, 늣디〉
> 늗디, 여숫〉여숟, 좃디〉졷디, 쟝촷〉쟝촏, 좃고〉졷고, 옷〉옫

여덟째, 비음화, 원순 모음화, 'ㄹ' 두음 법칙이 적용된 예가 드물게 나타난다. 다만 구개음화의 예는 아주 드문데, 이는 15세기의 『삼강행실도』와 16세기에 간행된 『속 삼강행실도』의 영향이다.

> (보기) ① 비음화의 예 : 듕로〉듕노, 맛나〉만나, 신라〉신나, 듁령〉듁녕

② 원순 모음화의 예 : 블리고〉불리고, 믄득〉문득, 븍도〉북도

③ 'ㄹ' 두음 법칙의 예 : 리셰민〉니셰민, 례법〉녜법, 료동〉뇨동

④ 구개음화의 예 : 텬옥〉천옥

아홉째, 일부 단어에서는 음절의 종성 /ㄷ/을 'ㅅ'으로 표기한 예가 나타난다.

(보기) 받ᄌᆞ온대 → 밧ᄌᆞ온대, 븥드러 → 붓드러, 얻디 → 엇디

열째, 중세 국어에서는 '-ㅅ'이 관형격 조사와 사잇소리 표기 글자로 두루 쓰였으나, '-ㅅ'은 대체로 사잇소리를 표기하는 글자로만 쓰인다.

열한째, /ㅎ/으로 끝나는 체언은 대체로 그 /ㅎ/을 그대로 유지하고 있다.

(보기) 길ᄒᆞᆯ, 길흘, ᄒᆞ나홀, ᄆᆞᄋᆞᆯ히, 우희

열두째, 명사형 전성 어미가 중세 국어와 마찬가지로 '-옴/-움'로 실현되기도 하고 새로운 형태인 '-음/-ㅁ'으로 실현되기도 하여, 두 형태가 혼용되고 있다.

(보기) 영장호매, 함성호매, 셜워호미 ; 슬허ᄒᆞᆷ믈, 사라시모론, 잡피믈, 조촛믈

열셋째, 밍사형 전성 어미로서 '-기'가 쓰인 예가 늘어났다.

(보기) 믈 들리기, 꾸짓기ᄅᆞᆯ, 계ᄉᆞᄒᆞ기를, 화ᄒᆞ기ᄅᆞᆯ

열넷째, 대상법의 선어말 어미 '-오-/-우-'는 거의 소멸하였으나, 화자 표현의 선어말 어미인 '-오-/-우'는 종결형에서 대체로 그대로 쓰이고 있다.

(보기) 아니호리라, 듸힝호리라, 아니호리라, 몯ᄒᆞ노라, 호리라

열다섯째, 완료를 나타내는 선어말 어미 '-엇-/-얏-', '-아시-/-야시-' 등이 쓰였다.

(보기) 드러갓더니, 병드럿거ᄂᆞᆯ, 니벗ᄂᆞᆫ, 되엿더니, 쥐엿던 ; 측텨시니, 사마시니, ᄒᆞ야시니

孝子

介白斷指 *

유흑[1) 니개빅[2)은 양성현[5) 사룸이니 져머셔브터[4) 효힝이 잇더니 주라매[5)
미처[6) 부뫼 다 오래 병드럿거룰[7) 개빅이 겨틔[8) 떠나디[9) 아니ᄒ야
안즈며 누우며[10) 음식기며[11) 오좀쏭[12) 눌 제 반드시 블자바[13) 닐곱
히예 니르도록 게을리[14) 아니 ᄒ더니 어미 죽거늘 슬허ᄒ믈[15) 녜예[16)
넘게 ᄒ고 영장호매[17) 미처 시묘[18) 사라 쥭만 먹더라 아비 병이

---

* 介白斷指 : 개백단지. 개백(介白)이 손가락을 자르다. [孝子 7 : 19]
1) 유흑 : 유학(幼學). 고려·조선 시대에, 벼슬하지 아니한 유생(儒生)을 이르던 말이다.
2) 니개빅 : 이개백(李介白). 사람 이름이다.
3) 양성현 : 양성현(陽城縣). 땅 이름이다.
4) 져머셔브터 : 졈(졈다, 少)- + -어셔(-어서 : 연어, 상태의 유지) + -브터(-부터 : 보조사, 시작)
5) 주라매 : 주라(자라다, 長)- + -ㅁ(←-옴 : 명전) + -애(-에 : 부조, 위치)
6) 미처 : 및(미치다, 이르다, 及)- + -어(연어)
7) 병드럿거룰 : 병들[병들다, 宿疾 : 병(병, 疾) + 들(들다, 宿)-]- + -엇(완료)- + -거룰(←-거늘 : 연어, 상황) ※ 17세기 이후에는 '-엇-/-앗-/-얏-'은 '완료(完了)'를 나타내는 선어말 어미로 바뀌어서 쓰였다.
8) 겨틔 : 곁(곁, 側) + -의(-에 : 부조, 위치)
9) 떠나디 : 떠나[떠나다, 離 : 쁘(뜨다, 隔)- + -어(연어) + 나(나다, 出)-]- + -디(-지 : 연어, 부정)
10) 누우며 : 누우(← 눕다, ㅂ불 : 눕다, 臥)- + -며(←-으며 : 연어, 나열)
11) 음식기며 : 음식ㄱ(← 음식 : 음식, 飮食) + -이며(접조) ※ '음식ㄱ'은 '음식'의 /ㄱ/을 'ㄱㄱ'으로 거듭 적은 형태이다.
12) 오좀쏭 : [오줌똥 : 오좀(오줌, 尿) + 쏭(똥, 糞)]
13) 블자바 : 블잡[붙잡다, 持 : 블(← 븥다 : 붙다, 附)- + 잡(잡다, 執)-]- + -아(연어)
14) 게올리 : [게을리, 怠(부사) : 게을ㄹ(← 게으르다 : 게으르다, 怠)- + -이(부접)]
15) 슬허ᄒ믈 : 슬허ᄒ[슬퍼하다, 哀 : 슳(슬퍼하다, 哀)- + -어(연어) + ᄒ(하다, 爲 : 보용)-]- + -ㅁ(←-옴 : 명전) + -을(목조)
16) 녜예 : 녜(← 례 : 예, 예법, 禮) + -예(←-에 : 부조, 위치) ※ '례〉녜'의 변화는 'ㄹ' 두음 법칙이 적용된 결과이다.
17) 영장호매 : 영장ᄒ[영장하다 : 영장(영장, 永葬 : 명사) + -ᄒ(동접)-]- + -옴(명전) + -애(-에 : 부조, 위치, 상황) ※ '영장(永葬)'은 편안하게 장사를 지내는 것이다.
18) 시묘 : 시묘(侍墓). 부모의 거상(居喪) 중에 3년간 그 무덤 옆에서 움막을 짓고 사는 것이다.

듕커늘[19] 똥을 맛보고[20] 손가락 베혀[21] 약애 빠[22] 밧ㅈ온대[23] 병이
즉제 됴ㅎ니라[24] 아븨[25] 거상을 흔글ᄀᆞ티[26] 젼상대로[27] ㅎ니 젼후 여ᄉᆞᆺ
히롤 ᄒᆞᆫ 번도 지븨 니르디 아니ㅎ니라 탈상[28]ㅎ고 미일 새배[29] 어을메[30]
ᄉᆞ당의[31] 뵈ᅀᆞᆸ고 나며 들 제 ᄯᅩ 그리 ᄒᆞ더라 공헌대왕[32] 상ᄉᆞ[33]애
심상[34]을 삼 년을 ᄒᆞ고 인셩[35] 인슌[36] 상애 다[37] 소ᄒᆞ거늘[38] 긔년늘[39]
ᄒᆞ니라 금샹됴[40]애 졍문[41] ᄒᆞ시니라[42]

---

19) 듕커늘 : 듕ᄒ[← 듕ᄒ다(중하다) : 듕(중, 重 : 불어)- + -ᄒ(형접)-]- + -거늘(-거늘 : 연어, 상황)

20) 맛보고 : 맛보[← 맛보다 : 맛(← 맛 : 맛, 味) + 보(보다, 見)-]- + -고(연어, 계기) ※ '맛보고'의 종성 /ㄷ/은 7종성 체계에 따라서 평파열음화가 적용된 형태이다.

21) 베혀 : 베히[← 버히다(베다, 斷 : 타동) : 벟(베어지다 : 자동)- + -이(사접)-]- + -어(연어)

22) 빠 : ᄠ[← ᄠ다 : 타다, 섞다, 和)- + -아(연어)

23) 밧ㅈ온대 : 밧(← 받다 : 바치다, 獻)- + -ㅈ오(← -ᄌᆞᆸ : 객높)- + -ㄴ대(← -ᄋᆞᆫ대 : -은데, 연어, 설명의 계속, 이유) ※ '밧ㅈ온대'는 /받/의 종성 /ㄷ/을 'ㅅ'으로 표기한 형태이다.

24) 됴ᄒ니라 : 둏(좋아지다, 療 : 자동)- + -Ø(과시)- + -ᄋᆞ니(원칙)- + -라(← -다 : 평종)

25) 아븨 : 압(← 아비 : 아버지, 父) + -의(관조)

26) 흔글ᄀᆞ티 : [한결같이, 一如(부사) : 흔글(한결 : 불어) + ᄀᆞᇀ(← ᄀᆞᇀ다 : 같다, 同)- + -이(부접)] ※ 'ᄀᆞ티'는 'ᄀᆞᇀ'의 초성 /ㅌ/을 'ㄷㅌ'으로 거듭 적은 형태이다. '흔글'을 [흔(一, 관사) + 글(명사)]로 분석할 가능성이 높으나, '글'의 의미가 분명하지 않다.

27) 젼상대로 : 젼상(전상, 앞의 상, 前喪) + -대로(보조사, 마찬가지) ※ '젼상(前喪)'은 그 앞의 상, 곧 어머니의 상을 이른다.

28) 탈상 : 탈상(脫喪). 어버이의 삼년상을 마치는 것이다.

29) 새배 : 새벽, 晨.

30) 어을메 : 어슯(어스름, 昏) + -에(부조, 위치)

31) ᄉᆞ당의 : ᄉᆞ당(사당, 廟) + -의(-에 : 부조, 위치)

32) 공헌대왕 : 공헌대왕(恭憲大王). 조선 시대 명종(明宗, 1534~1567)의 시호이다.

33) 상ᄉᆞ : 상사(喪事). 사람이 죽은 일이다.

34) 심상 : 심상(心喪). 상복은 입지 아니하지만 상제처럼 말과 행동을 삼가고 조심하는 것이다.

35) 인셩 : 인성(仁聖). 조선 제12대 왕인 인종(仁宗)의 비(妃)이다.

36) 인슌 : 인순(仁順). 조선 제13대 왕인 명종(明宗)의 비(妃)이다.

37) 다 : 모두, 다, 皆(부사)

38) 소ᄒᆞ거늘 : 소ᄒᆞ[소하다 : 소(소, 素 : 불어)- + -ᄒᆞ(동접)-]- + -거늘(-거늘 : 연어, 상황) ※ '소(素)'는 상중(喪中)에 고기나 생선 따위의 비린 음식을 먹지 아니하는 것이다.

39) 긔년늘 : 긔년ㄴ(← 긔년 : 기년, 일년, 期年) + -을(목조) ※ '긔년ㄴ'은 '긔년'의 종성 /ㄴ/을 'ㄴㄴ'으로 거듭 적은 형태이다.

40) 금샹됴 : [금상조, 今上朝 : 금샹(금상, 今上) + 됴(조, 朝] ※ '됴(朝)'는 왕이나 왕조의 통치 기간을 이르고, 이때의 '금샹됴(今上朝)'는 당대 임금(= 광해군)의 통치 기간을 이른다.

41) 졍문 : 졍문(旌門). 충신, 효자, 열녀 들을 표창하기 위하여 그 집 앞에 세우던 붉은 문이다.

유학(幼學) 이개백(李介白)은 양성현(陽城縣)의 사람이니, 젊어서부터 효행(孝行)이 있더니, 자람에 이르러 부모(父母)가 다 오래 병들었거늘, 개백이 곁에 떠나지 아니하여, 앉으며 누우며 음식이며 오줌똥 눌 때 반드시 붙잡아, 일곱 해에 이르도록 게을리 아니하더니, 어미가 죽거늘 슬퍼함을 예(禮)에 넘게 하고, 영장(永葬)함에 이르러 시묘(侍墓) 살아 죽만 먹더라. 아비가 병이 중(重)하거늘, 똥을 맛보고 손가락을 베어 약에 타서 바쳤는데 병이 즉시 좋아졌느니라. 아비의 거상(居喪)을 한결같이 전상(前喪)대로 하니, 전후 여섯 해를 한 번도 집에 이르지 아니하였느니라. 탈상(脫喪)하고 매일 새벽 어스름에 사당(祠堂)에 뵙고, 나며 들 때 또 그리 하더라. 공헌대왕(恭憲大王)의 상사(喪事)에 심상(心喪)을 삼 년 하고, 인성(仁聖), 인순(仁順)의 상(喪)에 다 소(素)하거늘 기년(期年)을 하였느니라. 금상(今上)의 조(朝)에 정문(旌門)하셨느니라.

勇男活母 *

류용남¹⁾은 튱쥐²⁾ 사름이라 셩³⁾이 지극흔 회러니⁴⁾ 나히⁵⁾ 아홉 셜에⁶⁾ 할아븨⁷⁾ 상ᄉᆞ를 만나⁸⁾ 그 부모의⁹⁾ 흰옷 니벗ᄂᆞ¹⁰⁾ 주를 보고 닐오ᄃᆡ 부뫼 거상 오술 니벗거든¹¹⁾ ᄌᆞ식이 홀로 아님이¹²⁾ ᄆᆞᄋᆞᆷ애 편안ᄒᆞ랴¹³⁾

42) ᄒᆞ시니라 : ᄒᆞ(하다, 爲)- + -시(주높)- + -Ø(과시)- + -니(원칙)- + -라(←-다 : 평종)

 * 勇男活母(용남활모) : 용남(勇男)이 어머니를 살리다. [孝子 7 : 44]

1) 류용남 : 유용남(劉勇男). 사람 이름이다.

2) 튱쥐 : ① 튱쥬(충주, 忠州 : 지명) + -ㅣ(←-의 : 관조) ② 튱쥐(충주, 忠州 : 지명) ※ '州'는 16세기 초까지는 음이 /쥬/였는데, 이 시기부터는 /쥐/로 쓰이는 것이 일반적이었다.

3) 셩 : 성품(性品)

4) 회러니 : 효(효, 孝) + -ㅣ(←-이- : 서조)- + -러(←-더- : 회상)- + -니(연어, 설명 계속)

5) 나히 : 나ᄒᆞ(나이, 歲) + -이(주조)

6) 셜에 : 셜(살, 歲 : 의명) + -에(부조, 위치)

7) 할아븨 : 할압[← 할아비(할아버지, 祖) : 할-(← 한- : 大, 접두)- + 아비(아버지, 父)] + -의(관조) ※ 접두사인 '할-'은 어원상으로 [하(크다, 大)- + -ㄹ(←-ㄴ : 관전)]으로 다시 분석할 수 있다.

8) 만나 : 만나(만나다, 遇)- + -아(연어) ※ '맞나→만나'의 변동은 /ㄷ/이 /ㄴ/으로 비음화한 형태이다.

9) 부모의 : 부모(부모, 父母) + -의(관조, 의미상 주격)

10) 니벗ᄂᆞ : 닙(입다, 服)- + -엇(완료)- + -ᄂᆞ(현시)- + -ㄴ(관전) ※ '-엇ᄂᆞ-'는 '-엇-'과 '-ᄂᆞ-'가 결합하여 '현재 완료'의 뜻을 나타낸다.

11) 니벗거든 : 닙(입다, 服)- + -엇(완료)- + -거든(-는데 : 연어, 설명 계속)

12) 아님이 : 아니[← 아니ᄒᆞ다(아니하다 : 보용, 부정) : 아니(아니, 不 : 부사, 부정)- + -Ø(←-

흐고 고기를 먹디 아니흐고 됴셕에¹⁴⁾ 제¹⁵⁾를 도와 삼 년을 믇다¹⁶⁾ 임진왜란을 만나 그 어미로 더브러 수플¹⁷⁾ 아래 업데엿더니¹⁸⁾ 도적이 니르러¹⁹⁾ 쟝촛²⁰⁾ 그 어미를 해호려²¹⁾ 커늘²²⁾ 용남이 손으로 그 어미를 븓들고²³⁾ 닐오딕 출하리²⁴⁾ 나를 주기고 늘근 어미란²⁵⁾ 해티²⁶⁾ 말라 흐니 도적이 둘 다 노흐니라²⁷⁾ 금샹됴애 졍문 흐시니라

류용남(劉勇男)은 충주(忠州)의 사람이다. 성품(性品)이 지극한 효(孝)이더니, 나이 아홉 살에 할아버지의 상사(喪事)를 만나, 그 부모가 흰 옷 입은 것을 보고 이르되 "부모가 거상(居喪)의 옷을 입었는데, 자식이 홀로 (거상의 옷을 입지) 아니함이 마음에 편하랴?" 하고, 고기를 먹지 아니하고 조석(朝夕)에 제(祭)를 도와 삼 년을 마쳤다. 임진왜란(壬辰倭亂)을 만나 그 어머니와 더불어 수풀 아래 엎드렸더니, 도적이 이르러 장차 그 어머니를 해하려 하거늘, 용남이 손으로 그 어머니를 붙들고 이르되 "차라리 나를 죽이고 늙은 어머니는 해(害)하지 말라." 하니, 도적이 둘 다 놓았느라. 금상(今上)의 조(朝)에 정문(旌門)하셨느라.

흐- : 동접)-ㅣ- + -ㅁ(←-옴 : 명전) + -이(주조) ※ '아님'은 문맥상 '거상의 옷을 입지 아니함'의 뜻이다.

13) 편안흐랴 : 편안흐[편안하다 : 편안(편안, 便安 : 명사) + -흐(형접)-]- + -랴(의종, 판정, 미시, 설의)

14) 됴셕에 : 됴셕(조석, 아침저녁, 朝夕) + -에(부조, 위치)

15) 제 : 제사(祭)

16) 믇다 : 믇(← 몿다 : 마치다, 終)- + -Ø(과시)- + -다(평종) ※ '믇다(<몿다)'의 종성 /ㄷ/은 7종성 체계에 따라서 /ㅊ/이 평파열음화한 형태이다.

17) 수플 : [수플, 林 : 숲(숲, 林) + 플(풀, 草)]

18) 업데엿더니 : 업데(엎드리다, 伏)- + -엿(←-엇- : 완료)- + -더(회상)- + -니(연어, 설명 계속)

19) 니르러 : 니를(이르다, 至)- + -어(연어)

20) 쟝촛 : 쟝촛(← 쟝츳 : 장차, 將次, 부사)

21) 해호려 : 해흐[해하다 : 해(해, 害 : 명사) + 흐(동접)-]- + -오려(-려 : 연어, 의도)

22) 커늘 : 흐(← 흐다 : 하다, 爲)- + -거늘(-거늘 : 연어, 상황)

23) 븓들고 : 븓들[← 븓들다(붙들다, 扶) : 븓다(붙다, 附)- + 들(들다, 擧)-]- + -고(연어, 계기)

24) 출하리 : 차라리, 寧(부사)

25) 어미란 : 어미(어머니, 母) + -란(-는 : 보조사, 주제, 대조)

26) 해티 : 해흐[← 해흐다(해하다, 해치다) : 해(해, 害 : 명사)- + -흐(동접)-]- + -디(-지 : 연어, 부정)

27) 노흐니라 : 놓(놓다, 놓아주다, 釋)- + -Ø(과시)- + -으니(원칙)- + -라(←-다 : 평종)

柳檽同死 *

튱의[1] 위뉴강[2]은 ᄋᆞᆫ음현[3] 사ᄅᆞᆷ이니 뎡유왜난[4]애 온[5] 집 사ᄅᆞᆷ이 황셕산셩[6]에 드럿더니[7] 셩[8]이 함ᄒᆞ야ᄂᆞᆯ[9] 강이 그 어미ᄅᆞᆯ 업고 셩에 나가 그 아ᅀᆞ[10] 가로[11] ᄒᆡ여곰[12] 븟드러[13] 가게 ᄒᆞ고 도로[14] 도적 가온대 드러가 ᄯᅩ 아비ᄅᆞᆯ 어버 나오더니 아비 면티[15] 몯ᄒᆞᆯ 줄 알고 ᄀᆞᆯ오ᄃᆡ[16] 나ᄂᆞᆫ ᄎᆡᆨ텨시니[17] 네 그[18] 몬져 나가라 ᄒᆞ니 강이 울고 가디[19] 아니ᄒᆞ야 ᄀᆞᆯ오ᄃᆡ 아바님이 예[20] 겨시거ᄃᆞᆫ[21] ᄌᆞ식이 난ᄃᆞᆯ[22] 어드러[23] 가리오[24]

---

* 柳檽同死(유강동사) : 유강(柳檽)이 같이 죽다. [孝子 8 : 16]

1) 튱의 : 충의(忠義). 충성과 절의이다.

2) 위뉴강 : 위유강(衛柳檽). 인명이다. ※ ‘류강 〉 뉴강’의 변화는 ‘ㄹ’ 두음 법칙이 적용된 결과이다.

3) 안음현 : 안음현(安陰縣). 지명이다.

4) 뎡유왜난 : 정유왜란(丁酉倭亂). 조선 시대에 임진왜란의 휴전 교섭이 결렬된 뒤, 선조 30년(1597)에 왜장(倭將) 가토 기요마사(加藤淸正) 등이 14만의 대군을 이끌고 다시 쳐들어와 일으킨 전쟁이다. ※ ‘뎡유왜난’은 ‘뎡유왜란’을 오각한 형태이다.

5) 온 : [온, 모든, 擧(관사, 양수) : 오(← 오ᄋᆞᆯ다 : 온전하다, 全)- + -ㄴ(관전 ▹ 관접)]

6) 황셕산셩 : 황석산성(黃石山城)이다.

7) 드럿더니 : 들(들다, 入)- + -엇(완료)- + -더(회상)- + -니(연어, 설명 계속)

8) 셩 : 성(城)

9) 함ᄒᆞ야ᄂᆞᆯ : 함ᄒᆞ[함하다 : 함(함, 陷 : 불어) + -ᄒᆞ(동접)-]- + -야ᄂᆞᆯ(← -아ᄂᆞᆯ : 연어, 상황) ※ ‘함(陷)’은 함락(陷落)되는 것이다.

10) 아ᅀᆞ : 아우, 弟. ※ 이 시기에는 /ㅿ/이 이미 사라졌으므로, ‘아ᄋᆞ’로 표기되어야 한다.

11) 가로 : 가(가, 榎, 위유강의 동생 : 인명) + -로(부조, 방편)

12) ᄒᆡ여곰 : [하여금(부사) : ᄒᆞ(하다, 爲)- + -ㅣ(← -이- : 사접)- + -여(← -어 : 연어 ▹ 부접) + -곰(보조사, 강조)]

13) 븟드러 : 븟들[← 븓들다(붙들다, 扶) : 븟(← 븓다 : 붙다, 附)- + 들(들다, 擧)-]- + -어(연어) ※ ‘븟드러’의 ‘ㅅ’은 ‘븓드러’에서 /븓/의 종성인 /ㄷ/을 ‘ㅅ’으로 표기한 형태이다.

14) 도로 : [도로, 逆(부사) : 돌(돌다, 回 : 자동)- + -오(부접)]

15) 면티 : 면ㅎ[← 면ᄒᆞ다(면하다, 벗어나다) : 면(면, 免 : 불어)- + -ㅎ(← -ᄒᆞ- : 동접)-]- + -디(연어, 부정)

16) ᄀᆞᆯ오ᄃᆡ : ᄀᆞᆯ(← ᄀᆞᄅᆞ다 : 이르다, 말하다, 曰)- + -오ᄃᆡ(-되 : 연어, 설명 계속)

17) ᄎᆡᆨ텨시니 : ᄎᆡᆨ티[결정되다, 치우치다, 已 : ᄎᆡᆨ(치우치다, 비키다)- + -티(강접)-]- + -어시(완료)- + -니(연어, 이유) ※ 여기서 ‘ᄎᆡᆨ티다’는 죽을 운명이 결정되는 것이다.

18) 그 : 그, 其(지대, 정칭) ※ ‘그’는 자기(= 아버지)의 죽음을 가리키는 지시 대명사이다. 따라서 “그 먼저”는 “내가 죽기 전에”의 뜻으로 쓰였다.

19) 가디 : 가(가다, 去)- + -디(-지 : 보용, 부정)

호고 드듸여²⁵⁾ 혼가지로²⁶⁾ 혼 칼해²⁷⁾ 주그니라²⁸⁾ 금샹됴애 졍문호시니라

충의(忠義) 위유강(衛柳橿)은 안음현(安陰縣)의 사람이니, 정유왜란(丁酉倭亂)에 온 집 사람이 황석산성(黃石山城)에 들었더니, 성(城)이 함락(陷落)되거늘, 강(橿)이 그 어머니를 업고 성에 나가 그 아우인 가(榎)로 하여금 (어머니를) 붙들어 가게 하고, 도로 도적 가운데 들어가 또 아버지를 업어 나오더니, 아버지가 (죽음을) 면(免)하지 못할 줄을 알고 이르되, "나는 (죽음이) 결정되었으니 네가 그 먼저 나가라." 하니, 강(橿)이 울고 가지 아니하여 이르되 "아버님이 여기 계시는데 자식이 나간들 어디로 가리오?" 하고, 드디어 마찬가지로 한 칼에 죽었느니라. 금상(今上)의 조(朝)에 정문(旌門)하셨느니라.

---

20) 예 : 여기, 此(지대, 정칭)

21) 겨시거든 : 겨시(계시다, 在)- + -거든(-는데 : 연어, 설명 계속)

22) 난돌 : 나(나가다, 出)- + -ㄴ돌(-ㄴ들 : 연어, 양보)

23) 어드러 : 어디로, 何處(부사)

24) 가리오 : 가(가다, 去)- + -리(미시)- + -오(←-고 : 의종, 설명)

25) 드듸여 : [드디어, 遂(부사) : 드듸(디디다, 이어받다, 踏, 承)- + -여(←-어 : 연어 ▷부접)]

26) 혼가지로 : 혼가지[한가지(명사) : 혼(한, 一 : 관사, 양수) + 가지(가지, 類) : 의명] + -로(부조, 방편)

27) 칼해 : 칼ㅎ(← 갈ㅎ : 칼, 劍) + -애(-에 : 부조, 위치) ※ 중세 국어의 '갈ㅎ'이 '칼ㅎ'으로 변화하였다.

28) 주그니라 : 죽(죽다, 死)- + -∅(과시)- + -으니(원칙)- + -라(←-다 : 평종)

忠臣

溫達誓衆 *

온달[1]은 평양부[2] 사름이라 양강왕[3]의 져근 ᄯᅩ리[4] 스스로 듕미ᄒᆞ야[5] 달의 안해[6] 되엿더니[7] 후쥬[8] 무뎨[9] 뇨동[10]을 틸시[11] 선봉[12]이 되여 분로ᄒᆞ여[13] 텨 크기[14] 이긔니 왕이 대형[15] 벼슬 주엇더니 밋[16] 평강왕이 즉위ᄒᆞ매[17] 달이 엳ᄌᆞ와[18] ᄀᆞᆯ오ᄃᆡ[19] 신래[20] 우리 한븍[21] ᄯᅡ흘[22] 버혀[23]

---

* **溫達誓衆**(온달서중) : 온달(溫達)이 대중에게 맹서하다. [忠臣 1 : 13]
 1) 온달 : 온달(溫達). 고구려 평원왕 때의 장군(?~590)이다. 어려서 바보라는 말을 들었으나, 평강 공주와 혼인하여 무예를 닦고 무장이 되었다. 590년에 신라에 빼앗긴 한강(漢江) 이북의 땅을 되찾고자 출전하였다가 전사하였다.
 2) 평양부 : 평양부(平壤府). 땅 이름이다.
 3) 양강왕 : 양강왕(陽岡王). 고구려의 제24대 왕(재위 기간 545~559)이다. 동위, 북제 등에 조공하여 친선을 도모하고 백암성, 신성 등을 중수하였다. 돌궐의 침입을 격퇴하였으나 신라와 백제에게 한강 유역을 잃었다.
 4) ᄯᅩ리 : 쏠(딸, 女) + -이(주조)
 5) 듕미ᄒᆞ야 : 듕미ᄒᆞ[중매하다 : 듕미(중매, 仲媒 : 명사)- + -ᄒᆞ(동접)-] + -야(←-아 : 연어)
 6) 안해 : 안해[아내, 妻 : 안ㅎ(안, 內) + -애(부조▷명접)] + -Ø(←-이 : 보조)
 7) 되엿더니 : 되(되다, 爲)- + -엿(←-엇- : 완료)- + -더(회상)- + -니(연어, 설명 계속)
 8) 후쥬 : 후주(後周). 중국 남북조 시대에, 북위(北魏)가 동서로 갈라선 뒤 557년에 서위(西魏)의 우문각이 세운 나라이다. 장안(長安)을 도읍으로 하여 북제(北齊)를 멸하고 화베이(華北)를 통일하였으나, 581년에 수나라에 멸망하였다.
 9) 무뎨 : 무뎨(무제, 武帝) + -Ø(←-이 : 주조) ※ '무뎨(무제, 武帝)'는 중국 북주(北周)의 무제(재위 561~577)다.
10) 뇨동 : 요동(遼東). 중국 랴오닝 성 남부의 반도이다. 황해의 북쪽에 있으며, 서쪽으로 보하이해(海)의 랴오둥만(灣), 동쪽으로 서조선만(灣)이 자리하고 있다. ※ '료동〉뇨동'의 변화는 'ㄹ' 두음 법칙이 적용된 결과이다.
11) 틸시 : 티(치다, 伐)- + -ㄹ시(-므로, -니 : 연어, 이유)
12) 선봉 : 선봉(先鋒). 부대의 맨 앞에 나서서 작전을 수행하는 군대나 사람이다.
13) 분로ᄒᆞ여 : 분로ᄒᆞ[분노하다 : 분로(분노, 奮怒 : 명사)- + -ᄒᆞ(동접)-] + -여(←-어 : 연어) ※ 중세 국어에서는 '분로ᄒᆞ야'의 형태였는데, 여기서는 '분로하여'로 변화하였다.
14) 크기 : 크(크다, 大)- + -기(←-게 : -게, 연어, 도달) ※ '크기'는 '크게'를 오각한 형태이다.
15) 대형 : 대형(大兄). 고구려 때의 십사 관등 가운데 다섯째 등급이다. 국가의 기밀, 법 개정, 병사의 징발, 관작(官爵)의 수여 따위의 일을 맡아보았다.
16) 밋 : 밋(← 및 : 및, 及, 부사, 접속) ※ '밋'은 원문의 '及'을 직역한 것인데, 잉여적으로 쓰였다.

군현²⁴⁾을 사마시니²⁵⁾ 원컨댄²⁶⁾ 대왕이 신으로써²⁷⁾ 블쵸타²⁸⁾ 마르샤²⁹⁾ 군을
주어서 가게 ᄒ시면 반ᄃ시 내 ᄯ호홀 다시 가지링다³⁰⁾ 왕이 허ᄒ셔늘³¹⁾
달이 님힝애³²⁾ 밍셰ᄒ야 ᄀᆞᆯ오ᄃᆡ 계립현³³⁾ 듁녕으로써³⁴⁾ 셧녁키³⁵⁾ 내게³⁶⁾
아니 오면 도라오ᄃᆡ 아니호리라³⁷⁾ 드듸여³⁸⁾ 신나³⁹⁾ 사름으로 더브러⁴⁰⁾

---

17) 즉위호매 : 즉위ᄒ[← 즉위ᄒ다(즉위하다) : 즉위(즉위, 卽位 : 명사)- + -ᄒ(동접)-]- + -옴(명
전) + -애(-에 : 부조, 위치, 이유)

18) 열ᄌᆞ와 : 열ᄌᆞ오(← 열ᄌᆞ다, ㅂ불 : 여쭈다, 問)- + -아(연어)

19) ᄀᆞᆯ오ᄃᆡ : ᄀᆞᆯ(이르다, 曰)- + -오ᄃᆡ(-되 : 연어, 설명 계속)

20) 신래 : 신라(新羅) + -ㅣ(←-이 : 주조)

21) 한븍 : 한북(漢北). 한강의 북쪽 땅이다.

22) ᄯ호홀 : ᄯ홓(땅, 地)- + -ᄋᆞᆯ(목조)

23) 버혀 : 버히[베다, 割 : 벟(베어지다, 斬 : 자동)- + -이(사접)-]- + -어(연어)

24) 군현 : 군현(郡縣). 군현 제도에서의 군(郡)과 현(縣)을 아울러 이르는 말이다.

25) 사마시니 : 삼(삼다, 爲)- + -아시(완료)- + -니(연어, 설명 계속, 이유)

26) 원컨댄 : 願ᄒ[← 원ᄒ다(원하다) : 원(원, 願 : 명사)- + -ᄒ(←-ᄒ- : 동접)-]- + -건댄(-건대
: 연어, 조건)

27) 신으로뻐 : 신(신, 臣) + -으로뻐(-으로써 : 부조, 방편) ※ '-으로뻐'는 [-으로(부조, 방편) +
ᄡ(← 쓰다 : 쓰다, 用)- + -어(연어)]으로 형태로 분석되는 부사격 조사이다.

28) 블쵸타 : 블쵸ᄒ[← 블쵸ᄒ다(불초하다) : 블쵸(불초,   不肖 : 명사)- + -ᄒ(동접)-]- + -∅(현
시)- + -다(평종) ※ '블쵸(불초, 不肖)'는 못나고 어리석은 것이다.

29) 마르샤 : 말(말다, 毋)- + -ᄋ샤(←-ᄋ시- : 주높)- + -아(연어)

30) 가지링다 : 가지(가지다, 持)- + -리(미시)   + -ᅌ(←-이- : 상높, 예사 높임)- + -다(평종)

31) 허ᄒ셔늘 : 허ᄒ[허락하다 : 허(허, 許 : 불어)- + -ᄒ(동접)-]- + -시(주높)- + -어늘(-거늘 :
연어, 상황) ※ 15세기의 중세 국어에서는 '허ᄒ샤늘'의 형태였는데, 이 문헌에서는 '허ᄒ셔
늘'으로 실현되엇다. 이는 '-시-'와 '-어'가 단순하게 /셔/로 축약된 형태이다.

32) 님힝애 : 님힝(임행, 떠남에 임함, 臨行) + -애(-에 : 부조, 위치) ※ '림힝>님힝'의 변화는 'ㄹ'
두음 법칙이 적용된 결과이다.

33) 계립현 : 계립현(鷄立峴). 땅 이름이다.

34) 듁녕으로써 : 듁녕(죽령, 竹嶺) + -으로써(-으로써 : 부조, 방편) ※ '듁령 → 듁녕'의 변동은 /
ㄹ/이 /ㄴ/으로 비음화한 형태이다. '듁녕으로써'는 '죽령으로부터'로 의역하여 옮긴다.

35) 셧녁키 : 셧녁ㅋ[← 섯녁(서녘) : 셔(서, 西) + -ㅅ(사잇) + 녁ㅋ(← 녁 : 녘, 쪽, 의명)] + -이(주
조) ※ '셧녁키'는 '셧녘'의 종성 /ㅋ/을 'ㄱㅋ'으로 거듭 적은 형태이며, 중세 국어의 '녘'이
이 시기에 '녁'으로 형태가 변하였다. 그리고 사잇소리를 표기하는 '-ㅅ'이 '-ㄷ'으로 표기되
었는데, 이는 7종성 체계에 따라서 /ㅅ/이 /ㄷ/으로 평파열음화한 형태이다.

36) 내게 : 나(나, 吾) + -ㅣ게(←-ᄋ게 : -에게, 부조, 상대)

37) 아니호리라 : 아니ᄒ[아니ᄒ다(아니하다, 不 : 보용, 부정) : 아니(아니, 不 : 부사, 부정) + -ᄒ
(동접)-]- + -오(화자)- + -리(미시)- + -라(←-다 : 평종)

38) 드듸여 : 드디어, 遂(부사)

39) 신나 : 신라(新羅). ※ '신라 → 신나'의 변동은 /ㄹ/이 /ㄴ/으로 비음화한 형태이다.

> 아됴셩[41] 아래 사호다가 흐르는 살의[42] 마친[43] 배[44] 되야 주그니라

온달(溫達)은 평양부(平壤府) 사람이다. 양강왕(陽岡王)의 작은 딸이 스스로 중매(仲媒)하여 온달의 아내가 되었더니, 후주(後周)의 무제(武帝)가 요동(遼東)을 치니 (온달이) 선봉(先鋒)이 되어 분노(奮怒)하여 (후주 무제를) 쳐서 크게 이기니, 왕이 (온달에게) 대형(大兄)의 벼슬을 주었더니, 평강왕이 즉위함에 온달이 여쭈어 이르되 "신라(新羅)가 우리 한북(漢北) 땅을 베어서 군현(郡縣)을 삼았으니, 원컨대 대왕이 신에게 '불초(不肖)하다.' 마시고 군사(軍士)를 주어서 가게 하시면, 반드시 내가 땅을 다시 가지겠습니다." 왕이 허락하시거늘, 온달이 임행(臨行)에 맹세하여 말하되 "계립현(鷄立峴) 죽령(竹嶺)으로부터 서쪽이 나에게 아니 오면 돌아오지 아니하리라." 드디어 (온달이) 신라(新羅) 사람과 더불어 아단성(阿旦城) 아래서 싸우다가, 흐르는 화살에 맞은 바가 되어서 죽었느니라.

象賢忠烈 *

> 부스[1] 송샹현[2]은 셔울 사름이니 임진왜난의 동니[3] 부스 ᄒᆞ야 셩을 딕킈여[4] 힘이 지댱[5] 몯 ᄒᆞ여 손조[6] 두어 ᄌᆞ[7]를 쥐엿던[8] 부체예[9]

---

40) 더브러 : 더블(더불다, 與)- + -어(연어)
41) 아됴셩 : 아단성(阿旦城). 땅 이름이다. 아단성(阿旦城)이 서울 광진구에 있는 아차산성(阿旦山城)이라는 주장과 충청북도 단양의 온달산성(溫達山城)이라는 주장으로 엇갈린다.
42) 살의 : 살(화살, 矢) + -의(-에 : 부조, 위치)
43) 마친 : 마치[맞히다 : 맞(맞다, 中 : 자동)- + -히(피접)-]- + -Ø(과시)- + -ㄴ(관전)
44) 배 : 바(바, 所) + -ㅣ(←-이 : 보조)
 * 象賢忠烈(상현충렬) : 상현(象賢)은 충성(忠誠)스럽고 節義(절의)에 열렬(熱烈)하다. [忠臣 1 : 35]
1) 부스 : 부사(府使). 조선 시대에 둔 대도호부사와 도호부사를 통틀어 이르던 말이다.
2) 송샹현 : 송상현(宋象賢). 조선 선조 때의 문신(1551~1592)이다. 동래(東來) 부사로서 임진왜란 때에 성의 남문(南門)에 올라가 싸움을 독려하고 순절하였다.
3) 동니 : 동래(東來). 땅 이름이다. 현재의 부산광역시 동래구 일대였다. ※ '동릭 → 동니'의 변동은 /ㄹ/이 /ㄴ/으로 비음화한 형태이다.
4) 딕킈여 : 딕킈(← 딕희다 : 지키다, 守)- + -여(←-어 : 연어) ※ '딕킈여'는 '딕희여'의 종성 /ㄱ/을 'ㄱㅋ'으로 거듭 적은 형태이다.
5) 지댱 : 지탱(支撑)
6) 손조 : [손수, 手(부사) : 손(손, 手) + -조(부접)] ※ 중세 국어의 '손소'가 '손조'로 변화하였는

써 조촌[10] 사룸으로 ㅎ여곰[11] 제 아븨게[12] 뎐ㅎ여 닐오디 들모로[13] ㄱ티[14] 뿟인[15] 외로온[16] 셩의 도적 마글 모칰[17]이 업스니 이 시졀의 당ㅎ여는[18] 부즈의 은은[19] 경ㅎ고 군신의 의는 듕ㅎ다 ㅎ다[20] 함셩호매[21] 샹현이 관디[22]를 졍졔[23]ㅎ고 븍녁호로[24] ㅂ라며 ㅈ비[25]ㅎ고 구디[26] 안자셔 주근대 그 쳡이 또 ㅅ졀ㅎ여늘[27] 도적의 쟝쉬[28] 그 의를 감격ㅎ여 두 주검을[29] 거두워[30] 합장ㅎ고 닙표ㅎ니라[31] 그 저긔 밀양 사룸 노개방[32]

데, 이는 /ㅿ/이 /ㅈ/으로 바뀐 특이한 예이다.

7) 즈 : 자(字), 글자.

8) 쥐엿던 : 쥐(쥐다, 把)- + -엿(←-엇- : 완료)- + -더(회상)- + -ㄴ(관전)

9) 부체예 : 부체(부채, 扇) + -예(←-에 : 부조, 위치)

10) 조촌 : 좇(좇다, 따르다, 從)- + -∅(과시)- + -은(관전)

11) ㅎ여곰 : [하여금, 使(부사) : ㅎ(하다, 爲)- + -이(사접)- + -어(연어 ▷부접) + -곰(보조사, 강조)]

12) 아븨게 : 압(← 아비 : 아버지, 父) + -의게(-에게 : 부조, 상대)

13) 들모로 : [달무리, 月暈 : 들(달, 月) + 모로(무리, 暈)] ※ 성을 포위한 왜군의 병력을 '달무리'에 비유한 것이다.

14) ㄱ티 : [같이, 同(부사) : ᄀᆞᆮ(같다, 同 : 형사)- + -이(부접)]

15) 뿟인 : 뿟이[싸이다 : 뿟(싸다, 包)- + -이(피접)-]- + -∅(과시)- + -ㄴ(관전)

16) 외로온 : 외로오[← 외롭다, ㅂ불(외롭다, 孤) : 외(외, 孤 : 관사) + -로오(←-롭- : 형접)-]- + -∅(현시)- + -ㄴ(←-은 : 관전)

17) 모칰 : 묘책(妙策)

18) 당ㅎ여는 : 당ㅎ[당하다 : 당(당, 當 : 불어) + -ㅎ(동접)-]- + -여(←-어 : 연어)- + -는(보조사, 주제)

19) 은은 : 은(은, 恩 : 은혜) + -은(보조사, 주제, 대조)

20) ㅎ다 : ㅎ(하다, 謂)- + -∅(과시)- + -다(평종)

21) 함셩호매 : 함셩ㅎ[← 함셩ㅎ다(함성하다) : 함셩(함성, 陷城 : 명사)- + -ㅎ(동접)-]- + -옴(명전) + -애(-에 : 부조, 이유) ※ '함셩(陷城)'은 성이 함락되는 것이다.

22) 관디 : 관대(冠帶). 옛날 벼슬아치들의 공복(公服)이다.

23) 졍졔 : 정제(整齊). 격식에 맞게 차려입고 매무시를 바르게 하는 것이다.

24) 븍녁호로 : 븍녁ㅎ[북녘, 북쪽 : 북(북, 北 : 명사) + 녁ㅎ(← 녘, 쪽 : 의명)]- + -으로(부조, 방향) ※ '븍녁ㅎ'의 표기는 '븍녘'의 종성 /ㅋ/을 /ㄱ/과 /ㅎ/으로 재음소화하여 표기한 형태이다.

25) ㅈ비 : 재배(再拜). 절을 두 번 하는 것이다.

26) 구디 : [굳이, 꿋꿋이, 堅(부사) : 굳(굳다, 堅 : 형사)- + -이(부접)]

27) ㅅ졀ㅎ여늘 : ㅅ졀ㅎ[사절하다 : ㅅ졀(사졀, 死節 : 명사) + -ㅎ(동접)-]- + -여늘(←-어늘 : -거늘, 연어, 상황) ※ 'ㅅ졀(死節)'은 절개를 위하여 목숨을 버리는 것이다.

28) 쟝쉬 : 쟝슈(장수, 酋) + -ㅣ(←-이 : 주조)

29) 주검을 : 주검[주검, 시체, 屍 : 죽(죽다, 死 : 자동)- + -엄(명접)] + -을(목조)

이 고을 교쉬³³⁾ 되여 셩묘³⁴⁾ 위판³⁵⁾을 뫼와³⁶⁾ 셩의 드러 흔가지로 주그니라 쇼경대왕³⁷⁾이 증³⁸⁾ 니조판셔³⁹⁾ ᄒᆞ시고 금샹됴애 졍문ᄒᆞ시니라

부사(府使) 송상현(宋象賢)은 서울 사람이니, 임진왜란에 동래(東來) 부사를 하여, 성(城)을 지키어 힘이 지탱 못하여, 손수 두어 글자를 쥐었던 부채에 써서, 다른 사람으로 하여금 자기의 아버지에게 전(傳)하여 이르되, "달무리같이 싸인 외로운 성에 도적을 막을 묘책(妙策)이 없으니, 이러한 때에 당(當)하여는 부자(夫子)의 은(恩)은 경(輕)하고, 군신(君臣)의 의(義)는 중(重)하다." 하였다. 함성(陷城)함에 상현이 관대(冠帶)를 정제(整齊)하고 북쪽으로 바라보며 재배(再拜)하고 꼿꼿이 앉아서 죽으니, 그 첩(妾)이 또 사절(死節)하거늘, 도적의 장수(將帥)가 그 의(義)를 감격하여, 주검을 거두어 합장하고 입표(立標)하였느니라. 그때에 밀양(密陽) 사람인 노개방(盧盖邦)이 고을의 교수(敎授)가 되어, 성묘(聖廟)와 위판(位版)을 모셔서 성에 들어 마찬가지로 죽었느니라. 소경대왕(昭敬大王)이 이조판서(吏曹判書)를 증(贈)하시고 금상(今上)의 조(朝)에 정문(旌門)하셨느니라.

---

30) 거두워 : ① 거두우[← 거두다(거두다, 收) : 걷(걷다, 收 : 자동)-+-우(사접)-]-+-어(연어) ② 거두우[거두게 하다, 使收 : 걷(걷다, 收 : 자동)-+-우(사접)-+-우(사접)-]-+-어(연어) ※ '거두우다'의 형태가 쓰인 예가 없으므로 ①로 분석하는 것이 좀 더 합리적이다.

31) 닙표ᄒᆞ니라 : 닙표ᄒᆞ[입표하다 : 닙표(입표, 立標 : 명사)-+-ᄒᆞ(동접)-]-+-Ø(과시)-+-니(원칙)-+-라(←-다 : 평종) ※ '닙표(立標)'는 나무, 돌, 기 따위로 표를 세우는 것이다. '립표〉닙표'의 변화는 'ㄹ' 두음 법칙이 적용된 결과이다.

32) 노개방 : 노개방(盧盖邦). 사람 이름이다.

33) 교쉬 : 교슈(교수, 敎授, 교수)+-ㅣ(←-이 : 보조) ※ '교수(敎授)'는 조선 시대에, 지방 유생(儒生)의 교육을 맡아보던 종육품 벼슬이다. 향교(鄕校)를 지도하기 위하여 부(府)와 목(牧)에 두었다. ※ 중세 국어의 'ᄃᆞ외다'가 '되다'의 형태로 바뀌었다.

34) 셩묘 : 성묘(聖廟). 공자를 모신 사당이다. 원래 선사묘(先師廟)라고 하였다가 중국 명나라 성조 때 문묘(文廟) 또는 성묘(聖廟)라고 하였으며, 청나라 때에는 공자묘(孔子廟)라 했다.

35) 위판 : 위판(位版). 단(壇), 묘(廟), 원(院), 절에 모시는 신주(神主)의 이름을 적은 나무패이다.

36) 뫼오 : 뫼오(← 뫼옵다, ㅂ불 : 모시다, 奉)-+-아(연어)

37) 쇼경대왕 : 소경대왕(昭敬大王, 1567년~1608). 조선 제14대 왕인 선조(宣祖) 임금의 시호(諡號)이다.

38) 증 : 증(贈). 관직이나 지위를 주는 것이다.

39) 니조판셔 : 이조판서(吏曹判書). 조선 시대에 육조 가운데 문관의 선임과 훈봉, 관원의 성적 고사(考査), 포폄(褒貶)에 관한 일을 맡아보던 관아(이조, 吏曹)의 으뜸 벼슬(정이품)이다. '리조판셔〉니조판셔'의 변화는 'ㄹ' 두음 법칙이 적용된 결과이다.

吉元抗賊 *

현감 신길원[1]은 셔울 사름이니 임진셰의[2] 문경 고을희[3] 원으로셔[4]
왜적의게 자펴셔[5] 도적이 환도[6]를 쌔여[7] 협박ᄒ야[8] 닐오ᄃᆡ 네 고을
원이니 믈 들리기 잘ᄒᄂ다[9] 길원이 닐오ᄃᆡ 내 션비니[10] 엇디 능히
믈를 들리리오 도적이 ᄯᅩ 협박ᄒ야 닐오ᄃᆡ 네 셜리[11] 항ᄒ고[12] 일홈
두라[13] 길원이 ᄯᅩ 굴티[14] 아니ᄒᆫ대[15] ᄯᅩ 길흘 ᄀᆞᄅ치라 ᄒ거늘 아디
몯ᄒ노라 벋받고[16] 손으로 목을 ᄀᆞᄅ치며 닐오ᄃᆡ 셜리 베히라[17] ᄒ고
ᄭᅮ짓기를[18] 입의 그치디[19] 아니ᄒᆫ대 도적의 쟝슈ᅵ 크게 노ᄒ야 ᄒᆞᆫ
ᄑᆞᆯ홀[20] 버히고 닐오ᄃᆡ 길흘 ᄀᆞᄅ치디 몯ᄒ리로소냐[21] 길원이 닐오ᄃᆡ

---

* 吉元抗賊(길원항적) : 길원(吉元)이 적에게 항거하다. [忠臣 1 : 51]
 1) 신길원 : 신길원(申吉元). 사람 이름이다.
 2) 임진셰의 : 임진셰(임진세, 壬辰歲) + -의(-에 : 부조, 위치) ※ '임진세'는 1592년이다.
 3) 고을희 : 고을ㅎ(고을, 郡) + -의(-의 : 관조)
 4) 원으로셔 : 원(원, 員) + -으로셔(-으로서 : 부조, 자격) ※ '원(員)'은 고을의 수령(首領)이다.
 5) 자펴셔 : 자피[잡히다 : 잡(잡다, 拘 : 타동)- + -히(피접)-]- + -어셔(-어서 : 연어, 동작 유지)
 6) 환도 : 환도(環刀). 예전에, 군복에 갖추어 차던 군도(軍刀)이다.
 7) 쌔여 : 쌔(빼다, 拔)- + -여(← -어 : 연어)
 8) 협박ᄒ야 : 협박ᄒ[협박하다 : 협박(협박, 脅迫 : 명사) + -ᄒ(동접)-]- + -야(← -아 : 연어)
 9) 잘ᄒᄂ다 : 잘ᄒ[잘하다, 善 : 잘(잘, 能 : 부사) + -ᄒ(동접)-]- + -ᄂ(현시)- + -ㄴ다(의종, 2
    인칭)
10) 션비니 : 션비(선비, 士) + -Ø(← -이- : 서조)- + -니(연어, 이유)
11) 셜리 : [빨리, 速(부사) : 셜ㄹ(← ᄲᆞᄅ다 : 빠르다, 速, 형사)- + -이(부접)]
12) 항ᄒ고 : 항ᄒ[항하다, 항복하다 : 항(항, 降 : 불어) + -ᄒ(동접)-]- + -고(연어, 나열, 계기)
13) 두라 : 두(두다, 署)- + -라(명종)
14) 굴티 : 굴ᄒ[← 굴ᄒ다(굴하다, 굴복하다) : 굴(굴, 屈 : 불어)- + -ᄒ(← -ᄒ- : 동접)-]- + -
    디(-지 : 연어, 부정)
15) 아니ᄒᆫ대 : 아니ᄒ[아니하다, 不(보용, 부정) : 아니(아니, 不 : 부사, 부정) + -ᄒ(동접)-]- + -
    ㄴ대(-는데, -니 : 연어, 반응)
16) 벋받고 : 벋받[버서다, 벋대다, 拒 : 벋(접두 : 강세)- + 받(치받다, 衝)-]- + -고(연어, 계기)
17) 베히라 : 베히[← 버히다(베다, 斬 : 타동) : 벛(베어지다 : 자동)- + -이(사접)-]- + -라(명종)
18) ᄭᅮ짓기를 : ᄭᅮ짓(← ᄭᅮ짖다 : 꾸짖다, 罵)- + -기(명전) + -롤(목조)
19) 그치디 : 그치[그치다, 止 : 긏(끊어지다, 切 : 자동)- + -이(사접)-]- + -디(-지 : 연어, 부정)
20) ᄑᆞᆯ홀 : ᄑᆞᆯㅎ(팔, 臂) + -올(목조) ※ '불ㅎ > ᄑᆞᆯㅎ > 팔'과 같이 변화하였다.
21) 몯ᄒ리로소냐 : 몯ᄒ[못하다, 不能(보용, 부정) : 몯(못, 不能 : 부사, 부정)- + -ᄒ(동접)-]- +

폴 업슨²²⁾ 사름이 므스²³⁾ 이룰 ᄒ리오 도적이 촌촌이²⁴⁾ 베히다 금샹됴애 정문ᄒ시니라

현감(縣監) 신길원(申吉元)은 서울 사람이니, 임진년(壬辰年)에 문경(聞慶) 고을의 원(員)으로서 왜적(倭賊)에게 잡혀서, 도적(盜賊)이 환도(環刀)를 **빼어** 협박(脅迫)하여 이르되, "네가 고을의 원이니 말 달리기를 잘하는가?" 길원이 이르되, "내가 선비니 어찌 능히 말을 달리리오?" 도적이 또 협박하여 이르되, "네가 빨리 항복하고 이름을 두라." 길원이 또 굴(屈)하지 아니하니, 또 "길을 가리키라." 하거늘 "알지 못한다." 하고 벋대고 손으로 목을 가리키며 이르되 "빨리 베라." 하고 꾸짖기를 입에 그치지 아니하니, 도적의 장수가 크게 노하여 한 팔을 베고 이르되, "길을 가리키지 못하겠느냐?" 길원이 이르되, "팔 없는 사람이 무슨 일을 하리오?" 도적이 (길원을) 갈기갈기 베었다. 금상(今上)의 조(朝)에 정문(旌門)하셨느니라.

-리(미시)- + -롯(←-돗- : 감동)- + -오냐(←-ᄋ냐 : 의종, 판정)
22) 업슨 : 없(없다, 無)- + -∅(현시)- + -은(관전)
23) 므스 : 므스(← 므슷 : 무슨, 何, 관사, 지시, 미지칭)
24) 촌촌이 : [村村이, 갈기갈기(부사) : 촌(寸 : 명사) + 촌(寸 : 명사) + -이(부접)]

烈女

薛氏貞信 *

> 셜시[1]는 경쥐부 사름이니 아비 나히[2] 늘거 부방의[3] 당ᄒ연거늘[4]
> 쇼년[5] 가실이라[6] ᄒ리[7] 원ᄒ야[8] 딕힝ᄒ여지라[9] ᄒ여늘 아비 ᄀᆞᆯ오ᄃᆡ
> 원컨대[10] ᄯᆞᆯ로ᄡᅥ[11] 키[12] 뷔를[13] 받들게[14] 호리라[15] 이예 가실이 긔약[16]을
> 청흔대 셜이 ᄀᆞᆯ오ᄃᆡ 쳡이 이믜[17] ᄆᆞᄉᆞᆷ으로ᄡᅥ[18] 허ᄒ여시니[19] 주그미

---

* 薛氏貞信(셜씨정신) : 설씨(薛氏)가 정조가 굳고 믿음이 있다. [烈女 1 : 2]
1) 셜시 : 설씨(薛氏). 사람 이름이다.
2) 나히 : 나ᄒ(나이, 年) + -이(주조)
3) 부방의 : 부방(부방, 赴防) + -의(-에 : 부조, 위치) ※ '부방(赴防)'은 조선 시대에 다른 지방
   의 군대가 서북 변경을 방어하기 위하여 파견 근무를 하던 일이다.
4) 당ᄒ연거늘 : 당ᄒ[당하다 : 당(당, 當 : 불어)- + -ᄒ(동접)-] + -연(←-엿- : 과시)- + -거
   늘(-거늘 : 연어, 상황) ※ '-연-'의 종성 /ㄷ/은 7종성 체계에 따라서 /ㅅ/이 평파열음화한
   형태이다.
5) 쇼년 : 소년(少年)
6) 가실이라 : 가실(가실, 인명, 嘉實) + -이(서조)- + -Ø(현시)- + -라(←-다 : 평종)
7) ᄒ리 : ᄒ(하다, 謂)- + -ㄹ(관전) # 이(이, 人 : 의명) + -Ø(←-이 : 주조)
8) 원ᄒ야 : 원ᄒ[원하다 : 원(원, 願 : 명사) + -ᄒ(동접)-] + -야(←-아 : 연어)
9) 딕힝ᄒ여지라 : 딕힝ᄒ[대행하다 : 딕힝(대행, 代行 : 명사)- + -ᄒ(동접)-] + -여(←-어 : 연
   어) # 지(싶다 : 보용, 희망)- + -Ø(현시)- + -라(←-다 : 평종)
10) 원컨대 : 원ᄒ[← 원ᄒ다(원하다) : 원(원, 願 : 명사)- + -ᄒ(동접)-] + -건대(연어, 조건)
11) ᄯᆞᆯ로ᄡᅥ : ᄯᆞᆯ(딸, 女) + -로ᄡᅥ(-로써 : 부조, 방편)
12) 키 : 키(箕) ※ '키'는 곡식 따위를 까불러 쭉정이나 티끌을 골라내는 도구이다.
13) 뷔 : 뷔(빗자루, 箒) + -를(목조)
14) 받들게 : 받들[받들다, 奉 : 받(받다, 受)- + 들(들다, 擧)-] + -게(연어, 사동) ※ '키와 비를
   받들다'는 '시집 보내다'라는 의미로 쓰인 말이다.
15) 호리라 : ᄒ(← ᄒ다 : 하다, 보용, 사동)- + -오(화자)- + -리(미시)- + -라(←-다 : 평종)
16) 긔약 : 기약(期約)
   ※ 이때의 '긔약(期約)'은 문맥상 '혼인의 날을 정하는 약속'의 뜻으로 쓰였다.
17) 이믜 : 이미, 既(부사)
18) ᄆᆞᄉᆞᆷ으로ᄡᅥ : ᄆᆞᄉᆞᆷ(마음, 心) + -으로ᄡᅥ(-으로써 : 부조, 방편) ※ 이 시기에는 /ㅿ/이 사라지
   고 'ᄆᆞᄋᆞᆷ'의 형태로 쓰였으나, 여기서는 의고적인 표기로 'ᄆᆞᄉᆞᆷ'으로 표기했다. 그리고 '-으
   로ᄡᅥ'가 하나의 부사격 조사로 굳어서 쓰인 것으로 분석하였다.
19) 허ᄒ여시니 : 허ᄒ[← 許ᄒ다(허락하다) : 허(허, 許 : 불어)- + -ᄒ(동접)-] + -여시(←-아시

인고²⁰⁾ 변호미²¹⁾ 업스리라 딕호여²²⁾ 도라와 셩녜호미²³⁾ 늗디²⁴⁾ 아니호니라
이예 거우로를²⁵⁾ 딴려²⁶⁾ 신을²⁷⁾ 호여 호나홀²⁸⁾ 머므루다²⁹⁾ 드듸여 힝호야³⁰⁾
여슫³¹⁾ 히예 도라오디 아니호니 아비 닐오딕 처엄의³²⁾ 삼 년으로써
긔약호여시니³³⁾ 가히³⁴⁾ 다른 겨레³⁵⁾예 도라보낼³⁶⁾ 거시라 셜이 감히
졷디³⁷⁾ 아니호니 아비 강잉호야³⁸⁾ 무올³⁹⁾ 사름의게 혼인호려⁴⁰⁾ 호거늘

-：-았-, 완료)-＋-니(연어, 설명 계속, 이유)

20) 인고：인(← 잇다：있다, 有)-＋-고(연어, 나열, 대조) ※ '주그미 인고'는 문맥상 '죽음이 있을 지언정'으로 옮긴다. ※ '잇-'의 /ㄷ/은 7종성 체계에 따라서 /ㅅ/이 평파열음화한 형태이다.

21) 변호미：변호[← 변호다(변하다, 變하다)：변(변, 變：불어)＋-호(동접)-]-＋-옴(명전)＋-이(주조)

22) 딕호여：딕호[대하다(대신하다, 代身)：딕(대, 代：불어)＋-호(동접)-]-＋-여(←-아：연어)

23) 셩녜호미：셩녜호[← 셩녜호다(성례하다)：셩녜(성례, 成禮：명사)-＋-호(동접)-]-＋-옴(명전)＋-이(주조) ※ '셩례 → 셩녜'의 변동은 /ㄹ/이 /ㄴ/으로 비음화한 형태이다.

24) 늗디：늗(← 늦다：늦다, 晩)-＋-디(-지：연어, 부정) ※ '늗-'의 종성 /ㄷ/은 /ㅈ/이 평파열 음화한 형태이다.

25) 거우로를：거우로(거울, 鏡)＋-를(목조)

26) 딴려：딴리(부수뜨리다, 分)-＋-어(연어)

27) 신을：신(신, 신표, 信)＋-을(목조) ※ '신(信)'은 신표(信標), 곧 믿음의 증표이다.

28) 호나홀：호나ㅎ(← 호나ㅎ：하나, 一, 수사, 양수)＋-을(목조)

29) 머므루다：머므루[← 머믈우다(머물게 하다)：머믈(머물다, 留：자동)-＋-우(사접)-]-＋-∅ (과시)-＋-다(평종) ※ '호나홀 머므루다'는 문맥상 '하나를 보관하고 있었다'로 옮긴다.

30) 힝호야：힝호[행하다, 실제로 하다：힝(행, 行：불어)-＋-호(동접)-]-＋-야(←-아：연어) ※ '힝호다'는 어떤 일을 실제로 해 나가는 것이다.

31) 여슫：여슫(← 여슷：여섯, 六, 관사, 양수) ※ '여슷'의 /ㄷ/은 /ㅅ/이 평파열음화한 형태이다.

32) 처엄의：처엄[처음, 始：처(← 첫：始, 관사)＋-엄(명접)]＋-의(-에：부조, 위치)

33) 긔약호여시니：긔약호[기약하다：긔약(기약, 期約：명사)-＋-호(동접)-]-＋-여시(←-아 시-：완료)-＋-니(연어, 이유)

34) 가히：[가히, 능히, 可(부사)：가(가, 可：명사)＋-호(←-호-：형접)-＋-이(부접)]

35) 겨레：씨족(氏族) ※ 여기서 '다른 겨레'는 '다른 집안 사람(他族)'으로 옮긴다.

36) 도라보낼：도라보내[돌려보내다, 歸：돌(돌다, 回)-＋-아(연어)＋보내(보내다, 遣)-]-＋- ㄹ(관전)

37) 졷디：졷(← 좇다：좇다, 따르다, 從)-＋-디(-지：연어, 부정) ※ '졷-'의 /ㄷ/은 /ㅊ/이 평파 열음화한 형태이다.

38) 강잉호야：강잉호[무릅쓰다, 강제하다：강잉(강잉, 强仍：명사)-＋-호(동접)-]-＋-야(←- 아：연어) ※ '강잉(强仍)'은 억지로 참거나 마지못하여 그대로 하는 것이다. 여기서는 '강제 (强制)하다'의 뜻으로 쓰였다.

39) 무올：무올(← 무올ㅎ：마을, 村)

40) 혼인호려：혼인호[← 혼인호다(혼인하다, 婚姻)：혼인(혼인, 婚姻：명사)-＋-호(동접)-]-＋ -오려(-려：연어, 의도) ※ 문맥상 '혼인호다'는 '혼인시키다'로 옮긴다.

셜이 구디[41] 거스다[42] 이예 가실이 와셔 ᄣᅵ린 거우로 ᄡᅥ[43] 드리티니[44] 드듸여 다른 날로 언약ᄒᆞ야 녜를 일우니라[45]

설씨(薛氏)는 경주부(慶州府) 사람이니, (설씨의) 아버지가 나이가 늙어 부방(赴防)에 당(當)하였거늘, 소년(少年) 가실(嘉實)이라 하는 이가 원(願)하여 "대행(代行)하고 싶다." 하거늘, (설씨의) 아버지가 이르되, "원(願)컨대 (내) 딸로써 (당신을 위하여) 키와 빗자루를 받들게 하겠다." 이에 가실이 기약(期約)을 청(請)하니, 설이 이르되 "첩(妾)이 이미 마음으로써 허(許)하였으니, 죽음이 있을지언정 변(變)함이 없으리라. (저의 아버지를) 대신하고 돌아와 성례(成禮)하는 것이 늦지 아니하니라." 이에 거울을 부수어 신표(信標)를 삼아서 (깨어진 조각) 하나를 가지고 있었다. 드디어 (가실이) 행(行)하여 여섯 해에 돌아오지 아니하니, (설씨의) 아버지가 (설씨에게) 이르되 "처음에 삼년으로 기약(期約)하였으니 가히 다른 집안 사람(他族)에 돌려보낼 것이다." 설이 감히 좇지 아니하니 아버지가 강잉(强仍)하여 마을 사람에게 혼인(婚姻)시키려 하거늘, 설이 굳이 (아버지의 말을) 거슬렀다. 이에 가실이 와서 부수뜨린 거울을 가지고 (설씨의 집에) 들이닥치니, 드디어 다른 날로 언약(言約)하여 예(禮)를 이루었니라.

文氏墜崖 *

문시는[1] 광산현[2] 사름이니 강호문[3]의 안해라[4] 신우[5] 무진년의[6] 예[7]

---

41) 구디 : [굳이, 堅(부사) : 굳(굳다, 堅)- + -이(부접)]

42) 거스다 : 거스(← 거슬다 : 거스르다, 拒)- + -Ø(과시)- + -다(평종)

43) 거우로 ᄡᅥ : 거우로(← 거우루 : 거울, 鏡) # ᄡᅥ(그것으로써 : -로써, 부조, 방편) ※ 'ᄡᅥ'는 한문 원문의 '以'를 직역한 것인데, '~을 가지고'로 의역한다. 'ᄡᅥ'는 [ᄡᅳ(← ᄡᅳ다, 用 : 동사)- + -어(연어 ▷ 부접)]로 분석되는 파생 부사이다.

44) 드리티니 : 드리티[들이치다, 들이닥치다, 投 : 들(들다, 入 : 자동)- + -이(사접)- + -티(강접)-]- + -니(연어, 설명 계속, 이유)

45) 일우니라 : 일우[이루다, 成 : 일(이루어지다, 成)- + -우(사접)-]- + -Ø(과시)- + -니(원칙)- + -라(← -다 : 평종)

* 文氏墜崖(문씨추애) : 문씨(文氏)가 절벽에서 떨어지다. [烈女 1 : 11]

1) 문시는 : 문시[문씨, 文氏 : 문(문, 文 : 사람의 성씨) + -시(-씨, 氏 : 접미)] + -는(보조사, 주제)

2) 광산현 : 광산현(光山縣). 땅 이름이다.

3) 강호문의 : 강호문(康好文). 사람 이름이다.

4) 안해라 : 안해[아내, 妻 : 안ㅎ(안, 內) + -애(부조 ▷ 명접)] + -Ø(서조)- + -Ø(현시)- + -라(←

도적기⁸⁾ 사는 바⁹⁾ ᄆᆞᄋᆞᆯ희¹⁰⁾ ᄃᆞ라드니¹¹⁾ 문시 잡피믈¹²⁾ 니버¹³⁾ 도적기
모글 ᄆᆡ여¹⁴⁾ 핍박ᄒᆞ여 ᄒᆞ여곰 압셔¹⁵⁾ 가게 ᄒᆞ니 문시 면티¹⁶⁾ 몯홀
줄 알고 이예 어린 아ᄒᆡᄅᆞᆯ 기시¹⁷⁾ ᄣᅳ려¹⁸⁾ 나모 그르ᄒᆡ¹⁹⁾ 두고 큰
아ᄒᆡᄃᆞ려²⁰⁾ 닐러 ᄀᆞᆯ오ᄃᆡ 네 ᄯᅩᄒᆞᆫ²¹⁾ 여긔²²⁾ 이시라²³⁾ 쟝ᄎᆞᆫ²⁴⁾ 간슈ᄒᆞ리²⁵⁾
이시리라 아ᄒᆡ 강잉ᄒᆞ여 좃다²⁶⁾ 녜여²⁷⁾ 셕박²⁸⁾ 빙애²⁹⁾ 우희 니ᄅᆞ니

-다 : 평종)

5) 신우(辛禑) : 고려 제32대 왕인 우왕(禑王 : 재위 기간 1374~1388)을 이르는 말이다. 신돈(辛
   旽)의 시녀인 반야(般若)의 소생이다. 우왕이 이성계에 의해서 폐위된 왕이기 때문에 시호
   없이 신우(辛禑)라고 부르는데, 이는 우왕이 신돈(辛旽)의 자식이라는 뜻으로 붙인 이름이다.
6) 무진년의 : 무진년(무진년, 戊辰年) + -의(-에 : 부조, 위치)
7) 예 : 왜(倭). 현재의 일본이다.
8) 도적기 : 도적ㄱ(← 도적 : 도적, 盜賊) + -이(주조) ※ '도적기'은 '도적'의 종성 /ㄱ/을 'ㄱㄱ'
   으로 거듭 적은 형태이다.
9) 바 : 곳, 所(의명). '도적기 사ᄂᆞᆫ 바 ᄆᆞᄋᆞᆯ희 ᄃᆞ라드니'는 '도적이 (문씨가) 사는 곳의 마을에
   달려드니'의 뜻이다.
10) ᄆᆞᄋᆞᆯ희 : ᄆᆞᄋᆞᆯㅎ(마을, 村) + -의(-에 : 부조, 위치)
11) ᄃᆞ라드니 : ᄃᆞ라드[← ᄃᆞ라들다(달려들다, 突入) : ᄃᆞᆯ(← ᄃᆞᆮ다 : ᄃᆞᆮ다, 달리다, 走)- + -아(연
    어) + 드(← 들다 : 들다, 入)-]- + -니(연어, 설명 계속, 이유)
12) 잡피믈 : 잡피[← 자피다(잡히다, 被擄) : 잡(잡다, 擄 : 타동)- + -히(피접)-]- + -ㅁ(명전) +
    -을(목조)
13) 니버 : 닙(입다, 당하다, 被)- + -어(연어)
14) ᄆᆡ여 : ᄆᆡ(매다, 繫)- + -여(← -어 : 연어)
15) 압셔 : 압셔[앞서다 : 압(← 앞 : 앞, 前) + 셔(서다, 立)-]- + -∅(← -어 : 연어)
16) 면티 : 면ᄒᆞ[← 면ᄒᆞ다(면하다) : 면(면, 免 : 불어) + -ᄒᆞ(동접)-]- + -디(-지 : 연어, 부정)
17) 기시 : 깃(포대기, 襁褓) + -의(-에 : 부조, 위치)
18) ᄣᅳ려 : ᄣᅳ리(싸다, 裏)- + -어(연어) ※ 'ᄡᅳ리다(15C) 〉 ᄣᅳ리다(17C)'로 형태가 바뀌었는데, /
    ㄲ/의 된소리 표기가 'ㅄ'에서 'ㅳ'으로 바뀐 형태이다.
19) 그르ᄒᆡ : 그르ㅎ(← ᄀᆞ늘ㅎ : 그늘, 陰) + -의(-에 : 부조, 위치) ※ '그르ᄒᆡ'는 'ᄀᆞ늘ᄒᆡ'를 오기
    한 형태이다.
20) 아ᄒᆡᄃᆞ려 : 아ᄒᆡ(아이, 孩) + -ᄃᆞ려(-더러, -에게 : 부조, 상대)
21) ᄯᅩᄒᆞᆫ : [또한, 又(부사) : ᄯᅩ(또, 又 : 부사) + ᄒᆞ(하다, 爲)- + -ㄴ(관전▷관접)]
22) 여긔 : 역(← 여기 : 여기, 此, 지대, 정칭) + -의(-에 : 부조, 위치)
23) 이시라 : 이시(있다, 在)- + -라(명종)
24) 쟝ᄎᆞᆫ : 쟝ᄎᆞᆫ(← 쟝ᄎᆞᆺ : 장차, 將, 부사) ※ '방ᄎᆞᆺ'가 '쟝ᄎᆞᆫ'로 바뀐 것은 7종성 체계에 따라서 /
    ㅅ/이 /ㄷ/으로 평파열음화한 형태이다.
25) 간슈ᄒᆞ리 : 간슈ᄒᆞ[간수하다, 보호하다 : 간슈(간수, 看守 : 명사) + -ᄒᆞ(동접)-]- + -ㄹ(관전)
    # 이(이, 人 : 의명) + -∅(← -이 : 주조)
26) 좃다 : 좃(← 좇다 : 좇다, 따르다, 從)- + -∅(과시)- + -다(평종)

32   제1부 17세기 옛글

노픠[30] 가히 일쳔 자히라[31] 문시 흔가지로 자피인[32] ᄆᆞᄋᆞᆯ 겨집ᄃᆞᆯ려
닐러 글오ᄃᆡ 도적긔게[33] 더러이고[34] 사라시모론[35] ᄆᆞᄆᆞᆯ 조히[36] ᄒᆞ야
주그매[37] 나아감 만[38] 근디 몯ᄒᆞ다 ᄒᆞ고 이예 ᄆᆞᄆᆞᆯ ᄠᅥᆯ뎌[39] ᄂᆞ려디니[40]
도적기 아ᄒᆡᄅᆞᆯ 주기고 가다[41] 졀벽 아래 며래덩울[42]이 이셔 죽디
아니믈[43] 어ᄃᆞ니라[44]

문씨(文氏)는 광산현(光山縣)의 사람이니 강호문(康好文)의 아내이다. 신우(辛禑) 무진년(戊辰年)에 왜(倭) 도적이 (문씨가) 사는 곳의 마을에 달려드니, 문씨가 잡힘을 당하여 도적이 (문씨의) 목을 매어 핍박(逼迫)하여 (문씨로) 하여금 앞서서 가게 하니, 문씨가 (죽음을) 면(免)치 못할 줄을 알고, 이에 어린 아이를 보자기에 싸서 나무 그늘에 두고, 큰 아이에게 일러 말하되 "너 또한 여기에 있어라. 장차 너를 간수(看守)할

---

27) 녜여 : 녜(← 녀다 : 가다, 行)- + -여(← -어 : 연어)

28) 셕박 : 셕벽(石壁)

29) 빙애 : 벼랑, 崖.

30) 노픠 : [높이, 高(명사) : 높(높다, 高 : 형사)- + -의(명접)] + -Ø(← -이 : 주조)

31) 자히라 : 자ㅎ(자, 尺 : 의명) + -이(서조)- + -Ø(현시)- + -라(← -다 : 평종)

32) 자피인 : 자피이[← 자피다(잡히다, 被擄) : 잡(잡다, 擄)- + -히(피접)-]- + -Ø(과시)- + -ㄴ(관전) ※ '자피인'은 '자핀'를 오각한 형태이다.

33) 도적긔게 : 도적ㄱ(← 도적 : 도적, 盜賊) + -의게(-에게 : 부조, 상대) ※ '도적긔게'는 '도적'의 종성 /ㄱ/을 'ㄱㄱ'으로 거듭 적은 형태이다.

34) 더러이고 : 더러이[더럽히다 : 더러(← 더럽다, ㅂ불 : 더럽다, 汚)- + -이(사접)-]- + -고(연어, 계기)

35) 사라시모론 : 살(살다, 生)- + -아시(완료)- + -ㅁ(명전) + -오론(← -ᄋᆞᆫ : 보조사, 주제) ※ '사라시모론'은 '사라시ᄆᆞᆫ'을 오각한 형태인데, '살아 있는 것은'으로 의역하여 옮긴다.

36) 조히 : [깨끗이, 맑게, 潔(부사) : 조ㅎ(← 좋ᄒᆞ다 : 깨끗하다, 맑다, 潔)- + -이(부접)]

37) 주그매 : 주금[죽음, 죽는 것, 死 : 죽(죽다, 死)- + -음(명전)] + -애(-에 : 부조, 위치)

38) 만 : 만(의명, 비교)

39) ᄠᅥᆯ뎌 : ᄠᅥᆯ티[떨치다, 振 : ᄠᅥᆯ(떨다, 振)- + -티(강접)-]- + -어(연어)

40) ᄂᆞ려디니 : ᄂᆞ려디[내려지다, 떨어지다, 墜 : ᄂᆞ리(내리다, 降)- + -어(연어) + 디(지다 : 보용, 피동)-]- + -니(연어, 설명의 계속, 이유)

41) 가다 : 가(가다, 行)- + -Ø(과시)- + -다(평종)

42) 며래덩울 : 담쟁이덩굴, 蘿蔓.

43) 아니믈 : 아니[← 아니ᄒᆞ다(아니하다, 不 : 보용, 부정) : 아니(아니, 不 : 부사, 부정) + -Ø(← -ᄒᆞ- : 동접)-]- + -ㅁ(명전) + -을(목조)

44) 어ᄃᆞ니라 : 얻(얻다, 得)- + -Ø(과시)- + -ᄋᆞ니(원칙)- + -라(← -다 : 평종)

이가 있으리라." 아이가 강잉(强仍)하여 (어머니의 말을) 좇았다. (문씨가) 가서 석벽 벼랑 위에 이르니 높이가 가히 일천 자이다. 문씨가 (자기와) 마찬가지로 잡힌 마을 여자에게 일러 말하되, "도적에게 더럽히고 살아 있는 것은 몸을 깨끗이 하여 죽음에 나아가는 것만 같지 못하다." 하고, 이에 몸을 떨쳐서 (석벽 벼랑에서) 떨어지니 도적이 아이를 죽이고 갔다. 절벽 아래 담쟁이덩굴이 있어서 (문씨가) 죽지 아니하는 것을 얻었느니라.

千玉節行 *

    ᄉ비[1] 쳔옥[2]은 박쳔군[3] 사ᄅᆞᆷ이니 의원 뉴극슌[4]의 쳡이라 임진왜난의 남진이[5] 평양 싸홈의 가 죽거늘 쳔옥이 듣고 긔절ᄒᆞ엿다가[6] 다시 ᄭᆡ야[7] 도적의 딘[8]의 가 몸소 지아븨[9] 주검을[10] ᄎᆞ자 엇디[11] 몯ᄒᆞ야 쟝ᄎᆞᆺ[12] 믈의 ᄃᆞ라들고져[13] ᄒᆞ거를[14] ᄆᆞ을 사ᄅᆞᆷ이 ᄃᆞ라가[15] 구ᄒᆞ여 시러곰[16]

---

* **千玉節行**(천옥절행) : 천옥(千玉)의 절개를 지키는 행실. [烈女 3 : 43]
1) ᄉ비 : 사비(私婢). 사가(私家)에서 부리던 여자 노비이다.
2) 쳔옥은 : 천옥(千玉). 사람 이름이다. ※ '텬옥〉쳔옥'은 /ㅌ/이 /ㅊ/으로 구개음화한 예이다.
3) 박쳔군 : 박천군(博川郡). 땅 이름이다.
4) 뉴극슌의 : 유극순(劉克純). 사람 이름이다. ※ '류극슌〉뉴극슌'의 변화는 'ㄹ' 두음 법칙이 적용된 결과이다.
5) 남진이 : 남진(남편, 지아비, 夫) + -이(주조)
6) 긔절ᄒᆞ엿다가 : 긔절ᄒᆞ[기절하다 : 긔절(기절, 氣絶 : 명사) + -ᄒᆞ(동접)-]- + -엿(완료)- + -다가(연어, 전환)
7) ᄭᆡ야 : ᄭᆡ(깨다, 甦)- + -야(←-아 : 연어)
8) 딘 : 진(陣). 진영(陣營). 군대가 진을 치고 있는 곳이다.
9) 지아븨 : 지압[←지아비, 夫 : 지(←집 : 집, 家) + 아비(아버지, 父)] + -의(관조) ※ '지아비'는 원래 [집(집, 家) + -ㅅ(사잇) + 아비(아버지, 父)]로 분석되는 합성어였는데, '짒아비〉짓아비〉지아비'로 변화했다. 마찬가지로 '지어미'도 '짒어미〉짓어미〉지어미'로 변화했다.
10) 주검을 : 주검[주검, 시체, 屍 : 죽(죽다, 死 : 자동)- + -엄(명접)] + -을(목조)
11) 엇디 : 엇(←얻다 : 얻다, 得)- + -디(-지 : 연어, 부조) ※ '엇디'는 종성 /ㄷ/을 'ㅅ'으로 적은 형태이다.
12) 쟝ᄎᆞᆺ : 쟝ᄎᆞᆺ(←쟝ᄎᆞ : 장차, 부사)
13) ᄃᆞ라들고져 : ᄃᆞ라들[달려들다, 趁 : 들(←ᄃᆞᆮ다 : 닫다, 달리다, 走)- + -아(연어) + 들(들다, 入)-]- + -고져(-고자 : 연어, 의도)
14) ᄒᆞ거를 : ᄒᆞ(하다, 爲)- + -거를(←-거늘 : -거늘, 연어, 상황)
15) ᄃᆞ라가 : ᄃᆞ라가[달려가다, 奔 : 들(←ᄃᆞᆮ다, ᄃᆞᆯ : 닫다, 달리다, 走)- + -아(연어) + 가(가다,

면ᄒ다¹⁷⁾ 인ᄒ여¹⁸⁾ 그 지아븨¹⁹⁾ 평ᄉᆡᆼ²⁰⁾ 버힌²¹⁾ 바 손톱과 ᄠᅥ러딘²²⁾ 바
나놋과²³⁾ 머리털을 가져다가 주머니 가온대 담고 ᄯᅩ 그 머리터럭²⁴⁾을
버혀 ᄒᆞᆫᄃᆡ²⁵⁾ 봉ᄒ여 념습ᄒ야²⁶⁾ 곽의²⁷⁾ 녀코²⁸⁾ 몸의 기상 오슬 닙고
흙을 져 무덤을 일오고 거적의 줌자고 밥을 폐ᄒ고 졔ᄉᆞᄒ기를 졍셩을
다ᄒ고 ᄉᆞ졀²⁹⁾의 새 오슬 지어 분묘 알픠 가 블³⁰⁾ 디르더라³¹⁾ 쇼경대
왕³²⁾ 됴애 졍문ᄒ시니라

사비(私婢)인 천옥(千玉)은 박천군(博川郡)의 사람이니, 의원(醫員)인 유극순(劉克純)의 첩이다. 임진왜란에 남편이 평양 싸움에 가서 죽거늘, 천옥이 (그 일을) 듣고 기절(氣節)하였다가 다시 깨어, 도적의 진영(陣營)에 가서 몸소 지아비의 주검을 찾았는데, (주검을) 얻지 못하여 장차 물에 달려들고자 하거늘, 마을 사람이 달려가 (천옥)을 구(救)하여 능히 (죽음을) 면(免)하였다. 인(因)하여 그 지아비가 평생(살아 있을 때) 벤

去)-]- + -아(연어)
16) 시러곰 : [능히, 得(부사) : 실(← 싣다, ㄷ불 : 얻다, 得)- + -어(연어▷부접) + -곰(보조사, 강조)]
17) 면ᄒ다 : 면ᄒ[면하다 : 면(면, 免 : 불어)- + -ᄒ(동접)-]- + -∅(과시)- + -다(평종)
18) 인ᄒ여 : 인ᄒ[인하다 : 인(인, 因 : 불어)- + -ᄒ(동접)-]- + -여(←-아 : 연어)
19) 지아븨 : 지압[← 지아비, 夫 : 지(← 집 : 집, 家) + 아비(아버지, 父)] + -의(관조, 의미상 주격)
   ※ '지아븨'는 관형절에 쓰인 주격으로 의역하여 '지아비가'로 옮긴다.
20) 평ᄉᆡᆼ : 평생(平生). ※ 문맥상 '평상시'나 '살아 있을 때'로 의역한다.
21) 버힌 : 버히[베다, 剪 : 벛(베어지다 : 자동)- + -이(사접)-]- + -∅(과시)- + -ㄴ(관전)
22) ᄠᅥ러딘 : ᄠᅥ러디[떨어지다, 落 : ᄠᅥᆯ다(떨다, 離)- + -어(연어) + 디(지다, 落)-]- + -∅(과시)- + -ㄴ(관전)
23) 나놋과 : 나놋(← 나롯 : 나룻, 수염, 髭髮) + -과(접조)
24) 머리터럭 : [머리털, 頭髮 : 머리(머리, 頭) + 터럭(털, 髮)]
25) ᄒᆞᆫᄃᆡ : [한데, 한 곳, 同處(명사) : ᄒᆞᆫ(한, 一 : 관사, 양수) + ᄃᆡ(데, 곳, 處 : 의명)]
26) 념습ᄒ야 : 념습ᄒ[염습하다 : 념습(염습, 殮襲 : 명사)- + -ᄒ(동접)-]- + -야(←-아 : 연어)
   ※ '념습(殮襲)'은 시신을 씻긴 뒤 수의로 갈아입히고 염포로 묶는 것이다. '렴습〉념습'의 변화는 'ㄹ' 두음 법칙이 적용된 결과이다.
27) 곽의 : 곽(곽, 관, 棺) + -의(-에 : 부조, 위치)
28) 녀코 : 넣(넣다, 숨)- + -고(연어, 계기)
29) ᄉᆞ졀의 : ᄉᆞ졀(사절, 사계절, 四節) + -의(-에 : 부조, 위치)
30) 블 : 불(火)
31) 디르더라 : 디르(지르다, 焚)- + -더(회상)- + -라(←-다 : 평종)
32) 쇼경대왕 : 소경대왕(昭敬大王). 조선 제14대 왕인 선조(宣祖) 임금의 시호(諡號)이다.

손톱과 떨어진 수염과 머리털을 가져다가 주머니 가운데 담고, 또 그 머리털을 베어서 함께 봉(封)하여 염습(殮襲)하여 관에 넣고, 몸에 거상(居喪) 옷을 입고 흙을 져서, 사절(四節)에 새 옷을 지어서 분묘(墳墓) 앞에 가서 불을 지르더라. 소경대왕(昭敬大王)의 조(朝)에 정문(旌門)하셨니라.

2. 노걸대언해

16세기 초에 간행된『번역노걸대』(飜譯老乞大)와 17세기에 간행된『노걸대언해』(老乞大諺解)는 한문본인『노걸대』(老乞大)를 한글로 번역한 책이다.『노걸대언해』는 대략 조선 현종 때에 정상국(鄭相國)이 1670년에 발간한 것으로 추측한다.

『노걸대언해』는 중종 때에 최세진이 지은『번역노걸대』(飜譯老乞大, 1517년 이전)를 참고하여 한문본『노걸대』를 언해한 것으로 보인다. 곧『노걸대언해』는 여러 면에서 『번역노걸대』에 나타난 한문 해석과 한글 표기 원리를 반영하고 있으며, 오각(誤刻)을 바로잡고 빠진 원문을 채워 넣었다. 따라서『번역노걸대』와『노걸대언해』를 비교하면 16세기 초의 중세 국어와 17세기 말의 근대 국어의 모습의 차이를 알 수 있다.

이 책은 상권과 하권의 2권 2책으로 되어 있으며, 대화의 구절마다 주석을 달았고 한자 원문과 언해문 사이의 경계 표시를 권점 ○으로 표시했다. 현재『노걸대언해』의 원본은 서울대학교 규장각에 소장되어 있다.

『노걸대언해』를 중종 때에 발간된『번역노걸대』와 비교하면, 다음과 같은 국어학적인 특징이 나타난다.

첫째,『번역노걸대』에서 쓰였던 'ㅿ'과 'ㆁ'의 글자가 쓰이지 않았다.

　(보기) ᄆᆞᅀᆞᆷ〉ᄆᆞ음, 요ᄉᆞᅀᅵ〉요ᄉᆞ이, 가ᅀᆞᆯ히〉ᄀᆞᄋᆞᆯ히 ; 일뎡〉일뎡, ᄀᆞ쟝〉ᄀᆞ쟝, 밍ᄀᆞᆯ며〉
　　　　밍ᄀᆞᆯ며, 형ᅌᅡ〉형아

둘째, 단어의 첫 머리에 'ㅂ'계와 'ㅅ'계 합용 병서는 나타나지만, 'ㅄ'계 합용 병서는 나타나지 않는다. 그리고 각자 병서는 'ㅆ'만 쓰였다. 특히 'ㅳ'이 쓰인 것은 16세기 초에 발간된『번역노걸대』의 영향 때문인 것으로 보인다.

　(보기) ① 'ㅂ'계 합용 병서의 예 : 뻐난다, 뜬, 뻐늘히, 쓰ᄂᆞᆫ, 대ᄯᅩᆨ, 코쮠믈, ᄠᅳ고
　　　　② 'ㅅ' 계 합용 병서의 예 : 써시며, 아니커니ᄯᅥ녀, ᄶᅢ혀
　　　　③ 각자 병서의 예 : 써, 써쇼ᄃᆡ, 써시되, 쓰고, 쓰던가

셋째, 음절 말에 실현되는 /ㄷ/을 'ㅅ'으로 표기한 예가 보인다.

(보기) 곧→곳, 듣보니→둣보니, 믿디〉밋디디, 듣디→둣디, 다듣디→다둣디, 얼고져→엇고져

넷째, 대체로 이어적기(連綴)로 표기하였으나, 끊어적기(分綴)나 거듭적기(重綴)로 표기한 곳도 더러 보인다.

(보기) ① 끊어적기의 예 : 사룸이, 조식이며, 대똑에, 일홈을
② 거듭적기의 예 : 알픠셔→앏픠셔, 비체→빗체, 구트니는→굿트니는

다섯째, 음절의 종성을 재음소화하여 표기하는 경우가 있다.

(보기) 알프로→앏흐로

여섯째, 'ㄹ' 두음 법칙, 비음화, 구개음화가 적용된 예는 흔히 나타나지만, 원순 모음화가 적용된 예는 드물게 나타난다. 이는 16세기 초에 발간된 『번역노걸대』의 영향을 받은 것으로 보인다.

(보기) ① 'ㄹ' 두음 법칙의 예 : 릭일〉닉일, 련구ᄒ기〉년구ᄒ기, 열닷량〉열닷냥, 리천을〉니천을
② 비음화의 예 : 나듣니기〉나든니기, 돋녀오리라, 돈녀오리라, 맛나〉만나, 잇ᄂ냐〉읻ᄂ냐〉인ᄂ냐
③ 구개음화의 예 : 마디〉마지
④ 원순 모음화의 예 : 브리워〉부리워

일곱째, '-옴/-움', '-오려/-우려' 등의 어미의 형태가 '-음/-ㅁ', '-ᄋ려/-으려' 등으로 표기되는 경우가 있다. 반면에 '-오ᄃ'의 /ㅗ/는 그대로 유지되고 있다.

(보기) 니로미〉니ᄅ미 ; 바도려〉바드려, 호려〉ᄒ려, 니보려〉니브려 ; 호ᄃ, 닐오ᄃ, 의논ᄒᄃ

여덟째, 명사형 전성 어미로서 '-기'가 쓰인 것이 늘어났다.

(보기) 글 니ᄅ기를 뭇고, 글 외오기 ᄒ야, 예셔 셔울 가기, 콩 숨기를, 블 씻기 ᄒᄂ

다, 고기 봇기

아홉째, '-노라(-ᄂᆞ- + -오- + -라)'와 '-롸(-오- + -라)'를 제외하고는 화자 표현과 대상 표현의 선어말 어미 '-오-/-우-'가 거의 실현되지 않는다. 따라서 '-노라'나 '-롸'에서도 화자 표현의 선어말 어미를 분석하지 않는다.

열째, /ㅎ/으로 끝나는 체언은 대부분 /ㅎ/을 그대로 유지하고 있으나, 매우 드물게 체언이 끝소리 /ㅎ/이 탈락한 예도 보인다.

　(보기) ㅎ나흘, 세흘, 우희, 짜히만, 뒤흐로 ; 우에ᄂᆞᆫ〉우에는

열한째, 보조 용언 구성이었던 '-어 잇-'이나 '-어 이시-'가 하나의 형태로 굳어져서, '-앗-/-엇-/-얏-/-엿-'이나 '-아시-/-어시-/-야시-/-여시-' 등과 같이 완료를 나타내는 선어말 어미로 쓰이게 되었다.

　(보기) 다ᄃᆞ라ᄭᅥ든, ᄶᅵ엇드라 ; 못ᄒᆞ엿노니, 몯ᄒᆞᆫ얏ᄂᆞ냐 ; 두어시니, 못ᄒᆞ여시니, 뎡
　　　　ᄒᆞ야시니

열두째, 중세 국어와 마찬가지로 동사가 서술어로 쓰일 때에 과거 시제를 나타내는 무형의 형태소 '-Ø-'가 그대로 유지되고 있다.

　(보기) 어제 ᄀᆞᆺ 오니라, 네 뉘손ᄃᆡ 글 빈혼다, 내 高麗 王京으로셔브터 오롸

열셋째, 의문형 어미의 형태가 중세 국어에서처럼 2인칭의 의문형 형태인 '-ㄴ다'가 쓰이고 있는데, 이는 16세기 초에 발간된 『번역노걸대』의 영향인 것으로 보인다.

　(보기) 네 어드러로셔브터 온다, 네 每日 므슴 공부ᄒᆞᄂᆞᆫ다

『노걸대언해』는 초기 근대 국어의 모습이 일부 반영되어 있음을 알 수 있다. 그러나 『노걸대언해』는 16세기 초에 간행된 『번역노걸대』의 영향으로 화자 표현, 확인 표현, 과거 시제 표현, 의문 표현 등에서 중세 국어의 특징이 그대로 남아 있다.

老乞大諺解 下

[장면 1. 고려 상인이 친척인 이가(李家)를 찾으러 여관에 들르다]*

高 : 읍ᄒᆞ노이다[1] 큰형아。이 뎜[2]에 모시뵈[3] ᄑᆞᆯ 高麗ㅅ 나그내 李개[4]
　　잇ᄂᆞ냐[5]。

主 : 네 뎌[6]를 ᄎᆞ자 므슴 ᄒᆞᆯᄯᅡ[7]。

高 : 내 뎌의 권당이러니[8] 앗가[9] ᄀᆞᆺ 高麗ㅅ ᄯᅡ호로셔[10] 오롸[11]。

主 : 앗가 ᄀᆞᆺ 나가시니[12] 羊 져제[13] 모롱이[14]를 향ᄒᆞ야 가니라[15]。제[16]
　　닐오ᄃᆡ 즉제[17] 오려 ᄒᆞ더니 네 아직[18] 나갓다가[19] ᄒᆞᆫ 디위[20]

---

* [장면 1]에서 '高'는 고려 상인이며, '主'은 고려 상인이 찾아간 여관의 주인(主人)이다.

1) 읍ᄒᆞ노이다 : 읍ᄒᆞ[읍하다 : 읍(읍, 揖 : 명사) + −ᄒᆞ(동접)−] + −−ᄂᆞ(현시)− + −오(화자) + −이(상높, 아주 높임) + −다(평종) ※ '읍(揖)'은 인사하는 예(禮)의 하나이다. 여기서는 '인사드립니다.'로 옮긴다. 그리고 '−오−'는 중세 국어에 쓰인 화자 표현의 선어말 어미인 '−오−'의 잔영이다.
2) 뎜 : 점(店). 가게.
3) 모시뵈 : [모시베 : 모시(모시, 紵) + 뵈(베, 布)]
4) 李개 : 李가[이가, 李哥 : 李(명사) + −哥(−가 : 접미)] + −ㅣ(←−이 : 주조) ※ '李가'는 이씨의 성씨를 가진 사람이다.
5) 잇ᄂᆞ냐 : 잇(← 이시다 : 있다, 在)− + −ᄂᆞ(현시)− + −냐(의종, 판정)
6) 뎌 : 저, 그, 彼(인대, 정칭).
7) ᄒᆞᆯᄯᅡ : ᄒᆞ(하다, 爲)− + −ㄹᄯᅡ(← ㄹ따 : 의종, 2인칭, 미시)
8) 권당이러니 : 권당(친척, 眷黨) + −이(서조)− + −러(←−더− : 회상)− + −니(연어, 설명 계속)
9) 앗가 : 아까(부사)
10) ᄯᅡ호로셔 : ᄯᅡ호(땅, 地) + −으로셔(−으로서 : 부조, 출발점)
11) 오롸 : 오(오다, 來)− + −∅(과시)− + −롸(←−오라 : 평종, 화자) ※ '−롸'는 화자 표현의 선어말 어미인 '−오−'에 평서형 종결 어미인 '−라(←−다)'가 축약된 형태이다.
12) 나가시니 : 나가[나가다, 出 : 나(나다, 出)− + 가(가다, 去)−] + −아시(완료)− + −니(연어, 설명 계속)
13) 羊 져제 : 羊(양) # 져제(저자, 시장, 市) ※ '양 져제'는 양(羊)을 사고파는 시장이다.
14) 모롱이 : 모롱이(角頭). 산모퉁이의 휘어 둘린 곳이다.
15) 가니라 : 가(가다, 去)− + −∅(과시)− + −니(원칙)− + −라(←−다 : 평종)
16) 제 : 저(자기, 己 : 인대, 재귀칭) + −ㅣ(←−이 : 주조)
17) 즉제 : 즉시, 便(부사)

기드려 다시 오나라²¹⁾.

高 : 이믜 제²²⁾ 羊 져재 모롱이에 가시면²³⁾ 쏘 머디 아니ᄒ니 내 그저 예셔²⁴⁾ 기들오리라²⁵⁾.

主 : 네 ᄆᆞ음으로²⁶⁾ 기들오라.

高 : 제 어늬²⁷⁾ 방의 브리워²⁸⁾ 잇ᄂ뇨²⁹⁾.

主 : 뎌 西南 모해³⁰⁾ 바즈문³¹⁾ 남녁 죠고만 널문³²⁾이 그라³³⁾.

高 : 제 나가시면 집 보리³⁴⁾ 잇ᄂ냐.

主 : ᄒᆞᆫ 져므니³⁵⁾ 잇더니 예 업스니 나간 듯 ᄒ다.

高 : 인사드립니다. 큰형아. 이 점(店)에 모시베를 팔 高麗(고려)의 나그내 李(이)가가 있느냐?

主 : 네가 그를 찾아 무엇을 하겠는가?

---

18) 아직 : 잠깐, 且(부사). ※ 여기서 '아직'은 원문에 쓰인 '且'를 미루어 볼 때 '잠깐'으로 옮긴다.

19) 나갓다가 : 나가[나가다, 出 : 나(나다, 出)-+-가(가다, 去)-]-+-앗(완료)-+-다가(연어, 전환)

20) 디위 : 번, 番(의명)

21) 오나라 : ① 오(오다, 來)-+-나(확인)-+-라(명종) ② 오(오다, 來)-+-나라(-너라 : 명종)

22) 제 : 져(저 사람, 他 : 인대, 재귀칭)+-ㅣ(←-이 : 주조) ※ '저'는 원래 '자기(己)'의 뜻을 나타내는 재귀의 인칭 대명사이지만, 여기서는 '저 사람'이라는 뜻으로 쓰였다.

23) 가시면 : 가(가다, 行)-+-이시(완료)-+-면(연어, 조건)

24) 예셔 : 예(여기, 這 : 지대)+-셔(-서 : 보조사, 위치 강조)

25) 기들오리라 : 기들오(기다리다, 待)-+-리(미시)-+-라(←-다 : 평종)

26) ᄆᆞ음으로 : ᄆᆞ음(마음, 心)+-으로(부조, 방편) ※ 'ᄆᆞ음으로'는 '마음대로, 좋을 대로'의 뜻으로 쓰였다.

27) 어늬 : 어느, 何(관사)

28) 브리워 : 브리우(짐을 부리다, 下)-+-어(연어)

29) 잇ᄂ뇨 : 잇(있다 : 보용, 완료)-+-ᄂ(현시)-+-뇨(-냐 : 의종, 설명)

30) 모해 : 모ᄒ(모퉁이, 角)+-애(-에 : 부조, 위치)

31) 바즈문 : [바자문, 芭籬門 : 바즈(바자, 芭籬)+문(문, 門)] ※ '바자(芭)'는 울타리에 드나들 수 있도록 낸 사립문대로서, 갈대, 수수깡, 싸리 따위로 발처럼 엮거나 결어서 만든 물건이다. 울타리를 만드는 데에 쓰인다.

32) 널문 : [널문 : 널(널빤지, 板)+문(문, 門)] ※ '널문'은 널빤지로 만든 문이다.

33) 그라 : 그(거기, 븓 : 지대)+-ㅣ(←-이- : 서조)-+-Ø(현시)-+-라(←-다 : 평종)

34) 집 보리 : 집(집, 家) # 보(보다, 看)-+-ㄹ(관전) # 이(이, 人 : 의명)+-Ø(←-이 : 주조)

35) 져므니 : [젊은이, 後生來 : 졈(젊다, 幼)-+-은(관전)+이(이, 人 : 의명)]+-Ø(←-이 : 주조)

高 : 내가 그의 권당(眷黨)이니, 아까 막 高麗(고려)의 땅으로부터 왔다.

主 : (그가) 아까 막 나갔으니, 羊(양) 시장의 모롱이를 향하여 갔느니라. 자기가 이르
되 즉시 오려 하더니, 네가 잠간 나갔다가 한번 기다려 다시 오너라.

高 : 이미 그가 羊(양) 시장의 모롱이에 갔으면, (여기서 시장이) 또 멀지 아니하니 내가
그저 여기서 (그를) 기다리겠다.

主 : 네 마음대로 기다려라.

高 : 그가 어느 방에 (짐을) 부려 (두고) 있느냐?

主 : 저 西南(서남) 모퉁이에 (있는) 바자문 남쪽의 조그만 널문이 거기이다.

高 : 그가 나갔으면 집을 볼 사람이 있느냐?

主 : 한 젊은이가 있더니, (지금) 여기에 없으니, (밖에) 나간 듯하다.

主 : 네 高麗 싸히셔³⁶⁾ 므슴 貨物³⁷⁾ 가져온다³⁸⁾。

高 : 내 여러 필 물을 가져오롸³⁹⁾。

主 : 쏘 므슴 貨物 잇ᄂ뇨。

高 : 다른 아모 것도 업고 져기⁴⁰⁾ 人蔘과 모시뵈 잇다。

主 : 이제 깁시⁴¹⁾ 엇더ᄒ뇨。

高 : 갑시 如常ᄒ오되⁴²⁾ 人蔘은 졍히⁴³⁾ 업스니 갑시 ᄀ장 됴ᄒ니라⁴⁴⁾。

主 : 이제 언머⁴⁵⁾에 ᄑ는고⁴⁶⁾。

---

36) 싸히셔 : 싸ㅎ(땅, 地) + -이셔(-에서 : 부조, 위치)
37) 貨物 : 화물. 운반할 수 있는 유형(有形)의 재화나 물품을 통틀어 이르는 말이다.
38) 가져온다 : 가져오[가져오다, 來 : 가지(가지다, 持)- + -어(연어) + 오(오다, 來)-]- + -∅(과
시)- + -ㄴ다(-는가 : 의종, 2인칭)
39) 가져오롸 : 가져오[가져오다, 來 : 가지(가지다, 持)- + -어(연어) + 오(오다, 來)-]- + -∅(과
시)- + -롸(← -오라 : 평종, 화자)
40) 져기 : [적이, 조금, 小(부사) : 젹(적다, 小)- + -이(부접)]
41) 깁시 : 깁(← 값 : 값, 價錢) + -이(주조) ※ '깁시'는 '갑시'를 오각한 형태이다.
42) 如常ᄒ오되 : 如常ᄒ[여상하다 : 如常(여상 : 불어)- + -ᄒ(형접)-]- + -오되(-되 : 연어, 설명 계
속) ※ '如常(여상)'은 평시나 보통 때와 같은 것이다.
43) 졍히 : [정말로, 진정으로, 正(부사) : 졍(정, 正 : 불어) + -ᄒ(← -ᄒ- : 형접)- + -이(부접)]
44) 됴ᄒ니라 : 둏(좋다, 好)- + -∅(현시)- + -으니(원칙)- + -라(← -다 : 평종)
45) 언머에 : 언머(얼마, 多少 : 지대, 미지칭) + -에(부조, 위치, 기준)
46) ᄑ는고 : ᄑ(← ᄑᆞᆯ다 : 팔다, 賣)- + -ᄂ(현시)- + -ㄴ고(-ㄴ가 : 의종, 설명)

高 : 往年⁴⁷⁾은 그저 서 돈에 흔 근식이러니⁴⁸⁾ 이제 폴 리⁴⁹⁾ 업슴으,
　　　 널빤지로 만든 문로⁵⁰⁾ 닷 돈에 흔 근식이라도⁵¹⁾ 어들 듸⁵²⁾ 업스니라.
主 : 네 뎌 蔘이 어듸ㅅ⁵³⁾ 蔘고⁵⁴⁾。
高 : 내 ᄒᆞᄂᆞᆫ⁵⁵⁾ 新羅蔘이라.
主 : 新羅蔘이면 쏘 됴타. 므슴⁵⁶⁾ 폴기 근심ᄒᆞ료⁵⁷⁾。뎨⁵⁸⁾ 아니 李개
　　　 오ᄂᆞ냐。

主 : 네가 高麗(고려) 땅에서 무슨 貨物(화물)을 가져왔는가?
高 : 내가 여러 필(匹)의 말을 가져왔다.
主 : 또 무슨 貨物(화물)이 있느냐?
高 : 다른 (것은) 아무 것도 없고 人蔘(인삼)과 모시베가 조금 있다.
主 : 이제 값이 어떠하냐?
高 : 값이 如常(여상)하되, 人蔘(인삼)은 정말로 없으니 값이 가장 좋으니라.
主 : 이제 (인삼은) 얼마에 파는가?
高 : 往年(왕년)은 그저 세 돈에 한 근(斤)씩이더니, 이제 팔 것이 없으므로 닷 돈에
　　　 한 근식이라도 얻을 데가 없으니라.
主 : 너의 저 蔘(삼)이 어디의 蔘(삼)인가?

---

47) 往年 : 왕년, 지나간 해.
48) 근식이러니 : 근식[근씩 : 근(근, 斤 : 의명) + -식(-씩 : 접미, 각자)] + -이(서조)- + -러(← -
　　　 더- : 회상)- + -니(연어, 설명 계속) ※ '근(斤)'은 무게의 단위이다.
49) 폴 리 : 폴(팔다, 賣)- + -ㄹ(관전) # 리(← 이 : 것, 의명) + -∅(← -이 : 주조)
50) 업슴으로 : 없(없다, 無)- + -음(명전) + -으로(부조, 방편, 이유) ※ '-음으로'는 명사형 전성
　　　 어미와 부사격 조사가 결합된 형태인 '-음으로'가 이유를 나타내는 연결 어미인 '-으므로'의
　　　 형태로 바뀌는 과정을 보여 준다.
51) 근식이라도 : 근식[근씩 : 근(근, 斤 : 의명) + -식(-씩 : 접미)] + -이라도(보조사, 양보)
52) 듸 : 듸(데, 處 : 의명) + -∅(← -이 : 주조)
53) 어듸ㅅ : 어듸(어디, 那裏 : 지대, 미지칭) + -ㅅ(-의 : 관조)
54) 蔘고 : 蔘(삼, 인삼) + -고(-인가 : 보조사, 의문, 설명)
55) ᄒᆞᄂᆞᆫ : ᄒᆞ(것, 者 : 의명) + -ᄂᆞᆫ(보조사, 주제)
56) 므슴 : 무슨(관사), 어찌(부사). 甚麼.
57) 근심ᄒᆞ료 : 근심ᄒᆞ[근심하다, 愁 : 근심(근심, 謹審 : 명사)- + -ᄒᆞ(동접)-]- + -료(-겠느냐 :
　　　 의종, 설명)
58) 뎨 : 저기에, 저기. 那箇(부사)

高 : 내 것은 新羅蔘(신라삼)이다.

主 : 新羅蔘(신라삼)이면 또 좋다. 무슨(어찌) 팔기를 근심하랴? 저기 李哥(이가)가 오는 것이 아니냐?[59]

[장면 2. 고려 상인이 친척인 이가(李哥)를 만나서 숙소로 가서 이야기하다]*

> 李 : 이대[1] 이대。 언제 오뇨[2]。 집의셔[3] 다 이대 잇던가[4]。
>
> 高 : 다 이대 잇더라。
>
> 李 : 내 햐쳐[5]에 가쟈。

李 : 반갑다. 반갑다. 언제 왔느냐? 집에서는 다 잘 있던가?

高 : 다 잘 있더라.

李 : 내 하처(下處)에 가자.

> 李 : 청ᄒᆞ노니[6] 안해[7] 안즈라。 네 언제 王京의셔 ᄠᅥ난다[8]。
>
> 高 : 내 七月 초ᄉᆡᆼ[9]애 ᄠᅥ나롸[10]。

---

59) 원문을 직역하면, "저기 아니 이가(李哥)가 오느냐?"인데, "저기 이가(李哥)가 오는 것이 아니냐?"로 의역한다.

 * [장면 2]에서 '高'는 고려 상인이며, '李'는 고려 상인의 친척인 '이가(李哥)'이다.

 1) 이대 : [잘, 좋이(부사) : 읻(좋다, 착하다, 묘하다, 善 : 형사)- + -애(부접)] ※ '이대'는 원래 '잘, 좋이'의 뜻으로 쓰이는 부사이나, 원문의 '好麽'를 감안하면 여기서는 '잘 있었느냐?'나 '반갑다'의 뜻을 나타내는 감탄사로 쓰였다.

 2) 오뇨 : 오(오다, 來)- + -∅(과시)- + -뇨(-느냐 : 의종, 설명)

 3) 집의셔 : 집(집, 家) + -의셔(-에서 : 부조, 위치) ※ '-의셔'는 단체 무정 명사 뒤에 실현된 부사격 조사인데, 여기서는 문맥상 주격으로 해석할 수도 있다.

 4) 잇던가 : 잇(← 이시다 : 있다, 在)- + -더(회상)- + -ㄴ가(-ㄴ가 : 의종, 판정)

 5) 햐쳐 : 下處(하처). 손님이 묵고 있는 집이다.

 6) 청ᄒᆞ노니 : 청ᄒᆞ[청하다 : 청(청, 請 : 명사) + -ᄒᆞ(동접)-]- + -ᄂᆞ(현시)- + -오(화자)- + -니(연어, 설명 계속)

 7) 안해 : 안ㅎ(안, 內) + -애(-에 : 부조, 위치)

 8) ᄠᅥ난다 : ᄠᅥ나[떠나다, 離 : 뜨(뜨다, 隔)- + -어(연어) + 나(나다, 出)-]- + -∅(과시)- + -ㄴ다(-는가 : 의종, 2인칭)

 9) 초ᄉᆡᆼ : 초생(초승, 生生). ※ '초ᄉᆡᆼ'은 음력으로 그 달 초하루부터 처음 며칠 동안이다.

10) ᄠᅥ나롸 : ᄠᅥ나[떠나다, 離 : 뜨(뜨다, 隔)- + -어(연어) + 나(나다, 出)-]- + -∅(과시)- + -롸

李 : 쏘 엇디 이 즈음에아[11] 굿 온다。

高 : 내 길흘 조차 날회여[12] 오라。

李 : 우리 집의 유뮈[13] 잇ᄂ냐。

高 : 유뮈 잇다。 이 유무에 써시미[14] 아ᄆ란[15] ᄌ셔ᄒ[16] 줄[17]이 업다。

李 : 네 올 저긔 우리 父親 母親 몷아자비[18] 아ᄋ아자비[19] 몷아자븨[20] 겨집 아ᄋ아자븨 겨집 몷누의[21] 몷누의 남진[22] 둘재 형 셋지[23] 형 형의 겨집[24] 아ᄋ누의[25] 아ᄋ들히[26] 다 이때[27] 잇던가[28]。

高 : 다 이대 잇더라。

(←-오라 : 평종, 화자)

11) 즈음에아 : 즈음(즈음, 무렵 : 의명) + -에(부조, 위치) + -아(←-야 : 보조사, 한정 강조) ※ 보조사 '-아'는 15세기 국어의 보조사 '-ᅀᅡ'가 변한 형태이다.

12) 날회여 : [천천히, 느리게, 慢(부사) : 날호(느리다, 慢)- + -ㅣ(←-이- : 사접)- + -여(←-어 : 연어 ▷ 부접)]

13) 유뮈 : 유무(편지, 소식, 書信) + -ㅣ(←-이 : 주조)

14) 써시미 : 쓰(쓰다, 書)- + -어시(완료)- + -ㅁ(명전) + -ㅣ(←-이 : 주조) ※ '써시미'는 문맥에 따라서 '써 있는 것이'로 옮긴다.

15) 아ᄆ란 : 아ᄆ란[아무런(관사) : 아ᄆ라(←아ᄆ랗다 : 아무렇다, 형사)- + -ㄴ(관전 ▷ 관접)]

16) ᄌ셔ᄒ : ᄌ셔ᄒ[자세하다, 仔細 : ᄌ셔(자세, 仔細 : 불어) + -ᄒ(형접)-]- + -∅(현시)- + -ㄴ(관전)

17) 줄 : 것, 者(의명)

18) 몷아자비 : [←묻아자비(큰아버지, 伯父) : 몷(← 몯 : 맏이, 昆) + 아자비(아저씨, 叔)] ※ '몷'은 '몯(맏이, 昆 : 명사)'의 종성인 /ㄷ/을 'ㅅ'으로 표기한 것이다.

19) 아ᄋ아자비 : [작은아버지, 叔父 : 아ᄋ(아우, 弟) + 아자비(아저씨, 叔)]

20) 몷아자븨 : 몷아자비[←묻아자비(큰아버지, 伯父) : 몷(← 몯 : 맏이, 昆) + 아자비(아저씨, 叔)] + -의(관조)

21) 몷누의 : [←묻누의(맏누이, 姐姐) : 몷(← 몯 : 맏이, 昆) + 누의(누이, 姐)]

22) 남진 : 남편.

23) 셋지 : 셋지[←셋재(셋째, 관사) : 셋(三, 수사) + -재(-째 : 접미)] ※ '셋지'는 '셋재'를 오각한 형태이다.

24) 형의 겨집 : 형의 아내. 형수(兄嫂)

25) 아ᄋ누의 : [여동생, 妹子 : 아ᄋ(아우, 弟) + 누의(누이, 姐)]

26) 아ᄋ들히 : 아ᄋ들ᄒ[아우들 : 아ᄋ(아우, 弟) + -들ᄒ(-들 : 복접)] + -이(주조) ※ 15세기 국어의 '-들ᄒ'이 '-들ᄒ'으로 형태가 바뀌었다.

27) 이때 : 이때[←이대 : 잘, 安樂好, 부사). ※ '이때'는 '이대'의 오기이다. '이대'는 [잘, 좋이(부사) : 읻(좋다, 착하다, 묘하다, 善)- + -애(부접)]로 분석된다.

28) 잇던가 : 잇(← 이시다 : 있다, 在)- + -더(회상)- + -ㄴ가(-ㄴ가 : 의종, 판정)

李 : 그리 됴히²⁹⁾ 이시면 黃金이 귀ᄒ다 니ᄅ디 말라. 편안홈이아³⁰⁾
　　빗ᄊ미³¹⁾ 하니라³²⁾。

李 : (내가) 청(請)하니 안에 앉아라. 네 언제 王京(왕경)에서 떠났는가?

高 : 내가 칠월 초승에 떠났다.

李 : 또 어찌 이 즈음에야 막 왔는가?

高 : 내가 길을 쫓아 천천히 왔다.

李 : 우리 집의 편지가 있느냐?

高 : 편지가 있다. 이 편지에 써 있는 것이 아무런 자세한 것이 없다.

李 : 네가 올 적엔 우리 父親(부친), 母親(모친), 큰아버지, 작은아버지, 큰아버지의 아
　　내(= 백모), 작은아버지의 아내(= 숙모), 누나, 누나의 남편(= 자형), 둘째 형, 셋째
　　형, 형의 아내(= 형수), 여동생, 아우들이 다 잘 있던가?

高 : 다 잘 있더라.

李 : 그리 잘 있으면 黃金(황금)이 귀하다고 이르지 말라. 편안함이야 값이 있음이
　　많으니라.

李 : 괴이ᄒ다. 오늘 아ᄎ의 가치³³⁾ 울고 ᄯ또 ᄌ치옴ᄒ더니³⁴⁾ 果然
　　권당³⁵⁾이 오고 ᄯ또 書信이 이시니 ᄯ또 아니 니ᄅᄂ냐³⁶⁾。家書ㅣ³⁷⁾

---

29) 됴히 : [좋게, 잘(부사) : 둏(좋다, 好)- + -이(부접)]

30) 편안홈이아 : 편안ᄒ[← 편안ᄒ다(편안하다) : 편안(편안, 便安 : 명사)- + -ᄒ(형접)-]- + -옴
(명전) + -이아(-이야 : 보조사, 한정 강조) ※ 15세기 국어의 보조사 '-이ᅀᅡ'는 '-이ᅀᅡ〉 -이
아〉 -이야'의 변천 과정을 거친다. 그리고 이 구절은 문맥에 따라서 '가족들이 편안한 것이
야 말로'로 옮긴다.

31) 빗ᄊ미 : 빗ᄊ[← 빋ᄊ다(값이 있다, 값이 나가다) : 빋(값, 錢) + ᄊ(← ᄊ다 : 값어치가 있다,
値)-]- + -ㅁ(←-옴 : 명전) + -이(주조)

32) 하니라 : 하(많다, 크다, 多)- + -∅(현시)- + -니(원칙)- + -라(← -다 : 평종)

33) 가치 : 까치. 鵲.

34) ᄌ치옴ᄒ더니 : ᄌ치옴ᄒ[재채기하다 : ᄌ치옴(← ᄌ치움 : 재채기, 嚔噴, 명사) + -ᄒ(동
접)-]- + -더(회상)- + -니(연어, 설명 계속, 이유)

35) 권당 : 권당(眷黨), 친척.

36) 니ᄅᄂ냐 : 니ᄅ(이르다, 말하다, 曰)- + -ᄂ(현시)- + -냐(-냐 : 의종, 판정) ※ 'ᄯ또 아니 니ᄅ
ᄂ냐'는 직역하면 '또 아니 말하느냐?'인데, 이 표현은 '흔히 하는 말이 있지 않느냐'로 의역
하여 옮길 수 있다.

37) 家書ㅣ : 家書(가서) + -ㅣ(←-이 : 주조) ※ '家書(가서)'는 집에서 온 편지이다.

萬金 쓰다 ᄒᆞᄂᆞ니라。 小人[38]의 계집과 아히들히[39] 다 이대 잇던가。

高 : 다 安樂ᄒᆞ더라。 네 그 져근ᄯᆞᆯ[40]이 되야기[41] 낫더니 내 올 제

다 됴하[42] 암그랏더라[43]。

李 : 네 므슴 貨物을 가져온다[44]。

高 : 내 여러 필 믈을 가져오고 ᄯᅩ 人蔘과 모시뵈 이시니 이재[45]

갑시 엇더ᄒᆞ뇨。

李 : 믈 갑과 뵷[46] 갑슨 그저 녜[47] ᄀᆞᆺ거니와[48] 人蔘 갑슨 ᄀᆞ장 됴ᄒᆞ니라。

高 : 닐옴이[49] 올타[50]。 앗씨[51] ᄀᆞᆺ[52] 이 店엣[53] 뎌 나그내도 이리

니ᄅᆞ더라。

李 : 네 몃 벗이 잇ᄂᆞ뇨[54]。

高 : ᄯᅩ 두 벗이 이쇼되[55] 다 권당[56]이니 ᄒᆞ나흔[57] 姑舅의게셔[58] 난

---

38) 小人 : 소인. 말하는 사람이 자신을 낮추어서 하는 겸양말이다.

39) 아히들히 : 아히들ᄒ[아이들 : 아히(아이, 孩兒) + −들ᄒ(−들, 們 : 복접)] + −이(주조)

40) 져근ᄯᆞᆯ : [작은딸 : 젹(작다, 小)− + −은(관전) + ᄯᆞᆯ(딸, 女兒)]

41) 되야기 : 되야기(마마꽃, 疹子) + −Ø(주조) ※ '되야기'는 천연두를 앓을 때 살갗에 부스럼처럼 불긋불긋하게 돋는 것이다.

42) 됴하 : 둏(좋아지다, 好)− + −아(연어)

43) 암그랏더라 : 암글(아물다, 痊痾)− + −앗(완료)− + −더(회상)− + −라(← −다 : 평종)

44) 가져온다 : 가져오[가져오다 : 가지(가지다, 持)− + −어(연어) + 오(오다, 來)−]− + −Ø(과시)− + −ㄴ다(의종, 2인칭)

45) 이재 : 이재(← 이제 : 이제, 今) ※ '이재'는 '이제(今)'를 오각한 형태이다.

46) 뵷 : 뵈(베, 布) + −ㅅ(−의 : 관조)

47) 녜 : 녜(예전, 往) + −Ø(← −이 : −와, 부조, 비교)

48) ᄀᆞᆺ거니와 : ᄀᆞᆺ(← ᄀᆞᆮ다 : 같다, 同)− + −거니와(연어, 인정 대조)

49) 닐옴이 : 닐(← 니르다, 說, 曰)− + −옴(명전) + −이(주조)

50) 올타 : 옳(옳다, 是)− + −Ø(현시)− + −다(평종)

51) 앗씨 : 아씨(← 앗까 : 아까, 恰)

52) ᄀᆞᆺ : 겨우, 처음, 갓, 처음, 방금, 纔(부사) ※ 문맥으로 보아서는 '방금'의 뜻으로 쓰였다.

53) 店엣 : 店(점, 가게) + −에(부조, 위치) + −ㅅ(−의 : 관조)

54) 잇ᄂᆞ뇨 : 잇(← 이시다 : 있다, 在)− + −ᄂᆞ(현시)− + −뇨(−냐 : 의종, 설명)

55) 이쇼되 : 이시(있다, 有)− + −오되(−되 : 연어, 설명 계속) ※ 중세 국어에서는 '−시−'가 모음으로 시작하는 어미와 결합될 때에는 '−샤−'로 변동하여 '이샤ᄃᆡ'로 실현되었다. 이에 반해서 근대 국어의 시기에는 '이쇼되'로 단순하게 축약된다.

56) 권당이니 : 권당(眷黨, 친척) + −이(서조)− + −니(연어, 설명 계속)

형이오 ᄒᆞ나혼 兩姨의게셔[59] 난 아이라.

병: 어듸 부리워[60] 잇ᄂᆞᆫ고.

高: 順城門 官店[61] 거릿 북녁[62] ᄒᆞᆫ 술윗 방[63]의 부리워 잇노라[64].

李: 안제[65] 오뇨[66].

高: 내 그저[67] 어제 오롸.

李: 괴이하다. 오늘 아침에 까치가 울고 또 재채기하더니, 果然(과연) 권당(眷黨)이 오고 또 書信(서신)이 있으니, 또 흔히 하는 말이 있지 않느냐? 家書(가서)가 萬金(만금)의 값이 있다 하느니라. 小人(소인)의 아내와 아이들이 다 잘 있던가?

高: 다 安樂(안락)하더라. 너의 그 작은 딸이 마마꽃이 났더니, 내가 올 때에 다 좋아져 아물었더라.

李: 네가 무슨 貨物(화물)을 가져왔는가?

高: 내가 여러 필(匹)의 말을 가져오고, 또 人蔘(인삼)과 모시베가 있으니, 이제 값이 어떠하냐?

李: 말 값과 베(布)의 값은 그저 옛날과 같거니와 人蔘(인삼) 값은 가장 좋으니라.

高: (네가) 말하는 것이 옳다. 아까 방금 이 店(점, 가게)에 있는 저 나그네도 이렇게 이르더라.

李: 네가 벗이 몇이 있느냐?

高: 또 두 벗이 있되 다 권당(眷黨, 친척)이니, 하나는 외삼촌에게서 난 형(= 고종사촌)

---

57) ᄒᆞ나혼 : ᄒᆞ나ᄒ(하나, 一 : 수사, 양수) + -은(보조사, 주제)

58) 姑舅의게셔 : 姑舅(고구, 시부모, 외삼촌, 장인) + -의게셔(-에게서 : 부조, 위치, 비롯함)
   ※ 여기서 '姑舅(고구)'는 문맥상 '외삼촌'의 뜻으로 쓰였다.

59) 兩姨의게셔 : 兩姨(양이, 이모) + -의게셔(-에게서 : 부조, 위치, 비롯함)

60) 부리워 : 브리우(← 브리우다 : 짐을 부리다, 裏下)- + -어(연어) ※ '브리우다〉부리우다'의 변화는 원순 모음화가 적용된 결과이다.

61) 官店 : 관점. 관(官)에서 운영하는 가게이다.

62) 북녁 : [북녘, 북쪽 : 북(북, 北) + 녁(녘, 쪽 : 의명)]

63) 술윗 방 : 술위(수레, 車) + -ㅅ(-의 : 관조) # 방(방, 房) ※ 수레와 짐을 보관하는 가게이다.

64) 잇노라 : 잇(← 이시다 : 있다, 보용, 완료)- + -노라(평종, 현시, 화자)

65) 안제 : 안제(← 언제 : 언제, 幾時)

66) 오뇨 : 오(오다, 來)- + -Ø(과시)- + -뇨(-냐 : 의종, 설명)

67) 그저 : 그저, 只(부사)

이요 하나는 이모에게서 난 아이(= 이종사촌)다.

李 : 어디에 (짐을) 부려 (놓고) 있는가?

高 : 順城門(순성문)의 官店(관점) 거리의 북녘 한 수레 방에 (짐을) 부려 (놓고) 있다.

李 : 언제 왔느냐?

高 : 내 그저 어제 왔다.

李 : 이 벗은 누고고[68]。

高 : 遼東[69] 이 녁킈[70] 와[71] 못ᄃ라[72] 왓노라[73]。 뎨[74] ᄯᅩ 여러 필 ᄆᆞᆯ이
어시니[75] ᄒᆞᆫ딕 모라[76] 오라[77]。 뎌ᄂᆞᆫ 漢人이니 遼東잣[78] 언해셔[79]
사ᄂᆞ니 내 길흘[80] 조차 올 적의 ᄀᆞ장 만히 뎌의 구졔홈올[81]
어드롸[82]。 내 한말[83]을 아디 못ᄒᆞ니 길헤 먹을 써시며[84] ᄆᆞᆯ들희[85]

---

68) 누고고 : 누고(← 누구 ← 누 : 누구, 誰, 인대, 미지칭) + -고(보조사, 의문, 설명)
69) 遼東 : 요동. 중국 요하(遼河)의 동쪽 지방. 지금의 요녕성(遼寧省) 동남부 일대를 일컫는다.
70) 이 녁킈와 : 이(이, 這 : 관사) # 녁킈(← 녀크 : 녁, 邊) + -의(-에 : 부조, 위치) ※ 중세 국어에
    서 '녁'이었던 형태가 이 시기의 국어에서는 '녁ㅎ(← 녁)'의 형태로 바뀌었다. 그리고 '녁ㅋ'
    은 '녁'의 종성 /ㅋ/을 'ㄱㅋ'으로 거듭 적은 형태이다.
71) 와 : 오(오다, 이르다, 到)- + -아(연어)
72) 못ᄃ라 : 못ᄃᆞᆯ[← ᄆᆞᆮᄃᆞᆯ, ᄃ불(달려 모이다) : 못(← ᄆᆞᆮ다 : 모이다, 合)- + -ᄃᆞᆯ(← ᄃᆞᆮ다, ᄃ불 :
    닫다, 달리다, 走)-]- + -아(연어) ※ '못ᄃ라'는 종성 /ㄷ/을 'ㅅ'으로 표기한 형태이다.
73) 왓노라 : 오(오다, 來)- + -앗(완료)- + -노라(평종, 현시, 1인칭)
74) 뎨 : 저기에, 저기. 那箇(부사).
75) 어시니 : 어시(← 이시다 : 있다, 有)- + -니(연어, 설명 계속, 이유) ※ '어시니'는 '이시니'를
    오각한 형태이다.
76) 모라 : 몰(몰다, 赶)- + -아(연어)
77) 오라 : 오(오다, 來)- + -Ø(과시)- + -롸(평종, 화자)
78) 잣 : 성(城)
79) 언해셔 : 언ᄒ(← 안ᄒ : 안, 內) + -애셔(-에셔 : 부조, 위치) ※ '언해셔'는 '안해셔'를 오각한
    형태이다.
80) 길흘 : 길ᄒ(길, 路) + -을(목조)
81) 구졔홈을 : 구졔ᄒ[← 구졔ᄒ다(구제하다) : 구졔(구제, 救濟 : 명사) + -ᄒ(동접)-]- + -옴(명
    전) + -을(목조) ※ '구졔홈'은 '도움(助)'으로 의역하여 옮긴다.
82) 어드롸 : 얻(얻다, 得)- + -Ø(과시)- + -롸(평종, 화자)
83) 한말 : 한말(漢말), 중국말. 漢兒言語.
84) 써시며 : 썻(← 것 : 것, 의명)- + -이며(접조) ※ '써시며'는 '거시며'에 된소리 되기가 적용된
    형태이다.
85) ᄆᆞᆯ들희 : ᄆᆞᆯ들ᄒ[말들 : ᄆᆞᆯ(말, 馬) + -들ᄒ(-들 : 복접)] + -의(관조)

草料[86]와 다못[87] 햐쳐[88]를 젼혀[89] 이 큰형이 슈고ᄒ더니라[90].

李 : 닐오미[91] 올타[92].

李 : 이 벗은 누구인가?

高 : 遼東(요동) 이 쪽에 와서 달려 모여서 왔다. 저 사람이 또 여러 필(匹)의 말이 있으니, 함께 (말을) 몰아 왔다. 저 사람은 漢人(한인)이니, 遼東城(요동성) 안에서 사니, 내가 길을 쫓아 올 적에 가장 많이 저 사람의 도움을 얻었다. 내가 중국말을 알지 못하니, 길에(서) 먹을 것이며 말들의 草料(초료)와 함께 하처(下處)를 전적으로 이 큰형이 수고하더니.

李 : (네가) 말한 것이 옳다.

高 : 내 아직[93] 햐쳐의 가노라. 다시 서ᄅ 보쟈.

李 : 아직 머므러든[94] 우리 잠깐 ᄒ 잔 술 먹어 마지[95] 아니홀 썻가[96].

高 : 마다[97]. 오늘은 밧브니[98] 다시 서ᄅ 보와[99] 술 먹어도 ᄂᆡ일[1] 늣디[2] 아니커니ᄯ녀[3]. 이러면[4] ᄂᆡ일 이믜셔[5] 店에 너를 ᄎ자가셔

---

86) 草料 : 초료, 말 따위에게 먹이는 꼴이다.

87) 다못 : 더불어, 함께, 幷(부사)

88) 햐쳐 : 하처(下處). 손님의 숙소이다.

89) 젼혀 : [전(全)적으로, 오로지(부사) : 젼(전, 全 : 불어) + -혀(부접)]

90) 슈고ᄒ더니라 : 슈고ᄒ[수고하다 : 슈고(수고, 受苦 : 명사)- + -ᄒ(동접)-]- + -더(회상)- + -니(원칙)- + -라(← -다 : 평종)

91) 닐오미 : 닐(← 니르다 : 이르다, 說)- + -옴(명전) + -이(주조)

92) 올타 : 옳(옳다, 是)- + -Ø(현시)- + -다(평종)

93) 아직 : 장차, 이제, 곧, 아직, 且(차). 여기서 '아직'은 원문의 '且(차)'를 번역한 것인데, 이러한 사실과 문맥을 감안하여 '아직'을 '장차'나 '이제, 곧' 등으로 옮긴다.

94) 머므러든 : 머믈(머무르다, 停)- + -어든(← -거든 : 연어, 조건)

95) 마지 : 마(← 말다 : 말다, 不當)- + -지(연어, 부정) ※ '마디〉마지'는 /ㄷ/이 /ㅈ/으로 구개음화한 예이다. 그리고 "먹어 마지 아니홀 썻가"는 "먹기를 말지 아니할 것인가?"로 옮긴다.

96) 썻가 : 썻(← 것 : 것, 의명) + -가(보조사, 의문, 판정)

97) 마다 : 마(← 말다 : 싫다, 不要)- + -Ø(현시)- + -다(평종)

98) 밧브니 : 밧브[바쁘다, 忙 : 밧(← ᄇᆞᆺ다 : 바쁘하다, 忙)- + -브(형접)-]- + -니(연어, 설명 계속, 이유)

99) 보와 : 보오(← 보다 : 보다, 見)- + -아(연어) ※ '보와'는 '보아'를 오각한 형태이다.

1) ᄂᆡ일 : 내일(來日) ※ 중세 국어에서는 'ᄅᆡ일〉ᄂᆡ일'의 변화는 'ㄹ' 두음 법칙이 적용된 결과이다.

흠끠6) 뎌 권당들과 ᄒᆞᄃᆡ셔7) ᄒᆞᆫ두 잔 먹쟈.

李 : 내 너 보내랴8) 밧ᄭᅴ9) 가마10).

高 : 네 보내기11) 말라.

李 : 네 이 방의 사ᄅᆞᆷ 업ᄉᆞ니 가디 말라.

高 : 이러면 네 쏘 허믈12) 말라.

李 : 小人은 아므란13) 이밧ᄂᆞᆫ14) 일도 업ᄉᆞ니15) 므서슬16) 허믈ᄒᆞ리오17).
　　우리 ᄒᆞᆫ 짓18) 사ᄅᆞᆷ이오 쏘 ᄠᅳᆫ19) 사ᄅᆞᆷ이 아니어니ᄯᆞ녀20).

---

2) 늣디 : 늣(← 늣다 : 늦다, 遲)- + -디(-지 : 연어, 부정)

3) 아니커니ᄯᆞ녀 : 아니ᄒᆞ[← 아니ᄒᆞ다(아니하다 : 보용, 부정) : 아니(부사, 부정) + -ᄒᆞ(←-ᄒᆞ- : 동접)-]- + -거(확인)- + -니(연어, 설명의 계속, 이유) + -ᄯᆞ녀(보조사, 영탄, 설의)

4) 이러면 : 이러[← 이러ᄒᆞ다(이러하다) : 이러(이러 : 불어) + -Ø(←-ᄒᆞ- : 형접)-]- + -면(연어, 조건) ※ '이러면'은 원문에는 '這們時'로 표현되어 있다.

5) 이믜셔 : 이믜(곧, 이미, 就 : 부사) + -셔(-서 : 보조사, 강조) ※ '이믜셔'는 '이미(既)'와 '곧'의 두 가지 뜻으로 쓰이는 부사인데, 여기서는 '곧'의 뜻으로 쓰였다.

6) 흠끠 : [함께(부사) : 흠(← ᄒᆞᆫ : 한, 一, 관사) + 끠(때, 時 : 의명)] ※ 중세 국어에서는 'ᄒᆞᆫ끠'의 형태로 쓰였는데, 여기서는 '흠끠'로 실현되었다. 'ᄒᆞᆫ'의 종성 /ㄴ/(설음)이 '끠'의 /ㅂ/(순음)에 발음 위치가 동화되어서 /ㄴ/이 /ㅁ/으로 바뀐 형태이다.

7) ᄒᆞᄃᆡ셔 : ᄒᆞᄃᆡ[한데, 한곳(명사) : ᄒᆞᆫ(한, 一, 同 : 관사) + ᄃᆡ(데, 處 : 의명)] + -셔(-서 : 보조사) ※ 'ᄒᆞᄃᆡ셔'는 '한 자리에서'로 의역하여 옮길 수 있다.

8) 보내랴 : 보내(보내다, 送)- + -랴(-러 : 연어, 목적) ※ 이때의 '보내다'은 배웅하다의 뜻이다.

9) 밧ᄭᅴ : 밧ᄭᅵ(← 밧ᄭᅵ : 밖, 外)- + -의(-에 : 부조, 위치) ※ '밧ᄭᅴ'는 '밧ᄭᅵ'의 종성 'ㅅ'을 를 거듭 적은 형태이다.

10) 가마 : 가(가다, 去)- + -마(평종, 약속)

11) 보내기 : 보내(보내다, 送)- + -기(-지 : 연어, 부정)

12) 허믈 : 허물. 忺.

13) 아므란 : [아무런, 甚麼(관사) : 아므라(← 아므랗다 : 아무렇다)- + -ㄴ(관전▷관접)]

14) 이밧ᄂᆞᆫ : 이밧(← 이받다 : 대접하다, 잔치하다, 館待)- + -ᄂᆞ(현시)- + -ㄴ(관전) ※ '이밧ᄂᆞᆫ'은 '이받ᄂᆞᆫ'의 종성 /ㄷ/을 'ㅅ'으로 표기한 형태이다.

15) 업ᄉᆞ니 : 없(없다, 沒)- + -ᄋᆞ니(연어, 설명 계속, 이유)

16) 므서슬 : 므섯(← 므스것 : 무엇, 甚麼) + -을(목조)

17) 허믈ᄒᆞ리오 : 허믈ᄒᆞ[허물하다, 탓하다 : 허믈(허물, 忺 : 명사)- + -ᄒᆞ(동접)-]- + -리(미시)- + -오(←-고 : -느냐, 의종, 판정) ※ 여기서 '허믈ᄒᆞ다'는 '흠을 보다.'로 옮긴다.

18) ᄒᆞᆫ 짓 : ᄒᆞᆫ(한, 一 : 관사, 양수) # 지(← 집 : 집, 家) + -ㅅ(-의 : 관조)

19) ᄠᅳᆫ : 딴, 他(관사).

20) 아니어니ᄯᆞ녀 : 아니(아니다, 不是)- + -Ø(현시)- + -어(←-거- : 확인)- + -니(연어, 이유, 설명 계속) + -ᄯᆞ녀(보조사, 영탄, 설의)

高 : 내 곧 下處(하처)에 간다. 다시 서로 보자.

李 : 아직 머물러 있으니. 우리 잠깐 한 잔 술을 먹기를 마지 아니할 것인가?

高 : 싫다. 오늘은 바쁘니, 내일 다시 서로 (만나) 보아서 술을 먹어도 늦지 않지 않느냐? 이러면 내일 이미 店(가게)에 너를 찾아가서, 함께 저 眷黨(권당)들과 한데서 한두 잔 먹자.

李 : 내가 너를 보내러(배웅하러) 밖에 가마.

高 : 네가 (나를) 보내지 말라.[21]

李 : 이 방에 사람이 없으니 네가 가지 말라.

高 : 이러면 네가 또 (나를) 흉보지 말라.[22]

李 : 小人(소인)은 아무런 대접하는 일도 없으니 (당신에게) 무엇을 흉보리요? 우리는 한 집의 사람이요, 또 딴 사람이 아니잖느냐? 〈이하 생략〉……

---

21) 네 보내기를 말라 : "네가 나를 배웅할 필요가 없다."는 의미로 쓰였다.

22) 이러면 네가 또 (나를) 흉보지 말라. : '내가 오늘 자네 방에서 자고 가면, 내가 자네에게 신세를 졌다고 훗날 흉을 보지 말라.'의 뜻으로 쓰였다.

3. 첩해신어

　『첩해신어』(捷解新語)는 조선 선조 때에, 강우성(康遇聖)이 쓴 일본어 학습서이다. 강우성은 임진왜란이 일어난 1592년(선조 25)에 왜병에게 붙잡혀 일본에 끌려갔다가 10년 만에 귀국하였다. 일본에서 생활한 경험으로 일본말과 일본 풍습에 익숙하였는데, 귀국 후에 이를 바탕으로 사역원(司譯院)에서 왜학훈도(倭學訓導)로서 왜학을 가르쳤으며, 1609년에는 정식 역관이 되었고, 일본어 능력을 인정받아 1617년, 1627년, 1633년 세 차례에 걸쳐 통신사를 수행하여 일본에 다녀왔다. 『첩해신어』는 강우성의 이러한 일본 경험을 바탕으로 쓰인 책인데, 1618년(광해군 10)에 초고를 완성했으며, 숙종 2년(1676)에 교서관(校書館)에서 10권 10책으로 중간하여 배포하였다. 이 책은 현재 규장각에 소장되어 있다.

　『첩해신어』의 형식을 보면, 히라가나체(平假名體)의 일본 글자를 지름 2cm의 크기로 쓰고 그 곁에 한글로 음을 달았으며, 어구마다 조선말로 그 뜻을 옮겨 놓아서 초학자라도 쉽게 읽고 해득할 수 있도록 되어 있다. 그리고 권1~권3은 초보적인 회화(會話)를, 권4~권6은 상급의 회화를, 권7~권8은 회화체가 아닌 문장어를 실었고, 권9~권10은 소로문(候文)이라는 일본 특유의 어려운 공문(公文) 또는 서한문체(書翰文體)를 싣고 있다.

　1415년(태종 15)에 설치된 사역원(司譯院)에서는 처음에는 한학(漢學)과 몽학(蒙學)을 개설하였다가, 나중에 왜학(倭學)을 신설하고 일본어를 '신어(新語)'나 '신학(新學)'이라 불렀다. 따라서 『첩해신어』(捷解新語)에서 '신어(新語)'는 '일본어'를 가리키므로 '첩해신어'는 '일본어를 빨리 해독하는 책'이라는 뜻이다. 그리고 『첩해몽어』(捷解蒙語)라는 책도 있으므로 '첩해'가 당시에 회화책의 뜻을 나타내는 관용구로 쓰였음을 알 수 있다.

　『첩해신어』는 숙종 2년에 교서관에서 간행된 이후에 사역원 등에서 사용되었고, 일본 통신사(通信使)를 수행하는 역관들이 임무를 수행하는 데에 지침서 구실을 하였다. 이 책은 1678년(숙종 4) 이후부터 역과(譯科)의 왜학(倭學) 시험의 과목으로 채택되기도 하였다. 또한 이 책은 근대 국어의 초기에 쓰인 입말을 연구하는 데에 귀중한 자료로 쓰이며, 특히 국어의 음운사(音韻史) 연구에 귀중한 가치가 있는 책이다.

『첩해신어』에는 근대 국어의 초기 모습을 잘 반영하고 있는데, 이 책에 나타나는 국어학적인 특징을 정리하면 다음과 같다.

첫째, 비음화와 원순 모음화의 예는 부분적으로 나타나지만, 구개음화와 두음 법칙의 예는 잘 나타나지 않는다.

(보기) 어긋나면〉어근나면, 숩는〉숩는 ; 브터도〉붓터도

둘째, 아주 드물지만 된소리 표기에 'ㄲ, ㄸ, ㅃ, ㅆ' 등의 각자 병서를 사용한 예가 보인다.

(보기) 重홀까, 브트실까, 브트실까 ; 드르실띠라도 ; 쁘리고 ; 됴쓰오니

셋째, 음절 말에 실현되는 /ㄷ/을 'ㅅ'으로 표기한 예가 보인다.

(보기) 듣보와 → 둣보와, 아라듣ㅈ올쏜가 → 아라둣ㅈ올쏜가

넷째, 이어적기(連綴)와 끊어적기(分綴)뿐만 아니라 거듭적기(重綴)가 혼용되었다.

(보기) 그저긔 → 그적긔, 브터셔도 → 붓터셔도, 부터도 → 붓터도, 그티오 → 긋티오, 겨치 → 겻치

다섯째, 거센소리의 자음을 예사소리와 /ㅎ/으로 분리하여 표기하는 '재음소화(再音素化)의 예가 나타난다.

(보기) 알픈 → 앏흔

여섯째, /ㅣ/나 반모음 /j/로 끝나는 체음 다음에 주격 조사 '-가'가 실현된 곳이 부분적으로 나타난다.

(보기) 빈가, 東來가

일곱째, 명사형 어미가 '-옴/-움' 대신에 '-음'이나 '-ㅁ'으로 표기된 곳이 눈이 띈다.

(보기) 쓰리시믈, 브티시믈, 그르믄

여덟째, 인칭 표현과 대상 표현의 선어말 어미 '-오-/-우-'가 잘 실현되지 않았다.

아홉째, 16세기까지 객체 높임의 기능을 수행했던 '-읍-, -옵-, -오-, -스오-, -즈오-' 등의 선어말 어미가 대부분 공손이나 상대 높임 뜻을 나타낸다.

(보기) 먹스오리, 聞及ᄒᆞ엿스오니, 보오라, 안줍소, ᄀᆞ즈올, 샤ᄒᆞ읍소

열째, '-ᅌᅵ이다, -닋, -쇠, -외, -리' 등의 평서형 종결 어미가 나타난다. 이들 종결 어미는 기존에 쓰였던 평서형의 종결 어미가 탈락한 뒤에, 두 가지의 선어말 어미가 축약된 형태이다. 그리고 이들 종결 어미는 대부분 예사 높임 정도의 상대 높임 등분을 나타낸다.

(보기) ᄒᆞᆼ닝이다, 왓습닋, 御使ㅣ읍도쇠, 안줍소, 아름답스외, ᄒᆞ오리

열한째, 의문형의 종결 어미는 주어의 인칭에 상관없이 쓰였다.

열두째, 명령형의 종결 어미로 '-소', 청유형의 종결 어미로 '-새, -새이다' 등이 많이 쓰였다.

(보기) 마읍소, 자읍소, 오ᄅᆞ읍소 ; 보읍새, 앗줍새, 보읍새이다

열셋째, '-앗-/-엇-/-엿 ; -아시-/-어시-' 등이 '완료'의 동작상을 나타내는 선어말 어미로 쓰이고 있다.

(보기) 왓습던가, 왓습닋, 병드럿스오니, 聞及ᄒᆞ엿스오니, 堪忍ᄒᆞ엿스오니, 부러시니

捷解新語

[장면 1. 代官(대관)을 만나서 서로 인사하다]*

> 출사관 : 아므가히¹⁾ 이러²⁾ 오라。 네 代官의³⁾ 가 내 말로⁴⁾ 그적긔⁵⁾
> 여긔 ᄂᆞ려와 어제라도⁶⁾ 오올⁷⁾ 거슬 路次의⁸⁾ ᄀᆞᆺ브매⁹⁾ 이제야
> 門신지¹⁰⁾ 왓습늬¹¹⁾。 안희¹²⁾ 계시면 오려¹³⁾ ᄒᆞ여 案內¹⁴⁾ 슬오시ᄃᆞ라¹⁵⁾

---

* [장면 1]에서 '출사관(出使官)'으로 왜인을 접대하기 위해서 파견된 조선의 관리이다. 그리고 '통사왜(通詞倭)'는 일본인의 대관(大官) 아래에서 통역을 담당한 왜인이다.

1) 아므가히 : [아무개, 某(인대, 부정칭) : 아므(아무, 某 : 관사) + 가히(개, 犬)] ※ '아므가히'는 어떤 사람을 구체적인 이름 대신 이르는 부정칭의 인칭 대명사이다.

2) 이러 : 이리, 此(부사, 방향) ※ '이러'는 '이리'의 방언이나 오기로 보인다.

3) 代官의 : 代官(대관) + -의(-에, -에게 : 부조, 상대) ※ '代官(대관)'은 일본의 관직명이다. 에도 시대에 막부 직할지를 지배하고, 연공(年貢)과 수납 등을 맡아보던 지방관으로서 무역을 총괄하던 사람을 이른다. 조선에서는 왜관에 상주하면서 부산에 왕래하는 대마도인들의 공사(公私) 매매(賣買)의 행위를 주관했다.

4) 말로 : 말(말, 言) + -로(부조, 방편)

5) 그적긔 : [그저께, 再昨日(명사, 부사) : 그(그, 彼 : 관사, 지시, 정칭) + 적(← 적긔 : 적, 때, 時, 의) + -의(명접, 부접)] ※ '그적긔'는 '그저긔'의 /ㄱ/을 'ㄱㄱ'으로 거듭 적은 형태이다.

6) 어제라도 : 어제(어제, 昨日) + -라도(보조사, 양보, 차선의 선택)

7) 오올 : 오(오다, 來)- + -오(공손)- + -ㄹ(관전)

8) 路次의 : 路次(노차, 도중) + -의(-에 : 부조, 위치) ※ '路次(노차)'는 오거나 가거나 하는 길의 과정이다.

9) ᄀᆞᆺ브매 : ᄀᆞᆺ브[가쁘다, 피로하다, 倦 : ᄀᆞᆺ(← ᄀᆞᆺ다 : 힘겨워하다 : 자동)- + -브(형접)-]- + -매(연어, 이유)

10) 門신지 : 門(문) + -신지(-까지 : 보조사, 도달)

11) 왓습늬 : 오(오다, 來)- + -앗(완료)- + -습(공손)- + -늬(-네 : 평종, 현시, 예사 높임) ※ 이 시기의 '-습-'은 상대 높임이나 공손의 뜻으로 쓰였다. 그리고 '-늬'는 '-ᄂᆞ이다'에서 종결 어미인 '-다'가 탈락하고 동시에 '-ᄂᆞ이-'가 '-늬'로 축약된 형태이인데, 예사 높임의 평서형 종결 어미로 쓰인다. 참고로 '-습ᄂᆞ이다 〉 -습ᄂᆞ이다 〉 -습늬다 〉 -습니다'로 형태가 변화했다.

12) 안희 : 안ㅎ(안, 內) + -의(-에 : 부조, 위치)

13) 오려 : 오(오다, 來)- + -려(연어, 의도)

14) 案內 : 안내. 미리 알리는 것이다. ※ 1권의 말미에 "案內ᄂᆞᆫ 先通之意('안내'는 미리 알리는 뜻이다."라는 풀이가 있다.

15) 슬오시ᄃᆞ라 : 슬오(← 숣다, ㅂ불 : 사뢰다, 아뢰다, 奏)- + -시(←-ᄋᆞ시- : 주높)- + -ᄃᆞ(←-더- : 회상)- + -라(←-다 : 평종) ※ '-ᄃᆞ-'는 회상의 선어말 어미인 '-더-'의 오기이다.

> 니르고 오라。

출사관 : 아무개야, 이리로 오너라. 네가 代官(대관)에게 가서 나의 말(言)로 "(내가) 그저께 여기에 내려와 어제라도 올 것을, 노차(路次)에 피곤하여 이제야 門(문)까지 왔습니다. (代官께서) 안에 계시면, (내가 여기에) 오려고 하여 미리 통지(通知)를 아뢰더라."(하고) 이르고 오너라.

> **통사왜** : 御念比¹⁶⁾한 御使ㅣ옵도쇠¹⁷⁾。 어와 아름다이¹⁸⁾ 오옵시도쇠¹⁹⁾。 안히 잇ᄉ오니 判事네도²⁰⁾ 同道²¹⁾ᄒ야 오쇼셔。 代官들도 ᄒᆞᆫ 고대²²⁾ 잇ᄉᆞᆨ니。 아름답ᄉ외²³⁾。 여긔 오ᄅᆞ옵소²⁴⁾。 아직²⁵⁾ 편히 안ᄌᆞᆸ소²⁶⁾。

통사왜 : 극진(極盡)한 御使(어사)이구려. 아, 잘 오셨구려. (代官께서) 안에 있사오니 判事(판사)들도 동행(同行)하여 오소서. 代官(대관)들도 한 곳에 있소.. 좋습니다. 여

---

16) 御念比 : 어념비. '어(御)'는 일본말에서 '존(尊)'과 같은 뜻이며, '염비念比'는 '극진(極盡)'의 뜻이다. ※ 1권의 말미에 "御字(與尊字同) 念比(極盡之意)"라는 풀이가 있다.

17) 御使ㅣ옵도쇠 : 御使(어사) + -ㅣ(← -이- : 서조) + -∅(현시)- + -옵(공손)- + -도쇠(평종, 감탄, 예사 높임) ※ '御使(어사)'는 '송사(送使)'를 맞이하는 조선의 역관(譯官)이다. ※ '-도쇠'는 '-도소이다'가 축약된 형태이다. 중세 국어에서는 '-돗(감동)- + -오이(← -ᄋᆡ- : 상높)- + -다(평종)'으로 분석하였다. 그러나 이 시기에는 '-도쇠'를 감탄의 뜻을 나타내는 평서형 종결 어미로 처리하는데, 여기서는 '-구려'로 옮긴다.

18) 아름다이 : [잘(부사) : 아름(아름 : 불어) + -다(← -답-, ㅂ불 : 형접)- + -이(부접)] ※ 여기서는 '아름다이'를 '좋게, 잘'의 뜻으로 옮긴다.

19) 오옵시도쇠 : 오(오다, 來)- + -옵(공손)- + -시(주높)- + -∅(과시)- + -도쇠(평종, 감탄, 예사 높임)

20) 判事네도 : 判事네[판사네 : 判事(판사) + -네(복접, 예사 높임)] + -도(보조사, 마찬가지, 강조) ※ '判事(판사)'는 '통사(通詞)'를 말하는데, 사역원(司譯院)에 소속되어 의주(義州), 동래(東萊) 등지에서 통역에 종사하던 이속(吏屬)이다. 중세 국어에서는 복수 접미사 '-내ᄒᆞ'이 이 시기에는 '-네'의 형태로 바뀌었으며 높임의 뜻도 예사 높임 정도로 쓰였다.

21) 同道ᄒ야 : 同道ᄒ[길을 함께하다 : 同道(동도 : 명사) + -ᄒ(동접)-]- + -야(← -아 : 연어)

22) 고대 : 곧(곳, 處) + -애(-에 : 부조, 위치)

23) 아름답ᄉ외 : 아름답[아름답다 : 아름(아름 : 불어) + -답(형접)-]- + -∅(현시)- + -ᄉ외(-습니다 : 평종, 예사 높임) ※ '아름답다'는 '좋다, 기쁘다'의 뜻으로 쓰이는 말이다. '-ᄉ외'는 '-ᄉ오이다'에서 종결 어미인 '-다'가 탈락한 뒤에, '-ᄉ오-'와 '-이-'가 축약된 형태이다.

24) 오ᄅᆞ옵소 : 오ᄅᆞ(오르다, 登)- + -옵(공손)- + -소(-소 : 명종, 예사 높임)

25) 아직 : 아직, 우선, 先(부사) ※ '아직'은 문맥상 '우선'으로 옮긴다.

26) 안ᄌᆞᆸ소 : 앉(앉다, 坐)- + -옵(공손)- + -소(-소 : 명종, 예사 높임)

기 오르오. 우선 편히 앉으오.

출사관 : 나는 소임으로[27] 왓습거니와[28] 처음이옵고[29] 쏘는 싱소ᄒᆞᆫ[30]
거시오니[31] 各各[32] 답답이[33] 너기실가[34] 氣遣ᄒᆞ오니[35] 萬事의 두로
ᄊᆞ리시믈[36] 미들 ᄯᆞ름이옵도쇠[37]。

출사관 : 나는 소임(所任)으로 왔거니와, (이번 방문이) 처음이옵고 또는 생소(生疎)한
것이오니, 여러분들이 답답하게 여기실까 우려(憂慮)하오니, (여러분들이) 萬事(만
사)에 두루 감싸시는 것을 믿을 따름입니다.

통사왜 : 인ᄉᆞ댱[38]의 말슴이어니와[39] 말슴 겻치[40] 들엄즉[41] ᄒᆞ외。 우리게[42]

---

27) 소임으로 : 소임(所任, 맡은 바 임무) + -으로(부조, 방편)
28) 왓습거니와 : 오(오다, 來)- + -앗(완료)- + -습(공손)- + -거니와(연어, 인정 대조)
29) 처음이옵고 : 처음[처음, 初 : 처(← 첫 : 관사) + -음(명접)] + -이(서조)- + -옵(공손)- + -고
   (연어, 나열)
30) 싱소ᄒᆞᆫ : 싱소ᄒᆞ[생소하다 : 싱소(생소, 生疎 : 불어)- + -ᄒᆞ(형접)-]- + -∅(현시)- + -ㄴ(관전)
31) 거시오니 : 것(것 : 의명) + -이(서조)- + -오(공손)- + -니(연어, 설명의 계속, 이유)
32) 各各 : 각각. '各各'은 일본어에서 '각자'나 '각각'의 뜻 이외에도 이인칭 대명사의 복수 표현
   으로 쓰인다. 따라서 여기서는 문맥을 고려하여 '여러분', '그대들'로 옮긴다.
33) 답답이 : [답답하게(부사) : 답답(답답 : 불어) + -∅(← -ᄒᆞ- : 형접)- + -이(부접)]
34) 너기실가 : 너기(여기다, 思)- + -시(주높)- + -ㄹ가(-ㄹ까 : 의종, 판정, 미시)
35) 氣遣ᄒᆞ오니 : 氣遣ᄒᆞ[기견하다, 우려하다 : 氣遣(기견 : 불어) + -ᄒᆞ(동접)-]- + -오(공손)- +
   -니(연어, 설명 계속, 이유) ※ 1권의 말미에 "氣遣 憂慮之意(기견은 우려하는 뜻이다.)"라는
   풀이가 있다.
36) ᄊᆞ리시믈 : ᄊᆞ리(감싸다, 包容)- + -시(주높)- + -ㅁ(명전) + -을(목조) ※ 명사형 전성 어미
   의 형태가 중세 국어의 '-옴'에서 '-음'으로 바뀌었다.
37) ᄯᆞ름이옵도쇠 : ᄯᆞ름(따름 : 의명) + -이(서조)- + -옵(공손)- + -∅(현시)- + -도쇠(평종, 감
   탄, 예사 높임) ※ '-도쇠'는 평서형 종결 어미인 '-다'가 생략되고 선어말 어미인 '-돗(감
   동)- + -오(인칭)- + -ㅣ(← -이- : 상높)-'가 축약된 형태이다.
38) 인ᄉᆞ댱 : [인사치레 : 인ᄉᆞ(인사, 人事) + 댱(치레)]
39) 말슴이어니와 : 말슴[말씀, 言 : 말(말, 言) + -슴(-씀 : 접미, 겸양)]- + -이(서조)- + -어니와
   (← -거니와 : 인정 대조)
40) 겻치 : 겻ㅊ(← 겿 : 때깔, 모양새, 토, 어조사) + -이(주조) ※ '말슴 겿'은 '말의 모양새'나 '말
   씨'로 옮긴다. '겻치'는 '겿이'를 /ㅊ/을 'ㅅㅊ'으로 거듭 적은 형태이다.
41) 들엄즉 : 들(← 듣다, ㄷ불 : 듣다, 聞)- + -엄즉(-음직 : 연어, 가치)
42) 우리게 : 우리(우리, 我 : 인대) + -게(-에게 : 부조, 상대)

> 미드시는 일은 바늘[43] 긋티오[44] 이러로셔[45] 미들 일은 뫼[46] 궃즈올[47]
> 거시니 ᄆᆞᅀᆞᆷ 브티시믈[48] 미더습ᄂᆡ[49]。

통사왜 : (그 말씀은) 인사치레의 말씀이거니와 말씀이 들음직 하오. (그대가) 우리에게 믿으시는 일은 바늘의 끝이오, 이쪽에서 (당신께) 믿을 일은 산(山)과 같을 것이니, (그대가 우리에게) 마음을 붙이심을 믿었습니다.

> **출사관** : 아직 자ᄂᆡ네[50] 앏흔[51] 극진이 니ᄅᆞ시니 ᄠᅳ들[52] 펴거니와 또
> 送使[53] 다히셔ᄂᆞᆫ[54] 엇디 녀길디[55] ᄆᆞᅀᆞᆷ의 걸리오니 자네네 送使의
> ᄃᆞ려가셔[56] 萬事ᄅᆞᆯ 쥬션ᄒᆞ야[57] 나의 싱소[58]ᄅᆞᆯ 나타나디[59] 아닐[60]

---

43) 바늘 : 바늘, 針.

44) 긋티오 : 긋ㅌ(← 긑 : 끝, 端) + -이(서조)- + -오(← -고 : 연어, 나열) ※ '긋티오'는 '그티오'의 /ㅌ/을 'ㅊㅌ'으로 거듭 적은 형태이다.

45) 이러로셔 : 이러(이리, 이렇게 : 부사) + -로셔(-로서 : 부조, 방향)

46) 뫼 : 산, 山.

47) 궃즈올 : 궃(← ᄀᆞᆮ다 : 같다, 同)- + -즈오(공손)- + -ㄹ(관전) ※ '궃즈올'은 종성 /ㄷ/을 'ㅅ'으로 표기한 형태이다.

48) 브티시믈 : 브티[붙이다, 의지하게 하다 : 븥(붙다, 의지하다, 依)- + -이(사접)-]- + -시(주높)- + -ㅁ(명전) + -을(목조) ※ 'ᄆᆞᅀᆞᆷ 브티다'는 서로 믿고 의지하는 것이다.

49) 미더습ᄂᆡ : 믿(믿다, 信)- + -엇(완료)- + -ᄋᆞᆸ(← -습- : 공손)- + -ᄂᆡ(-네 : 평종, 현시, 예사 높임) ※ '미더습ᄂᆡ'는 '미덧습ᄂᆡ'의 오기이다. 그리고 '-ᄂᆡ'는 평서형 송결 어미인 '-나'가 생략되고 선어말 어미인 '-ᄂᆞ(감동)- + -ㅣ(← -이- : 상높)-'가 축약된 형태이다.

50) 자ᄂᆡ네 : [자네들 : 자ᄂᆡ(자네, 汝 : 인대, 2인칭, 예사 높임) + -네(복접, 예사 높임)] ※ 현대어의 '자네'는 예사 낮춤의 등분으로 쓰이는 인칭 대명사이지만, 여기서는 '자ᄂᆡ'는 문맥상 예사 높임의 인칭 대명사인 '그대'로 옮긴다.

51) 앏흔 : 앏ㅎ(← 앒 : 앞, 前) + -은(보조사, 주제, 대조) ※ '앏ㅎ'은 'ᄠᅳ들 펴거니와'와 의미적으로 호응한다. '앏ㅎ'는 /ㅍ/을 /ㅂ/과 /ㅎ/으로 재음소화하여 표기한 형태이다.

52) ᄠᅳ들 : ᄠᅳᆮ(← ᄠᅳᆮ : 뜻, 意) + -을(목조) ※ 중세 국어 시기에 'ᄠᅳᆮ'이던 단어가 이 시기에는 'ᄠᅳᆮ'의 형태로 바뀌었다. '붇(筆)'과 '벋(友)'도 각각 '붓'과 '벗'의 형태 바뀜도 마찬가지이다.

53) 送使 : 송사. 일본의 관직명으로 대마도에서 조선에 파견한 관리이다.

54) 다히셔ᄂᆞᆫ : 다히(부근, 닿은 곳, 쪽 : 의명) + -셔(-서 : 보조사, 강조) + -ᄂᆞᆫ(보조사, 주제, 대조)

55) 녀길디 : 녀기(여기다, 念)- + -ㄹ디(-ㄹ지 : 연어, 의문) ※ '너기다>녀기다>여기다'로 변했다.

56) ᄃᆞ려가셔 : ᄃᆞ려가[데려가다 : ᄃᆞ리(데리다, 伴)- + -어(연어) + 가(가다, 去)-]- + -아셔(-아서 : 연어, 동작의 유지, 강조)

57) 쥬션ᄒᆞ야 : 쥬션ᄒᆞ[주선하다 : 쥬션(주선, 周旋 : 명사) + -ᄒᆞ(동접)-]- + -야(← -아 : 연어) ※ '쥬션(周旋)'은 일이 잘되도록 여러 가지 방법으로 힘쓰는 것이다.

58) 싱소 : 생소, 생소함, 生疎.

양으로 미덧닝니[61]。 진실로 오늘은 처음으로 극진ᄒ시믈 미더
내 싱각ᄒᆫ 일을 점치디[62] 아니코 이리 슬오니 언머[63] 無調法이[64]
녀기시믈 알건마ᄂᆞ 하[65] 無斗方ᄒ여[66] 솗ᄂᆞᆫ[67] 일이오니 샤ᄒᆞᆸ소[68]。

출사관 : 우선 그대들이 (내) 앞에서 극진히 이르시니, (나도) 뜻을 펴거니와, 또 送使
(송사) 쪽에서는 (나를) 어찌 여길지 마음에 걸리오니, 그대들이 送使(송사)에게
달려가서 萬事(만사)를 주선(周旋)하여, 나의 생소(生疎)함을 나타내지 아니할 것
으로 믿었소. 진실로 오늘은 (내가) 처음으로 (그대들이) 극진하신 것을 믿어서,
내가 생각한 일을 거리낌 없이 (그대들에게) 이렇게 사뢰니, (비록 그대들이 나를)
얼마나 마땅하지 않게 여기시는 것을 알건마는, 별다른 방법이 없어서 (내가)
사뢰는 일이오니 용서하오.

통사왜 : 이대도록[69] 거ᄅᆞ기[70] 니ᄅᆞ디 아니셔도[71] 자네 처엄 일이신

---

59) 나타나디 : 나타나[← 나타내다(나타내다) : 낱(나타나다, 現)- + -아(연어) + 나(나다, 生)- +
  - ㅣ(← -이- : 사접)-]- + -디(-지 : 연어, 부정) ※ '나타나디'는 '나타내디'의 오기이다.

60) 아닐 : 아니[← 아니ᄒ다(아니하다 : 보용, 부정) : 아니(아니, 不 : 부사, 부정) + -Ø(← -ᄒ- :
  동접)-]- + -ㄹ(관전)

61) 미덧닝니 : 믿(믿다, 信)- + -엇(완료)- + -ᄉᆞᆸ(상높 공손)- + -ᄂᆡ(-네 : 평종, 현시, 예사 높
  임) '-ᄂᆡ'는 평서형 종결 어미인 '-다'가 생략되고 선어말 어미인 '-ᄂᆞ(감동)- + -ㅣ(← -이-
  : 상높)-'가 축약된 형태이다.

62) 점치디 : 점치[점치다 : 점(점, 占) + 치(치다)]- + -디(-지 : 연어, 부정) ※ '점치디 아니코'는
  문맥상 '거리낌 없이'의 뜻으로 옮긴다.

63) 언머 : 얼마, 何(부사)

64) 無調法이 : [마땅하지 아니하게(부사) : 無調法(무조법, 마땅하지 아니함) + -이(부접)] ※ "無
  調法(서어탄 말이라)"의 풀이를 보면, '無調法'은 '서어하다, 마땅하지 아니하다'는 말이다.
  '無調法이'는 '마땅하지 않게'의 뜻으로 옮긴다.

65) 하 : [아주, 많이(부사) : 하(많다, 多 : 형사)- + -Ø(부접)]

66) 無斗方ᄒ여 : 無斗方ᄒ[의지(依支)할 데 없다 : 無斗方(무두방 : 명사) + -ᄒ(형접)-]- + -여
  (← -아 : 연어) ※ 1권의 말에 있는 "無斗方(의지업단 말이라)"의 풀이를 보아서, '無斗方ᄒ
  여'는 '별 방법이 없어'의 뜻으로 옮긴다.

67) 솗ᄂᆞᆫ : 솗(← 삺다 : 아뢰다)- + -ᄂᆞ(현시)- + -ㄴ(관전) ※ '삺ᄂᆞᆫ'이 '솗ᄂᆞᆫ'으로 바뀐 것은 비
  음화가 적용된 예이다.

68) 샤ᄒᆞᆸ소 : 샤ᄒ[사하다, 용서하다 : 샤(사, 赦 : 불어) + -ᄒ(동접)-]- + -ᄉᆞᆸ(← -ᄋᆞᆸ- : 공손)-
  + -소(명종 : 예사 높임) ※ 시기에는 /ㅿ/이 사라졌으므로 '-ᄉᆞᆸ-'은 '-ᄋᆞᆸ-'의 오기이다.

69) 이대도록 : 이토록, 이다지, 至是(부사) ※ 참고로 '이대도록'을 [이(이, 是 : 지대) + 대(← 듸
  : 데, 것, 의명) + -도록(보조사▷부접)]과 같이 분석할 가능성이 있다. 곧, '이대도록/이듸도

거시니 代官들히 모시디 아냐는[72] 못홀 일이어니와 자네 혼자 가셔도[73] 인〈댱의 낫븐[74] 듸[75] 업〈니 送使씌 對面ᄒ면 奇特이[76] 너기믄 아ᄂᆞᆫ 앏피니[77] 우리의 ᄠᅳᆺ으로[78] 보탤 바ᄂᆞᆫ 이실 ᄃᆞᆺ 아니ᄒ건마ᄂᆞᆫ[79] 모시기란[80] ᄒ오리[81]。

통사왜 : 이토록 대단하게 말하지 아니하셔도, (이번 일은) 그대의 처음 일이신 것이니, 代官(대관)들이 (그대를) 모시지 아니하지는 못할 일이거니와, 그대가 혼자 가셔도 인사치레에 나쁜 데가 없으니, (그대가) 送使(송사)께 對面(대면)하면 (送使께서) 奇特(기특)하게 여기는 것은 아는 바이니, 우리의 뜻으로 보탤 바는 있을 듯 아니하건마는, (그대를) 모시기는 하겠습니다.

록, 그대도록/그듸도록, 뎌대도록'의 형태가 있는 것을 감안하면 위와 같은 분석이 가능하다.

70) 거ᄅᆞ기 : 대단히, 장하게(부사)

71) 아니셔도 : 아니[← 아니ᄒ다(아니하다 : 보용, 무성) : 아니(아니, 不 : 부시, 부정) + -Ø(←-ᄒ- : 동접)-] + -시(주높)- + -어도(연어, 양보)

72) 아냐는 : 아니[← 아니ᄒ다(아니하다 : 보용, 부정) : 아니(아니, 不 : 부사, 부정) + -Ø(←-ᄒ- : 동접)-] + -야(←-아 : 연어) + -ᄂᆞᆫ(보조사, 주제, 대조) ※ '아냐는'는 '아니ᄒ야는(= 아니하여는)'의 준말인데, 문맥상 '아니ᄒ지는'으로 옮긴다.

73) 가셔도 : 가(가다, 去)- + -시(주높)- + -어도(연어, 양보)

74) 낫븐 : 낫브[나쁘다, 惡 : 낫(← 낮다 : 낮다, 底)- + -브(형접)-] + -Ø(현시)- + -ㄴ(관전)

75) 듸 : 데(데, 處 : 의명) + -Ø(주조)

76) 奇特이 : [기특하게(부사) : 奇特(기특 : 명사) + -Ø(←-ᄒ- : 형접)- + -이(부접)]

77) 앏피니 : 앏프(← 앏 : 앞, 前) + -이(서조)- + -니(연어, 이유) ※ '앏프'은 문맥상 의존 명사인 '것'이나 '바'로 옮긴다.

78) ᄠᅳᆺ으로 : ᄠᅳᆺ(← ᄠᅳᆮ : 뜻, 意) + -으로(부조, 방편)

79) 아니ᄒ건마ᄂᆞᆫ : 아니[← 아니ᄒ다(아니하다 : 보용, 부정) : 아니(부사, 부정) + -Ø(←-ᄒ- : 동접)-] + -건마ᄂᆞᆫ(-건마는 : 연어, 대조)

80) 모시기란 : 모시(모시다, 奉)- + -기(명전) + -란(-는 : 보조사, 주제, 대조)

81) ᄒ오리 : ᄒ(하다)- + -오(공손)- + -리(평종, 반말, 미시) ※ 'ᄒ오리'는 'ᄒ오리이다'에서 '-이(상높, 아주 높임)- + -다(평종)'가 생략된 형태이다.

[장면 2. 일본에서 오는 송사(送使)의 배에 관한 이야기]*

> 대관 : 先度[1] 中歸船[2] 便의[3] 二番 特送[4]이 豊崎[5]셔 日吉利[6]를 기드리더라 닐러[7] 와시니[8] 오늘은 건넘즉[9] 흔 구롬가기도[10] 잇고 브룸도 됴히 부러시니[11] 多分[12] 비가[13] 올 거시니 遠見의[14] 무러 보옵소.

대관 : 지난 번의 中歸船(중귀선)의 便(편)에 二番(이번) 特送(특송)이 "豊崎(풍기, 도요자키)에서 날씨를 기다리더라."고 일러 왔으니, 오늘은 (바다를) 건넘직 한 구름가기(雲行)도 있고 바람도 좋게 불었으니, 아마 (특송의) 배가 올 것이니 遠見(원견, 조망꾼)에게 물어 보오.

> 문정관 : 어와 그러ᄒ온가[15]。遠見의ᄂᆞ 뭇디[16] 아니ᄒ여도 뵈면[17] 즉시

---

* [장면 2]는 조선의 '문정관(問情官)'과 일본의 '대관(代官)'이 대화하는 장면이다. 여기서 문정관은 조선시대에 이양선의 출현 목적과 표류한 외국인의 국적 등을 조사하기 위하여 임시로 임명한 관리이다. 대개 외국 선박이 들어온 지방의 수령(守令)을 문정관으로 삼아 교섭하게 하였다.

1) 先度 : 선도. '지난번'의 뜻을 나타내는 일본 한자어이다.

2) 中歸船 : 중귀선. 중간에 돌아오거나 돌아가는 배이다.

3) 便의 : 便(편 : 의명) + -의(-에 : 부조, 위치, 방편)

4) 特送 : 특송. 특송사(特送使). 일본의 관직명으로서 대마도주가 특별한 임무를 주어서 조선에 파견한 관리이다.

5) 豊崎셔 : 豊崎(풍기, 일본의 지명) + -셔(-서 : 보조사, 위치 강조) '豊崎(풍기, 도요자키)'는 일본 남부 오키나와 섬 부근에 따려 있는 지명이다.

6) 日吉利 : 일길리. '날씨'나 '일기'의 뜻을 나타내는 일본 한자어이다. ※ 1권의 말미에 "日吉利 日氣之謂也('일길리'는 '일기'를 말하는 것이다)"라는 뜻풀이가 있다.

7) 닐러 : 닐ᄅ(← 니르다 : 이르다, 曰)- + -어(연어)

8) 와시니 : 오(오다, 來)- + -아시(완료)- + -니(연어, 설명 계속, 이유)

9) 건넘즉 : 건너(건너다, 渡)- + -엄즉(-음직 : 연어, 가치)

10) 구롬가기도 : 구롬가기[구름가기, 구름이 떠다님, 雲行 : 구롬(구름, 雲) + 가(가다, 行)- + -기(명접)] + -도(보조사, 마찬가지) ※ '구름가기'는 '雲行', 곧 구름이 떠다니는 것을 나타낸다.

11) 부러시니 : 불(불다, 吹)- + -어시(완료)- + -니(연어, 이유)

12) 多分 : 아마, 거의(부사). ※ '多分'은 '아마', '거의' 등의 뜻을 나타내는 일본 한자어이다.

13) 비가 : 비(배, 船) + -가(주조) ※ 반모음 /j/로 끝나는 체언 뒤에서 주격 조사가 '-가'의 형태로 실현되었다. 중세 국어 시기에서는 주격 조사가 '-이'뿐이었으나, 여기서 반모음 /j/로 끝나는 체언은 체언 뒤에서 '-가'의 형태가 처음으로 출현한 것을 확인할 수 있다.

14) 遠見의 : 遠見(원경, 망을 보는 사람) + -의(← -의게 : -에게 : 부조) ※ 1권의 말미에 "遠見 條望軍之稱('원견'은 조망군을 이른 것이다.)"라는 뜻풀이가 있다.

釜山浦로셔[18] 우리게[19] 긔별을 니를 거시니 그는 油斷홀[20] 일은 업스오리[21]。 代官네씌[22] 書簡을 뻐[23] 니름은[24] 앗가[25] 遠見으로셔 안 쌔다희[26] 日本 비 뵌다[27] 니르니 일뎡[28] 二番 特送이 오는가 시브니[29] 자네네도[30] 아옵소[31]。

문정관 : 아, 그러하온가? 遠見(원견)에게는 묻지 아니하여도, (이번 특송의 배가) 보이면 즉시 釜山浦(부산포)로부터서 우리에게 기별(奇別)을 이를 것이니, 그것은 疏忽(소홀)할 일은 없사오리. 代官(대관)네께 書簡(서간)을 써서 이르는 것은, "아까 遠見(원견)으로부터 안쪽 바다에 日本(일본) 배가 보인다."라고 이르니, 반드시 二番(이번) 特送使(특송사)가 오는가 싶으니, 그대들도 (특송사가 오는 것을) 아소.

---

15) 그러ᄒ온가 : 그러ᄒ[그러하다, 然 : 그러(그러 : 불어) + -ᄒ(형접)-] + -오(공손)- + -ㄴ가 (의종, 판정)

16) 뭇디 : 뭇(← 묻다 : 묻다, 問)- + -디(-지 : 연어, 부정) ※ '뭇디'는 '묻디'의 종성 /ㄷ/을 'ㅅ'으로 표기한 형태이다.

17) 뵈면 : 뵈[보이다 : 보(보다, 見 : 타동)- + -ㅣ(← -이- : 피접)-]- + -면(연어, 조건)

18) 釜山浦로셔 : 釜山浦(부산포) + -로(부조, 방향) + -셔(-서 : 보조사, 강조)

19) 우리게 : 우리(우리, 我 : 인대, 1인칭) + -게(-에게 : 부조, 상대)

20) 油斷홀 : 油斷ᄒ[소홀히 하다, 방심하다 : 油斷(유단 : 불어) + -ᄒ(동접)-]- + -ㄹ(관전) ※ 1권의 말미에 "油斷 던득단 말이라"이라는 뜻풀이가 있다. 여기서 '던득다'는 '소홀하다'의 뜻으로 쓰이는 말이다.

21) 업스오리 : 없(없다, 無)- + -스오(공손)- + -리(평종, 반말, 미시)

22) 代官네씌 : 代官네[대관네 : 代官(대관) + -네(복접)] + -씌(-께 : 부조, 상대)

23) 뻐 : 쁘(쓰다, 사용하다, 用)- + -어(연어)

24) 니름은 : 니르(이르다, 曰)- + -ㅁ(명전) + -은(보조사, 주제)

25) 앗가 : 아까, 昔(부사)

26) 안 쌔다희 : 안(안, 內) + -ㅅ(-의 : 관조) # 바다ᄒ(바다, 海) + -의(-에 : 부조, 위치)

27) 뵌다 : 뵈[보이다 : 보(보다, 見 : 타동)- + -ㅣ(← -이- : 피접)-]- + -ㄴ(← -ᄂᆞ- : 현시)- + -다(평종) ※ '뵌다'는 '뵈ᄂᆞ다'에서 현재 시제 선어말 어미인 '-ᄂᆞ-'의 /ㆍ/가 탈락하여서 된 형태이다. 곧, 모음으로 끝난 어간의 뒤에 현재 시제의 선어말 어미가 '-ㄴ-'의 형태로 실현되었다.

28) 일뎡 : 일정(一定), 반드시, 必(부사)

29) 시브니 : 시브(싶다 : 보용, 추측)- + -니(연어, 설명 계속, 이유)

30) 자네네도 : [자네네 : 자네(자네 : 인대, 2인칭, 예사 높임) + -네(복접, 예사 높임)] + -도(보조사, 첨가)

31) 아옵소 : 아(← 알다 : 알다, 知)- + -옵(공손)- + -소(명종, 예사 높임)

> 문정관 : 이 비는 므슴 빈고[32]。

문정관 : 이 배는 무슨 배인가?

> 대관 : 當年条[33] 二番 特送이옵도쇠[34]。

대관 : 當年条(당년분) 二番(이번) 特送(특송선)이옵니다.

> 문정관 : 어와 어와 거르기[35] 머흔딕[36] 아므 일 업시 건너시니[37] 아름다와
> 호닝이다[38]。

문정관 : 아, 아, 매우 험한데, 아무 일 없이 건넜으니, 기뻐합니다.

> 대관 : 우리는 御陰[39]을 뻐 無事히 왓숩거니와 비 흔 칙이 뻐뎟ㅅ오니[40]
> 글로[41] ㅎ여 근심ㅎ옵늬[42]。

대관 : 우리는 (그대) 덕분에 無事(무사)히 왔거니와, 배 한 척이 뒤떨어졌사오니 그것

---

32) 빈고 : 빈(배, 船) + -∅(서조)- + -∅(현시)- + -ㄴ고(-ㄴ가 : 의종, 설명 계속)

33) 當年 条 : 당년 조. 當年(당년, 그해) # 条(조, 분, 分 : 의명)

34) 特送이옵도쇠 : 特送(특송, 특송선) + -이(서조)- + -옵(상높, 공손)- + -도쇠(평종, 감탄, 예
사 높임)

35) 거르기 : 매우, 거창하게, 대단히(부사)

36) 머흔딕 : 머흐(← 머흘다 : 험하다, 궂다, 險)- + -은딕(-은데 : 연어, 설명 계속)

37) 건너시니 : 건너(건너다, 渡)- + -어시(완료)- + -니(연어, 설명 계속)

38) ㅎ닝이다 : ㅎ(하다, 爲)- + -닝이다(← -ㄴ이다 : 평종, 현시, 아주 높임) ※ '-닝이다'는 '-ㄴ
(현시)- + -ㅇ이(← -이 : 상높, 아주 높임)- + -다(평종)'가 축약된 형태이다.

39) 御陰 : 어음. '덕분'이란 뜻의 일본어 한자어이다. ※ '御陰을 뻐'의 원래의 뜻은 '(그대의) 덕
분을 사용하여'인데, 여기서는 '(그대) 덕분에'로 옮긴다.

40) 뻐뎟ㅅ오니 : 뻐디[뒤떨어지다 : ㅃ(← 쁘다 : 쁘다, 隔)- + -어(연어) + 디(지다, 落)-]- + -엇
(완료)- + -ㅅ오(공손)- + -니(연어, 설명 계속, 이유)

41) 글로 : 글(← 그 : 그, 彼, 지대, 정칭) + -로(부조, 방편)

42) 근심ㅎ옵늬 : 근심ㅎ[근심하다 : 근심(근심, 謹審 : 명사) + -ㅎ(동접)-]- + -옵(공손)- + -늬
(평종, 현시, 예사 높임)

으로 하여 근심하오.

문정관 : 므슴 비 어이⁴³⁾ ᄒ여 떠뎓습ᄂ고⁴⁴⁾。

문정관 : 무슨 배가 어찌하여 뒤떨어졌는가?

대관 : 水木船⁴⁵⁾이 돗기⁴⁶⁾ 사오나와⁴⁷⁾ 떠뎓습ᄂ。

대관 : 水木船(수목선)이 돛이 나빠서 뒤떨어졌소.

문정관 : 오늘 아춤 구룸이 머흐더니 낫⁴⁸⁾ 디나며브터⁴⁹⁾ 비 ᄲ리고⁵⁰⁾
ᄇᄅᆷ이 사오납더니 일뎡 슈고로이⁵¹⁾ 건너시도쇠⁵²⁾。

문정관 : 오늘 아침 구름이 험하더니, 낮이 지나며부터 비가 뿌리고 바람이 사납더니,
틀림없이 수고로이 건넜구나.

대관 : 올ᄉ외⁵³⁾。 날이 노파셔⁵⁴⁾ ᄇᄐᆯ⁵⁵⁾ 거슬 ᄇᄅᆷ의 이치여⁵⁶⁾ 이제야

---

43) 어이 : 어찌, 何(부사)
44) 떠뎓습ᄂ고 : 떠디[뒤떨어지다 : ㄸ(←ᄯ다 : 뜨다, 隔)-+-어(연어)+디(지다, 落)-]-+-엳
(←-엇- : 완료)-+-습(공손)-+-ᄂ(현시)-+-ㄴ고(의종, 설명 계속) ※ '-엳-'은 '-엇-'
의 종성 /ㄷ/을 소리나는 대로 적은 것인데, 이는 7종성 체계에 따라서 평파열음화가 적용된
형태이다.
45) 水木船 : 수목선. 물과 나무를 운반하는 배이다.
46) 돗기 : 돇(돛, 帆)+-이(주조)
47) 사오나와 : 사오나오(←사오납다, ㅂ불 : 사납다, 억세다, 나쁘다, 惡)-+-아(연어)
48) 낫 : 낫(←낮 : 낮, 晝) ※ '낫'은 종성의 /ㄷ/을 'ㅅ'으로 표기한 형태이다.
49) 디나며브터 : 디나(지나다, 過)-+-며(연어, 나열)+-브터(←-부터 : 보조사, 비롯함)
50) ᄲ리고 : ᄲ리(←ᄲ리다 : 뿌리다, 撒)-+-고(연어, 나열) ※ 된소리 표기에 각자 병서인 'ㅃ'
이 쓰였다.
51) 슈고로이 : [수고스럽게, 苦(부사) : 슈고(수고, 受苦)+-로(←-롭-, ㅂ불 : 형접)-+-이(부
접)]
52) 건너시도쇠 : 건너(건너다, 渡)-+-시(←-어시- : 완료)-+-도쇠(평종, 감탄, 예사 높임)
53) 올ᄉ외 : 올(←옳다 : 옳다, 是)-+-ᄉ오(공손)-+-Ø(현시)-+-ㅣ(←-이 : 평종, 반말)
※ '-ᄉ외'는 '-ᄉ오(공손)-+-이(상높)-+-다(평종)'에서 '-다'가 생략된 뒤에 '-ᄉ오-+

왓ᄉᆞᆸᄂᆡ。 ᄠᅥ딘 ᄇᆡ[57] 아므 ᄃᆡ 븟터셔도[58] 오ᄂᆞᆯ은 밤이 드러시니[59]
ᄂᆡ일 듯보와[60] 보ᄋᆞᆸ소。

대관 : 옳으오. 해가 높이 있을 때 도착할 것을 바람에 시달리어 이제야 왔소. 뒤떨어진 배가 아무 데에 도착하였어도, 오늘은 밤이 들었으니 내일 듣보아 보오.

문정관 : 그 ᄇᆡ 슈종[61]을 너머셔 ᄠᅥ디온가[62]。

문정관 : 그 배가 수평선을 넘어(와)서 뒤떨어졌는가?

대관 : 거의 다 와셔 惡風을 만나 큰 ᄇᆡ예 격군[63]도 젹고 ᄇᆡ예 연장도 브딜ᄒᆞ여[64] ᄠᅥ덧ᄉᆞ오니[65] 글로 ᄒᆞ여 근심ᄒᆞᄋᆞᆸᄂᆡ。

대관 : 거의 다 와서 惡風(악풍)을 만나, 큰 배에 격군(格軍)도 적고 배에 연장(鍊匠)도

-이-'가 축약된 형태이다.

54) 날이 노파셔 : '날이 높다'는 '해가 높이 떠 있음'을 뜻한다.

55) 브틀 : 븥(붙다, 도착하다, 着)- + -을(관전)

56) 이치여 : 이치(흔들리다, 시달리다)- + -여(← -어 : 연어)

57) ᄇᆡ : ᄇᆡ(배, 船) + -Ø(주조)

58) 븟터셔도 : 븟ㅌ(← 븥다 : 붙다, 도착하다, 着)- + -어시(완료)- + -어도(연어, 양보) ※ '븟터셔도'는 '브터셔도'의 /ㅌ/을 'ㅅㅌ'으로 거듭적한 형태이다.

59) 드러시니 : 들(들다, 入)- + -어시(완료)- + -니(연어, 설명 계속, 이유)

60) 듯보와 : 듯보[듣보다, 듣고 보다 : 듯(듣다, 聞)- + 보(보다, 見)-]- + -오(공손)- + -아(연어) ※ '듯보다'는 듣기도 하고 보기도 하며 알아보거나 살피는 것이다. '듯보와'는 '듣보와'의 종성 /ㄷ/을 'ㅅ'으로 표기한 예이다.

61) 슈종 : 수종(水宗), 물마루. ① 바다와 하늘이 맞닿은 것처럼 멀리 보이는 수평선의 두두룩한 부분이다. ② 높이 솟은 물의 고비이다. 여기서 '슈종'은 ①의 의미로 쓰였다.

62) ᄠᅥ디온가 : ᄠᅥ디[뒤떨어지다 : ㅲ(← ᄠᅳ다 : 뜨다, 隔)- + -어(연어) + 디(지다, 落)-]- + -Ø(과시)- + -오(공손)- + -ㄴ가(의종, 판정)

63) 격군 : 격군(格軍). 조선 시대에 사공(沙工)의 일을 돕던 수부(水夫)이다.

64) 브딜ᄒᆞ여 : 브딜ᄒᆞ[부질하다, 부족하다 : 브딜(부질, 不秩 : 불어) + -ᄒᆞ(형접)-]- + -여(-아 : 연어)

65) ᄠᅥ덧ᄉᆞ오니 : ᄠᅥ디[뒤떨어지다 : ㅲ(← ᄠᅳ다 : 뜨다, 隔)- + -어(연어) + 디(지다, 落)-]- + -엇(완료)- + -ᄉᆞ오(공손)- + -니(연어, 이유)

부족하여 뒤떨어졌사오니, 그것으로 하여(그것 때문에) 근심하오.

문정관 : 이제 오ᄂᆞᆫ 법도 잇건마ᄂᆞᆫ 밤이 드러 뵈디 몯ᄒᆞ니 힝혀[66] 아모 ᄃᆡ 븟터도[67] 東萊[68] 釜山浦예 솔와[69] 方方彼此[70]의 ᄎᆞᄌᆞ올[71] 거시니 근심 마ᄋᆞᆸ소。

문정관 : 이제 오는 법도 있건마는, 밤이 들어서 (배가) 보이지 못하니, (배가) 행여 아무 데 도착하여도, 東萊(동래 부사)가 釜山浦(부산포)에 아뢰어 方方彼此(방방피차)에 (배를) 찾을 것이니 근심 마오.

대관 : 얼현이[72] 마ᄅᆞ시고 ᄂᆡ일 ᄅᆑ무[73] ᄎᆞᄌᆞ쇼셔。

대관 : 소홀이 마시고 내일 일찍이 찾으소서.

문정관 : 그리ᄒᆞ올[74] 거시니 ᄆᆞ음 편히 녀기ᄋᆞᆸ소。正官[75]은 뉘시온고[76]。

문정관 : 그리할 것이니 마음을 편히 여기소. 正官(정관)은 누구이신가?

대관 : 나ᄂᆞᆫ 都船[77] 이ᄂᆞᆫ 二船[78] 뎌ᄂᆞᆫ 封進이ᄋᆞᆸ도쇠[79]。

---

66) 힝혀 : [행여(부사) : 幸(행 : 불어) + -혀(부접)]
67) 븟터도 : 븟ㅌ(← 붙다 : 붙다, 도착하다, 着)- + -어도(연어, 양보) ※ '브터도'가 '븟터도'로 바뀐 것은 원순 모음화와 거듭적기가 적용된 형태이다.
68) 東萊 : 東萊(동래) + -∅(←-이 : 주조) ※ 여기서 '東萊'는 '동래 부사'의 뜻으로 쓰였다.
69) 솔와 : 솔오(← 숣다, ㅂ불 : 사뢰다, 아뢰다, 奏)- + -아(연어)
70) 方方彼此 : 방방피차. 여기저기, 이곳저곳.
71) ᄎᆞᄌᆞ올 : ᄎᆞᆺ(← ᄎᆞᆽ다 : 찾다, 尋)- + -ᄋᆞ오(공손)- + -ㄹ(관전) ※ 'ᄎᆞᄌᆞ올'은 'ᄎᆞᆽ ᄋᆞ올'을 의 /ᄌ/을 'ㅅㅈ'으로 거듭 적은 형태이다.
72) 얼현이 : 소홀히(부사)
73) ᄅᆑ무 : 조조. 일찍이(부사)
74) 그리ᄒᆞ올 : 그리ᄒᆞ[그리하다 : 그리(그리 : 부사) + -ᄒᆞ(동접)-]- + -ᄋᆞ(공손)- + -ㄹ(관전)
75) 正官 : 정관. 일본의 관직명으로서, 통신사 중에서 가장 높은 사신(使臣)이다.
76) 뉘시온고 : 누(← 누구 : 인대, 미지칭) + -ㅣ(←-이- : 서조)- + -시(주높)- + -∅(현시)- + -ᄋᆞ(공손)- + -ㄴ고(-ㄴ가 : 의종, 설명)

대관 : 나는 都船(도선), 이 사람은 二船(이선), 저 사람은 封進(봉진)이구려.

갑 : 正官[80]은 어ᄃᆡ 겨시온고。

문정관 : 正官(정관)은 어디 계신가?

대관 : 正官은 ᄇᆡ멀믜ᄒᆞ여[81] 인ᄉᆞ[82] 몰라 아ᄅᆡ 누어ᄉᆞᆸᄂᆡ[83]。

대관 : 正官(정관)은 배멀미하여 인사(人事)를 몰라 아래에 누웠소.

문정관 : 書契[84]를 내셔ᄃᆞᆫ[85] 보ᄋᆞᆸ새[86]。

문정관 : 書契(서계)를 내셨거든 봅세.

대관 : 그리ᄒᆞ오려니와[87] 깁피[88] 드럿ᄉᆞ오니[89] 別ᄒᆞᆫ 일도 업ᄉᆞ오니 ᄂᆡ일

---

77) 都船 : 도선. 일본의 관직명으로 배를 운영하는 우두머리인 도선주(都船主)이다.

78) 二船 : 이선. 일본의 관직명. 도선주의 아랫사람으로 이선주(二船主)이다.

79) 封進이ᄋᆞᆸ도쇠 : 封進(봉진, 일본의 관직명) + -이(서조)- + -ᄋᆞᆸ(공손)- + -∅(현시)- + -도쇠(평종, 감탄, 예사 높임) ※ '封進(봉진)'은 정부의 중요 문서를 전달하는 임무를 맡은 관리이다.

80) 正官 : 정관. 일본의 관직명으로 통신사 중에서 수석 사신인 정사(正使)를 이른다.

81) ᄇᆡ멀믜ᄒᆞ여 : ᄇᆡ멀믜ᄒᆞ[배멀미하다 : ᄇᆡ(배, 船) + 멀믜(멀미, 吐 : 명사) + -ᄒᆞ(동접)-]- + -여(←-아 : 연어)

82) 인ᄉᆞ : 인사(人事) ※ '인ᄉᆞ 모ᄅᆞ다'는 '인사불성(人事不省)', 곧 제 몸에 벌어지는 일을 모를 만큼 정신을 잃은 상태를 말한다.

83) 누어ᄉᆞᆸᄂᆡ : 누(←눕다, ㅂ불 : 눕다, 臥)- + -어(←-엇- : 완료)- + -ᄉᆞᆸ(공손)- + -ᄂᆡ(평종, 현시, 예사 높임) ※ '누어ᄉᆞᆸᄂᆡ'는 '누웟ᄉᆞᆸᄂᆡ'의 오기로 보인다.

84) 書契 : 서계. 조선 시대에 왜인(倭人)의 유력자에게 통호(通好)를 허가하던 신임장이나 조선 정부가 일본과 주고 받는 외교 문서이다.

85) 내셔ᄃᆞᆫ : 내[내다 : 나(나다, 出)- + -ㅣ(←-이- : 사접)-]- + -시(주높)- + -어ᄃᆞᆫ(-거든 : 연어, 조건)

86) 보ᄋᆞᆸ새 : 보(보다, 見)- + -ᄋᆞᆸ(공손)- + -새(←-새이다 : -세, 청종, 예사 높임) ※ '-새'는 아주 높임의 청유형 종결 어미인 '-새이다(<-사이다)'에서 /이다/가 탈락하여서 된 형태이다.

87) 그리ᄒᆞ오려니와 : 그리ᄒᆞ[그리하다 : 그리(그리 : 부사) + -ᄒᆞ(동접)-]- + -오(공손)- + -리(미시)- + -어니와(←-거니와 : 연어, 인정 반전)

88) 깁피 : [깊이(부사) : 깁ㅍ(←깊다 : 깊다, 深)- + -이(부접)] ※ '깁피'는 '기피'의 /ㅍ/을 'ㅂ

보옵소.

대관 : 그리하려니와 (書契가) 깊이 들었사오니, 특별한 일도 없사오니 내일 보오.

문정관 : 그는 그러커니와[90] 書契를 내 친히 보고 자니네 姓名을 아라
　　　 釜山浦예 술와 注進[91]홀 거시니 書契를 내옵소。

문정관 : 그는 그렇거니와, 書契(서계)를 내가 친(親)히 보고, 그대네의 姓名(성명)을 알
　　　 아, 釜山浦(부산포)에 사뢰어 狀啓(장계)를 할 것이니, 書契(서계)를 내오.

대관 : 우리 일홈은 아뫼옵도쇠[92]。

대관 : 우리의 이름은 아무개이오.

문정관 : 그리ᄒᆞ여[93] 몯 ᄒᆞ오리[94]。 書契의 ᄒᆞᆫ 지라도[95] 어근나면[96] 아므
　　　 의[97] 히도[98] 됴티 아니ᄒᆞ오니 브딕[99] 내옵소。

───────────────

　　　 ㅍ'으로 거듭 적은 형태이다.

89) 드럿ᄉ오니 : 들(들다, 入)- + -엇(완료)- + -ᄉ오(공손)- + -니(연어, 이유)

90) 그러커니와 : 그렇[← 그러ᄒᆞ다(그러하다) : 그러(그러 : 불어) + -ᄒᆞ(← -ᄒᆞ- : 형접)-]- + -
　　 거니와(연어, 인정 반전)

91) 注進 : 주진. '장계(狀啓)'의 뜻으로 쓰이는 일본어이다. 장계(狀啓)는 왕명을 받고 지방에 나
　　 가 있는 신하가 자기 관하(管下)의 중요한 일을 왕에게 보고하던 일이나 그런 문서이다.

92) 아뫼옵도쇠 : 아모(아무, 某) + -ㅣ(← -이- : 서조)- + -∅(현시)- + -옵(공손)- + -도쇠(평종,
　　 감탄, 예사 높임)

93) 그리ᄒᆞ여 : 그리ᄒᆞ[그리하다 : 그리(부사) + -ᄒᆞ(동접)-]- + -여(-아 : 연어)

94) 몯 ᄒᆞ오리 : 몯(못, 不能 : 부사, 부정) # ᄒᆞ(하다, 爲) + -오(공손)- + -리(평종, 반말, 미시)

95) 지라도 : ᄌᆞ(자, 글자, 字) + -ㅣ라도(-이라도 : 보조사, 양보)

96) 어근나면 : 어근나[← 어긋나다 : 어긋(어긋, 錯 : 불어) + 나(나, 出)-]- + -면(연어, 조건) ※
　　 '어긋나면'이 '어근나면'으로 바뀐 것은 비음화가 적용된 형태이다.

97) 아므의 : 아므(아무, 某) + -의(-에, -에게 : 부조)

98) 히도 : 히[시키다, 하게 하다, 使 : ᄒᆞ(하다, 爲)- + -ㅣ(← -이- : 사접)-]- + -도(← -어도 :
　　 연어, 양보) ※ '히도'는 '히여도'의 오기이다.

99) 브딕 : 부디(부사).

문정관 : 그리해서는 못 하오리. 書契(서계)의 한 자(字)라도 어긋나면, 아무에게 시키
　　　　어도 좋지 아니하니, 부디 (書契를) 내오.

　　대관 : 그리ᄒᆞ옵새¹⁾。 밤이　드러시니²⁾　아직 御酒³⁾　ᄒᆞ나　자옵소⁴⁾。

을 : 그리함세. 밤이 들었으니 아직 술 한 잔 드오.

　　문정관 : 下口ㅣ오니⁵⁾　마ᄅᆞ쇼셔⁶⁾。

문정관 : (저는) 술을 잘 못 마시는 사람이니 (권하지) 마십시오.

　　대관 : 對馬島셔도⁷⁾　자ᄂᆞᄂᆞᆫ　上口ㅣ신⁸⁾　줄　聞及ᄒᆞ엿ᄉᆞ오니⁹⁾　斟酌¹⁰⁾　마옵소。

대관 : 對馬島(대마도)에서도 그대는 술을 잘 마시는 사람이신 줄 소문으로 들었사오
　　　　니, 사양(斟酌)을 마오.

　　문정관 : 하¹¹⁾　니르시니　ᄒᆞ나　먹ᄉᆞ오리。

---

1) 그리ᄒᆞ옵새 : 그리ᄒᆞ[그리하다 : 그리(부사) + -ᄒᆞ(동접)-]- + -오(공손)- + -ㅁ새(-ㅁ세 : 평
　　종, 약속, 예사 높임)
2) 드러시니 : 들(들다, 入)- + -어시(완료)- + -니(연어, 설명 계속, 이유)
3) 御酒 : 어주. 술이다.
4) 자옵소 : 자(자시다, 드시다, 食)- + -옵(공손)- + -소(명종, 예사 높임)
5) 下口ㅣ오니 : 下口(하구) + -ㅣ(←-이- : 서조)- + -Ø(현시)- + -오(공손)- + -니(연어,　이
　　유) ※ '下口(하구)'는 술을 잘 못 마시는 사람이다.
6) 마ᄅᆞ쇼셔 : 마(← 말다 : 말다, 勿, 보용, 부정)- + -ᄋᆞ쇼셔(-으소서 : 명종, 아주 높임)
7) 對馬島셔도 : 對馬島(대마도) + -셔(-서 : 보조사, 위치) + -도(보조사, 마찬가지)
8) 上口ㅣ신 : 上口(상구) + -ㅣ(←-이- : 서조)- + -시(주높)- + -Ø(현시)- + -ㄴ(관전) ※ '上
　　口(상구)'는 술을 잘 마시는 사람이다.
9) 聞及ᄒᆞ엿ᄉᆞ오니 : 聞及ᄒᆞ[문급하다, 소문으로 듣다 : 聞及(문급 : 명사) + -ᄒᆞ(동접)-]- + -엿
　　(완료)- + -ᄉᆞ오(공손)- + -니(연어, 이유)
10) 斟酌 : 짐작. 사정이나 형편 따위를 어림잡아 헤아리는 것이다. ※ 여기서 '斟酌(짐작)'은 꾀
　　를 내어서 술을 안 마시겠다는 생각을 하는 것, 곧 '술을 사양하는 것'이다.
11) 하 : [하도, 많이(부사) : 하(많다, 多 : 형사)- + -Ø(부접)]

문정관 : 하도 이르시니 한 잔 먹으리.

대관 : 자ᄂᆡ 말이 對馬島셔 聞及ᄒᆞᄃᆞ시[12] 잘 通ᄒᆞ시니 아름답ᄉᆞ외。

대관 : 그대의 말이 對馬島(대마도)서 소문으로 듣듯이 잘 通(통)하시니 기쁘오.

문정관 : 내 말을 기리시니[13] 깃브ᄋᆞᆸ거니와[14] 고디듧ᄃᆞᆫ[15] 아니ᄒᆞ외。 져기[16]
아라듯ᄌᆞ올쏜가[17]。

문정관 : 내 말을 칭찬하시니 (내가) 기쁘거니와 (그대의 칭찬을) 곧이듣지는 아니하오.
(나의 말을) 조금 알아들겠는가?

대관 : ᄀᆞ장[18] 춤히[19] 通ᄒᆞᆸ시ᄂᆡ[20]。

대관 : 아주 잘 通(통)하시오.

문정관 : 술란[21] ᄒᆞ마[22] 마ᄋᆞ소。

---

12) 聞及ᄒᆞᄃᆞ시 : 聞及ᄒᆞ[소문으로 듣다 : 聞及(문급) + ᄒᆞ(동접)-]- + -ᄃᆞ시(-듯이 : 연어, 흡사)
13) 기리시니 : 기리(기리다, 칭찬하다, 譽)- + -시(주높)- + -니(연어, 이유)
14) 깃브ᄋᆞᆸ거니와 : 깃브[기쁘다, 喜 : 깃(← 깄다 : 기뻐하다, 歡 : 동사)- + -브(형접)-] + -ᄋᆞᆸ(공
손)- + -거니와(연어, 인정 대조)
15) 고디듧ᄃᆞᆫ : 고디듧(← 곧이듣다, ᄃᆞ블 : 곧(곧다, 直)- + -이(부접) + 듣(듣다, 聞)-]- + -ㅂ(←
-ᄉᆞᆸ- : 공손)- + -ᄃᆞᆫ(← -ᄃᆞ란 : -지는, 연어, 부정)
16) 져기 : [조금(부사) : 젹(젹다, 少)- + -이(부접)]
17) 아라듯ᄌᆞ올쏜가 : 아라듯[알아듣다 : 알(알다, 知)- + -아(연어) + 듣(듣다, 聞)-]- + -ᄌᆞ오(공
손)- + -ㄹ쏜가(-ㄹ쏜가 : 의종, 판정) ※ '아라듯ᄌᆞ올쏜가'에서는 '듣-'의 종성 /ㄷ/을 'ㅅ'으
로 표기한 형태이다.
18) ᄀᆞ장 : 가장, 아주(부사)
19) 춤히 : [참하게(부사) : 춤(참, 眞 : 명사) + -ᄒᆞ(← -ᄒᆞ- : 형접)- + -이(부접)]
20) 通ᄒᆞᆸ시ᄂᆡ : 通ᄒᆞ[통하다 : 通(통 : 불어) + -ᄒᆞ(동접)-]- + -ᄋᆞᆸ(공손)- + -시(주높)- + -ᄂᆡ
(-네 : 평종, 현시, 예사 높임)
21) 술란 : 술(술, 酒) + -란(-은 : 보조사, 주제)
22) ᄒᆞ마 : 이제(부사)

문정관 : 술은 이제 마오.

대관 : 하 마다²³⁾ 니르시니 아직²⁴⁾ 앗즙새²⁵⁾。

대관 : 하도 싫다고 이르시니, 이제 (당신의 말을) 따릅시다.

문정관 : 내 이제 釜山浦의 술와 注進ᄒᆞ고²⁶⁾ 닉일 아ᄎᆞᆷ은 東萊 올라가 送使의 樣子²⁷⁾를 솗고 올 거시니 죵용히²⁸⁾ 쉬웁소。 닉일 나죄란²⁹⁾ 入舘ᄒᆞ여³⁰⁾ 보웁새이다³¹⁾。

문정관 : 내가 이제 釜山浦(부산포)에 아뢰어 장계(狀啓)하고, 내일 아침은 東來(동래)에 올라가서 送使(송사)의 형편을 아뢰고 올 것이니, 조용히 쉬오. 내일 저녁은 入館 (입관)하여 보십시다.

대관 : 그리ᄒᆞ웁소。 슈고ᄒᆞ웁시ᄂᆡ³²⁾。 앗가 솗던 뻐딘 비를 御念入ᄒᆞ셔³³⁾

---

23) 마다 : 마(← 말다 : 싫다, 厭)- + -Ø(현시)- + -다(평종)
24) 아직 : 이제(부사)
25) 앗즙새 : 앗(취하다, 取)- + -즙(공손)- + -새(←-새이다 : -세, 청종, 예사 높임) ※ 여기서 '앗다'는 원래 '얻다'나 '취하다'의 뜻으로 쓰이는 말인데, 여기서는 문맥상 '술이 싫다고 하는 당신의 의견을 받아들이다.'라는 의미로 쓰였다.
26) 注進ᄒᆞ고 : 注進ᄒᆞ[주진하다 : 注進(주진 : 명사) + ᄒᆞ(동접)-]- + -고(연어, 계기) ※ '注進(주진)'은 일본어에서 어떠한 사건이 일어났을 때에 급히 보고하는 것이나 그러한 '급보(急報)' 이다.
27) 樣子 : 양자. 원래는 '얼굴의 생긴 모양'을 이르는 말이나, 여기서는 '사정'이나 '형편'의 뜻으로 옮긴다.
28) 죵용히 : [조용히(부사) : 죵용(조용 : 불어) + -ᄒᆞ(←-ᄒᆞ- : 형접)- + -이(부접)]
29) 나죄란 : 나죄(저녁, 夕) + -란(-는 : 보조사, 주제)
30) 入舘ᄒᆞ여 : 入舘ᄒᆞ[입관하다 : 入舘(입관 : 명사) + -ᄒᆞ(동접)-]- + -여(-아 : 연어) ※ '入舘(입관)'은 관청 따위의 건물에 들어가는 것이다.
31) 보웁새이다 : 보(보다, 見)- + -웁(공손)- + -새이다(←-사이다 : -십시다, 청종, 아주 높임)
32) 슈고ᄒᆞ웁시ᄂᆡ : 슈고ᄒᆞ[수고하다 : 슈고(수고, 受苦 : 명사) + -ᄒᆞ(동접)-]- + -웁(공손)- + -시(주높)- + -ᄂᆡ(-네 : 평종, 현재, 예사 높임)
33) 御念入ᄒᆞ셔 : 御念入ᄒᆞ[어념입하다 : 御念入(어념입 : 명사) + -ᄒᆞ(동접)-]- + -시(주높)- + -어(연어) ※ '御念入(어념입)'은 정성을 들이는 것이다.

> 肝煎ᄒᆞᆸ소[34].

대관 : 그리하오. 수고하시오. 아까 사뢰던 뒤떨어진 배를 정성을 다해서 주선(周旋)해 주오.

> 문정관 : ᄯᅩ 아니 니르셔도 얼현이[35] 아니 ᄒᆞ오리. 東萊로셔 앗가 도라왓ᄉᆞᆫ니. 東萊겨셔도[36] 어제ᄂᆞᆫ 일긔 사오나온ᄃᆡ 언머[37] 슈고로이 건너시도다[38] 념녀ᄒᆞ시고 問安ᄒᆞᆸ시데[39]. ᄯᅩ 軍官[40]도 보내시더니 왓습던가.

문정관 : 또 다시 아니 말하셔도 소홀하게 아니 하오리. 東來(동래)로부터 아까 돌아왔소. 東來(동래 부사)께서도 "어제는 일기(日氣)가 사나운데, 아주 수고로이 건넜구나."라고 염려하시고 問安(문안)하시더이다. 또 (동래 부사께서) 軍官(군관)도 보내시더니, (軍官이) 왔던가?

> 대관 : 앗가 만낫ᄉᆞᆷ니. 먼 ᄃᆡ 극진이 軍官을 보내여 무르시니 감격ᄒᆞ여 ᄒᆞᆸ니.

---

34) 肝煎ᄒᆞᆸ소 : 肝煎ᄒᆞ[간전하다 : 肝煎(간전 : 명사) + -ᄒᆞ(동접)-] + -ᆸ(공손)- + -소(명종, 예사 높임) ※ '肝煎(간전)'은 사람들의 사이에 들어서 주선하는 것이다.

35) 얼현이 : [소홀하게, 마음대로(부사) : 얼현(얼현 : 불어) + -∅(←-ᄒᆞ- : 형접) + -이(부접)]

36) 東來겨셔도 : 東來(동래, 동래 부사) + -겨셔(-께서 : 주조) + -도(보조사, 마찬가지) ※ '겨셔'는 '이시다'의 높임말인 '계시다'가 높임의 뜻을 나타내는 주격 조사로 쓰인 특수한 표현인데, 여기서는 '겨서'를 '-께서'로 의역한다. '계셔도'는 조어법적으로 [겨시(계시다)- + -어(연어) + -도(보조사, 마찬가지)]로 분석할 수 있다.

37) 언머 : 아주(부사) ※ '언머'는 원래 '얼마'의 뜻으로 쓰이는 미지칭의 부사인데, 여기서는 감탄문에 쓰였으므로 문맥상 '아주'의 뜻으로 옮긴다.

38) 건너시도다 : 건너(건너다, 渡)- + -∅(과시)- + -어시(완료)- + -도(감동)- + -다(평종)

39) 問安ᄒᆞᆸ시데 : 問安ᄒᆞ[문안하다 : 問安(문안 : 명사) + -ᄒᆞ(동접)-] + -ᆸ(공손)- + -시(주높)- + -데(←-더이다 : 평종) ※ '-데'는 '-더(회상)- + -이(상높, 아주 높임)- + -다(평종)'에서 '-다'가 탈락되고 '-더-'와 '-이-'가 축약된 형태이다.

40) 軍官 : 군관. 각 도의 주진(主鎭), 거진(巨鎭), 제진(諸鎭)에 배치되어 진장(鎭將)을 수행 보좌하고 군사를 감독하는 지방군의 중추적 존재였다.

대관 : 아까 만났습니다. (부사께서) 먼 데 극진(極盡)히 軍官(군관)을 보내어 (안부를)
물으시니, 감격해 하오.

문정관 : 이제 正官 보오라⁴¹⁾ 가오니 다시 보옵새。

문정관 : 이제 正官(정관)을 보러 가오니, 다시 봄세.

대관 : 正官씌 나도 사름을 보내올 거시니 자닉도 小通事⁴²⁾를 몬져
보내여 보고 가옵소。

대관 : 正官(정관)께 나도 사람을 보낼 것이니, 그대도 小通事(소통사)를 먼저 보내어
보고 가오.

문정관 : 앗가⁴³⁾ 사름을 보내오니 브르더라 ᄒ옵닉。

대관 : 아까 사람을 보내오니, "부르더라."라고 하오.

대관 : 그러커든 몬져 가옵소。 나도 미처⁴⁴⁾ 그리 가오리。 자닉 보시ᄃ시
방새⁴⁵⁾ 파락ᄒ야⁴⁶⁾ 누추ᄒ니 一夜⁴⁷⁾를 계유⁴⁸⁾ 堪忍ᄒ엿ᄉ오니⁴⁹⁾
큰 대⁵⁰⁾ 열과 공셕⁵¹⁾ 五六 枚만 몬져 드려⁵²⁾ 주옵소。

---

41) 보오라 : 보(보다, 見)-＋-오(공손)-＋-라(-러 : 연어, 목적)
42) 小通事 : 소통사. 하급 통역관이다.
43) 앗가 : 아까(부사)
44) 미처 : 및(미치다, 따르다, 及)-＋-어(연어)
45) 방새 : 방샤(방사, 방, 房舍)＋-ㅣ(←-이 : 주조)
46) 파락ᄒ야 : 파락ᄒ[파락하다 : 파락(파락, 破落 : 명사)＋-ᄒ(동접)-]-＋-야(←-아 : 연어)
   ※ '破落(파락)'은 파괴되어 몰락하는 것이다.
47) 一夜 : 일야. 하룻밤.
48) 계유 : 겨우(부사)
49) 堪忍ᄒ엿ᄉ오니 : 堪忍ᄒ[감인하다 : 堪忍(감인 : 명사)＋-ᄒ(동접)-]-＋-엿(완료)-＋-ᄉ오
   (공손)-＋-니(연어, 이유) ※ '堪忍(감인)'은 참고 견디는 것이다.
50) 대 : 대나무(竹)

대관 : 그렇거든 먼저 가오. 나도 따라 그리 가오리. 그대가 보시듯이 방(房)이 파락(擺
落)하여 누추(陋醜)하니, 一夜(일야)를 겨우 참고 견뎠사오니, 큰 대(竹) 열 개와
공석(空石) 五六(오륙) 枚(매)만 먼저 들여 주오.

문정관 : 글란[53] 이제 東萊 슬와 보내야 드릴 양으로 ᄒ오려니와[54]
ᄌ세히 뎌거[55] 두읍소。

문정관 : 그것은 이제 東來(동래 부사)께 사뢰어서 보내어 드릴 양으로 하오려니와,
자세히 적어 두오.

대관 : 뎡ᄒ여[56] 주는 거슬 슬온 거시 아니라 別로[57] 슬와 주실가
ᄒ여 슬왓ᄉᆞ니[58]。

대관 : 정(定)하여 주는 것을 사뢴 것이 아니라, 別(별도)로 (그대가 동래 부사께) 아뢰어
주실가 하여 아뢰었소.

문정관 : 그러ᄒ면 ᄉᆞᄉᆞ로이[59] 어들 일은 아니오니 내 친히 東萊
가 극진이 슬오려니와 자ᄂᆡ도 單字[60]를 써 보내읍소。

---

51) 공석 : 공석((空石). 아무것도 담지 않은 빈 볏섬이다. 여기서는 '돗자리'의 뜻으로 쓰였다.
52) 드려 : 드리[들이다 : 들(들다, 入)- + -이(사접)-]- + -어(연어)
53) 글란 : 글(← 그 : 그, 彼, 지대, 정칭) + -란(- -는 : 보조사, 주제) ※ '글'은 지시 대명사인 '그'
   가 보조사인 '-란' 앞에서 실현된 변이 형태이다.
54) ᄒ오려니와 : ᄒ(하다, 爲)- + -오(공손)- + -리(미시)- + -어니와(← -거니와 : 연어, 인정 반전)
55) 뎌거 : 뎍(적다, 書)- + -어(연어)
56) 뎡ᄒ여 : 뎡ᄒ[정하다 : 뎡(정, 定 : 불어)- + -ᄒ(동접)-]- + -여(← -아 : 연어)
57) 別로 : [따로, 별도로, 특별히(부사) : 別(별, 별도 : 불어)- + -로(부조▷부접)]
58) 슬왓ᄉᆞ니 : 슬오(← 숣다, ㅂ불 : 아뢰다, 奏)- + -앗(완료)- + -ᄉᆞᆸ(공손)- + -ᄂᆡ(-네 : 평종, 현
   시, 예사 높임)
59) ᄉᆞᄉᆞ로이 : [사사로이(부사) : ᄉᆞᄉᆞ(사사, 私私 : 불어)- + -로(← -롭- : 형접)- + -이(부접)]
60) 單字 : 단자. 부조나 선물 따위의 내용을 적은 종이이다. 돈의 액수나 선물의 품목, 수량, 보
   내는 사람의 이름 따위를 써서 물건과 함께 보낸다. 여기서는 '글(書)'의 뜻으로 쓰였다.

문정관 : 그러하면 사사(私私)로이 얻을 일은 아니오니, 내가 친히 東來(동래 부사)께
　　　　가서 극진히 아뢰겠거니와, 그대도 單子(단자)를 써 보내오.

> 대관 : 글란　그리　ᄒᆞ오리。

대관 : 그것은 그리 하오리.

> 문정관 : 茶禮ᄂᆞᆫ　어늬　ᄢᅴ[61]　ᄒᆞ올고。

문정관 : 茶禮(다례)는 어느 때 하올까?

> 대관 : 수이[62]　ᄒᆞᆯ　양으로　ᄒᆞᆸ소。

대관 : 머지 않아서 할 양으로 하소.

> 문정관 : 東萊가[63]　요ᄉᆞ이　편티[64]　아냐[65]　ᄒᆞ시더니　잠깐　ᄒᆞ려[66]　겨시니
> 　　　　二三日　內예　ᄒᆞᆯ　양으로　ᄒᆞ오리。茶禮ᄂᆞᆫ　明日[67]　ᄒᆞ오니　미리　출혀[68]
> 　　　　겨시다가　나실[69]　양으로　ᄒᆞ쇼셔。

---

61) ᄢᅴ : ᄢ(← ᄣᅳ : 때, 時) + -의(-에 : 부조, 위치) ※ 15세기의 'ᄢᅳ'가 'ᄣᅳ'로 형태가 변했는데, 이
시기에 'ᄡ'이 사라짐에 따라서 새롭게 'ᄢ'가 생긴 것이다.
62) 수이 : [쉽게, 쉬(부사) : 수(← 숩다, ㅂ불 : 쉽다, 易, 형사)- + -이(부접)] ※ '쉬이'는 문맥을
감안하여 '머지 않아서'로 옮긴다.
63) 東萊가 : 東萊(동래 부사) + -가(주조) ※ 주격 조사가 반모음 /j/ 뒤에서 '-가'의 형태로 실현
되었다. 여기서 '東萊'는 '동래 부사(東萊府使)'를 가리킨다.
64) 편티 : 편ᄒᆞ[← 편ᄒᆞ다 : 편(편, 便 : 불어) + -ᄒᆞ(←-ᄒᆞ- : 형접)-]- + -디(-지 : 연어, 부정)
65) 아냐 : 아니[← 아니ᄒᆞ다(아니하다 : 보용, 부정) : 아니(부사, 부정) + -∅(←-ᄒᆞ- : 형접)-]-
+ -야(←-아 : 연어)
66) ᄒᆞ려 : ᄒᆞ리(낫다, 療)- + -어(연어)
67) 明日 : 명일. '내일(來日)'의 일본어 한자말이다.
68) 출혀 : 출히(차리다, 준비하다, 備)- + -어(연어)
69) 나실 : 나(나다, 나가다, 出)- + -시(주높)- + -ㄹ(관전)

문정관 : 東來(동래 부사)가 요사이 편치 아니하여 하시더니, 잠깐 (병이) 나아 계시니 二三日(이삼일) 內(내)에 (다례를) 할 양으로 하오리. 茶禮(다례)는 明日(명일) 하오니, 미리 준비하여 계시다가 (다례에) 나가실 양으로 하소서.

> **대관** : 아옵게[70] 그리 ㅎ오리. 다만 正官이 본딘 병든 사룸이옵더니 엇디ㅎ디[71] 오며셔브터[72] ᄯᅩ 병드러 머글 껏도[73] 잘 못 먹고 누엇ᄉ오니[74] 나디 몯홀가 녀기오니 우리쑌[75] 나올쇠[76]。

대관 : 알아서 그렇게 하오리. 다만 正官(정관)이 본래 병든 사람이더니, 어찌한지 오면서부터 또 병들어 먹을 것도 잘 못 먹고 누웠사오니, (정관이 다례에) 나가지 못할가 여기오니, 우리만 (다례에) 나오겠구려.

> **문정관** : 그러면 엇디 브디[77] 닉일 ㅎ실 양으로 니르옵시던고[78]。 正官의 氣相[79]도 아디[80] 몯ㅎ고 送使의 연고[81] 업슨 양으로 술와 닉일로 뎡ᄒ디[82] 이제야셔[83] 正官의 병이라 니르시니[84] 正官이 나디 아니

---

70) 아옵게 : 아(← 알다 : 알다, 知)- + -옵(공손)- + -게(연어, 도달) ※ '아옵게'는 "알아서"로 옮긴다.
71) 엇디ㅎ디 : 엇디ㅎ[어찌하다 : 엇디(어찌 : 부사) + -ㅎ(동접)-]ㅣ ㄴ디(-ㄴ지 : 연어, 의문)
72) 오며셔브터 : 오(오다, 來)- + -며셔(-면서 : 연어, 진행) + -브터(-부터 : 보조사, 비롯함)
73) 껏도 : 껏(← 것 : 것, 의명) + -도(보조사, 강조)
74) 누엇ᄉ오니 : 누(← 눕다, ㅂ불 : 눕다, 臥)- + -엇(완료)- + -ᄉ오(공손)- + -니(연어, 이유) ※ '눕다(臥)'가 'ㅂ' 불규칙 용언이므로, '누엇ᄉ오니'는 '누윗ᄉ오니'로 표기되어야 한다.
75) 우리쑌 : 우리(인대, 1인칭, 복수) + -쑌(-뿐 : 보조사, 한정)
76) 나올쇠 : 나(나다, 出)- + -오(공손)- + -ㄹ쇠(-구나 : 감종, 감탄, 미시) ※ '-ㄹ쇠'는 '-롯(← -돗- : 감동)- + -오이(← -ᄋᆞ이- : 상높)- + -다(평종)'에서 '-다'가 생략되고 선어말 어미가 축약된 형태이다. 그러나 여기서는 '-ㄹ쇠'를 하나의 감탄형 어미로 처리한다.
77) 브디 : 부디, 꼭, 반드시, 必(부사)
78) 니르옵시던고 : 니르(이르다, 曰)- + -옵(공손)- + -시(주높)- + -더(회상)- + -ㄴ고(-ㄴ가 : 의종, 설명 계속)
79) 氣相 : 기상. 기색(氣色)
80) 아디 : 아(← 알다 : 알다, 知)- + -디(-지 : 연어, 부정)
81) 연고 : 緣故. 별다른 일이다.
82) 뎡ᄒ디 : 뎡ㅎ[정하다 : 뎡(정, 定 : 불어)- + -ㅎ(동접)]- + -ㄴ디(-은데 : 연어, 설명 계속)
83) 이제야셔 : 이제야[이제야(부사) : 이제(이제, 今 : 부사) + -야(보조사, 강조)] + -셔(-서 : 보

면⁸⁵⁾ 우리의 그르믄⁸⁶⁾ 발명⁸⁷⁾ 못홀 거시니 비록 正官이 병드르실띠라도⁸⁸⁾ 茶禮는 卒度之間⁸⁹⁾이오니 나셔⁹⁰⁾ 과연 견듸디 못ᄒ거든 몬져 니르실디라도⁹¹⁾ 내 迷惑⁹²⁾을 프르시과댜⁹³⁾。

문정관 : 그러면 어찌 꼭 내일 (다례를) 하실 양으로 이르시던가? 正官(정관)의 기색(氣色)도 알지 못하고 送使(송사)의 연고(緣故)가 없는 양으로 아뢰어, (다례를) 내일로 정하였는데, 이제야서 正官(정관)의 병이라고 말하시니, 正官(정관)이 (다례에) 나가지 아니하면 우리의 그릇됨(誤謬)은 변명(辨明)하지 못할 것이니, 비록 正官(정관)이 병들으실지라도 다례(茶禮)는 아주 짧은 시간이오니, (정관이 다례에) 나가서 과연 견디지 못하거든 (정관이 다례에서) 먼저 일어나실지라도, 나의 迷惑(미혹)을 풀어 주시기 바랍니다.

대관 : 니르시는 배⁹⁴⁾ 그러ᄒᆞᆸ거니와 正官 昨晚브터⁹⁵⁾ 병드럿ᄉ오니⁹⁶⁾

조사, 강조)

84) 니르시니 : 니르(이르다, 曰)- + -시(주높)- + -니(연어, 설명 계속, 이유)

85) 아니면 : 아니[← 아니ᄒᆞ다(보용, 부정) : 아니(아니, 不 : 부정, 부사) + -Ø(←-ᄒᆞ- : 동접)-]- + -면(연어, 조건)

86) 그르믄 : 그르(그르다, 誤)- + -ㅁ(명전) + -은(보조사, 주제)

87) 발명 : 발명(發明). 죄나 잘못이 없음을 말하여 밝히는 것이다. 변명(辨明).

88) 병드르실띠라도 : 병들[병들다 : 병(병, 病) + 들(들다, 入)-]- + -으시(주높)- + -ㄹ띠라도(←-ㄹ디라도 : -지라도, 연어, 양보)

89) 卒度之間 : 졸도지간. 아주 짧은 시간이다. ※ 1권의 말미에 "卒度暫刻也(졸도는 잠시의 시각이다)"이라는 뜻풀이가 있다.

90) 나셔 : 나(나가다, 出)- + -시(주높)- + -어(연어)

91) 니르실디라도 : 니르(← 닐다, 일어나다, 起)- + -으시(주높)- + -ㄹ디라도(-지라도 : 연어, 양보)

92) 迷惑 : 미혹. 정신이 헷갈리어 갈팡질팡 헤매는 것이다 ※ 여기서는 문맥에 따라서 '곤란한 처지'로 옮긴다.

93) 프르시과댜 : 플(풀다, 해소하다, 解)- + -으시(주높)- + -과댜(-고자 : 연어, 희망) ※ '-과댜'는 원래 연결 어미로 쓰이지만, 여기서는 '바람(희망)'을 나타내면서 종결 어미로 쓰였다. 따라서 '~기 바랍니다'로 의역하여서 옮긴다.

94) 배 : 바(바, 것 : 의명) + -ㅣ(←-이 : 주조)

95) 昨晚브터 : 昨晚(작만, 어제저녁 무렵) + -브터(-부터 : 보조사, 비롯함)

96) 병드럿ᄉ오니 : 병들[병들다 : 병(병, 病) + 들(들다, 入)-]- + -엇(완료)- + -ᄉ오(공손)- + -니(연어, 이유)

자뉘게 다시 술올 스이도 업스매⁹⁷⁾ 그러뉘⁹⁸⁾ ᄒ거니와 이 양병⁹⁹⁾은 아니오 正官 氣色이 견디염즉¹⁾ ᄒ면 나고져²⁾ 녀기오되 東萊 드르셔도³⁾ 양병이라뉘⁴⁾ 녀기디 아니ᄒ실 거시니 자뉘 그르다뉘⁵⁾ 아니ᄒ실 ᄃᆞᆺ ᄒ오리。

대관 : (그대가) 이르시는 바가 그러하거니와, 正官(정관)이 어제저녁부터 병들었사오니, 그대에게 다시 사뢸 사이도 없으매 그러하기는 하거니와, 이것(= 정관의 병)이 꾀병은 아니고 正官(정관)의 氣色(기색)이 견딤직 하면 나가고자 여기되, 東萊(동래 부사)가 (정관의 병을) 들으셔도 꾀병이라고는 여기지 아니하실 것이니, 그대가 그르다고는 아니하실 듯하오리.

문정관 : 이뉘 내 스스로⁶⁾ 숣뉘 말이어니와 자뉘네도 혜아려 보시소⁷⁾。 客人⁸⁾이 와야 亭主⁹⁾ ㅣ 보디 아니ᄒᄋᆸ뉘가¹⁰⁾。

문정관 : 이는 내가 사사(私私)로 아뢰는 말이거니와, 그대들도 헤아려 보시오. 객인(客人)이 와야 亭主(정주)가 보지 아니하는가?

---

97) 업스매 : 없(없다, 無)- + -으매(연어, 이유, 근거) ※ 명사형 전성 어미인 '-음'에 원인이나 이유를 나타내는 부사격 조사인 '-애'가 결합하여 이유나 원인을 나타내는 연결 어미인 '-으매'가 형성되었다.

98) 그러뉘 : 그러[←그러ᄒ다(그러하다) : 그러(그러 : 불어) + -Ø(←-ᄒ- : 형접)-]- + -Ø(←-기 : 명전) + -뉘(보조사, 주제) ※ '그러뉘'은 '그러ᄒ기뉘'이 줄어진 말이다.

99) 양병 : 양병(佯病). 꾀병이다.

1) 견디염즉 : 견디(견디다, 忍)- + -염즉(←-엄즉 : -음직, 연어, 가치)

2) 나고져 : 나(나다, 나가다)- + -고져(-고자 : 연어, 의도)

3) 드르셔도 : 들(← 듣다, ㄷ불 : 듣다, 聞)- + -으시(주높)- + -어도(연어, 양보)

4) 양병이라뉘 : 양병(꾀병, 佯病)- + -이(서조)- + -Ø(현시)- + -라(←-다 : 평종) + -뉘(보조사, 주제) ※ '양병이라뉘'는 용언의 종결형에 보조사 '-뉘'이 실현된 것이다.

5) 그르다뉘 : 그르(그르다, 誤)- + -Ø(현시)- + -다(평종) + -뉘(보조사, 주제)

6) 스스로 : [사사로이(부사) : 스스(사사, 私事) + -로(부조▷부접)]

7) 보시소 : 보(보다)- + -시(주높)- + -소(명종, 예사 높임)

8) 客人 : 객인. 손님이다.

9) 亭主 : 정주. 주인이다. ※ 1권의 끝에 "亭主主人也('정주'는 주인이다.)"라는 뜻풀이가 있다.

10) 아니ᄒᄋᆸ뉘가 : 아니ᄒ[아니하다(보용, 부정) : 아니(아니, 不 : 부사, 부정) + -ᄒ(동접)-]- + -ᄋᆸ(공손)- + -뉘(현시)- + -ㄴ가(-ㄴ가 : 의종, 판정)

> 대관 : 그러커니와 게셔[11] 힘써 이런 道理를 東萊끠 엿ᄌᆞ와[12] 닉일 브듸 홀 양으로 ᄒᆞᆸ소.

대관 : 그렇거니와 거기서 (자네가) 힘써 이런 道理(도리)를 東萊(동래 부사)께 여쭈어 내일 부디 (다례를) 할 양으로 하오.

> 문정관 : 힘써 슬와 보오려니와[13] 東萊 釜山浦 오셔도 거르기 섭섭이[14] 녀기실 거시니 아므리[15] 커나[16] 밤의도[17] 養性[18]ᄒᆞ여 나실 양으로 ᄒᆞ여 보옵소.

문정관 : 힘써 아뢰어 보려니와, 東萊(동래 부사)가 釜山浦(부산포)에 오셔도 대단히 섭섭하게 여기실 것이니, 아무튼 (正官이) 밤에도 養性(양성)하여 (茶禮에) 나가실 양으로 하여 보오.

> 대관 : 그리 ᄒᆞ오리.

대관 : 그리 하오리.

> 案內ᄂᆞᆫ 先通之意[19]
> 御字 與尊字同[20]

---

11) 게셔 : 게(← 거기 : 거기, 자네, 지대, 인대) + -셔(-서 : 보조사, 위치 강조) ※ '게'는 장소를 나타내는 대명사인 '거기'의 준말인데, 여기서는 2인칭인 '자뉘'의 뜻으로 쓰였다.

12) 엿ᄌᆞ와 : 엿ᄌᆞ오(← 엿줍다, ㅂ불 : 여쭙다, 問)- + -아(연어)

13) 보오려니와 : 보(보다, 見)- + -오(공손)- + -리(미시)- + -어니와(← -거니와 : 연어, 인정 반전)

14) 섭섭이 : [섭섭히(부사) : 섭섭(섭섭 : 불어) + -∅(← -ᄒᆞ- : 형접)- + -이(부접)]

15) 아므리 : 아무리(부사, 지시, 부정칭)

16) 커나 : ᄒᆞ(← ᄒᆞ다 : 爲)- + -거나(연어, 선택)

17) 밤의도 : 밤(밤, 夜) + -의(-에 : 부조, 위치) + -도(보조사, 마찬가지)

18) 養性 : 양성. 몸조리(調理)이다. ※ 1권의 말미에 "養性調理也"라는 뜻풀이가 있다.

19) 先通之意 : 선통지의. 먼저 알린다는 뜻이다.

念比　極盡之意[21]

氣遣　憂慮之意[22]

無調法　서어탄[23]　말이라

無斗方　의지　업단[24]　말이라

日吉利　日氣之謂也[25]

多分　거의란　말이라

遠見　候望軍之稱[26]

油斷　던득단[27]　말이라

卒度　暫刻也[28]

迷惑　悶望也[29]

亭主　主人也

養性　調理也[30]

案內(안내)는 先通之意(선통지의). 御字(어자)는 與尊字同(여존자동). 念比(념비)는 極盡之意(극진지의). 氣遣(기견)은 憂慮之意(우려지의).

無調法(무조법)은 마땅하지 않다는 말이다.

---

20) 與尊字同 : 여존자동. '尊(존)'의 글자(字)와 같다.
21) 極盡之意 : 극진지의. '極盡(극진)'의 뜻이다.
22) 憂慮之意 : 우려지의. '憂慮(우려)'의 뜻이다.
23) 서어탄 : 서어ㅎ[← 서어ㅎ다(마땅하지 않다, 서먹서먹하다) : 서어(서어 : 불어) + -ㅎ(형접)-]- + -∅(현시)- + -ㄴ(관전) ※ 여기서는 '마땅하지 않다'의 뜻으로 쓰였다.
24) 의지 업단 : 의지(의지, 依支) # 업(← 없다 : 없다, 無)- + -∅(현시)- + -다(평종) + -ㄴ(관전) ※ '업단'은 '업다 ㅎ눈'이 줄어진 말인데, '업다 ㅎ눈'은 '없- + -다 # ㅎ(하다, 謂)- + -ᄂ(현시)- + -ㄴ(관전)'으로 분석할 수 있다. '의지 없다'는 '의지할 데가 없다'는 뜻을 나타내는데, 여기서는 문맥상 '방법이 없다'로 옮긴다.
25) 日氣之謂也 : 일기지위야. '日氣(일기)'를 이르는 것이다.
26) 候望軍之稱 : 후망군지칭. '候望軍(후망군, 조망군)'을 이르는 것이다.
27) 던득단 : 던득ㅎ[← 던득ㅎ다(소홀하다) : 던득(던득, 소홀 : 불어) + -∅(← -ㅎ- : 형접)-]- + -∅(현시)- + -다(평종) + -ㄴ(관전) ※ '던득단'은 '던득ㅎ다 ㅎ눈'이 줄어진 말이다.
28) 暫刻也 : 잠각야. 잠깐의 시각이다.
29) 悶望也 : 민망야. 정신이 헷갈리어 갈팡질팡 헤매는 것이다.
30) 調理也 : 조리야. 調理(조리, 몸조리)이다.

無斗方(무두방)은 의지(방법)가 없다는 말이다.

日吉利(일길리)는 日氣之謂(일기지위)이다.

多分(다분)은 '거의'라는 말이다.

遠見(원견)은 候望軍之稱(후망군지칭)이다.

油斷(유단)은 소홀하다는 말이다.

卒度(졸도)는 暫刻(잠각)이다.

迷惑(미혹)은 悶望(민망)이다.

亭主(정주)는 主人(주인)이다.

養性(양성)은 調理(조리)이다.

4. 송강가사

　『송강가사』(松江歌辭)는 조선 선조 때의 문신이며 문학가인 정철(鄭澈, 1536~1593)의 시가집으로서 목판본 1책으로 짜여 있다. 여러 이본(異本)이 있으나 그 중에서 황주본(黃州本), 성주본(星州本), 관서본(關西本)의 세 판본이 전하는데, 이 책에서는 〈황주본〉을 대상으로 하여 작품을 해석하고 문법 형태를 분석하였다.

　황주본(黃州本)은 숙종 16년(1690)부터 숙종 22년(1696) 사이에 이계상(李季祥)이 황주(黃州)에서 간행한 책이다. 이 책에는 이선(李選)이 지은 발문이 붙어 있는데, 이를 근거로 황주본을 이선본(李選本)이라고도 한다. 이 책에는 〈관동별곡〉, 〈사미인곡〉, 〈속미인곡〉, 〈성산별곡〉, 〈장진주사〉와 제목을 두지 않은 단가 51수가 수록되어 있다. 그리고 이 책의 끝의 간기(刊記)에 "庚午元月上澣 完山後人李選書"라는 기록이 있는데, 이 간기에 기록된 '경오(庚午)'는 1690년(숙종 16)에 해당하나 어느 해에 출간된 판본인지는 확실하지 않다. 황주본은 비록 17세기 말에 간행되었지만, 실제로는 정철이 살았던 16세기 말로부터 이계상이 이 책을 간행한 17세기 말까지의 근대 국어의 모습이 반영되어 있다고 보아야 한다.

　『송강가사』에 실린 〈관동별곡〉, 〈사미인곡〉, 〈속미인곡〉, 〈장진주사〉의 내용을 정리하면 다음과 같다. 첫째, 〈관동별곡〉(關東別曲)은 정철이 45세 되던 1580년(선조 13) 1월 강원도 관찰사로 제수되어 원주에 부임했을 때에, 그 해 3월에 관동팔경과 내금강, 외금강, 해금강을 유람하고 지은 가사 작품이다. 둘째, 정철은 50세 되던 1585년(선조 18)에 사간원과 사헌부 양사로부터 탄핵을 받고 조정에서 물러나 고향인 전라남도 담양으로 낙향하였는데, 〈사미인곡〉과 〈속미인곡〉은 이때에 지은 가사 작품이다. 〈사미인곡〉(思美人曲)은 1587년(선조 20)에서 1588년 사이에 쓰여진 것으로 추정된다. 이 작품은 계절의 변화를 축으로 하는 사시가(四時歌) 형식을 취하였는데, 4계절의 변화에 따라 임을 향한 간절함과 짙은 외로움을 표현하였다. 〈속미인곡〉(續美人曲)은 고향인 창평(昌平)에서 1588년(선조 21)에 지은 작품이다. 임을 잃고 그리워하는 여인의 애절한 심정을 두 여인의 대화 형식으로 노래한 것이 특징이다. 셋째, 〈장진주사〉(將進酒辭)는 저작 연대가 미상인 작품으로 16구의 짧은 형식으로 되어 있다. 문학적 형태 면에서 가사(歌辭)로 보기도 하고 장형 시조(時調)로 보기도 한다.

이 작품은 사람이 한번 죽으면 생전에 즐기지 못한 것을 뉘우친들 아무 소용이 없으니, 지금 실컷 술을 마시자는 것이다. 어욱새, 속새, 덥가나무, 누런 해, 흰 달, 가는비, 쇼쇼리 바람과 같은 순수한 우리말로써 인생의 무상함을 표현해 새로운 시 세계를 창조했다.

『송강가사』는 정철이 이 작품을 지은 16세기 말의 국어학적인 특징과, 이 책이 실제로 간행된 17세기 말의 국어학적인 특징이 혼재되어서 나타난다.

첫째, 음절 말에 실현되는 /ㄷ/을 'ㅅ'으로 표기한 예가 보인다.

(보기) 귿마다 → 긋마다, 묻쟈 → 뭇쟈, 져근딛 → 져근덧, 돋도록 → 돗도록

둘째, 전통적인 이어적기(連綴)뿐만 아니라, 끊어적기(分綴)와 거듭적기(重綴)가 혼용되었다.

(보기) ① 끊어적기의 예 : 므리 → 믈이, 므를 → 믈을, 일호미 → 일홈이, 누니로다 → 눈이로다, 니미시니가 → 님이신가 ; 드를 → 들을(聞)

② 거듭적기의 예 : 기퍼 → 깁퍼, 겨틔 → 겻틔, 지픠는 → 집픠는, 브티고져 → 븟티고져

셋째, 한 음소를 두 개의 음소로 재음소화하여 표기하는 경우가 있다.

(보기) 노플시고 → 놉흘시고

넷째, 모음과 모음 사이에 실현되는 'ㄹㄹ'을 'ㄹㄴ'으로 표기한 것이 특징이다.

(보기) 올라 → 올나, 믈러나니 → 믈너나니, 놀래관대 → 놀내관대, 흘려 → 흘녀

다섯째, 체언의 종성 /ㅎ/이 탈락한 예가 보인다.

(보기) 하늘희 > 하늘의

여섯째, 비음화와 'ㄹ' 두음 법칙이 적용된 예가 나타나며, 원순 모음화와 구개음화 현상의 예는 아주 드물게 나타난다.

(보기) ① 비음화의 예 : 쇼향로〉쇼향노, 되엿마ᄂᆞᆫ〉되열마ᄂᆞᆫ〉되연마ᄂᆞᆫ, 산영루〉산
영누, 녕롱〉녕농, 풍랑〉풍낭
② 'ㄹ' 두음 법칙의 예 : 려산(廬山)〉녀산, 력력(歷歷)히〉녁녁히, 로룡(老龍)〉
노룡, 락산(洛山)〉낙산, 루(樓)〉누
③ 원순 모음화의 예 : 플〉풀
④ 구개음화의 예 : 하딕(下直)〉하직

일곱째, 2인칭의 의문형 어미의 형태가 유지되고 있음을 알 수 있다.

(보기) 千古 興亡을 아ᄂᆞᆫ다 몰ᄋᆞᆫ다

여덟째, 정철이 살았던 16세기 말의 국어가 반영되어, 인칭 표현과 대상 표현의
'-오-/-우-'가 실현된 예가 나타난다.

(보기) ① 인칭 표현의 예 : 되오리라, ᄒᆞ노라
② 대상 표현의 예 : 무론, 닐온, 거론

아홉째, '-앗-/-엇-/-얏-/-엿, -어시-/-아시-/-야시-/-여시-' 등의 선어말 어미
가 실현되어서 완료의 동작상을 표현한다.

(보기) 고잣ᄂᆞᆫ, 누엇더니, 셧다, ᄒᆞ얏더니 ; ᄌᆞ자시니, 니어시니

열째, 아주 드물지만 현재 시제의 선어말 어미의 형태로 '-ᄂᆞ-' 대신에 '-ㄴ-'이
쓰인 예가 있다.

(보기) 昭陽江 ᄂᆞ린 믈이어드러로 든단 말고(들- + -ㄴ- + -다)

松_숑江_강歌_가辭_ᄉ 上_샹

關_관東_동別_별曲_곡*

[서사]

江_강湖_호¹⁾애 病_병이 깁퍼²⁾ 竹_듁林_님의³⁾ 누엇더니⁴⁾ 關_관東_동⁵⁾ 八_팔百_빅里_리에 方_방面_면을⁶⁾ 맛디시니⁷⁾ 어와⁸⁾ 聖_셩恩_은이야⁹⁾ 가디록¹⁰⁾ 罔_망極_극ᄒ다¹¹⁾ 延_연秋_츄門_문¹²⁾ 드리ᄃ라¹³⁾ 慶_경會_회 南_남門_문¹⁴⁾ ᄇ라보며 下_하直_직고¹⁵⁾ 믈너나니¹⁶⁾ 玉_옥節_졀¹⁷⁾

---

* 〈관동별곡, 關東別曲〉: 정철이 45세 되던 1580년(선조 13) 1월 강원도 관찰사로 제수되어 원주에 부임했을 때에, 그 해 3월에 관동팔경과 내금강, 외금강, 해금강을 유람하고 지은 가사 작품이다.

1) 江湖 : 강호. 인간이 사는 세상(世上)을 비유적으로 이르는 말이다.

2) 깁퍼 : 깁프(← 깊다 : 깊다, 深)- + -어(연어) ※ '깁퍼'는 '기퍼'의 /ㅍ/을 'ㅂㅍ'으로 거듭 적은 형태이다.

3) 竹林의 : 竹林(죽림, 대나무 숲) + -의(-에 : 부조, 위치) ※ 중국 위(魏)·진(晉)의 정권 교체기에 부패한 정치 권력에는 등을 돌리고 죽림에 모여 거문고와 술을 즐기며 청담(淸談)으로 세월을 보낸 일곱 명의 선비를 '죽림칠현(竹林七賢)'이라고 하였다. 정철의 고향인 전라북도 담양(潭陽)에는 예로부터 대나무가 많았는데, 이 구절은 정철 자신이 은거했던 일을 중국의 죽림칠현이 은거했던 일에 비유한 것이다.

4) 누엇더니 : 누(← 눕다, ㅂ불 : 눕다, 臥)- + -엇(완료)- + -더(회상)- + -니(연어, 설명 계속)

5) 關東 : 관동. 강원도에서 대관령 동쪽에 있는 지역이다. = 영동(嶺東).

6) 方面 : 방면. 어떤 장소나 지역이 있는 방향이나 그 일대이다. 조선 시대에 관찰사가 다스리던 행정 구역이다.

7) 맛디시니 : 맛디[맡기다, 任 : 맛(맡다, 任 : 타동)- + -이(사접)-]- + -시(주높)- + -니(연어, 설명 계속)

8) 어와 : 노래 따위에서, 흥에 취했을 때 내는 감탄사이다.

9) 聖恩이야 : 聖恩(성은, 임금의 큰 은혜) + -이야(보조사, 한정 강조) ※ 중세 국어의 '-이ᄉ[-이(주조) + -ᄉ(보조사)]'의 형태가 이 시기에 강조 보조사인 '-이야'의 형태로 바뀌었다.

10) 가디록 : 가(가다, 去)- + -디록(-을수록 : 연어, 비례 심화)

11) 罔極ᄒ다 : 罔極ᄒ[망극하다 : 罔極(망극 : 명사) + -ᄒ(형접)-]- + -Ø(현시)- + -다(평종) ※ '罔極(망극)'은 임금이나 어버이의 은혜가 한이 없는 것이다.

12) 延秋門 : 연추문. 한양의 경복궁 서쪽에 있는 문이다.

13) 드리ᄃ라 : 드리ᄃ[← 드리ᄃ다, ㄷ불(들이닫다, 몹시 빨리 달리다) : 들(← 들다 : 들다, 入)- + -이(부접) + ᄃ(← ᄃ다, ㄷ불 : 닫다, 달리다, 走)-]- + -아(연어)

14) 慶會 南門 : 경회 남문. 경복궁(景福宮) 경회루(慶會樓)의 남쪽 문이다.

이 알픠¹⁸⁾ 셧다¹⁹⁾ 平평丘구驛역²⁰⁾ 물을 ᄀᆞ라²¹⁾ 黑흑水슈²²⁾로 도라드니 蟾셤江강²³⁾
은 어듸메오²⁴⁾ 雉티岳악²⁵⁾은 여긔로다²⁶⁾

江湖(강호)에 病(병)이 깊어 竹林(죽림)에 누었더니, (임금님께서 나에게) 關東(관동)
八百里(팔백리)에 (있는) 方面(방면)을 맡기시니, 어와 聖恩(성은)이야 갈수록 罔極(망
극)하다. 延秋門(연추문)으로 들이달아, 慶會樓(경회루)의 南門(남문)을 바라보며 (임금
님께) 下直(하직)하고 물러나니, 玉節(옥절)이 (관찰사 행렬의) 앞에 섰다. 平丘驛(평구
역)에서 말을 갈아 黑水(흑수)로 돌아드니, 蟾江(섬강)은 어디인가? 雉岳(치악)은 여기
이구나. 【 관찰사로 임명되어 부임지인 원주로 출발하다 】

昭쇼陽양江강 ᄂᆞ린 믈이 어드러로²⁷⁾ 든단 말고²⁸⁾ 孤고臣신 去거國국²⁹⁾에
白빅髮발도 하도 할샤³⁰⁾ 東동州쥐³¹⁾ 밤 계오³²⁾ 새와³³⁾ 北북寬관亭뎡³⁴⁾의 올나³⁵⁾

---

15) 下直고 : 下直[← 下直ᄒᆞ다(하직하다) : 下直(하직 : 명사)- + -ᄒᆞ(동접)-]- + -고(연어, 계기)
16) 믈너나니 : 믈너나[물러나다 : 믈ㄴ(← 믈르- ← 므르다 : 무르다, 退)- + -어(연어) + 나(나다,
    出)-]- + -니(연어, 설명 계속) ※ '믈너나니'는 '물러나니'의 'ㄹㄹ'을 'ㄹㄴ'으로 표기한 형
    태이다.
17) 玉節 : 옥절. 옥으로 만든 신표(信標)로서 관찰사의 상징물이다.
18) 알픠 : 앞(앞, 前) + -ᄋᆡ(-에 : 부조, 위치)
19) 셧다 : 셔(서다, 立)- + -엇(완료)- + -다(평종)
20) 平丘驛 : 평구역. 경기도 양주의 동쪽 70리에 있는, 원주와 춘천의 갈림길에 있던 역이다.
21) ᄀᆞ라 : ᄀᆞᆯ(갈다, 替)- + -아(연어)
22) 黑水 : 흑수. 경기도 여주(驪州)의 북쪽으로 흐르는 여강(驪江)의 옛 이름이다.
23) 蟾江 : 섬강. 한강의 한 지류로서 원주 서남쪽 50리에 있는 강이다.
24) 어듸메오 : 어듸메(← 어드메 : 어디쯤, 지대, 미지칭) + -∅(←-이- : 서조)- + -∅(현시)- +
    -오(←-고 : -냐, 의종, 설명)
25) 雉岳 : 치악. 치악산. 강원도 원주시 횡성군 및 영월군에 걸쳐 있는 산이다.
26) 여긔로다 : 여긔(여기, 此 : 지대, 정칭) + -ㅣ(←-이- : 서조)- + -∅(현시)- + -로(←-도- :
    감동)- + -다(평종)
27) 어드러로 : 어드러(어디, 何處 : 지대, 미지칭) + -로(부조, 방향)
28) 든단 말고 : 드(← 들다 : 들다, 入)- + -ㄴ(←-ᄂᆞ- : 현시)- + -다(의종) + -ㄴ(관전) # 말(말,
    言) + -고(보조사, 의문) ※ '든단 말고'는 '든다 ᄒᆞᄂᆞᆫ 말고'에서 'ᄒᆞᄂᆞ-'가 줄어진 말이다. 그
    리고 '든다'에서는 현재 시제의 선어말 어미가 '-ㄴ-'의 형태로 실현되었다.
29) 孤臣去國 : 고신 거국. 임금의 곁을 떠난 외로운 신하가 서울을 떠나는 것이다.
30) 하도 할샤 : 하(많다, 多)- + -∅(←-디 : -기, 명전)- + -도(보조사, 강조) # 하(많다, 多)- +
    -∅(현시)- + -ㄹ샤(-구나 : 감종) ※ '하도 할샤'는 '하디도 할샤'에서 '-디도'가 줄어진 말
    이다.

ᄒ니³⁶⁾ 三삼角각山산 第뎨一일峯봉이 ᄒ마면³⁷⁾ 뵈리로다³⁸⁾ 弓궁王왕³⁹⁾ 大대闕궐 터희⁴⁰⁾ 烏오鵲쟉⁴¹⁾이 지지괴니⁴²⁾ 千쳔古고 興흥亡망을 아ᄂ다⁴³⁾ 몰ᄋᄂ다⁴⁴⁾ 淮회陽양⁴⁵⁾ 녜⁴⁶⁾ 일홈이 마초아⁴⁷⁾ ᄀᄐᆯ시고⁴⁸⁾ 汲급長댱孺유⁴⁹⁾ 風풍彩ᄎ⁵⁰⁾를 고텨⁵¹⁾ 아니 볼 게이고⁵²⁾

昭陽江(소양강)에서 내린 물이 어디로 들었다는 말인가? 孤臣去國(고신거국)에 白髮

---

31) 東州 : 동주. 지금의 강원도의 철원(鐵原)이다.

32) 계오 : [겨우(부사) : 계오(못 이기다, 不勝 : 동사)- + -∅(부접)]

33) 새와 : 새오(새우다, 徹夜)- + -아(연어)

34) 北寬亭 : 북관정. 철원 북쪽에 있는 정자(亭子)이다. 후 삼국 시대에 궁예(弓裔)가 세운 태봉국(泰封國)의 도읍지(都邑地)였던 곳이다.

35) 올나 : 올니(← 올르- ← 오ᄅ다 : 오르다, 登)- + -아(연어) ※ '올나'는 '올라'의 'ㄹㄹ'을 'ㄹㄴ'으로 표기한 형태이다.

36) ᄒ니 : ᄒ(보다, 見 : 보용, 시도)- + -니(연어, 설명 계속)

37) ᄒ마면 : [거의, 까딱하면, 하마터면(부사) : ᄒ마(부사) + -∅(← -이- : 서조)- + -면(연어 ▷ 부접)]

38) 뵈리로다 : 뵈[보이다, 示 : 보(보다, 見 : 타동)- + -ㅣ(← -이- : 피접)-]- + -리(미시)- + -로(← -도- : 감동)- + -다(평종)

39) 弓王 : 궁왕. 궁예왕(弓裔王). 후고구려의 건국자이자 왕이다. (?~918). 송도에 도읍을 정하고, 901년에 스스로 왕이 되어 국호를 후고구려라고 하였다. 뒤에 왕건에게 폐위되었다.

40) 터희 : 터ㅎ(터, 坮) + -의(-에 : 부조, 위치)

41) 烏鵲 : 오작. 까막까치. 까마귀와 까치를 아울러서 이르는 말이다.

42) 지지괴니 : 지지괴(지저귀다)- + -니(연어, 설명 계속)

43) 아ᄂ다 : 아(← 알다 : 알다, 知)- + -ᄂ(현시)- + -ㄴ다(-ㄴ가 : 의종, 2인칭)

44) 몰ᄋᄂ다 : 몰ᄋ(← 모ᄅ다 : 모르다, 不知)- + -ᄂ(현시)- + -ㄴ다(-ㄴ가 : 의종, 2인칭)
※ '몰ᄋᄂ다'는 '모ᄅᄂ다'를 오각한 형태이다.(과잉 분철)

45) 淮陽 : 회양. 강원도 회양군 서북쪽에 있는 지명이다.

46) 녜 : 옛날, 예전, 昔(명사)

47) 마초아 : [때마침(부사) : 맞(맞다, 當 : 자동)- + -호(사접)- + -아(연어 ▷ 부접)]

48) ᄀᄐᆯ시고 : ᄀᇀ(같다, 同)- + -∅(현시)- + -ᄋᆯ시고(-구나 : 감종)

49) 汲長孺 : 급장유. 중국 한(漢) 무제(武帝) 때에 무제에게 직간(直諫)한 신하로서 이름은 암(黯), 자는 장유(長孺)이다. 무제가 회양(淮陽) 태수로 좌천시켰으나, 급장유는 거기서 백성들에게 선정을 베풀었다.

50) 風彩 : 풍채. 드러나 보이는 사람의 겉모양이다.

51) 고텨 : 고티[고치다, 거듭하다, 改, 復 : 곧(곧다, 直 : 형사)- + -히(사접)-]- + -어(연어) ※ '고텨'는 '고티다(거듭하다)'의 연결형인데, 여기서는 '다시(復)'로 의역해서 옮긴다.

52) 볼 게이고 : 보(보다, 見)- + -ㄹ(관전) # 게(← 것 : 것, 者, 의명) + -이(서조)- + -∅(현시)- + -고(-냐 : 의종, 판정)

(백발)도 많기도 많구나. 東州(동주)에서 밤을 겨우 새워 北寬亭(북관정)에 올라 보니, (임금님이 계신) 三角山(삼각산)의 第一峯(제일봉)이 하마터면 보이겠구나. 弓王(궁왕)의 大闕(대궐) 터에 烏鵲(오작)이 지저귀니, 千古(천고)의 興亡(흥망)을 아는가 모르는가? 淮陽(회양)의 옛 이름이 때마침 (이곳의 지명과) 같을시고.[53] 汲長孺(급장유)의 風彩(풍채)를 다시 아니 볼 것이냐? 【 강원도의 원주 감영으로 부임하는 노정 】

[본사]

營영中듕이[54] 無무事ㅅ̇ᄒ고 時시節졀이 三삼月월인 제[55] 花화川천[56] 시내[57] 길히[58] 楓풍岳악[59]으로 버더[60] 잇다 行ᄒᆡᆼ裝장[61]을 다 썰티고[62] 石셕逕경의[63] 막대 디퍼[64] 百ᄇᆞᆨ川쳔洞동[65] 겨틔[66] 두고 萬만瀑폭洞동[67] 드러가니 銀은 ᄀᆞᄐᆞᆫ 무지게 玉옥 ᄀᆞᄐᆞᆫ 龍룡의 초리[68] 섯돌며[69] 쑴ᄂᆞᆫ[70] 소ᄅᆡ[71] 十십里리의[72]

---

53) 淮陽의 옛 이름이 때마침 같을시고 : 정철이 관찰사로 부임하는 길에 강원도 회양(淮陽)의 지명에서, 중국 한나라 때에 회양(淮陽)의 태수로서 백성들에게 선정(善政)을 베풀었던 급장유(汲長孺)를 연상했다. 이는 정철이 관찰사로서 한나라의 급장유처럼 백성에게 선정을 베풀겠다는 의지를 표현한 것이다.

54) 營中 : 영중. 예전에 병영이나 진영의 안을 이르던 말인데, 여기서는 관찰사가 머물러 있는 감영의 안, 곧 원주의 감영의 안을 이른다.

55) 제 : 제, 적에, 時(의명) ※ '제'는 [적(적, 때, 時 : 의명) + -의(-에 : 부조)]의 방식으로 형성된 파생 명사이다.

56) 花川 : 화천. 예전에 강원도의 회양부에 속하였던 화천현이다.

57) 시내 : 시내[← 시내ㅎ(시내, 川) : 시(← 실 : 실, 絲) + 내ㅎ(내, 川)]

58) 길히 : 길ㅎ(길, 路) + -이(주조)

59) 楓岳 : 풍악. 풍악산으로서, 가을의 금강산을 달리 이르는 말이다.

60) 버더 : 벋(벋다, '뻗다'의 예삿말)- + -어(연어)

61) 行裝 : 행장. 여행할 때에 쓰는 물건과 차림이다.

62) 썰티고 : 썰티[떨치다 : 썰(떨다, 振)- + -티(강접)-]- + -고(연어, 계기) ※ 〈성주본〉(1747년)에는 '썰치고'로 표기되어 있다. '썰티고〉썰치고'는 /ㅌ/이 /ㅊ/으로 구개음화한 예이다.

63) 石逕의 : 石逕(석경) + -의(-에 : 부조, 위치) ※ '石逕(석경)'은 돌이 많은 좁은 길이다.

64) 디퍼 : 딮(짚다, 搢)- + -어(연어)

65) 百川洞 : 백천동. 장안사 동북 쪽에 있는 옥경대와 명경대로 들어가는 골짜기의 이름이다.

66) 겨틔 : 곁(곁, 傍) + -의(-에 : 부조, 위치)

67) 萬瀑洞 : 만폭동. 표훈사(表訓寺)의 위로부터 만하연(摩訶衍)의 아래까지 뻗어 있는 계곡이다.

68) 초리 : 초리(꼬리, 尾) + -∅(←-이 : 주조)

69) 섯돌며 : 섯돌[섞여 돌다 : 섯(← 섞 : 섞이다, 混)- + 돌(돌다, 回)-]- + -며(연어, 동시, 나열)

70) 쑴ᄂᆞᆫ : 쑴(뿜다, 噴)- + -ᄂᆞ(현시)- + -ㄴ(관전)

> 즈자시니⁷⁵⁾ 들을 제는 우레러니⁷⁴⁾ 보니는⁷⁵⁾ 눈이로다⁷⁶⁾

(원주 감영의) 營中(영중)이 無事(무사)하고 時節(시절)이 三月(삼월)인 적에, 花川(화천)의 시내 길이 楓岳(풍악)으로 벋어 있다. 行裝(행장)을 다 떨치고 石逕(석경)에 막대를 짚어, 百川洞(백천동)을 곁에 두고 萬瀑洞(만폭동)으로 들어가니, (폭포수의) 銀(은)같은 무지개와 玉(옥) 같은 龍(용)의 꼬리가 섞여 돌며 뿜는 소리가 十里(십리)에 잦았으니, 들을 적에는 우레이더니 보니까는 눈(雪)이구나. 【 강원도 원주의 감영에서 출발하여 금강산 만폭동의 장관을 보다 】

> 金금剛강臺디⁷⁷⁾ 맨⁷⁸⁾ 우層층의⁷⁹⁾ 仙션鶴학⁸⁰⁾이 삿기치니⁸¹⁾ 春츈風풍 玉옥笛뎍聲셩의⁸²⁾ 첫 줌을 씌돗던다⁸³⁾ 縞호衣의 玄현裳샹⁸⁴⁾이 半반空공의⁸⁵⁾ 소소⁸⁶⁾ 쓰니⁸⁷⁾ 西셔湖호⁸⁸⁾ 녯⁸⁹⁾ 主쥬人인⁹⁰⁾을 반겨셔 넘노는⁹¹⁾ 듯

---

71) 소리 : 소리(소리, 聲) + -Ø(← -이 : 주조)

72) 十里의 : 十里(십리) + -의(-에 : 부조, 위치) ※ 〈성주본〉(1747년)에는 '十里예'로 표기되었다.

73) 즈자시니 : 즞(잦다, 빈번하다, 頻)- + -아시(완료)- + -니(연어, 설명 계속, 이유)

74) 우레러니 : 우레(우레, 雷) + -Ø(←-이- : 서조)- + -러(←-더- : 회상)- + -니(연어, 설명 계속)

75) 보니는 : 보(보다, 見)- + -니(-니, -니까 : 연어, 이유) + -는(보조사, 대조)

76) 눈이로다 : 눈(눈, 雪) + -이(서조)- + -Ø(현시)- + -로(←-도- : 감동)- + -다(평종)

77) 金剛臺 : 금강대. 표훈사 북쪽에 있는 석벽의 이름이다.

78) 맨 : 맨, 最(관사)

79) 우層의 : 우層[윗층, 上層 : 우(← 우ㅎ : 위, 上) + 層(층)] + -의(-에 : 부조, 위치)

80) 仙鶴 : 선학. 신선이 타고 논다는 학이다.

81) 삿기치니 : 삿기치(새끼치다 : 삿기(새끼, 子) + 치(치다, 기르다, 養)-]- + -니(연어, 설명 계속)

82) 玉笛聲의 : 玉笛聲(옥적성) + -의(-에 : 부조, 원인) ※ 여기서 '玉笛聲(옥적성)'은 옥으로 만든 피리 소리라는 뜻인데, 여기서는 봄바람의 소리를 미화하여서 옥적성으로 표현하였다.

83) 씌돗던다 : 씌(깨다, 寤)- + -돗(감동)- + -더(회상)- + -ㄴ디(-ㄴ지 : 연어, 막연한 의문)

84) 縞衣 玄裳 : 호의 현상. '縞衣(호의)'는 원래는 흰 비단 저고리를 뜻하는 말인데, 여기서는 두루미의 흰 깃을 비유적으로 이르는 말로 쓰였다. 그리고 '玄裳(현상)'은 원래 '검은 치마'를 뜻하는 말인데, 여기서는 학의 날개 끝과 꽁지가 검은 것을 비유적으로 표현한 것이다.

85) 半空의 : 半空(반공) + -의(-에 : 부조, 위치) ※ '半空(반공)'은 그리 높지 아니한 허공이다.

86) 소소 : 솟[솟게, 솟구치게, 곧추(부사) : 솟(솟다, 炱)- + -오(부접)]

87) 쓰니 : 쓰(뜨다, 浮)- + -니(연어, 설명 계속)

88) 西湖 : 서호. 중국 항주(杭州)에 있는 호수이다.

89) 녯 : ① 녜(예전, 昔 : 명사) + -ㅅ(-의 : 관조) ② 녯[옛날의, 昔(관사) : 녜(예전, 昔 : 명사) + -ㅅ(-의 : 관조)]

金剛臺(금강대) 맨 위層(층)에서 仙鶴(선학)이 새끼를 치니, 春風(춘풍)의 玉笛聲(옥적성)에 첫 잠을 깨었던지, 縞衣(호의) 玄裳(현상)이 半空(반공)에 솟구쳐 뜨니, 西湖(서호)의 옛 主人(주인)을 반겨서 넘노는 듯.【금강대 위에 있는 선학을 보다】

小쇼香향爐노 大대香향爐노⁹²⁾ 눈 아래 구버보고 正졍陽양寺ㅅ⁹³⁾ 眞진歇혈臺디⁹⁴⁾ 고텨⁹⁵⁾ 올나⁹⁶⁾ 안즌말이⁹⁷⁾ 廬녀山산⁹⁸⁾ 眞진面면目목⁹⁹⁾이 여긔야¹⁾ 다 뵈ᄂᆞ다²⁾ 어와 造조化화翁옹이³⁾ 헌ᄉᆞ토⁴⁾ 헌ᄉᆞ홀샤⁵⁾ 늘거든 쮜디⁶⁾ 마나⁷⁾ 셧거든⁸⁾ 솟디 마나 芙부蓉용⁹⁾을 고잣ᄂᆞ¹⁰⁾ 듯 白ᄇᆡᆨ玉옥을 믓것ᄂᆞ¹¹⁾ 듯 東동溟명¹²⁾을

---

90) 西湖 녯 主人 : 서호의 옛 주인. 송(宋)나라 때의 은사(隱士)인 '임포(林逋)'를 이른다. 임포는 현재 항주(杭州)에 있는 서호(西湖) 가에서 학(鶴)을 자식으로 생각하고, 매화(梅花)를 아내처럼 사랑하며 살았다고 한다.

91) 넘노ᄂᆞ : 넘노[← 넘놀다 : 넘(넘다, 越)- + 놀(놀다, 遊)-] + -ᄂᆞ(현시) + -ᄂ(관전)

92) 小香爐 大香爐 : 소향로 대향로. 만폭동 어귀에 있는 뾰족한 두 봉우리이다.

93) 正陽寺 : 정양사. 표훈사 북쪽에 있는 절 이름이다.

94) 眞歇臺 : 진헐대. 정양사 앞에 있는 고개 이름이다.

95) 고텨 : 고티[고치다, 거듭하다 : 곧(곧다, 直 : 형사)- + -히(사접)-] + -어(연어)

96) 올나 : 올ᄂᆞ(← 올ᄅᆞ← 오르다 : 오르다, 登)- + -아(연어) ※ '올나'는 '올라'의 'ㄹㄹ'을 'ㄹㄴ'으로 표기한 형태이다.

97) 안즌말이 : 앉(앉다, 坐)- + -은말이(-ᄂᆞ, -은즉 : 연어, 설명 계속, 이유)

98) 廬山 : 여산. 중국 강서성에 있는 산의 이름으로, 남장산, 광산, 광려라고도 한다. '려산〉녀산'의 변화는 'ㄹ' 두음 법칙이 적용된 결과이다.

99) 眞面目 : 진면목. 본디부터 지니고 있는 그대로의 상태이다.

1) 여긔야 : 여긔(여기, 此 : 지대, 정칭) + -야(보조사, 한정 강조) ※ '-야'는 중세 국어의 보조사 '-ᅀᅡ'가 바뀐 형태이다.

2) 뵈ᄂᆞ다 : 뵈[보이다 : 보(보다, 見)- + -ㅣ(← -이- : 피접)-] + -ᄂᆞ(현시) + -다(평종)

3) 造化翁 : 조화옹. 조물주. 우주 만물을 생성 변화시키는 신을 이른다.

4) 헌ᄉᆞ토 : 헌ᄉᆞᄒᆞ[← 헌ᄉᆞᄒᆞ다(수다스럽다, 야단스럽다) : 헌ᄉᆞ(헌사, 수다 : 명사) + -ᄒᆞ(형접)-] + -Ø(← -디 : -기, 명전) + -도(보조사, 강조) ※ '헌ᄉᆞ토'는 '헌ᄉᆞᄒᆞ디도'가 축약된 형태이다.

5) 헌ᄉᆞ홀샤 : 헌ᄉᆞᄒᆞ[수다스럽다, 야단스럽다 : 헌ᄉᆞ(헌사, 수다 : 명사) + -ᄒᆞ(형접)-] + -Ø(현시) + -ㄹ샤(-구나 : 감종)

6) 쮜디 : 쮜(뛰다, 湧)- + -디(-지 : 연어, 부정)

7) 마나 : 마(← 말다 : 말다, 보용, 부정, 勿)- + -나(← -거나 : 연어, 선택)

8) 셧거든 : 셔(서다, 立)- + -엇(완료)- + -거든(연어, 조건)

9) 芙蓉 : 부용. 연꽃이다.

10) 고잣ᄂᆞ : 곶(꽂다, 挿)- + -앗(완료)- + -ᄂᆞ(현시)- + -ᄂ(관전)

11) 믓것ᄂᆞ : 믓(묶다, 束)- + -엇(완료)- + -ᄂᆞ(현시)- + -ᄂ(관전)

박츠는13) 듯 北북極극을 괴왓는14) 듯 놉흘시고15) 望망高고臺대16) 외로올샤17)
穴혈望망峰봉18) 하늘의19) 추미러20) 므스21) 일을 亽로리라22) 千천萬만 劫겁23)
디나도록 구필24) 줄 모르는다25) 어와 너여이고26) 너 フ트니27) 또 잇는가28)

小香爐(소향로)와 大香爐(대향로)를 눈 아래 굽어보며, 正陽寺(정양사)의 眞歇臺(진헐대)에 고쳐 올라앉으니, 廬山(여산)의 眞面目(진면목)이 여기서야 다 보인다. 어와 造化翁(조화옹)이 야단스럽기도 야단스럽구나. 날거든 뛰지를 말거나, 섰거든 솟지를 말거나, 芙蓉(부용)을 꽂은 듯 白玉(백옥)을 묶은 듯, 東溟(동명)을 박차는 듯 北極(북극)을 괸 듯. 높을시고 望高臺(망고대) 외롭구나 穴望峰(혈망봉). (망고대와 혈망봉이) 하늘에 치밀어 무슨 일을 사뢰리라 千萬劫(천만 겁)이 지나도록 굽힐 줄 모르는가? 어와 너이구나. 너 같은 이가 또 있는가?【진헐대에서 금강산의 소향로와 대향로를 조망하다】

開기心심臺대29) 고텨 올나 衆둥香향城셩30) 브라보며 萬만二이千천 峯봉을 歷녁歷녁

12) 東溟 : 동명. 동해 바다이다.
13) 박츠는 : 박츠[박차다, 세게 차다 : 박(접두, 강조)- + 츠(차다, 蹴)-]- + -ᄂ(현시)- + -ㄴ(관전)
14) 괴왓는 : 괴오(괴다, 떠받치다, 拄)- + -앗(완료)- + -ᄂ(현시)- + -ㄴ(관전)
15) 놉흘시고 : 놉ㅎ(← 높다 : 높다, 高)- + -Ø(현시)- + -을시고(-구나 : 감종) ※ '놉흘시고'는 '노플시고'의 초성 /ㅍ/을 /ㅂ/과 /ㅎ/으로 재음소화하여 표기한 형태이다.
16) 望高臺 : 망고대. 금강산 동쪽에 있는 봉우리이며, '망군대(望軍臺)'라고도 부른다.
17) 외로올샤 : 외로오(← 외롭다, ㅂ불 : 외(외, 孤 : 관사) + -롭(형접)-]- + -Ø(현시)- + -ㄹ샤(← 을샤 : -구나, 감종)
18) 穴望峰 : 혈망봉. 금강산의 한 봉우리이다.
19) 하늘의 : 하늘(하늘, 天) + -의(-에 : 부조, 위치) ※ '하늘희>하늘의'는 체언의 종성 /ㅎ/이 탈락한 형태이다.
20) 추미러 : 추밀[치밀다 : 추(치- : 접두, 강세)- + 밀(밀다, 推)-]- + -어(연어)
21) 므스 : 므스(← 므슷 : 무슨, 何, 관사, 미지칭)
22) 亽로리라 : 亽로(← 솗다, ㅂ불 : 사뢰다, 아뢰다, 白)- + -리(←-ᄋ리- : 미시)- + -라(← -다 : 평종)
23) 劫 : 겁. 어떤 시간의 단위로도 계산할 수 없는 무한히 긴 시간이다. 하늘과 땅이 한 번 개벽한 때부터 다음 개벽할 때까지의 동안이라는 뜻이다.
24) 구필 : 구피[굽히다, 曲 : 굽(굽다, 曲)- + -히(사접)-]- + -ㄹ(관전)
25) 모르는다 : 모르(모르다, 不知)- + -ᄂ(현시)- + -ㄴ다(-는가 : 의종, 2인칭)
26) 너여이고 : 너(너, 汝 : 인대, 2인칭) + -이(서조)- + -Ø(현시)- + -어(←-거- : 확인)- + -이고(-구나 : 감종) ※ '-이고'는 특수한 형태의 감탄형 종결 어미로 처리한다.
27) フ트니 : 곹(같다, 如)- + -은(관전) # 이(이, 것, 者 : 의명) + -Ø(←-이 : 주조)
28) 잇는가 : 잇(있다, 有)- + -ᄂ(현시)- + -ㄴ가(-는가 : 의종, 판정)

히³¹⁾ 혀여 ᄒ니³²⁾ 峯_봉마다 ᄆᆡᆺ쳐³³⁾ 잇고 긋마다³⁴⁾ 서린 긔운 ᄆᆰ거든 조타³⁵⁾ 마나 조커든³⁶⁾ ᄆᆰ디 마나 뎌 긔운 흐터 내야 人_인傑_걸을 ᄆᆞᆫ들고쟈³⁷⁾ 形_형容_용도 그지업고³⁸⁾ 體_톄勢_셰³⁹⁾도 하도 할샤 天_텬地_디 삼기실⁴⁰⁾ 제 自_{ᄌᆞ}然_연이⁴¹⁾ 되연마ᄂᆞᆫ⁴²⁾ 이제 와 보게 되니 有_유情_졍도 有_유情_졍홀샤⁴³⁾

開心臺(개심대)에 다시 올라 衆香城(중향성)을 바라보며, 萬二千(만이천) 峯(봉)을 歷歷(역력)히 헤아려 보니, 峯(봉)마다 맺혀 있고 끝마다 서린 기운이, 맑거든 깨끗하지 말거나 깨끗하거든 맑지 말거나. (만이천 봉의) 저 기운 흩어 내어 人傑(인걸)을 만들고자 (하네). 形容(형용)도 그지없고 體勢(체세)도 많기도 많구나. (조물주가) 天地(천지)를 만드실 때에 (천지가) 自然(자연)히 되었건마는, 이제 와 보게 되니 有情(유정)도

---

29) 開心臺 : 개심대. 정양사 위에 있는 대(臺)이다.
30) 衆香城 : 중향성. 금강산의 내금강에 있는 영랑봉의 동남쪽을 둘러싸고 있는 하얀 바위 성이다.
31) 歷歷히 : [역력히(부사) : 歷歷(역력 : 불어) + -ᄒ(←-ᄒᆞ- : 형접)- + -이(부접)] ※ '歷歷(역력)'은 자취나 기미, 기억 따위가 환히 알 수 있을 정도로 또렷한 것이다. '력력히>녁녁히'의 변화는 'ㄹ' 두음 법칙이 적용된 결과이다.
32) 혀여 ᄒ니 : 혀(← 혜다 : 헤아리다, 세다, 算)- + -여(←-어 : 연어) # ᄒ(하다, 보다 : 보용, 시도)- + -니(연어, 설명 계속) ※ '혀여 ᄒ니'는 '혜여 ᄒ니'를 오각한 형태이다. 〈성주본〉(1747년)에는 '혜여 ᄒ니'로 표기되었다.
33) ᄆᆡᆺ쳐 : ᄆᆡᆺ치[맺히다 : ᄆᆡᆺ즈(← ᄆᆡᆽ다 : 맺다, 結)- + -히(피접)-]- + -어(연어) ※ 'ᄆᆡᆺ쳐'는 'ᄆᆡ쳐'의 초성 /ㅊ/을 'ㅅㅊ'으로 거듭 적은 형태이다.
34) 긋마다 : 긋(← 귿 ← 귿 : 끝, 末) + -마다(보조사, 각자) ※ '긋바나'는 '귿마다'의 종성 /ㄷ/을 'ㅅ'으로 표기한 형태이다.
35) 조타 : 좋(깨끗하다, 淨)- + -디(-지 : 연어, 부정) ※ 〈성주본〉(1747년)에는 '조치'로 표기되어 있다. '조타>조치'는 초성 /ㅌ/이 /ㅊ/으로 구개음화한 예이다.
36) 조커든 : 좋(맑다, 깨끗하다, 淨)- + -거든(연어, 조건)
37) ᄆᆞᆫ들고쟈 : ᄆᆞᆫ들(만들다, 製)- + -고쟈(-고자 : 연어, 의도)
38) 그지업고 : 그지없[그지없다, 끝이 없다 : 그지(끝, 한도, 限) + 없(없다, 無)-]- + -고(연어, 나열)
39) 體勢 : 체세. 몸의 자세이다.
40) 삼기실 : 삼기(생기게 하다, 만들다, 作)- + -시(주높)- + -ㄹ(관전) # 제(때, 時 : 의명) ※ '삼기실'의 주체는 '하느님(조물주)'이다.
41) 自然이 : [자연히, 自然 (부사) : 自然(자연 : 명사) + -∅(←-ᄒᆞ- : 형접)- + -이(부접)]
42) 되연마ᄂᆞᆫ : 되(되다, 爲)- + -연(←-엿- : 완료)- + -마ᄂᆞᆫ(-마는 : 연어, 대조) ※ '되엿마ᄂᆞᆫ → 되열마ᄂᆞᆫ → 되연마ᄂᆞᆫ'의 변동은 평파열음화에 이어서 비음화가 일어난 형태이다.
43) 有情홀샤 : 有情ᄒ[유정하다(뜻이 있다) : 有情(유정 : 명사) + -ᄒ(형접)-]- + -∅(현시)- + -ㄹ샤(← -ᄋᆞᆯ샤 : -구나, 감종) ※ '有情ᄒ다'는 뜻이 있는 것이다. 곧, 조물주가 만든 천지(天地) 자연에는 모두 조물주의 특별한 뜻이 담겨 있다는 것이다.

有情(유정)하구나. 【 개심대에서 금강산을 조망하다 】

> 毗비盧로峯봉⁴⁴⁾ 上상上상頭두⁴⁵⁾의 올라 보니⁴⁶⁾ 긔⁴⁷⁾ 뉘신고⁴⁸⁾ 東동山산⁴⁹⁾
> 泰태山산⁵⁰⁾이 어느야⁵¹⁾ 놉돗던고⁵²⁾ 魯노國국⁵³⁾ 조븐 줄도 우리는 모ᄅ거든⁵⁴⁾
> 넙거나⁵⁵⁾ 넙은 天텬下하 엇씨ᄒᆞ야⁵⁶⁾ 젹닷⁵⁷⁾ 말고⁵⁸⁾ 어와 뎌 디위를⁵⁹⁾
> 어이ᄒᆞ면⁶⁰⁾ 알 거이고⁶¹⁾ 오ᄅ디 못ᄒᆞ거니 ᄂᆞ려가미⁶²⁾ 고이ᄒᆞᆯ가⁶³⁾

毗盧峯(비로봉) 上上頭(상상두)에 올라 본 이가, 그가 뉘신고? 東山(동산)과 泰山(태산)이
어느 것이 높던가? 魯國(노국)이 좁은 줄도 우리는 모르는데, 넓거나 넓은 天下(천하)가

---

44) 毗盧峯 : 비로봉. 강원도 고성군 장전읍과 회양군 내금강면 사이에 있는 산봉우리로서, 금강
산의 최고봉이다. 높이는 1,638미터이다.

45) 上上頭 : 상상두. 최고 높은 봉우리이다.

46) 보니 : 보(보다, 見)- + -ㄴ(관전) # 이(이, 사람, 者 : 의명) + -∅(← -이 : 주조)

47) 긔 : 그(그, 彼 : 인대, 정칭) + -ㅣ(← -이 : 주조)

48) 뉘신고 : 누(누구, 誰 : 인대, 미지칭) + -ㅣ(← -이- : 서조)- + -시(주높)- + -∅(현시)- + -
ㄴ고(-ㄴ가 : 의종, 설명)

49) 東山 : 동산. 중국 산동성의 읍창현에 있는 산의 이름이다.

50) 泰山 : 태산. 중국 산동성의 태산현 북쪽에 있는 산의 이름이다.

51) 어느야 : 어느(어느 것, 何物 : 지대, 미지칭) + -야(보조사, 한정 강조)

52) 놉돗던고 : 놉(← 높다 : 높다, 高)- + -돗(감동)- + -더(회상)- + -ㄴ고(-ㄴ가 : 의종, 설명)

53) 魯國 : 노국. 기원전 1055년에 주(周)나라 무왕의 아우인 주공(周公) 단(旦)이 지금의 산둥
성(山東省) 취푸(曲阜)에 도읍하여 세운 나라이다. 기원전 249년 34대 경공(頃公) 때에 초
(楚)나라에 멸망하였다. 공자(孔子)의 고향이기도 한다.

54) 모ᄅ거든 : 모ᄅ(모르다, 不知)- + -거든(-거든, -는데 : 연어, 설명 계속)

55) 넙거나 : 넙(넓다, 廣)- + -거나(연어, 강조)

56) 엇씨ᄒᆞ야 : 엇씨ᄒᆞ[어찌하다 : 엇씨(어찌, 何 : 부사) + -ᄒᆞ(동접)-]- + -야(← -아 : 연어)

57) 젹닷 : 젹(작다, 小)- + -∅(현시)- + -다(평종) + -ㅅ(관조) ※ 이때의 '-ㅅ'은 문장 전체를
관형어로 쓰이게 한다. 여기서 '젹닷'은 '적다는'으로 옮긴다.

58) 말고 : 말(말, 言) + -고(-인가 : 보조사, 의문, 설명)

59) 디위를 : 디위(지위, 자리, 地位) + -를(목조)

60) 어이ᄒᆞ면 : 어이ᄒᆞ[어찌하다, 何 : 어이(어찌, 何 : 부사) + -ᄒᆞ(동접)-]- + -면(연어, 조건)

61) 거이고 : 거(← 것 : 의명) + -이(서조)- + -∅(현시)- + -고(-가 : 의종, 설명)

62) ᄂᆞ려가미 : ᄂᆞ려가[내려가다 : ᄂᆞ리(내리다, 降)- + -어(연어) + 가(가다, 去)-]- + -ㅁ(명전)
+ -이(주조)

63) 고이ᄒᆞᆯ가 : 고이ᄒᆞ[← 괴이ᄒᆞ다(이상하다, 異) : 괴이(괴이, 怪異 : 불어) + -ᄒᆞ(형접)-]- + -ㄹ
가(-ㄹ까 : 의종, 미시, 판정)

어찌하여 적다는 말인가?[64] 어와, (공자의) 저 지위(地位)를 어찌하면 알 것이냐? 오르지
못하니 내려감이 괴이할까?【 개심대에서 비로봉을 바라보며 공자의 경지를 생각하다 】

圓_원通_통골[65] ㄱ는 길로[66] 獅_ㅅ子_ㅈ峯_봉[67]을 초자가니 그 알픠[68] 너러바회[69]
火_화龍_룡쇠[70] 되여셰라[71] 千_쳔年_년 老_노龍_룡[72]이 구비구비[73] 서려 이셔 晝_듀夜_야의[74]
흘녀[75] 내여[76] 滄_창海_ㅎ[77]에 니어시니[78] 風_풍雲_운[79]을 언제 어더 三_삼日_일雨_우[80]를
디련는다[81] 陰_음崖_애예[82] 이온[83] 풀을[84] 다 살와[85] 내여스라[86]

---

64) 넓거나 넓은 天下가 어찌하여 적다는 말인가? : 맹자(孟子)가 말한 "孔子登東山而小魯 登泰
山而小天下(공자가 동산에 오르니 노나라가 작아 보였고, 태산에 오르니 천하가 작아 보였
다.)는 구절을 연상하고 쓴 표현이다. 『孟子』권13 '盡心' 上에 나오는 구절이다.

65) 圓通골 : 원통골. 표훈사에서 북쪽으로 뚫린 골짜기 이름이다.

66) ㄱ는 길로 : ㄱㄴ(← ㄱ놀다 : 가늘다, 細)- + -ㄴ(관전) # 길(길, 路) + -로(부조, 방향) ※ 여
기서 'ㄱ는 길'은 세로(細路), 곧 '좁은 길(오솔길)'을 뜻한다.

67) 獅子峯 : 사자봉. 화룡소 북쪽에 있는 봉우리이다.

68) 알픠 : 앒(앞, 前) + -의(관조)

69) 너러바회 : 너러바회[너럭바위, 盤石 : 널(널다, 펼치다, 展)- + -어(연어) + 바회(바위, 巖)] +
-Ø(←-이 : 주조)

70) 火龍쇠 : 火龍소[화룡소 : 火龍(화룡) + 소(소, 沼)] + -ㅣ(←-이 : 보조) ※ '화룡소(火龍소)'는
만폭동의 팔담(八潭) 중에서 여덟 번째 못이다.

71) 되여셰라 : 되(되다, 爲)- + -엿(←-앗- : 완료)- + -예라(←-에라 : -구나, 감종) ※ 중세 국
어에서는 '-에라'가 '-에(감동)- + -라(평종)'으로 분석하였으나, 근대 국어에서는 '-에라'를
감탄형의 종결 어미로 처리한다.

72) 老龍 : 노룡. 늙은 용이다. 일차적으로 화룡소의 물굽이를 비유적으로 표현했는데, 이차적으
로는 늙은 신하인 서정적 자아를 비유적으로 표현한 것이다. '로룡〉노룡'의 변화는 'ㄹ' 두음
법칙이 적용된 결과이다.

73) 구비구비 : [굽이굽이(부사) : 굽(굽다, 曲 : 동사)- + -이(명접) + 굽(굽다, 曲 : 동사)- + -이(명
접)] + -Ø(←-예 : 부조, 위치) ※ '구비구비'는 명사인 '구비'와 '구비'가 합쳐져서 된 부사
이다.

74) 晝夜의 : 晝夜(주야, 밤낮) + -의(-에 : 부조, 위치)

75) 흘녀 : 흘니[← 흘리- : 흐르(흐르다, 流 : 자동)- + -이(사접)]- + -어(연어) ※ '흘녀'는 '흘
려'의 'ㄹㄹ'을 'ㄹㄴ'으로 표기한 형태이다.

76) 내여 : 내[내다, 出 : 나(나다, 出 : 자동)- + -ㅣ(←-이- : 사접)]- + -여(←-어 : 연어)

77) 滄海 : 창해. 넓고 큰 바다이다.

78) 니어시니 : 니(← 닛다 : 잇다, 連)- + -어시(-었- : 완료)- + -니(연어, 설명 계속)

79) 風雲 : 풍운. '좋은 시절'을 비유적으로 표현한 말이다.

80) 三日雨 : 삼일우. 삼 일 동안 계속해서 오는 비라는 뜻으로, '많이 오는 비'를 이르는 말이다.
여기서는 선정(善政)이나 임금님의 은총을 비유적으로 표현한 말이다.

81) 디련는다 : 디(지게 하다, 떨어뜨리다, 뿌리다, 落)- + -려(연어, 의도) # ᄒ(보용, 의도)- + -ᄂ

圓通(원통)골의 좁은 길(細路)로 獅子峯(사자봉)을 찾아가니, 그 앞의 너럭바위가 火龍(화룡)소가 되었구나. 千年(천년) 老龍(노룡)이 구비구비 서려 있어, (화룡소의 물이) 晝夜(주야)에 흘러 내어 滄海(창해)에 이었으니, (천년 노룡아, 너는) 風雲(풍운)을 언제 얻어 三日雨(삼일우)를 뿌리려 하는가? 陰崖(음애)에 시든 풀을 다 살려 내어라.【사자봉과 화룡소에서 감회를 느끼다 】

摩_마訶_아衍_연[87] 妙_묘吉_길祥_샹[88] 안문재[89] 너머 디여[90] 외나모 쩌근[91] 드리 佛_불頂_뎡臺_디[92]예 올라 ᄒ니 千_천尋_심[93] 絶_졀壁_벽을 半_반空_공애 셰여[94] 두고 銀_은河_하水_슈 한[95] 구비를 촌촌이[96] 버혀[97] 내여 실 ᄀ티 플텨[98] 이셔 뵈[99] ᄀ티 거러시니[1] 圖_도經_경[2] 열두 구비 내 보매ᄂ[3] 여러히라[4] 李_니謫_뎍仙

(현시)-+-ㄴ다(-ㄴ가 : 의종, 2인칭) ※ '디련ᄂ다'는 '디려 ᄒᄂ다→디려 ᄒᄂ다(/·/ 탈락)→디렿ᄂ다→디련ᄂ다(평파열음화)→디련ᄂ다(비음화)'의 변동 과정을 거친 형태이다.

82) 陰崖예 : 陰崖(음애, 그늘진 벼랑)+-예(←-에 : 부조, 위치) ※ '陰崖(음애)'는 백성들이 처한 어려운 환경을 비유적으로 표현한 것이다.

83) 이온 : 이오(←입다, ㅂ블 : 시들다, 燋)-+-ㄴ(←-은 : 관전)

84) 플을 : 플(풀, 草)+-을(목조) ※ '플〉풀'의 변화는 원순 모음화가 적용된 결과이다. '陰崖예 이온 풀'은 모진 학정으로 어려움에 처한 백성을 비유적으로 표현한 말이다.

85) 살와 : 살오[살리다, 活 : 살(살다, 生)-+-오(사접)-]-+-아(연어)

86) 내여ᄉ라 : 내[내다(보용, 완료) : 나(나다, 出 : 자동)-+-ㅣ(←-이- : 사접)-]-+-여(←-어- : 확인)-+-ㅅ(감동)-+-ᄋ라(-으라 : 명종, 아주 낮춤)

87) 摩訶衍 : 마하연. 표훈사(表訓寺)에 딸린 암자이다.

88) 妙吉祥 : 묘길상. 마하연 동쪽 3리쯤 되는 곳의 석벽에 새겨진 미륵상(彌勒像)이다.

89) 안문재 : [안문재, 雁門재 : 雁門(안문)+재(재, 嶺)] ※ '안문재'는 마하연과 유점사(楡岾寺)의 중간에 있는 고개의 이름이다.

90) 디여 : 디(내려가다, 降)-+-여(←-어 : 연어) ※ '디다'는 원래 '넘어지다, 떨어지다'의 뜻으로 쓰이는 말인데, 여기서는 '내려가다'의 뜻으로 쓰였다.

91) 쩌근 : 썩(←석다 : 썩다, 腐)-+-Ø(과시)-+-은(관전)

92) 佛頂臺 : 불정대. 금강산의 십이폭포를 가장 잘 조망할 수 있다고 하는 바위이다.

93) 千尋 : 천심. 천 길이라는 뜻으로, 매우 높거나 깊은 것을 이르는 말이다.

94) 셰여 : 셰[세우다 : 셔(서다, 立 : 자동)-+-ㅣ(←-이- : 사접)-]-+-여(←-어 : 연어)

95) 한 : 하(하다, 크다, 大)-+-Ø(현시)-+-ㄴ(관전)

96) 촌촌이 : [촌촌이, 한 치 한 치마다(부사) : 촌(寸 : 명사)+촌(寸 : 명사)+-이(부접)]

97) 버혀 : 버히[베다, 斬 : 벟(베어지다 : 자동)-+-이(사접)-]-+-어(연어)

98) 플텨 : 플티[풀치다 : 플(풀다, 解)-+-티(강접)-]-+-어(연어)

99) 뵈 : 뵈(베, 布)+-Ø(←-이 : -와, 부조, 비교)

1) 거러시니 : 걸(걸리다, 挂 : 자동)-+-어시(-었- : 완료)-+-니(연어, 설명 계속)

> ⁵⁾ 이제 이셔 고텨 의논ᄒ게 되면 盧녀山산⁶⁾이 여긔도곤⁷⁾ 낫단⁸⁾ 말
> 못 ᄒ려니⁹⁾

摩訶衍(마하연)과 妙吉祥(묘길상)과 안문재를 넘어 내려가서, 외나무 썩은 다리를 (건너서) 佛頂臺(불정대)에 올라 보니, 千尋(천심) 絶壁(절벽)을 半空(반공)에 세워 두고, 銀河水(은하수) 큰 굽이를 촌촌(寸寸)이 베어 내어, 실 같이 풀어헤쳐 있어 베와 같이 걸렸으니, 圖經(도경) 열두 굽이가 내가 보기에는 여럿이다. 李謫仙(이적선)이 이제 있어, 다시 의논하게 되면 盧山(여산)이 여기보다 낫다는 말을 못하겠거니.【 불정대 십이폭포의 장관을 구경하다 】

> 山산中듕을 ᄆᆡ양¹⁰⁾ 보랴¹¹⁾ 東동海ᄒᆡ로 가쟈ᄉᆞ라¹²⁾ 籃남興여¹³⁾ 緩완步보¹⁴⁾ᄒᆞ야
> 山산映영樓누의¹⁵⁾ 올나 ᄒᆞ니 玲녕瓏농碧벽溪계¹⁶⁾와 數수聲셩啼뎨鳥됴¹⁷⁾는 離니別별을

---

2) 圖經 : 도경. 그림으로 그린 경치나 모양이다.

3) 보매ᄂᆞᆫ : 보(보다, 見)- + -ㅁ(명전) + -애(-에 : 부조, 위치) + -ᄂᆞᆫ(보조사, 주제)

4) 여러히라 : 여러ㅎ(여럿, 多數) + -이(서조)- + -∅(현시)- + -라(← -다 : 평종)

5) 李謫仙 : 이적선. 중국 당나라의 시인(701~762). 자는 태백(太白). 젊어서 여러 나라에 만유(漫遊)하고, 뒤에 출사(出仕)하였으나, 안녹산의 난으로 유배되는 등 불우한 만년을 보냈다.

6) 盧山 : 여산. 지금의 강서성(江西省) 구강시(九江市) 남쪽에 위치한 명산으로, 웅장하고 기이하기로 유명하다. 광산(匡山)·광려(匡廬)라고도 불렸다.

7) 여긔도곤 : 여긔(여기, 此 : 지대, 정칭) + -도곤(-보다 : 부조, 비교)

8) 낫단 : 낫(낫다, 勝)- + -∅(현시)- + -다(평종) + -ㄴ(관전) ※ '낫단'은 '낫다 ᄒᆞᄂᆞᆫ'이 축약된 형태이다.

9) 못 ᄒ려니 : 못(못, 不能 : 부사, 부정) # ᄒᆞ(하다, 謂)- + -리(미시)- + -어니(← -거니 : 평종, 당위, 짐작) ※ '-거니'는 마땅한 사실로 인정하거나 미루어 짐작한 사실임을 나타내는 종결 어미이다. 흔히 속으로 하는 말의 인용 구성에 쓰인다.

10) ᄆᆡ양 : 매양, 늘, 常(부사)

11) 보랴 : 보(보다, 見)- + -∅(현시)- + -랴(의종, 판정, 미시)

12) 가쟈ᄉᆞ라 : 가(가다, 行)- + -쟈ᄉᆞ라(-자꾸나 : 청종, 아주 낮춤)

13) 籃興 : 남여. 의자와 비슷하고 뚜껑이 없는 작은 가마이다.

14) 緩步 : 완보. 천천히 걷는 것이나, 또는 느린 걸음을 이른다. ※ '籃興 緩步ᄒᆞ야'는 '(나는) 남여를 타고 (가마꾼들은 남여를 메고) 천천히 걸어'의 뜻이다.

15) 山映樓의 : 山映樓(산영루) + -의(-에 : 부조, 위치) ※ '산영류 → 산영누'의 변동은 /ㄹ/이 /ㄴ/으로 비음화한 형태이다. ※ 강원도 고양시에 있는 중흥사(中興寺)의 아래에 비석거리가 있는데, '山映樓(산영루)'는 그 비석거리 앞에 있는 절벽 위에 세워진 누각이다.

16) 玲瓏碧溪 : 영롱벽계. 玲瓏(영롱)은 광채가 찬란한 것이며, 壁溪(벽계)는 물이 맑아 푸른빛이 도는 시내이다. ※ '령농〉녕농'의 변화는 'ㄹ' 두음 법칙이 적용된 결과이다.

怨_원ᄒᄂᆫ¹⁸⁾ 듯 旌_졍旗_긔를¹⁹⁾ 썰티니²⁰⁾ 五_오色_{ᄉᆡᆨ}이 넘노ᄂᆫ²¹⁾ 듯 鼓_고角_각을²²⁾ 셧부니²³⁾ 海_{ᄒᆡ}雲_운이 다 것ᄂᆫ²⁴⁾ 듯 鳴_명沙_사²⁵⁾ 길 니근²⁶⁾ 믈이 醉_{ᄎᆔ}仙_션²⁷⁾을 빗기²⁸⁾ 시러 바다ᄒᆞᆯ²⁹⁾ 겻티³⁰⁾ 두고 海_{ᄒᆡ}棠_당花_화로³¹⁾ 드러가니 白_{ᄇᆡᆨ}鷗_구야³²⁾ ᄂᆞ디³³⁾ 마라 네 벋인³⁴⁾ 줄 엇디 아ᄂᆫ³⁵⁾

山中(산중)을 마냥 보랴? 東海(동해)로 가자꾸나. 籃輿(남여)로 緩步(완보)하여 山映

---

17) 數聲啼鳥 : 수성제조. 여러 소리로 우짖는 산새이다.

18) 怨ᄒᄂᆫ : 怨ᄒ다[원하다, 원망하다 : 怨(원 : 불어) + -ᄒ(동접)-] + -ᄂ(현시)- + -ㄴ(관전)

19) 旌旗 : 정기. '정(旌)'과 '기(旗)'를 아울러 이르는 말이다. ※ '정(旌)'은 깃대 끝에 새의 깃으로 꾸민 장목을 늘어뜨린 의장기이며, '기(旗)'는 헝겊이나 종이 따위에 글자나 그림, 색깔 따위를 넣어 어떤 뜻을 나타내거나 특정한 단체를 나타내는 데 쓰는 물건이다.

20) 썰티니 : 썰티[떨치다, 振 : 썰(떨다, 振)- + -티(강접)-] + -니(연어, 설명 계속, 이유)

21) 넘노ᄂᆫ : 넘놀[놈놀다 : 넘(넘다, 越)- + 놀(놀다, 움직이다, 動)-] + -ᄂ(현시)- + -ㄴ(관전) ※ '넘놀다'는 물결이나 불 따위가 넘실거리거나 바람에 가볍게 흔들리다.

22) 鼓角 : 고각. 군중(軍中)에서 호령할 때에 쓰던 북과 나발이다.

23) 셧부니 : 셧부[← 셧불다(섞어 불다) : 셧(← 섯다 : 섞다, 混)- + 부(← 불다 : 불다, 吹)-] + -니(연어, 설명 계속, 이유)

24) 것ᄂᆫ : 것(← 걷다 : 걷히다, 收)- + -ᄂ(현시)- + -ㄴ(관전) ※ '것ᄂᆫ'은 '걷ᄂᆫ'의 종성 /ㄷ/을 'ㅅ'으로 표기한 형태이다.

25) 鳴沙 : 명사. 밟거나 진동을 주면 독특한 소리를 내는 모래이다. 콧노래를 부르는 듯한 소리나 무엇을 잘게 씹는 것 같은 소리를 낸다.

26) 니근 : 닉(익다, 慣)- + -∅(과시)- + -은(관전)

27) 醉仙 : 취선. 취한 신선. 여기서는 화자 자신이다.

28) 빗기 : [비스듬히, 빗기어, 가로, 斜(부사) : 빗기(가르지르다, 斜 : 타동)- + -∅(부접)]

29) 바다ᄒᆞᆯ : 바다ᄒᆞ(바다, 海) + -ᄋᆯ(목조)

30) 겻티 : 겻ㅌ(← 곁 : 곁, 傍) + -이(-에 : 부조, 위치) ※ '겻티'는 '겨틔'의 /ㅌ/을 'ㅅㅌ'으로 거듭 적은 형태이다.

31) 海棠花 : 해당화. 장미과의 낙엽 활엽 관목. 5~8월에 붉은 자주색 꽃이 가지 끝에 피고 열매는 가장과로 8월에 붉게 익는다. 관상용이고 바닷가의 모래땅이나 산기슭에 난다. 여기서는 해당화가 피어 있는 곳의 뜻으로 쓰였다.

32) 白鷗야 : 白鷗(백구, 갈매기) + -야(호조, 낮춤)

33) ᄂᆞ디 : ᄂᆞ(← ᄂᆞᆯ다 : 날다, 飛)- + -디(-지 : 연어, 부정)

34) 벋인 : 벋(벗, 友) + -이(서조)- + -∅(현시)- + -ㄴ(관전) ※ 중세 국어의 '벋(友)'은 이 시기(17세기 말)에 이미 '벗'으로 형태가 바뀌었다. 여기에 '벋'으로 표기된 것은 이 작품이 지어질 당시인 16세기 말의 단어 형태가 반영된 것이다. 〈성주본〉(1747년)에는 '벗인'으로 표기되었다.

35) 아ᄂᆫ : 아(← 알다 : 알다, 知)- + -ᄂ(현시)- + -ㄴ(← -ㄴ가 : -는가, 의종, 판정) ※ '아ᄂᆫ'은 '아ᄂᆫ가'에서 의문형 종결 어미인 '-ㄴ가'의 /가/가 탈락된 형태이다.

樓(산영루)에 올라 보니, 玲瓏碧溪(영롱벽계)와 數聲啼鳥(수성제조)는 離別(이별)을 怨(원)하는 듯, 旌旗(정기)를 떨치니 五色(오색)이 넘노는 듯, 鼓角(고각)을 섞어 부니 海雲(해운)이 다 걷히는 듯, 鳴沙(명사) 길에 익은 말이 醉仙(취선)을 비스듬히 실어, 바다를 곁에 두고 海棠花(해당화)로 들어가니, 白鷗(백구)야 날지 마라. (내가) 네 벗인 줄 어찌 아는가?【동해로 향하면서 감회를 느끼다】

金금欄난窟굴[36] 도라 드러 叢총石셕亭뎡[37] 올라 ᄒ니 白빅玉옥樓누[38] 남은
기동[39] 다만 네히[40] 셔 잇고야[41] 工공倕슈[42]의 셩녕인가[43] 鬼귀斧부[44]로
다ᄃᆞ믄가[45] 구ᄐ야[46] 六뉵面면은 므어슬[47] 象샹톳던고[48]

金幱窟(금란굴)을 돌아들어 叢石亭(총석정)에 올라 보니, 白玉樓(백옥루)에 남은 기둥이 다만 넷이 서 있구나. (백옥루는) 工倕(공수)의 작품인가? 鬼斧(귀부)로 다듬었는가? 구태여 六面(육면)은 무엇을 象(상)하였던가?【총석정에서 사선봉의 장관을 보다】

高고城셩을란[49] 뎌만[50] 두고 三삼日일浦포[51]를 ᄎ자가니[52] 丹단書셔[53]는 宛완然

---

36) 金幱窟 : 금난굴. 강원도 통천군 동쪽 12리에 있는 굴이다.

37) 叢石亭 : 총석정. 강원도 통천군 고저(庫底)에 있는 정자이다. 관동 팔경의 하나로, 주위에 현무암으로 된 여러 개의 돌기둥이 바다 가운데에 솟아 있어 절경을 이룬다. ※〈성주본〉(1747년)에는 '叢石亭의'로 표기되어 있다.

38) 白玉樓 : 백옥루. 문인(文人)이나 묵객(墨客)이 죽은 뒤에 간다는 천상의 누각이다. 당나라 시인인 이하(李賀)가 죽을 때에, 천사가 와서 천제(天帝)의 백옥루가 이루어졌으니, 이하를 불러 그것을 기록하게 하려 한다고 말했다는 데서 유래한다.

39) 기동 : [기둥, 株 : 긷(기둥, 柱) + -옹(명접)] ※ '긷〉기동〉기동〉기둥'으로 형태가 변화했다.

40) 네히 : 네ㅎ(넷, 四 : 수사, 양수) + -이(주조)

41) 잇고야 : 잇(있다 : 보용, 완료 지속)- + -Ø(현시)- + -고야(-구나 : 감종, 아주 낮춤)

42) 工倕 : 공수. 중국 고대의 이름난 기술자이다.

43) 셩녕인가 : 셩녕(성냥일, 工作, 작품, 陶) + -이(서조)- + -Ø(현시)- + -ㄴ가(-ㄴ가 : 의종, 판정)

44) 鬼斧 : 귀부. 귀신의 도끼라는 뜻으로, 신기한 연장이나 훌륭한 세공(細工)을 이르는 말이다.

45) 다ᄃᆞ믄가 : 다듬(다듬다, 細工)- + -Ø(과시)- + -은가(-은가 : 의종, 판정)

46) 구ᄐ야 : 구ᄐ야(← 구틔여 : 구태여, 억지로, 부사)

47) 므어슬 : 므엇(무엇, 何 : 지대, 미지칭) + -을(목조)

48) 象톳던고 : 象ᄒ[← 象ᄒ다(형상하다, 본뜨다) : 象(상 : 불어) + -ᄒ(동접)-]- + -돗(감동)- + -더(회상)- + -ㄴ고(-ㄴ가 : 의종, 설명)

49) 高城을란 : 高城(고성, 땅 이름) + -을(목조) + -란(← ᄋ란 : -은, 보조사, 주제)

> 연ᄒᆞ되[54] 四ㅅ仙션[55]은 어듸 가니[56] 예[57] 사흘 머믄 後후의 어듸 가
> 쏘 머믈고[58] 仙션遊유潭담[59] 永영郎낭湖호[60] 거긔나[61] 가 잇ᄂᆞᆫ가 淸쳥澗간亭뎡[62]
> 萬만景경臺ᄃᆡ[63] 몃[64] 고듸[65] 안돗던고[66]

高城(고성)은 저만큼 두고 三日浦(삼일포)를 찾아가니, (사선이 남석으로 갔다는) 丹書(단서)는 (바위에) 宛然(완연)하되 四仙(사선)은 어디 갔니? (사선이) 여기에 사흘을 머문 後(후)에 어디 가 또 머물렀을까? 仙遊潭(선유담), 永郎湖(영랑호) 거기나 가 있는가? 淸澗亭(청간정), 萬景臺(만경대) 몇 곳에 앉았던가?【삼일포에서 네 신선을 회고하다】

> 梨니花화[67]ᄂᆞᆫ 블셔[68] 디고 접동새 슬피[69] 울 제 洛낙山산[70] 東동畔반[71]으로

---

50) 뎌만 : 뎌(저, 彼 : 지대, 정칭) + -만(-만치, -만큼 : 보조사, 비교)

51) 三日浦 : 삼일포. 강원도 고성군에 있는 호수이다. 신라 때에 네 화랑이 이곳에 왔다가 아름다운 경치에 매료되어 사흘을 머물렀던 데서 유래된 명칭이다. 사선정(四仙亭), 몽천암(夢天庵) 따위의 고적(古跡)이 있으며, 관동팔경의 하나이다.

52) 츠자가니 : 츠자가[찾아가다 : 츳(찾다, 索)- + -아(연어) + 가(가다, 行)-]- + -니(연어, 설명 계속)

53) 丹書 : 단서. 바위나 돌에 새긴 글로서, "永郎徒南石行(영랑도남석행)"의 글귀를 이른다.

54) 宛然ᄒᆞ되 : 宛然ᄒᆞ[완연하다 : 宛然(완연 : 명사) + -ᄒᆞ(형접)-]- + -되(-되 : 연어, 설명 계속) ※ '宛然(완연)'은 눈에 보이는 것처럼 아주 뚜렷한 것이다.

55) 四仙 : 사선. 신라 시대의 선도(仙徒) 네 사람으로서, '술랑(述郎), 남랑(南郎), 영랑(永郎), 안상(安祥)'을 이른다.

56) 가니 : 가(가다, 行)- + -Ø(과시)- + -니(-니 : 의종, 반말)

57) 예 : 여기, 此(지대, 정칭)

58) 머믈고 : 머믈(머믈다, 留)- + -ㄹ고(-ㄹ가 : 의종, 미시, 설명) ※ 〈성주본〉(1747년)에는 '머믄고'로 표기되어 있다. 그리고 문맥으로 보아서도 '머믈고'는 '머믄고'를 오각한 것으로 보이므로, 과거 추측으로 해석하여 '머물렀을까?'로 옮긴다.

59) 仙遊潭 : 선유담. 강원도 고성군에 있는 못(淵)으로서, 간성(杆城)에서 남쪽으로 4km쯤 떨어진 곳에 있다. 신라 시대에 사선(四仙)이 놀았던 못(淵)이라는 고사에서 지어진 이름이다.

60) 永郎湖 : 영랑호. 강원도 속초시 교외에 있는 호수로서, 옛날에 '영랑(永郎)'이라는 신선이 이곳에서 놀았다고 한다.

61) 거긔나 : 거긔(거기, 彼處 : 지대, 정칭) + -나(← -이나 : 보조사, 선택) ※ '-이나'는 마음에 차지 아니하는 선택, 또는 최소한 허용되어야 할 선택이라는 뜻을 나타내는 보조사이다.

62) 淸澗亭 : 청간정. 강원도 고성군 토성면(土城面) 해안에 있는 정자. 관동 팔경의 하나이다.

63) 萬景臺 : 만경대. 청간정의 동쪽에 층층이 서 있는 돌 봉우리로 된 대(臺)이다.

64) 몃 : 몃(← 몇 : 몇, 何, 관사)

65) 고듸 : 곧(곳 : 處) + -ᄋᆡ(-에 : 부조, 위치)

66) 안돗던고 : 안(← 앉다 : 앉다, 坐)- + -돗(감동)- + -더(회상)- + -ㄴ고(-ㄴ가 : 의종, 설명)

義_의相_상臺_딕⁷²⁾예 올라 안자 日_일出_츌을 보리라 밤듕 만⁷³⁾ 니러⁷⁴⁾ ᄒ니 祥_샹雲_운⁷⁵⁾이 집픠ᄂᆫ⁷⁶⁾ 동⁷⁷⁾ 六_뉵龍_뇽이 바퇴ᄂᆫ⁷⁸⁾ 동 바다히⁷⁹⁾ 써날 제ᄂᆫ 萬_만國_국이 일위더니⁸⁰⁾ 天_텬中_듕의 티쁘니⁸¹⁾ 毫_호髮_발⁸²⁾을 혜리로다⁸³⁾ 아마도 녈구롬⁸⁴⁾ 근쳐의 머믈셰라⁸⁵⁾ 詩_시仙_션⁸⁶⁾은 어듸 가고 咳_히唾_타⁸⁷⁾만 나맛ᄂᆞ니⁸⁸⁾ 天_텬地_디間_간 壯_쟝ᄒᆞᆫ⁸⁹⁾ 긔별⁹⁰⁾ ᄌᆞ셔히도⁹¹⁾ 홀셔이고⁹²⁾

---

67) 梨花 : 이화. 배꽃이다.

68) 볼셔 : 벌써, 旣(부사)

69) 슬피 : [슬피, 슬프게, 哀(부사) : 슳(슬퍼하다, 哀 : 동사)- + -ㅂ(←-브- : 형접)- + -이(부접)]

70) 洛山 : 낙산. 강원도 양양군에 있는 산이다. ※ '락산〉낙산'의 변화는 'ㄹ' 두음 법칙이 적용된 결과이다.

71) 東畔 : 동반. 동쪽에 있는 언덕이다.

72) 義相臺 : 의상대. 강원도 양양군 강현면(降峴面) 전진리(前津里)에 있는 정자이다.

73) 밤듕 만 : 밤듕[밤중 : 밤(밤, 夜) + 듕(중, 中)] # 만(동안, 만 : 의명)

74) 니러 : 닐(일어나다, 起)- + -어(연어)

75) 祥雲 : 상운. 복되고 좋은 일이 있을 조짐이 보이는 구름이다.

76) 집픠ᄂᆫ : 집픠(← 지픠다 : 지피다, 한데 엉기어 붙다, 集)- + -ᄂᆞ(현시)- + -ㄴ(관전) ※ '집픠ᄂᆫ'은 '지픠ᄂᆫ'의 /ㅍ/을 'ㅂㅍ'으로 거듭 적은 형태이다.

77) 동 : 동(← 둥 : 둥, 의명) ※ '둥'은 여러 가지의 일이 일어나는 듯함을 나타내는 의존 명사이다.

78) 바퇴ᄂᆫ : 바퇴(떠받치다, 지지하다, 버티다, 扶)- + -ᄂᆞ(현시)- + -ㄴ(관전)

79) 바다히 : 바다ㅎ(바다, 海) + -익(-에 : 부조, 위치) ※ '바다히'는 문맥상 '바다에서'로 옮긴다.

80) 일위더니 : 일위[← 일리다(일어지다, 흔들리다) : 일(일다, 흔들다, 淘)- + -리(←-이- : 피접)-]- + -더(회상)- + -니(연어, 설명 계속) ※ '일위더니'는 '일리더니'의 오기로 보인다. 그리고 용언의 어근이 /ㄹ/로 끝날 때에 결합하는 피동 접미사의 형태가 중세 국어의 '-이-'를 대신하여 '-리-'로 실현되었다.

81) 티쁘니 : 티쁘[치뜨다, 떠오르다, 浮 : 티(치- : 강접)- + 쁘(뜨다, 浮)-]- + -니(연어, 이유)

82) 毫髮 : 호발. 가늘고 짧은 털, 곧 아주 작은 물건을 이른다.

83) 혜리로다 : 혜(세다, 헤아리다, 量)- + -리(미시)- + -로(←-도- : 감동)- + -다(평종)

84) 녈구롬 : 녈구롬[열구름, 行雲 : 녀(가다, 行)- + -ㄹ(관전) + 구롬(구름, 雲)] ※ 여기서 '녈구름(行雲)'은 임금의 총기를 흐리게 하는 간신 무리들을 비유적으로 표현한 것이다. '녈구롬'은 〈성주본〉(1747년)에는 '녈구롬이'으로 표기되어 있다. 문맥을 감안해도 '녈구롬'은 '녈구롬이'를 오각한 것으로 판단된다.

85) 머믈셰라 : 머믈(머믈다, 머무르다, 留)- + -Ø(현시)- + -ㄹ셰라(-올라 : 평종, 염려) ※ '-ㄹ셰라'는 혹시 그러할까 염려하는 뜻을 나타내는 평서형의 종결 어미이다.

86) 詩仙 : 시선. 두보를 시성(詩聖)이라 이르는 데 상대하여 '이백(李白)'을 이르는 말이다.

87) 咳唾 : 해타. 기침과 침을 아울러 이르는 말로서, 어른의 말씀을 뜻한다. 여기서는 훌륭한 사람의 말이나 글로서, 이백이 지은 '등금릉봉황대(登金陵鳳凰臺)'의 한시를 이른다.

88) 나맛ᄂᆞ니 : 남(남다, 殘留)- + -앗(완료)- + -ᄂᆞ(현시)- + -니(연어, 설명 계속)

89) 壯ᄒᆞᆫ : 壯ᄒᆞ[크고 성대하다 : 壯(장 : 불어) + -ᄒᆞ(형접)-]- + -ㄴ(관전)

梨花(이화)는 벌써 지고 접동새가 슬피 울 적에, 洛山(낙산)의 東畔(동반)으로 義相臺(의상대)에 올라 앉아, 日出(일출)을 보리라 밤중 동안 일어나 보니, 祥雲(상운)이 지피는 둥 六龍(육룡)이 (해를) 떠받치는 둥 (하고), (해가) 바다에 떠날 때에는 萬國(만국)이 흔들리더니, 天中(천중)에 떠오르니 毫髮(호발)을 헤아리겠구나. 아마도 지나가는 구름이 근처에 머물라. 詩仙(시선)은 어디 가고 咳唾(해타)만 남았으니, 天地間(천지간)의 壯(장)한 기별(奇別)을 자세히도 하는구나. 【 의상대에서 일출의 장관을 보다 】

斜_샤陽_양 ⁹³⁾ 峴_현山_산의⁹⁴⁾ 躑_텩躅_툑 ⁹⁵⁾을 므니⁹⁶⁾ 블와⁹⁷⁾ 羽_우盖_개芝_지輪_륜 ⁹⁸⁾이 鏡_경浦_포 ⁹⁹⁾로 ᄂᆞ려가니 十_십里_리 氷_빙紈_환 ¹⁾을 다리고 고텨²⁾ 다려 長_댱松_숑 울흔³⁾ 소개 슬ᄏ장⁴⁾ 펴뎌시니⁵⁾ 믈결도 자도⁶⁾ 잘샤⁷⁾ 모래를⁸⁾ 혜리로다 孤_고舟_쥬 ⁹⁾

---

90) 긔별 : 기별(奇別)

91) ᄌᆞ셔히도 : ᄌᆞ셔히[자세히(부사) : ᄌᆞ셔(자세, 仔細 : 불어) + -ㅎ(← -ᄒᆞ- : 형접)- + -이(부접)] + -도(보조사, 강조)

92) 훌셔이고 : ᄒᆞ(하다, 爲)- + -Ø(현시)- + -ㄹ셔이고(-구나 : 감종, 아주 낮춤)

93) 斜陽 : 사양. 석양(夕陽)이다. '석양 무렵에'로 의역하여 옮긴다.

94) 峴山의 : 峴山(현산) + -의(관조) ※ '峴山(현산)'은 양양군(襄陽郡)의 북쪽에 있는 산 이름이다.

95) 躑躅 : 척촉. 철쭉꽃이다.

96) 므니 : 므니[천천히, 遲(부사) : 므ᄂᆞ(← 므느다 : 늦추다, 물러나다, 遲)- + -이(부접)] ※ '므느다'가 '늦추다(延), 물러나다(退)'의 뜻으로 쓰였으므로, '천천히'로 옮긴다.

97) 블와 : 블오(← 넓다, ㅂ불 : 밟다, 履)- + -아(연어)

98) 羽盖芝輪 : 우개지륜. 예전에 녹색의 새털로 된, 왕후(王侯)의 수레를 덮던 덮개나 그 수레이다.

99) 鏡浦 : 경포. 강원도 강릉의 동해안에 있는 석호(潟湖)이다.

1) 氷紈 : 빙환. 얼음같이 희고 빛이 고운 명주이다. 여기서는 경포호의 잔잔한 수면을 비유적으로 표현한 것이다.

2) 고텨 : 고티[고치다, 改 : 곧(곧다, 直)- + -히(사접)-]- + -어(연어)

3) 울흔 : 울ᄒᆞ[← 울ᄒᆞ다(울타리를 치다) : 울(울타리, 柵 : 명사)- + -ᄒᆞ(동접)-]- + -Ø(과시)- + -ㄴ(관전) ※ '울혼'은 '울흔'을 오각한 형태이다. 〈성주본〉(1747년)에는 '울흔'으로 표기되었다.

4) 슬ᄏ장 : [실컷, 싫도록(부사) : 슳(싫다, 嫌)- + ᄀᆞ장(만큼 다, 끝까지 : 의명)] ※ '슬ᄏ장'은 '슳다'의 어간인 '슳-'에 의존 명사인 'ᄀᆞ장'이 직접 결합하여서 된 특수한 형태의 부사이다.

5) 펴뎌시니 : 펴디[펴지다 : 펴(펴다, 伸)- + -어(연어) + 디(지다 : 보용, 피동)-]- + -어시(-었- : 완료)- + -니(연어, 설명 계속)

6) 자도 : 자(자다, 寢)- + -Ø(← -디 : -기, 명전) + -도(보조사, 강조) ※ '자도'는 '자디도'에서 명사형 전성 어미인 '-디'가 탈락된 형태이다.

7) 잘샤 : 자(자다, 寢)- + -Ø(현시)- + -ㄹ샤(-구나 : 감종, 아주 낮춤)

8) 모래를 : 모래(모래, 沙) + -를(목조) ※ 중세 국어의 '몰애'가 이 시기에 '모래'로 표기가 바뀌었다. 중세 국어에서 실현되었던 유성 후두 마찰음(/ɦ/)의 음가를 가진 /ㅇ/이 근대 국어

解ㅎㅣ纜ㄹㆍㅁㅎ야 亭뎡子ㅈ 우희 올나가니 江강門문橋교 너믄 겨틔 大대洋양이

거긔로다 從둉容용ㅎㄴ다 이 氣긔像샹 濶활遠원ㅎㄴ다 뎌 境경界계 이도곤

ㄱㆍ존 ㄷㅣ ㅼㅗ 어듸 잇닷 말고 紅홍粧쟝古고事ㅅ를 헌ㅅ타 ㅎ리로다

江강陵능 大대都도護호 風풍俗쇽이 됴흘시고 節졀孝효旌졍門문이 골골이

버러시니 比비屋옥可가封봉이 이제도 잇다 ㅎㄹ다

斜陽(사양)에 峴山(현산)의 躑躅(척촉)을 천천히 밟아, 羽盖芝輪(우개지륜)이 鏡浦(경

시기에 소멸되었음을 알 수 있다.

9) 孤舟 : 고주. 외로이 떠 있는 배이다.

10) 解纜 : 해람. 닻줄을 풀어서 배를 띄우는 것이다.

11) 江門橋 : 강문교. 강릉 경포의 동쪽 어귀에 있는 판교(板橋, 널다리)이다.

12) 겨틔 : 곁(곁, 傍) + -의(-에 : 부조, 위치)

13) 거긔로다 : 거긔(거기, 彼處 : 지대, 정칭) + -∅(←-이- : 서조) + -∅(현시) + -로(←-도 -: 감동) + -다(평종)

14) 從容ㅎㄴ다 : 從容ㅎ[조용하다 : 從容(종용, 조용 : 불어) + -ㅎ(형접)-] + -∅(현시) + -ㄴ댜 (←-ㄴ뎌 : -구나, 감종, 아주 낮춤)

15) 濶遠ㅎㄴ다 : 濶遠ㅎ[활원하다 : 濶遠(활원 : 불어) + -ㅎ(형접)-] + -∅(현시) + -ㄴ댜(←- ㄴ뎌 : -구나, 감종, 아주 낮춤) ※ '濶遠(활원)'은 넓고 아득한 것이다.

16) 이도곤 : 이(이, 此 : 지대, 정칭) + -도곤(-보다 : 부조, 비교)

17) ㄱㆍ존 : ㄱㆍ초(갖추어져 있다, 具 : 형사) + -∅(현시) + -ㄴ(관전)

18) ㄷㅣ : ㄷㅣ(데, 곳, 處 : 의명) + -∅(←-이 : 주소)

19) 잇닷 : 잇(← 이시다 : 있다, 有) + -∅(현시) + -다(평종) + -ㅅ(관조) ※ 관형격 조사인 '- ㅅ'은 문장 전체를 관형어로 쓰이게 한다.

20) 말고 : 말(말, 言) + -고(-인가 : 보조사, 의문, 설명)

21) 紅粧古事 : 홍장 고사. 고려 우왕 때 강원 감사 박신(朴信)과 기생 홍장(紅粧)에 대한 옛 일이 다. 박신이 홍장을 사랑하다가 임기가 만료되어 떠나려 할 때에, 강릉 부사인 조운흘(趙云 仡)이 뱃놀이를 하며 홍장을 선녀로 꾸며 박신을 현혹케 한 일이다.

22) 헌ㅅ타 : 헌ㅅㅎ(← 헌ㅅㅎ다(수다를 떨다) : 헌ㅅ(헌사 : 명사) + -ㅎ(형접)-] + -∅(현시)- + -다(평종)

23) 大都護 : 대도호. 조선 시대에 '안동, 창원, 강릉, 영변, 영흥'에 둔 지방 행정 기관이다.

24) 됴흘시고 : 둏(좋다, 好)- + -∅(현시) + -을시고(-을시고 : 감종, 아주 낮춤)

25) 節孝旌門 : 절효 정문. 충신과 효자, 열녀를 찬양하기 위하여 세운 붉은 문이다.

26) 골골이 : [골짜기마다, 谷谷(부사) : 골(골, 谷) + 골(골, 谷) + -이(부접)]

27) 버러시니 : 벌(벌여 있다, 늘어서다, 列)- + -어시(-었- : 완료)- + -니(연어, 설명 계속)

28) 比屋可封 : 비옥 가봉. 집집마다 덕행이 있어 모두 표창할 만하다는 뜻으로, 나라에 어진 사 람이 많음을 비유적으로 이르는 말이다.

29) ㅎㄹ다 : ㅎ(하다, 謂)- + -ㄹ다(-ㄹ까 : 의종, 2인칭, 미시)

포)로 내려가니, 十里(십리) 氷紈(빙환)을 다리고 고쳐 다려, 長松(장송)이 울타리를 친 속에 실컷 펴졌으니, 물결도 자기도 자구나. (물속에 있는) 모래를 헤아리겠구나. 孤舟 (고주)를 解纜(해람)하여 亭子(정자) 위에 올라가니, 江門橋(강문교)를 넘은 곁에 大洋 (대양)이 거기로다. 從容(종용)하구나 이 氣像(기상), 濶遠(활원)하구나, 저 境界(경계). 이보다 갖추어진 데가 또 어디에 있다는 말인가? 紅粧(홍장)의 古事(고사)를 '야단스 럽다.' 하겠구나. 江陵大都護(강릉 대도호) 風俗(풍속)이 좋을시고. 節孝旌門(절효 정문) 이 골짜기마다 늘어섰으니, '比屋可封(비옥 가봉)이 이제도 있다.' 하겠는가? 【 경포의 장관과 강릉의 미풍양속을 기리다 】

眞_진珠_쥬館_관[30] 竹_듁西_셔樓_루[31] 五_오十_십川_쳔[32] ᄂ린[33] 믈이 太_태白_{ᄇᆡᆨ}山_산 그림재
를[34] 東_동海_{ᄒᆡ}로 다마 가니 출하리[35] 漢_한江_강의 木_목覓_멱의[36] 다히고져[37]
王_왕程_뎡[38]이 有_유限_{ᄒᆞᆫ}ᄒᆞ고 風_풍景_경이 못 슬믜니[39] 幽_유懷_회[40]도 하도 할샤[41]
客_{ᄀᆡᆨ}愁_슈[42]도 둘 듸[43] 업다 仙_션槎_사[44]를 ᄯᅴ워[45] 내여 斗_두牛_우[46]로 向_향ᄒᆞ살가[47]

---

30) 眞珠館 : 진주관. 삼척부(三陟部)에 있는 객관(客官)으로 '진주(眞珠)'는 삼척의 옛 이름이다.

31) 竹西樓 : 죽서루. 진주관 서쪽에 있는 누각으로서 관동팔경의 하나이다.

32) 五十川 : 오십천. 삼척부 남쪽으로 흐르는 냇물로서 죽서루 아래를 흐른다.

33) ᄂ린 : ᄂ리(내리다, 내려오다, 降)- + -∅(과시)- + -ㄴ(관전)

34) 그림재를 : 그림재(그림자, 影) + -를(목조)

35) 출하리 : 차라리, 寧(부사)

36) 木覓의 : 木覓(목멱) + -의(-에 : 부조, 위치) ※ '木覓(목멱)'은 서울 남산(南山)의 옛 이름이다.

37) 다히고져 : 다히[닿게 하다 : 닿(닿다, 到)- + -이(사접)-]- + -고져(-고자 : 연어, 의도) ※ '다히고져'는 그 뒤에 실현되어야 할 보조 용언인 '하ᄂᆞ다'가 생략된 형태이다.

38) 王程 : 왕정. 임금의 일로 다니는 관리의 여정이다.

39) 슬믜니 : 슬믜[← 슬믜우- ← 슬믭다, ㅂ불(싫고 밉다, 憎) : 슳(싫다, 惡)- + 믜우(← 믭다, ㅂ불 : 밉다, 憎)-]- + -니(←-으니 : 연어, 설명 계속) ※ '슬믜니'는 '슬믜우니'를 오각한 형태이다.

40) 幽懷 : 유회. 그윽한 회포이다.

41) 하도 할샤 : 하(많다, 多)- + -∅(←-디 : -기, 명전) + -도(보조사, 강세) # 하(많다, 多)- + -∅(현시)- + -ㄹ샤(-구나 : 감종, 아주 낮춤)

42) 客愁 : 객수. 객지에서 느끼는 쓸쓸함이나 시름이다.

43) 듸 : 듸(데, 處 : 의명) + -∅(←-이 : 주조)

44) 仙槎 : 선사. 신선이 타고 다닌다는 뗏목이다.

45) ᄯᅴ워 : ᄯᅴ우[띄우다, 浮 : 쁘(뜨다, 浮)- + -ㅣ(←-이- : 사접)- + -우(사접)-]- + -어(연어)

46) 斗牛 : 두우. 북두칠성(北斗七星)과 견우성(牽牛星)이다.

47) 向ᄒᆞ살가 : 向ᄒᆞ[향하다 : 向(향 : 불어) + -ᄒᆞ(동접)-]- + -살가(←-ㄹ가 : -ㄹ까, 의종, 미

仙_션人_인을 ᄎᄌ려 丹_단穴_혈의⁴⁸⁾ 머므살가⁴⁹⁾

眞珠館(진주관) (서쪽에 있는) 竹西樓(죽서루) (아래의) 五十川(오십천)으로 내려온 물이, 太白山(태백산) 그림자를 東海(동해)로 담아 가니, 차라리 漢江(한강)의 木覓(목멱)에 닿게 하고자 (한다). 王程(왕정)이 有限(유한)하고 風景(풍경)이 싫지 않으니, 幽懷(유회)도 많기도 많구나. 客愁(객수)도 둘 데가 없다. 仙槎(선사)를 띄워 내어 斗牛(두우)로 向(향)할까? 仙人(선인)을 찾으려 丹穴(단혈)에 머물까? 【 죽서루에서 객수(客愁)를 느끼다 】

天_텬根_근⁵⁰⁾을 못내⁵¹⁾ 보와⁵²⁾ 望_망洋_양亭_뎡⁵³⁾의 올은말이⁵⁴⁾ 바다 밧근⁵⁵⁾ 하늘이니 하늘 밧근 므서신고⁵⁶⁾ ᄀᆞᆺ득⁵⁷⁾ 怒_노흔 고래⁵⁸⁾ 뉘라셔⁵⁹⁾ 놀내관대⁶⁰⁾ 블거니⁶¹⁾ 쉠거니⁶²⁾ 어즈러이 구는디고⁶³⁾ 銀_은山_산⁶⁴⁾을 것거⁶⁵⁾ 내여 六_뉵合_합⁶⁶⁾

시, 판정) ※ '-살가'는 의문형 어미 '-ㄹ가'의 강조형이다.

48) 丹穴의 : 丹穴(단혈) + -의(-에 : 부조, 위치) ※ '丹穴(단혈)'은 고성 남쪽에 있는 굴(堀)로서, 신라 시대에 사선(四仙)이 놀던 곳이라는 전설이 전한다.

49) 머므살가 : 머므(← 머믈다 : 머물다, 留) + -살가(←-ㄹ가 : -ㄹ까, 의종, 미시, 판정)

50) 天根 : 천근. 하늘의 맨 끝이다. 여기서는 동쪽 수평선의 맨 끝을 가리킨다.

51) 못내 : [못내, 끝내 못(부사) : 못(못, 不能 : 부사, 부정) + -내(-내 : 부접)]

52) 보와 : 보(보다, 見)- + -Ø(←-오- : 화자)- + -아(연어) ※ '보와'는 '보아'의 오기이다.

53) 望洋亭 : 망양정. 경상북도 울진군 기성면 해안에 있는 정자(亭子)로서 관동 팔경의 하나이다.

54) 올은말이 : 올(← 오르다 : 오르다, 登)- + -은말이(←-은마리 : -니, -ㄴ즉, 연어, 설명 계속)

55) 밧근 : 밝(밖, 外) + -은(보조사, 주제)

56) 므서신고 : 므섯(무엇, 何 : 지대, 미지칭) + -이(서조)- + -Ø(현시)- + -ㄴ고(-ㄴ가 : 의종, 설명) ※ 〈성주본〉(1747년)에는 '므어신고'으로 표기되어 있다.

57) ᄀᆞᆺ득 : 가뜩, 그러지 않아도 매우, 甚(부사)

58) 고래 : 고래(고래, 鯨) + -Ø(←-이 : 주조) ※ 여기서 '고래'는 파도를 비유적으로 표현한 것이다.

59) 뉘라셔 : 누(누구, 誰 : 인대, 미지칭) + -ㅣ라셔(←-이라서 : 주조) ※ '-ㅣ라셔'는 [-ㅣ(←-이- : 서조)- + -라셔(←-아셔 : 연어, 이유, 근거)]의 방식으로 형성된 주격 조사이다. 곧, '감히', '능히'의 뜻을 더하면서 특별히 가리켜 강조하여 주어임을 나타내는 격조사이다.

60) 놀내관대 : 놀내[← 놀내다(놀라게 하다) : 놀나(← 놀라다 : 놀라다, 警)- + -ㅣ(←-이- : 사접)-]- + -관대(-건대 : 연어, 이유) ※ '놀내관대'는 '놀래관대'의 'ㄹㄹ'을 'ㄹㄴ'으로 표기한 형태이다.

61) 블거니 : 블(불다, 吹)- + -거니(연어, 대립적 되풀이) ※ '-거니'는 대립되는 두 동작이나 상태가 되풀이됨을 나타내는 연결 어미이다. 그리고 〈성주본〉(1747년)에는 '불거니'로 표기되어 있는데, '블거니>불거니'의 변화는 /ㅡ/가 /ㅜ/로 원순 모음화한 형태이다.

의 ᄂᆞ리ᄂᆞᆫ 돗 五오月월 長댱天텬⁶⁷⁾의 白빅雪셜은 므스⁶⁸⁾ 일고⁶⁹⁾

天根(천근)을 끝내 보지 못하여 望洋亭(망양정)에 오르니, 바다 밖은 하늘이니 하늘 밖은 무엇인가? 가뜩이나 怒(노)한 고래가 누구라서 놀라게 하건대, (물을) 불거니 뿜거니 어지럽게 구는 것인가? 銀山(은산)을 꺾어 내어 六合(육합)에 내리는 듯, 五月(오월) 長天(장천)에 白雪(백설)은 무슨 일인가?【 망양정에서 파도의 장관을 바라보다 】

[결사]

져근덧⁷⁰⁾ 밤이 드러 風풍浪낭⁷¹⁾이 定뎡ᄒᆞ거늘⁷²⁾ 扶부桑상⁷³⁾ 咫지尺쳑의⁷⁴⁾ 明명月월을 기ᄃᆞ리니 瑞셔光광千쳔丈댱⁷⁵⁾이 뵈ᄂᆞᆫ⁷⁶⁾ 돗 숨ᄂᆞᆫ고야⁷⁷⁾ 珠쥬簾렴⁷⁸⁾을 고텨 것고⁷⁹⁾ 玉옥階계⁸⁰⁾ᄅᆞᆯ 다시 쓸며 啓계明명星셩⁸¹⁾ 돗도록⁸²⁾ 곳초안자⁸³⁾ ᄇᆞ라보니

---

62) 쓤거니 : 쓤(← 쓤다 : 뿜다, 噴)- + -거니(-거니 : 연어, 대립적 되풀이) ※ '쓤거니'는 '쓤거니'를 오각한 형태이다.

63) 구ᄂᆞᆫ디고 : 구(← 굴다 : 굴다, 行)- + -ᄂᆞ(현시)- + -ㄴ디고(-ㄴ지고 : -ㄴ 것인가, 의종, 설명, 감탄)

64) 銀山 : 은산. 은으로 만든 산이란 뜻으로, 흰빛의 파도 더미를 비유적으로 이른 말이다.

65) 것거 : 젺(겂다, 折)- + -어(연어)

66) 六合 : 육합. 천지와 사방을 통틀어 이르는 말로서, 하늘과 땅, 동·서·남·북을 이른다.

67) 長天의 : 長天(장천) + -의(-에 : 부조) ※ '長天(장천)'은 끝없이 잇닿아 멀고도 넓은 하늘이다.

68) 므스 : 무슨, 何(관사, 지시, 미지칭)

69) 일고 : 일(일, 事) + -고(-인가 : 보조사, 의문, 설명)

70) 져근덧 : [잠시, 잠시 후(부사) : 젹(적다, 작다, 少)- + -은(관전) + 덧(← 덛 : 덧, 짧은 시간)]

71) 風浪 : 풍랑. 바람과 물결을 아울러 이르는 말이다. '풍랑 → 풍낭'의 변동은 /ㄹ/이 /ㄴ/으로 비음화된 예이다.

72) 定ᄒᆞ거늘 : 定ᄒᆞ[정하다(안정되다) : 定(정 : 불어) + -ᄒᆞ(동접)-]- + -거늘(-거늘 : 연어, 상황)

73) 扶桑 : 부상. 동해 바다 가운데에 있다는 큰 신목(神木)으로서, 해와 달이 뜨는 곳을 이른다.

74) 咫尺의 : 咫尺(지척) + -의(-에 : 부조) ※ '咫尺(지척)'은 아주 가까운 거리이다. 그리고 '扶桑 咫尺의'는 '扶桑의 咫尺에서 떠오를'의 뜻이다.

75) 瑞光千丈 : 서광천장. 길이가 긴 상서로운 빛이다.

76) 뵈ᄂᆞᆫ : 뵈[보이다, 보여 지다 : 보(보다, 見)- + -ㅣ(← -이- : 피접)-]- + -ᄂᆞ(현시)- + -ㄴ(관전)

77) 숨ᄂᆞᆫ고야 : 숨(숨다, 隱)- + -ᄂᆞ(현시)- + -ㄴ고야(-구나 : 감종)

78) 珠簾 : 주렴. 구슬 따위를 꿰어 만든 발이다.

79) 것고 : 겄(← 걷다 : 걷다, 撤)- + -고(연어, 계기) ※ '것고'는 '걷고'의 종성 /ㄷ/을 'ㅅ'으로 표기한 형태이다.

白빅蓮년花화⁸⁴⁾ 훈 가지를 뉘라셔 보내신고⁸⁵⁾ 일이⁸⁶⁾ 됴흔 世셰界계 늠대되⁸⁷⁾ 다 뵈고져⁸⁸⁾ 流류霞하酒쥬⁸⁹⁾ ᄀ득 부어⁹⁰⁾ 돌ᄃ려⁹¹⁾ 무론⁹²⁾ 말이 英영雄웅은 어듸 가며 四ᄉ仙션은 긔⁹³⁾ 뉘러니⁹⁴⁾ 아미나⁹⁵⁾ 맛나⁹⁶⁾ 보아 녯 긔별 뭇쟈⁹⁷⁾ 흐니 仙션山산⁹⁸⁾ 東동海히예 갈 길히 머도 멀샤⁹⁹⁾

잠시 (후) 밤이 들어 風浪(풍랑)이 定(정)하거늘, 扶桑(부상)의 咫尺(지척)에서 (떠오

---

80) 玉階 : 옥계. 옥같이 고운 섬돌이다.

81) 啓明星 : 계명성. 샛별. 금성(金星)이다.

82) 돗도록 : 돗(← 돋다 : 돋다, 出)- + -도록(-도록 : 연어, 도달) ※ '돗도록'은 '돋도록'의 종성 /ㄷ/을 'ㅅ'으로 표기한 형태이다.

83) 곳초안자 : 곳초앉[← 고초앉다(곧추앉다) : 곧(곧다, 直 : 형사)- + -호(사접)- + -∅(부접) + 앉(앉다, 坐)-]- + -아(연어) ※ '고초앉다'는 허리를 펴고 똑바로 앉는 것이다.

84) 白蓮花 : 백련화. 흰 연꽃이다. 여기서는 달을 비유적으로 표현한 말이다.

85) 보내신고 : 보내(보내다, 遣)- + -시(주높)- + -∅(과시)- + -ㄴ고(-ㄴ가 : 의종, 설명)

86) 일이 : 일이[← 이리(이렇게, 如此 : 부사) : 이(이, 此 : 지대, 정칭) + -리(부접)] ※ '일이'는 '이리'를 오각한 형태이다.(과잉 분철)

87) 대되 : 모두, 통틀어, 全(부사)

88) 뵈고져 : 뵈[보이다, 보게 하다 : 보(보다, 見)- + -ㅣ(← -이- : 사접)-]- + -고져(-고자 : 연어, 의도)

89) 流霞酒 : 유하주. 신선들이 마신다는 좋은 술이다.

90) 부어 : 부(← 븟다, ㅅ불 : 븟다, 注)- + -어(연어)

91) 돌ᄃ려 : 돌(달, 月) + -ᄃ려(-에게 : 부조, 상대) ※ '-ᄃ려'는 [ᄃ리(데리다 : 동사)- + -어(연어▷조접)]의 방식으로 형성된 파생 조사이다.

92) 무론 : 물(← 묻다, ㄷ불 : 묻다, 問)- + -∅(과시)- + -오(대상)- + -ㄴ(관전) ※ 17세기 초부터는 대상 표현의 선어말 어미는 일반적으로 쓰이지 않았다. 여기서 쓰인 선어말 어미 '-오-'는 『송강가사』가 처음으로 지어진 16세기 중세 국어의 흔적이다.

93) 긔 : 그(그, 彼 : 인대, 정칭) + -ㅣ(← -이 : 주조)

94) 뉘러니 : 누(누구, 誰 : 인대, 미지칭) + -ㅣ(← -이- : 서조)- + -러(← -더- : 회상)- + -니(의종, 반말)

95) 아미나 : 아ᄆ(← 아모 : 아무, 某, 인대, 부정칭) + -ㅣ나(← -이나 : 보조사, 선택)

96) 맛나 : 맛나(만나다, 遇)- + -아(연어) ※ '맛나'는 '맏나'의 종성 /ㄷ/을 'ㅅ'으로 표기한 형태이다. 〈성주본〉(1747년)에는 '만나'로 표기되었는데, '맏나 → 만나'의 변동은 /ㄷ/이 /ㄴ/으로 비음화된 예이다.

97) 뭇쟈 : 뭇(← 묻다 : 묻다, 問)- + -쟈(-자 : 청종) ※ '뭇쟈'는 '묻쟈'의 종성 /ㄷ/을 'ㅅ'으로 표기한 형태이다.

98) 仙山 : 선산. 선인이 산다고 하는 동해의 삼신산(三神山)이다.

99) 멀샤 : 머(← 멀다 : 멀다, 遠)- + -∅(현시)- + -ㄹ샤(-구나 : 감종, 아주 낮춤)

를) 明月(명월)을 기다리니, 瑞光千丈(서광천장)이 보이는 듯 숨는구나. 珠簾(주렴)을
고쳐 걷고 玉階(옥계)를 다시 쓸며, 啓明星(계명성)이 돋도록 곧추앉자 바라보니, 白蓮
花(백련화) 한 가지를 누구라서 보내셨는가? 이리 좋은 世界(세계)를 남들에게 모두
다 보이고자. (한다.) 流霞酒(유하주)를 가득 부어 달에게 물은 말이, "英雄(영웅)은 어
디 가며 四仙(사선)은 그가 누구이더니?" 아무나 만나 보아 옛 기별을 묻자 하니,
仙山(선산)이 있는 東海(동해)에 갈 길도 멀기도 멀구나. 【 망양정에서 월출을 보고 신선의
풍류를 즐기다 】

松_숑根_근¹⁾을 볘여²⁾ 누어³⁾ 풋줌을⁴⁾ 얼픗⁵⁾ 드니 쑴애⁶⁾ ᄒᆞᆫ 사ᄅᆞᆷ이 날ᄃᆞ려
닐온⁷⁾ 말이 그ᄃᆡ를⁸⁾ 내 모ᄅᆞ랴⁹⁾ 上_샹界_계¹⁰⁾예 眞_진仙_션¹¹⁾이라 黃_황庭_뎡經_경¹²⁾
一_일字_{ᄌᆞ}를 엇디 그릇¹³⁾ 닐거 두고 人_인間_간의¹⁴⁾ 내려와셔 우리를 ᄯᆞ오ᄂᆞᆫ다¹⁵⁾
져근덧 가디 마오¹⁶⁾ 이 술 ᄒᆞᆫ 잔 머거 보오 北_북斗_두星_셩¹⁷⁾ 기우려¹⁸⁾

---

1) 松根 : 송근. 소나무 뿌리이다.
2) 볘여 : 볘(베다, 枕)- + -여(←-어 : 연어)
3) 누어 : 누(← 눕다, ㅂ불 : 눕다, 臥)- + -어(연어) ※ '누어'는 '누워'의 오기이다.
4) 풋줌을 : 풋줌[풋잠, 선잠 : 풋(풋- : 접두)- + 즈(자다, 眠)- + -ㅁ(명접)] + -을(목조)
5) 얼픗 : 얼핏, 언뜻(부사)
6) 쑴애 : 쑴[꿈 : 쑤(꾸다, 夢 : 동사)- + -ㅁ(명접)] + -애(-에 : 부조, 위치)
7) 닐온 : 닐(← 니ᄅᆞ다 : 이르다, 曰)- + -∅(과시)- + -오(대상)- + -ㄴ(관전) ※ 여기서 쓰인 대
   상 표현의 '-오-'는 『송강가사』가 지어진 16세기 중세 국어의 흔적이다.
8) 그ᄃᆡ를 : 그ᄃᆡ[그대, 汝(인대, 2인칭, 예사 높임) : 그(그, 彼 : 지대) + -ᄃᆡ(접미, 높임)] + -를
   (목조)
9) 모ᄅᆞ랴 : 모ᄅᆞ(모르다, 不知)- + -랴(의종, 판정, 미시)
10) 上界 : 상계. 천상계. 하늘나라이다.
11) 眞仙 : 진선. 도를 성취한 신선이다.
12) 黃庭經 : 황정경. 도가(道家)의 네 가지 경문이다.
13) 그릇 : [그릇, 誤(부사) : 그ᄅᆞ(그르, 잘못, 誤 : 부사) : 그ᄅᆞ(그르다, 誤 : 형용)- + -ㅅ(←-옷
   (부접)] ※ '그릇'은 '그ᄅᆞ'와 함께 쓰이는 파생 부사이다.
14) 人間의 : 人間(인간, 사람이 사는 세상) + -의(-에 : 부조, 위치)
15) ᄯᆞ오ᄂᆞᆫ다 : ᄯᆞ오(← ᄣᆞ오다 : 따르다, 從)- + -ᄂᆞ(현시)- + -ㄴ다(-ㄴ가 : 의종, 2인칭) ※ 'ᄣᆞ
   오다>ᄯᆞ오다'의 변화는 'ㅂ'계 합용 병서가 'ㅅ'계 합용 병서로 교체된 것이다.
16) 마오 : ① 마(← 말다 : 말다, 勿, 보용, 부정)- + -오(명종, 예사 높임) ② 마(← 말다 : 말다,
   勿, 보용, 부정)- + -오(←-고 : 연어, 나열)
17) 北斗星 : 북두성. 북두칠성(北斗七星)이다. 여기서는 술을 푸는 국자를 북두성에 비유했다.
18) 기우려 : 기우리[기우리다, 傾 : 기울(기울다, 傾)- + -이(사접)-]- + -어(연어)

> 滄_창海_히水_슈 ¹⁹⁾ 부어 내여 저 먹고 날 머겨늘²⁰⁾ 서너 잔 거후로니²¹⁾
> 和_화風_풍이 習_습習_습²²⁾ 후야 兩_냥腋_익²³⁾을 추혀²⁴⁾ 드니²⁵⁾ 九_구萬_만里_리 長_댱空_공²⁶⁾ 애
> 져기면²⁷⁾ 늘리로다²⁸⁾

松根(송근)을 베고 누워 풋잠을 얼핏 드니, 꿈에 한 사람이 나에게 이른 말이, "그대를 내가 모르랴? (그대는) 上界(상계)에 (있는) 眞仙(진선)이다. 黃庭經(황정경) 一字(일자)를 어찌 잘못 읽어 두고, 人間(인간)에 내려와서 우리를 따르는가? 잠시 가지 말고, 이 술 한잔 먹어 보오." (꿈속의 한 사람이) 北斗星(북두성)을 기울여 滄海水(창해수)를 부어 내어, 저 먹고 날 먹이거늘 서너 잔 기울이니, 和風(화풍)이 習習(습습)하여 兩腋(양액)을 추켜드니, 九萬里(구만리) 長空(장공)에 어지간하면 날겠구나. 【꿈속에서 신선과 만나다 】

> 이 술 가져다가²⁹⁾ 四_ᄉ海_히³⁰⁾예 고로³¹⁾ 눈화³²⁾ 億_억萬_만 蒼_창生_싱³³⁾을 다
> 醉_취케³⁴⁾ 밍근³⁵⁾ 後_후의 그제야³⁶⁾ 고텨 맛나³⁷⁾ 또 흔 잔 ᄒ쟛고야³⁸⁾

---

19) 滄海水 : 창해수. 넓고 큰 바다의 물. 여기서는 술을 비유했다.
20) 머겨늘 : 머기[먹이다 : 먹(먹다, 食)- + -이(사접)-]- + -어늘(-거늘 : 연어, 상황) ※ 〈성주본〉(1747년)에는 '먹여늘'로 표기되어 있다.
21) 거후로니 : 거후로(서우르다, 기울이다, 傾)- + -니(연어, 설명 계속)
22) 習習 : 습습. 바람이 산들산들한 것이다.
23) 兩腋 : 양액. 양쪽 겨드랑이이다.
24) 추혀 : 추혀[추키다, 上昇 : 추(추다, 위로 치올리다, 上昇)- + -혀(강접)-]- + -어(연어)
25) 드니 : 드(← 들다 : 들다, 擧)- + -니(연어, 설명 계속, 이유) ※ 〈성주본〉(1747년)에는 '드러'로 표기되었다.
26) 長空 : 장공. 끝없이 높고 먼 공중이다.
27) 져기면 : [적이, 小(부사) : 젹(적다, 小)- + -이(부접)- + -Ø(서조)- + -면(연어▷부접)] ※ '젹이'는 '꽤 어지간한 정도로'의 뜻을 나타내는 부사이다.
28) 늘리로다 : 늘(날다, 飛)- + -리(미시)- + -로(← -도- : 감동)- + -다(평종)
29) 가져다가 : 가지(가지다, 持)- + -어(연어) + -다가(보조사, 동작의 유지, 강조)
30) 四海 : 사해. 온 세상이다.
31) 고로 : [고루, 均(부사) : 고ᄅ(← 고ᄅ다 : 고르다, 均, 형사)- + -오(부접)]
32) 눈화 : 눈호(나누다, 分)- + -아(연어)
33) 蒼生 : 창생. 세상의 모든 사람이다.
34) 醉케 : 醉ᄒ[← 醉ᄒ다(취하다) : 醉(취 : 불어) + -ᄒ(동접)-]- + -게(연어, 사동)
35) 밍근 : 밍그(← 밍글다 : 만들다, 作)- + -Ø(과시)- + -ㄴ(관전)

말 디쟈³⁹⁾ 鶴_학을 트고 九_구空_공의⁴⁰⁾ 올나가니 空_공中_듕 玉_옥簫_쇼 ⁴¹⁾ 소릐⁴²⁾ 어제런가⁴³⁾ 그제런가⁴⁴⁾ 나도 줌을 씩여⁴⁵⁾ 바다홀 구버보니 기픠롤⁴⁶⁾ 모르거니⁴⁷⁾ ᄀᆞᆺ인들⁴⁸⁾ 엇디 알리⁴⁹⁾ 明_명月_월이 千_쳔山_산 萬_만落_낙⁵⁰⁾의 아니 비췬⁵¹⁾ 딕⁵²⁾ 업다

이 술 가져다가 四海(사해)에 고루 나누어, 億萬(억만) 蒼生(창생)을 다 醉(취)하게 만든 後(후)에, 그제야 다시 만나 또 한잔 하자구나. 말이 떨어지자 鶴(학)을 탁고 九空(구공)에 올라가니, 空中(공중)(에서 나는) 玉簫(옥소)의 소리가 어제이던가 그제이던가? 나도 잠을 깨어 바다를 굽어보니, 기피를 모르거니 가(邊)인들 어찌 알리? 明月(명월)이 千山(천산) 萬落(만낙)에 아니 비췬 데가 없다.【 신선과 술을 마시면서 풍류를 즐기다 】

---

36) 그제야 : 그제[그때에, 彼時 : 그(그, 彼 : 관사, 지시, 정칭) + 제(적에, 時 : 의명)] + -야(보조사, 한정 강조)

37) 맛나 : 맛나[만나다, 遇 : 맛(← 맞다 : 맞다, 迎)- + 나(나다, 出)-]- + -아(연어) ※ 〈성주본〉 (1747년)에는 '만나'로 표기되어 있다.

38) ᄒᆞ쟛고야 : ᄒᆞ(하다, 爲)- + -쟛고야(-자꾸나 : 청종, 아주 낮춤)

39) 디쟈 : 디(지다, 떨어지다, 落)- + -쟈(-자 : 연어, 순간적 계기)

40) 九空의 : 九空(구공) + -의(-에 : 부조, 위치) ※ '九空(구공)'은 아득히 높고 먼 하늘이다.

41) 玉簫 : 옥소. 옥퉁소이다.

42) 소릐 : 소릐(소리, 音) + -Ø(← -이 : 주조)

43) 어제런가 : 어제(어제, 昨日) + -Ø(← -이- : 서조)- + -러(← -더- : 회상)- + -ㄴ가(-ㄴ가 : 의종, 판정)

44) 그제런가 : 그제(그저께, 去去日) + -Ø(← -이- : 서조)- + -러(← -더- : 회상)- + -ㄴ가(-ㄴ 가 : 의종, 판정)

45) 씩여 : 씩(깨다, 寤)- + -여(← -어 : 연어)

46) 기픠롤 : 기픠[깊이, 深(명사) : 깊(깊다, 深 : 형사)- + -의(명접)] + -롤(목조)

47) 모르거니 : 모르(모르다, 不知)- + -거(확인)- + -니(연어, 설명 계속) ※ 확인 표현의 선어말 어미인 '-거-'는 이 작품이 처음 지어진 중세 국어의 영향으로 실현된 것이다.

48) ᄀᆞᆺ인들 : ᄀᆞᆺ(가, 邊) + -인들(보조사, 양보) ※ '-인들'은 [-이(서조)- + -ㄴ들(연어 ▷ 조접)]의 방식으로 형성된 파생 보조사이다.

49) 알리 : 알(알다, 知)- + -리(의종, 반말, 미시)

50) 千山萬落 : 천산만락. 온 세상이다.

51) 비췬 : 비취(비치다, 照)- + -Ø(과시)- + -ㄴ(관전)

52) 딕 : 딕(데, 곳, 處 : 의명) + -Ø(← -이 : 주조)

1. 강원도의 관찰사로 부임하는 여정

　　① 죽림(竹林)
　　② 연추문(延秋門)
　　③ 평구역(平丘驛)
　　④ 흑수(黑水)
　　⑤ 섬강(蟾江)과 치악(雉岳)
　　⑥ 소양강(昭陽江)
　　⑦ 동주(東州)
　　⑧ 북관정(北寬亭)
　　⑨ 회양(淮陽)

2. 금강산을 유람하는 여정

　　① 원주(原州)의 감영(監營)
　　② 만폭동(萬瀑洞)
　　③ 금강대(金剛臺)
　　④ 진헐대(眞歇臺)
　　⑤ 개심대(開心臺)
　　⑥ 사자봉(獅子峯)과 화룡소(火龍沼)
　　⑦ 마하연(摩訶衍), 묘길상(妙吉祥), 안문재, 외나무 썩은 다리, 불정대(佛頂臺)
　　⑧ 산영루(山映樓)

3. 동해안에서 관동팔경을 유람하는 여정

　　① 총석정(叢石亭)
　　② 삼일포(三日浦)
　　③ 의상대(義相臺)
　　④ 경포(鏡浦)
　　⑤ 죽서루(竹西樓)
　　⑥ 망양정(望洋亭)

[관동별곡의 여정]

思ᄉ 美미 人인 曲곡*

[서사]

이 몸 삼기실[1] 제 님을 조차[2] 삼기시니 ᄒᆞᆫ 싱[3] 緣연分분이며[4] 하ᄂᆞᆯ
모ᄅᆞᆯ[5] 일이런가[6] 나 ᄒᆞ나[7] 졈어[8] 잇고 님 ᄒᆞ나 날 괴시니[9] 이
ᄆᆞ음 이 ᄉᆞ랑 견졸[10] ᄃᆡ[11] 노여[12] 업다 平평生ᄉᆡᆼ애 願원ᄒᆞ요ᄃᆡ[13] ᄒᆞᆫᄃᆡ[14]
녜쟈[15] ᄒᆞ얏더니[16] 늙거야[17] 므ᄉ[18] 일로 외오[19] 두고 그리ᄂᆞᆫ고[20] 엇그제[21]

---

* 〈사미인곡, 思美人曲〉: 정철이 50세 되던 1585년(선조 18)에 사간원과 사헌부 양사로부터 탄
핵을 받고 조정에서 물러나 낙향하여서, 고향인 전라남도 담양에서 지은 가사 작품이다.
1) 삼기실 : 삼기(만들다, 지어내다, 製)- + -시(주높)- + -ㄹ(관전) ※ '삼기다'는 타동사인 '지
어내다, 만들어내다'의 뜻으로 쓰이는 동사이다. 그리고 '삼기다'에 주체 높임의 선어말 어미
인 '-시-'가 실현된 것을 감안하면, '삼기다'의 주체는 '하ᄂᆞᆯ(= 조물주)'이다.
2) 조차 : 좇(좇다, 따르다, 從)- + -아(연어)
3) 싱 : 평생(平生)
4) 緣分이며 : 緣分(연분) + -이며(접조) ※ 문맥으로 보아서 '緣分이며'는 '연분을'을 오기한 형
태로 보인다. '연분'은 하늘에서 베푼 인연 혹은 부부가 되는 인연이다.
5) 모ᄅᆞᆯ : 모ᄅᆞ(모르다, 不知)- + -ㄹ(관전)
6) 일이런가 : 일(일, 事) + -이(서조)- + -러(←-더- : 회상)- + -ㄴ가(-ㄴ가 : 의종, 판정)
7) ᄒᆞ나 : 하나, 一(수사, 양수) ※ 문맥상 '오직(唯)'으로 의역하여 옮길 수 있다.
8) 졈어 : 졈(젊다, 幼)- + -어(연어)
9) 괴시니 : 괴(사랑하다, 愛)- + -시(주높)- + -니(연어, 이유)
10) 견졸 : 견조(견주다, 比)- + -ㄹ(관전)
11) ᄃᆡ : ᄃᆡ(데, 곳, 處 : 의명) + -∅(←-이 : 주조)
12) 노여 : 노여[←ᄂᆞ외야(다시, 復 : 부사) : ᄂᆞ외(거듭하다, 復 : 동사)- + -야(←-아 : 연어▷부
접)]
13) 願ᄒᆞ요ᄃᆡ : 願ᄒᆞ[원하다 : 願(원 : 명사) + -ᄒᆞ(동접)-]- + -요ᄃᆡ(←-오ᄃᆡ : -되, 연어, 설명
계속) ※ '願ᄒᆞ요ᄃᆡ'는 중세 국어에서 실현되었던 '-오ᄃᆡ'의 형태가 그대로 쓰였다.
14) ᄒᆞᆫᄃᆡ : [한데, 함께, 同(부사) : ᄒᆞᆫ(한, 一 : 관사, 양수) + ᄃᆡ(데, 곳, 處 : 의명)]
15) 녜쟈 : 녜(←녀다 : 가다, 行)- + -쟈(-쟈 : 청종, 아주 낮춤)
16) ᄒᆞ얏더니 : ᄒᆞ(하다, 謂)- + -얏(완료)- + -더(회상)- + -니(연어, 설명 계속)
17) 늙거야 : 늙(늙다, 老)- + -거(확인)- + -어야(연어, 한정 강조)
18) 므ᄉ : 므ᄉ(←므슴 : 무슨, 何, 관사)
19) 외오 : [외따로, 孤(부사) : 외(외, 孤 : 관사)- + -오(부접)]
20) 그리ᄂᆞᆫ고 : 그리(그리다, 戀)- + -ᄂᆞ(현시)- + -ㄴ고(-ㄴ가 : 의종, 설명)
21) 엇그제 : [엊그제, 바로 며칠 전에 : 엇(←어제 : 어제, 昨日) + 그제(그저께, 어제의 전날)]

님을 뫼셔²²⁾ 廣_광寒_한殿_뎐²³⁾의 올낫더니²⁴⁾ 그 더딕²⁵⁾ 엇디ᄒ야²⁶⁾ 下_하界_계²⁷⁾예 ᄂ려오니 올 저긔²⁸⁾ 비슨 머리 헛틀언²⁹⁾ 디³⁰⁾ 三_삼年_년일쇠³¹⁾ 臙_연脂_지粉_분³²⁾ 잇ᄂ마ᄂ³³⁾ 눌³⁴⁾ 위ᄒ야 고이 홀고 ᄆ음의 미친³⁵⁾ 실음³⁶⁾ 疊_텹疊_텹이³⁷⁾ ᄡᅡ혀³⁸⁾ 이셔 짓ᄂ니³⁹⁾ 한숨이오 디ᄂ니⁴⁰⁾ 눈믈이라 人_인生_{ᄉᆡᆼ}은 有_유限_흔ᄒᄃᆡ 시름도 그지업다⁴¹⁾ 無_무心_심흔 歲_셰月_월은 믈 흐르듯 ᄒᄂᆫ고야⁴²⁾ 炎_염凉_냥⁴³⁾이

---

22) 뫼셔 : 뫼시(모시다, 伴)- + -어(연어)

23) 廣寒殿 : 광한전. 달 속의 항아(姮娥)가 산다는 전각(殿閣)이다.

24) 올낫더니 : 올ᄂ(← 올르- ← 오ᄅ다 : 오르다, 登)- + -앗(완료)- + -더(회상)- + -니(연어, 설명 계속) ※ '올낫더니'는 '올랏더니'의 'ㄹㄹ'을 'ㄹㄴ'으로 표기한 형태이다.

25) 더딕 : 덛(덛, 사이, 間) + -이(-에 : 부조, 위치)

26) 엇디ᄒ야 : 엇디ᄒ[어찌하다 : 엇디(어찌, 何 : 부사) + -ᄒ(동접)-]- + -야(← -아 : 연어)

27) 下界 : 하계. 천상계에 상대하여 사람이 사는 이 세상을 이르는 말이다.

28) 저긔 : 적(적, 때, 時 : 의명) + -의(-에 : 부조, 위치) ※ 〈성주본〉(1747년)에는 '적의'로 표기되었다.

29) 헛틀언 : 헛틀(흐트러지다)- + -어(← -거- : 확인)- + -ㄴ(관전) ※ 〈성주본〉(1747년)에는 '얼킈연'으로 표현되어 있다. '얼킈연'은 [얼킈(얼키다)- + -여(← -어 : 확인)- + -ㄴ(관전)]으로 분석된다.

30) 디 : 디(지, 시간의 경과 : 의명) + -∅(← -이 : 주조)

31) 三年일쇠 : 三年(삼년) + -이(서조)- + -∅(현시)- + -ㄹ쇠(-일세 : 평종, 감동) ※ 〈성주본〉(1747년)에는 '三年이라'로 표현되었다. '三年일쇠'는 '三年이로소이(다)'가 축약된 형태이다.

32) 臙脂粉 : 연지분. 연지와 분. 곧, 화장품이다.

33) 잇ᄂ마ᄂ : 잇(있다, 有)- + -ᄂᆡ(-네 : 평종, 예사 높임) + -마ᄂ(-마는 : 보조사, 종결) ※ '-ᄂᆡ'는 중세 국어의 '-ᄂᆞ이(다)'가 줄여진 형태로, 이 시기에는 예사 높임의 종결 어미로 쓰였다.

34) 눌 : 누(누구, 誰 : 인대, 미지칭) + -ㄹ(목조)

35) 미친 : 미치[맺히다 : 및(맺다, 結)- + -히(피접)-]- + -∅(과시)- + -ㄴ(관전)

36) 실음 : 시름, 걱정, 憂.

37) 疊疊이 : [첩첩이(부사) : 疊疊(첩첩, 겹겹 : 명사) + -이(부접)]

38) ᄡᅡ혀 : ᄡᅡ히[쌓이다 : ᄡᅡᇹ(쌓다, 包)- + -이(피접)-]- + -어(연어)

39) 짓ᄂ니 : 짓(짓다, 製)- + -ᄂ(현시)- + -ㄴ(관전) # 이(이, 것, 者 : 의명) + -∅(← -이 : 주조)

40) 디ᄂ니 : 디(지다, 떨어지다, 落)- + -ᄂ(현시)- + -ㄴ(관전) # 이(이, 것, 者 : 의명) + -∅(← -이 : 주조)

41) 그지업다 : 그지없[끝이 없다 : 그지(끝, 한도, 限 : 명사) + 없(없다, 無 : 형사)-]- + -∅(현시)- + -다(평종)

42) ᄒᄂᆫ고야 : ᄒ(하다, 爲)- + -ᄂ(현시)- + -ㄴ고야(-ㄴ구나 : 감종, 아주 낮춤)

43) 炎凉 : 염량. 더위와 서늘함을 아울러 이르는 말이다. 여기서는 '세월(歲月)'의 흐름을 비유적으로 표현하였다.

째를⁴⁴⁾ 아라 가는 둧 고텨⁴⁵⁾ 오니 둧거니⁴⁶⁾ 보거니 늣길⁴⁷⁾ 일도 하도
할샤⁴⁸⁾

(하늘이) 이 몸을 만들어 내실 때 임을 좇아 만들어 내시니, (임과 나의) 한 생(一生)
의 緣分(연분)을 하늘이 (어찌) 모를 일이던가? 나 하나 젊어 있고, 임 하나 나를 사랑
하시니, 이 마음 이 사랑 견줄 데가 다시 없다. (내가) 平生(평생)에 願(원)하되, "함께
가자." 하였더니, 늙어서야 무슨 일로 따로 두고 (임을) 그리는가? 엊그제 임을 모셔
廣寒殿(광한전)에 올랐더니, 그 사이에 어찌하여 下界(하계)에 내려오니, 올 적에 빗은
머리 흐트러진 지가 三年(삼년)일세. 臙脂粉(연지분)이 있네마는 누구를 위하여 고이
할까? 마음에 맺힌 시름이 疊疊(첩첩)이 쌓여 있어, 짓는 것이 한숨이요 지는 것이
눈물이다. 人生(인생)은 有限(유한)한데 시름도 그지없다. 無心(무심)한 歲月(세월)은
물 흐르듯 하는구나. 炎涼(염량)이 때를 알아 가는 듯이 다시 오니, 듣거니 보거니
느낄 일도 많기도 많구나.

[본사 1 - 봄]

東_동風_풍이 건둧⁴⁹⁾ 부러 積_젹雪_셜⁵⁰⁾을 헤텨⁵¹⁾ 내니 窓_창 밧긔⁵²⁾ 심근⁵³⁾
梅_미花_화 두세 가지 픠여셰라⁵⁴⁾ 굿득⁵⁵⁾ 冷_닝淡_담흔딗⁵⁶⁾ 暗_암香_향⁵⁷⁾은 므스

---

44) 째룰 : 째(때, 時) + -룰(목조)
45) 고텨 : 고티[고치다, 改 : 곧(곧다, 直 : 형사)- + -히(사접)]- + -어(연어) ※ '고텨'는 '다시'로
    의역하여 옮긴다.
46) 둧거니 : 둧(← 듣다 : 듣다, 聽) + -거니(-거니 : 연어, 동작의 반복) ※ '둧거니'는 '듣거니'의
    종성 /ㄷ/을 'ㅅ'으로 표기한 형태이다.
47) 늣길 : 늣기(← 늗기다 : 느끼다, 感)- + -ㄹ(관전) ※ '늣길'은 '늗길'의 종성 /ㄷ/을 'ㅅ'으로
    표기한 형태이다.
48) 하도 할샤 : 하(많다, 多)- + Ø(←-디 : 명전) + -도(보조사) # 하(많다, 多)- + -Ø(현시)- +
    -ㄹ샤(-구나 : 감종, 아주 낮춤)
49) 건둧 : 건듯. 바람이 가볍게 슬쩍 부는 모양(부사).
50) 積雪 : 적설. 쌓인 눈이다.
51) 헤텨 : 헤티[헤치다 : 헤(헤다, 泳)- + -티(-치- : 강접)-]- + -어(연어) ※ '헤다'는 팔다리를
    놀려 물을 헤치고 앞으로 나아가는 것이다.
52) 밧긔 : 밧(밖, 外) + -의(-에 : 부조, 위치)
53) 심근 : 싞(← 시므다 : 심다, 植)- + -Ø(과시)- + -은(관전)
54) 픠여셰라 : 픠(피다, 發)- + -엿(←-엇- : 완료)- + -예라(← -에라 : -구나, 감종, 아주 낮춤)

일고⁵⁸⁾ 黃황昏혼의 둘이 조차 벼마틔⁵⁹⁾ 빗최니⁶⁰⁾ 늣기는⁶¹⁾ 둣 반기는 둣 님이신가⁶²⁾ 아니신가 뎌⁶³⁾ 梅매花화 것거⁶⁴⁾ 내여 님 겨신 뒤 보내오져⁶⁵⁾ 님이 너⁶⁶⁾룰 보고 엇더타⁶⁷⁾ 너기실고⁶⁸⁾

東風(동풍)이 건듯 불어 積雪(적설)을 헤쳐 내니, 窓(창) 밖에 심은 梅花(매화)가 두세 가지가 피었구나. 가뜩이나 冷淡(냉담)한데 暗香(암향)은 무슨 일인가? 黃昏(황혼)에 달이 쫓아 베갯맡에 비취니, (저 달이 나를) 느끼는 듯 (나를) 반기는 듯 (하니), (저 달이) 임이신가 아니신가? 저 梅花(매화)를 꺾어 내어 임이 계신 데 보내고자 (하네). 임이 너를 보고 어떻다 여기실까?

[본사 2 - 여름]

곳⁶⁹⁾ 디고 새 닙⁷⁰⁾ 나니 綠녹陰음이 질렷는뒤⁷¹⁾ 羅나幃위⁷²⁾ 寂젹寞막ᄒ고

※ '픠여셰라'는 '픠여세라'의 오기로 보인다. ※ 중세 국어에서는 감동 표현의 선어말 어미로 '-에-'와 평서형의 종결 어미 '-라(←-다)'를 설정했으나, 근대 국어의 시기에는 '-에라'의 형태를 감탄형의 종결 어미로 처리한다.

55) ᄀᆞ득 : 가뜩이나, 그러지 않아도 매우, 甚(부사)

56) 冷淡ᄒᆞᆫ뒤 : 冷淡ᄒ[냉담하다 : 冷淡(냉담 : 명사) + -ᄒ(형접)-]- + -ㄴ뒤(-ㄴ데 : 연어, 설명 계속) ※ '冷淡(냉담)'은 날씨가 쌀쌀한 것이다.

57) 暗香 : 암향. 그윽히 풍겨 오는 향기나 어둠 속에 풍기는 향기이다. 익기시는 매화 향기를 이르는 말이다.

58) 일고 : 일(일, 事) + -고(-인가 : 보조사, 의문, 설명)

59) 벼마틔 : 벼맡[← 벼개맡(베갯맡) : 벼(← 벼개 : 베개) + 맡(맡, 가까운 데)] + -의(-에 : 부조, 위치) ※ '벼맡'은 '벼개맡'의 오기이다.

60) 빗최니 : 빗최(← 비최다 : 비치다, 照)- + -니(연어, 설명 계속)

61) 늣기는 : 늣기(← 늗기다 : 느끼다, 感)- + -ᄂᆞ(현시)- + -ㄴ(관전)

62) 님이신가 : 님(임, 主) + -이(서조)- + -시(주높)- + -Ø(현시)- + -ㄴ가(-ㄴ가 : 의종, 판정)

63) 뎌 : 저, 彼(지대, 정칭)

64) 것거 : 젓(꺾다, 折)- + -어(연어)

65) 보내오져 : 보내(보내다, 送)- + -오져(←-고져 : 연어, 의도) ※ 이 문장은 '보내오져'는 연결 어미인 '-고져'만으로 문장을 끝맺고 있다.

66) 너 : '매화'를 '너(汝)'로 의인화하여 표현하였다.

67) 엇더타 : 엇더ᄒ[← 엇더ᄒᆞ다(어떠하다, 何) : 엇더(어떠 : 불어) + -ᄒ(형접)-]- + -Ø(현시)- + -다(평종)

68) 너기실고 : 너기(여기다, 念)- + -시(주높)- + -ㄹ고(-을까 : 의종, 설명, 미시)

69) 곳 : 곳(꽃, 花). '곳'은 /꼳/의 종성 /ㄷ/을 'ㅅ'으로 표기한 형태이다.

繡슈幕막⁷³⁾이 뷔여⁷⁴⁾ 잇다 芙부蓉용⁷⁵⁾을 거더 노코 孔공雀쟉⁷⁶⁾을 둘러 두니 곳득 시름⁷⁷⁾ 한디⁷⁸⁾ ᄂ^ᆞ을 엇디 기돗던고⁷⁹⁾ 鴛원鴦양錦금⁸⁰⁾ 버혀⁸¹⁾ 노코⁸²⁾ 五오色ᄉᆞᆨ線션⁸³⁾ 플텨⁸⁴⁾ 내여 금 자히⁸⁵⁾ 견화 이셔⁸⁶⁾ 님의 옷 지어 내니 手슈品품은키ᄂ^ᆞ와⁸⁷⁾ 制졔度도⁸⁸⁾도 ᄀᆞ즐시고⁸⁹⁾ 珊산瑚호樹슈⁹⁰⁾ 지게 우히⁹¹⁾ 白빅玉옥函함의⁹²⁾ 다마 두고 님의게⁹³⁾ 보내오려⁹⁴⁾ 님 겨신 디 ᄇᆞ라보니 山산인가 구름인가 머흐도⁹⁵⁾ 머흘시고 千쳔里리 萬만里리 길히⁹⁶⁾ 뉘라셔⁹⁷⁾ ᄎᆞ자갈고⁹⁸⁾

---

70) 닙 : 닙(← 닢 : 잎, 葉)

71) 실렷ᄂᆞᆫ디 : 실리[깔리다 : 실(깔다, 藉)- + -리(← -이- : 피접)-]- + -엇(완료)- + -ᄂ^ᆞ(현시)- + -ᄂ디(-는데 : 연어, 설명 계속) ※ /ㄹ/로 끝나는 용언의 어근에 피동 접마사가 '-이-' 대신에 '-리-'의 형태로 실현되었다.

72) 羅幮 : 나위. 얇은 비단으로 만든 장막이다.

73) 繡幕 : 수막. 수(繡)를 놓아 장식한 장막이다.

74) 뷔여 : 뷔(비다, 空)- + -여(← -어 : 연어)

75) 芙蓉 : 부용. 부용장(芙蓉帳). 연꽃 무늬가 있는 비단으로 만든 방장이다. ※ '방장(房帳)'은 방문이나 창문에 치거나 두르는 휘장이다. 흔히 겨울철에 외풍을 막기 위하여 친다.

76) 孔雀 : 공작. 공작 병풍(孔雀 屛風). 공작의 그림이 있는 병풍이다.

77) 시름 : 시름, 憂.

78) 한디 : 하(많다, 多, 크다, 大)- + -ᄂ디(-ᄂ데 : 연어, 설명 계속)

79) 기돗던고 : 기(← 길다 : 길다, 長)- + -돗(감동)- + -더(회상)- + -ᄂ고(-ㄴ가 : 의종, 설명)

80) 鴛鴦錦 : 원앙금. 원앙을 수놓은 이불, 혹은 부부가 함께 덮는 이불이다.

81) 버혀 : 버히[베다, 斷 : 벛(베어지다, 切 : 자동)- + -이(사접)-]- + -어(연어)

82) 노코 : 놓(놓다, 置 : 보용, 완료 지속)- + -고(연어, 계기)

83) 五色線 : 오색선. 다섯 가지 빛깔의 실이다.

84) 플텨 : 플티[풀어 버리다 : 플(풀다, 解)- + -티(강접)-]- + -어(연어)

85) 자히 : 자ㅎ(자, 尺) + -이(-에 : 부조, 위치)

86) 견화 이셔 : 견호(견주다, 재다, 量)- + -아(연어) # 이시(있다 : 보용, 완료)- + -어(연어)

87) 手品은키ᄂ^ᆞ와 : 手品(수품, 솜씨) + -은(보조사, 주제) + -키ᄂ^ᆞ와(보조사, 물론이거니와) ※ '-키ᄂ^ᆞ와'는 'ᄒᆞ거니와'에서 /ᆞ/가 탈락하고 /ㅎ/이 /ㄱ/이 축약되어서 형성된 보조사이다.

88) 制度 : 제도. 마련된 법도이다. 여기서는 옷을 만들 때 지켜야 할 격식을 이른다.

89) ᄀᆞ즐시고 : ᄀᆞ즈(갖추어져 있다, 具 : 형사)- + -Ø(현시)- + -ㄹ시고(-구나 : 감종)

90) 珊瑚樹 : 산호수. 자금우과의 상록 소관목으로, 높이는 5~8cm이며, 잎은 돌려나고 타원형이다.

91) 우히 : 우ㅎ(위, 上) + -이(-에 : 부조, 위치)

92) 白玉函의 : 白玉函(백옥함) + -의(-에 : 부조, 위치) ※ '白玉函(백옥함)'은 흰 옥으로 만든 함이다.

93) 님의게 : 님(임, 主) + -의게(-에게 : 부조, 상대)

94) 보내오려 : 보내(보내다, 遣)- + -오려(-려 : 연어, 의도)

95) 머흐도 : 머흐(← 머흘다 : 험하고 사납다)- + -Ø(← -디 : -기, 명전) + -도(보조사, 강조)

니거든⁹⁹⁾ 여러 두고 날인가¹⁾ 반기실가

꽃이 지고 새 잎이 나니 綠陰(녹음)이 깔렸는데, 羅幃(나위)가 寂寞(적막)하고 繡幕
(수막)이 비어 있다. 芙蓉(부용)을 걷어 놓고 孔雀(공작)을 둘러 두니, 가뜩이나 시름이
많은데 날은 어찌 길던가? 鴛鴦錦(원앙금) 베어 놓고 五色線(오색천) 풀어 내어, 금(金)
자에 견주어서 임의 옷을 지어 내니, 手品(수품)은 말할 것도 없고 制度(제도)도 갖추
어져 있구나. (임의 옷을) 珊瑚樹(산호수) 지게 위에 (있는) 白玉函(백옥함)에 담아 두고,
임에게 보내려 임이 계신 데를 바라보니, 山(산)인가 구름인가 험하기도 험하구나.
千里(천리) 萬里(만리) 길에 누구라서 찾아갈까? 가거든 (임께서 백옥함을) 열어 두고
(임의 옷을) 나인가 반기실가?

[본사 3 - 가을]

ᄒᆞᄅᆞ밤²⁾ 서리 김의³⁾ 기러기 우러 녤⁴⁾ 제 危_위樓_루⁵⁾에 혼자 올나⁶⁾
水_슈晶_정簾_념⁷⁾ 거든마리⁸⁾ 東_동山_산의 ᄃᆞᆯ이 나고 北_븍極_극⁹⁾의 별이 뵈니

※ '머흘도'는 '머흐디도'에서 명사형 어미인 '-디'가 줄어진 말이다.
96) 길히 : 길ㅎ(길, 路) + -이(-에 : 부조, 위치) ※ 〈성주본〉(1747년)에는 '길홀'로 표기되었다.
97) 뉘라셔 : 누(누구, 誰 : 인대, 미지칭) + -ㅣ라셔(←-이라셔 : 주조) ※ '-ㅣ라셔'는 [-ㅣ(←-
이- : 서조) + -라셔(←-아셔 : 연어, 이유, 근거)]의 방식으로 형성되었는데, '감히', '능히'
의 뜻을 더하면서 특별히 가리켜 강조하여 주어임을 나타내는 격조사이다.
98) ᄎᆞ자갈고 : ᄎᆞ자가다[찾아가다 : ᄎᆞᆺ(찾다, 尋) + -아(연어) + 가(가다, 去)] + -ㄹ고(-ㄹ까 :
의종, 설명, 미시)
99) 니거든 : 니(←녀다 : 가다, 行) + -거든(-거든 : 연어, 조건)
 1) 날인가 : 날(←나 : 나, 我 인대, 1인칭) + -이(서조) + -Ø(현시) + -ㄴ가(-ㄴ가 : 의종, 판정)
 2) ᄒᆞᄅᆞ밤 : [←ᄒᆞᄅᆞᆺ밤(하룻밤, 一夜) : ᄒᆞᄅᆞ(하루, 一日) + -ㅅ(사잇) + 밤(밤, 夜)]
 3) 김의 : 기(←ᄭᅵ다 : ᄭᅵ다, 끼다) + -ㅁ(명전) + -의(-에 : 부조, 위치, 원인) ※ '김의'은 'ᄭᅵᆷ의'를 오
각한 형태이다.
 4) 녤 : 녜(←녀다 : 가다, 行) + -ㄹ(관전)
 5) 危樓 : 위루. 위험스러울 만큼 매우 높은 누각(樓閣)이다.
 6) 올나 : 올ㄴ(←올ㄹ- ←오ᄅᆞ다 : 오르다, 登) + -아(연어) ※ '올나'는 '올라'의 'ㄹㄹ'을 'ㄹ
ㄴ'으로 표기한 형태이다.
 7) 水晶簾 : 수정렴. 수정 구슬을 꿰어서 만든 아름다운 발이다.
 8) 거든마리 : 걷(걷다, 撤) + -은마리(-으니, -은즉 : 연어, 설명 계속, 반응)
 9) 北極 : 북극. 북쪽의 하늘 끝이다.

님이신가 반기니 눈물이 절로[10] 난다 淸청光광[11]을 픠워[12] 내여 鳳봉凰황樓누
의[13] 븟티고져[14] 樓누 우희 거러[15] 두고 八팔荒황[16]의 다 비최여 深심山산窮궁谷
곡[17] 졈[18] 낫[19] マ티[20] 밍그쇼셔[21]

하룻밤 (동안) 서리가 낌에 기러기가 울어서 갈 때에, 危樓(위루)에 혼자 올라 水晶
簾(수정렴)을 걸으니, 東山(동산)에 달이 나고 北極(북극)에 별이 보이니, 임이신가 반
기니 눈물이 절로 난다. (달과 북극성)에서 淸光(청광)을 픠워 내어 鳳凰樓(봉황루)에
붙이고자 (하네). (청광을) 樓(누) 위에 걸어 두고 八荒(팔황)에 다 비취여, 深山窮谷((심
산궁곡)을 조금이마 낮같이 만드소서.

[본사 4 - 겨울]

乾건坤곤[22]이 閉폐塞식[23]ᄒᆞ야 白빅雪셜이 ᄒᆞᆫ 비친[24] 제 사ᄅᆞᆷ은ㅋ니와[25]
ᄂᆞᆶ새도[26] 긋쳐[27] 잇다 瀟쇼湘샹[28] 南남畔반[29]도 치오미[30] 이러커든 玉옥樓누

---

10) 절로 : [저절로, 自(부사) : 절(← 저 : 저, 己, 인대, 재귀칭) + -로(부조▷부접)]
11) 淸光 : 청광. 선명한 빛이라는 뜻으로, 이백(李白)의 시에 나오는 말이다.
12) 픠워 : 픠우[피우다 : 픠(피다, 發)- + -우(사접)-]- + -어(연어) ※〈성주본〉(1747년)에는 '쥐
    여'로 표기되어 있는데, '쥐여'는 '쥐(쥐다, 握)- + -여(← -어 : 연어)'로 분석된다.
13) 鳳凰樓 : 봉황루. 임이나 임금이 계신 곳을 아름답게 이르는 말이다.
14) 븟티고져 : 븟티[← 브티다(붙이다, 着) : 븟(← 붇다 : 붙다, 附)- + -이(사접)-]- + -고져(-고
    자 : 연어, 의도) ※ '븟티고져'는 '브티고져'의 /ㅌ/을 'ㅅㅌ'으로 거듭 적은 형태이다.
15) 거러 : 걸(걸다, 卦)- + -어(연어)
16) 八荒 : 팔황. 여덟 방위의 멀고 너른 범위라는 뜻으로, 온 세상을 이르는 말이다.
17) 深山窮谷 : 심산 궁곡. 높은 산과 깊은 골짜기이다.
18) 졈 : 좀, 조금이나마, 少(부사)
19) 낫 : 낫(← 낮 : 낮, 晝) ※ '낫'은 '낮'의 종성 /ㄷ/을 'ㅅ'으로 표기한 형태이다.
20) マ티 : [같이, 如(부사) : 곹(같다, 如 : 형사)- + -이(부접)]
21) 밍그쇼셔 : 밍그(← 밍글다 : 만들다, 製)- + -쇼셔(-소서 : 명종, 아주 높임) ※ 중세 국어에
    는 '밍マ르쇼셔'로 실현되었는데, 여기서는 현대어에서처럼 용언 어간의 /ㄹ/이 탈락되었다.
22) 乾坤 : 건곤. 하늘과 땅이다.
23) 閉塞 : 폐색. 겨울에 천지가 얼어붙어 생기가 막히는 것이다.
24) 비친 : 빛(빛, 光) + -이(서조)- + -Ø(현시)- + -ㄴ(관전) ※〈성주본〉(1747년)에는 '빗친'으
    로 표기되어 있다. ※ '빗친'은 '비친'의 /ㅊ/을 'ㅅㅊ'으로 거듭 적은 형태이다.
25) 사ᄅᆞᆷ은ㅋ니와 : 사ᄅᆞᆷ(사람, 人) + -은(보조사, 주제) + -ㅋ니와(말할 것도 없이, 물론이고, 보
    조사)

高_고處_쳐³¹⁾야 더옥 닐너³²⁾ 므슴³³⁾ ᄒ리³⁴⁾ 陽_양春_츈³⁵⁾을 부처³⁶⁾ 내여 님

겨신 ᄃᆡ 쏘이고져³⁷⁾ 茅_모詹_쳠³⁸⁾ 비쵠 ᄒᆡᄅᆞᆯ 玉_옥樓_누³⁹⁾의 올리고져 紅_홍裳_샹⁴⁰⁾을

니믜츠고⁴¹⁾ 翠_취袖_슈를⁴²⁾ 半_반만 거더 日_일暮_모脩_슈竹_듁⁴³⁾의 헴 가림도⁴⁴⁾

하도 할샤 댜른⁴⁵⁾ ᄒᆡ⁴⁶⁾ 수이⁴⁷⁾ 디여⁴⁸⁾ 긴 밤을 고초안자⁴⁹⁾ 靑_쳥燈_등⁵⁰⁾

---

26) 눌새도 : 눌새[날짐승 : ᄂᆞ(← 눌다 : 날다, 飛)- + -ㄹ(관전) + 새(새, 鳥)] + -도(보조사, 마찬
　　가지)

27) 긋처 : 긋ㅊ(← 긏다 : 그치다, 止)- + -어(연어) ※ '긋처'는 '그처'의 /ㅊ/을 'ㅅㅊ'으로 거듭
　　적은 형태이다. 〈성주본〉(1747년)에는 '긋쳐'로 표기되어 있다.

28) 瀟湘 : 소상. 중국 후난 성(湖南省)의 동정호(洞庭湖) 남쪽에 있는 소수(瀟水) 강과 상강(湘
　　江) 강을 아울러 이르는 이름이다. 부근에 경치가 아름다운 소상팔경이 있다.

29) 南畔 : 남반. 일정한 지역을 남북으로 반씩 나누었을 때, 남쪽에 해당하는 부분이다. 여기서
　　소상(瀟湘) 남반(南畔)은 정철의 고향인 담양군의 '창평'을 표현한 것이다.

30) 치오미 : 치오(← 칩다, ㅂ불 : 춥다, 寒)- + -ㅁ(← 옴 : 명전) + -이(주조)

31) 玉樓高處 : 옥루고처. 옥으로 된 누각과 높은 곳, 곧 임금이 계신 곳이다.

32) 닐너 : 닐ㄴ(← 닐르- ← 니ᄅᆞ다 : 이르다, 말하다, 曰)- + -어(연어) ※ '닐너'는 '닐러'의 'ㄹ
　　ㄹ'을 'ㄹㄴ'으로 표기한 형태이다.

33) 므슴 : 무엇, 何(지대, 미지칭)

34) ᄒ리 : ᄒ(하다, 爲)- + -리(의종, 반말, 미시)

35) 陽春 : 양춘. 따뜻한 봄이다.

36) 부처 : 붗(부치다, 젓다, 부추기다, 扇)- + -어(연어) ※ '붗다(扇)'는 부채 따위를 흔들어서 바
　　람을 일으키는 것이다.

37) 쏘이고져 : 쏘이[쏘이다 : 쏘(쏘다, 射)- + -이(사접)-]- + -고져(-고자 : 연어, 의도)

38) 茅詹 : 모첨. 초가지붕의 처마이다.

39) 玉樓 : 옥루. 옥으로 장식한 화려한 누각으로 여기서는 임금이 사는 대궐을 이른다.

40) 紅裳 : 홍상. 다홍치마. 혹은 조복(朝服)에 딸린 아래옷의 하나로서 임금에게 하례할 때에 입
　　는다. 붉은 빛깔의 바탕에 검은 선을 두른다.

41) 니믜츠고 : 니믜츠[여미어 차다(여미어 차다) : 니믜(여미다)- + 츠(차다, 着)]- + -고(연어,
　　계기) ※ '니믜츠다'는 벌어진 옷깃을 바로 합쳐 단정하게 하여 입는 것이다.

42) 翠袖를 : 翠袖(취수) + -를(목조) ※ '翠袖(취수)'는 푸른 소매이다.

43) 日暮脩竹 : 일모수죽. 해가 질 무렵에 긴 대나무에 의지하여 서 있는 것이다. 이 구절은 당나
　　라의 시인 두보의 〈가인, 佳人〉이라는 시에서, "天寒翠袖薄 日暮倚脩竹" 곧, "날씨는 찬데
　　여름 옷을 입고 저녁 나절에 긴 대숲에 의지해 있네."라는 시구(詩句)를 인용한 말이다.

44) 헴 가림도 : 헴[헤아림, 셈, 算 : 혜(헤아리다)- + -ㅁ(명접)] # 가리(가리다, 選)- + -ㅁ(명전)
　　+ -도(보조사, 강조) ※ '헴 가림'은 생각이 여러 갈래로 나누어짐을 나타낸다. 이런 생각 저
　　런 생각, 곧 여러 가지 생각이 드는 것이다.

45) 댜른 : 댜ᄅᆞ(← 뎌르다 : 짧다, 短)- + -Ø(현시)- + -ㄴ(관전)

46) ᄒᆡ : ᄒᆡ(해, 日) + -Ø(← -이 : 주조)

47) 수이 : [쉽게, 쉬이(부사) : 수(← 쉽다, ㅂ불 : 쉽다, 易)- + -이(부접)]

48) 디여 : 디(지다, 落)- + -여(← -어 : 연어)

거론[51] 겻틱[52] 鈿뎐恐공候후[53] 노하[54] 두고 쑴의나[55] 님을 보려 툭[56] 밧고[57] 비겨시니[58] 鴦앙衾금[59]도 추도 출샤[60] 이 밤은 언제 샐고[61]

乾坤(건곤)이 閉塞(폐색)하여 白雪(백설)이 한 빛인 때에, 사람은 말할 것도 없고 날짐승도 그쳐 있다. 瀟湘(소상)의 南畔(남반)도 추움이 이렇거든, 玉樓高處(옥루고처)야 더욱 일러 무엇 하리? 陽春(양춘)을 부쳐 내어 임 계신 데에 쏘이고자. 茅簷(모첨)에 비친 해를 玉樓(옥루)에 올리고자, 紅裳(홍상)을 여미어 차고 翠袖(취수)를 半(반)만 걷어, 日暮脩竹(일모수죽)에 생각의 갈래도 많기도 많구나. 짧은 해가 쉽게 져서 긴 밤을 곧추앉아, 靑燈(청등)을 걸은 곁에 鈿恐候(전공후)를 놓아 두고, 꿈에나 임을 보려 턱을 받치고 기대었으니, 鴦衾(앙금)도 차기도 차구나. 이 밤은 언제 샐고?

[결사]

흐르도 열두 째[62] 흔 둘도 셜흔[63] 날 져근덧[64] 싱각 마라[65] 이

---

49) 곳초안자 : 곳초앉[← 고초앉다(곤추앉다, 꼿꼿하게 앉다) : 고초(곤추 세우다, 直立 : 동사)- + -∅(부접) + 앉(앉다, 坐)-]- + -아(연어) ※ '곳초안자'는 /ㅊ/을 'ㅅㅊ'으로 거듭 적은 형태이다.

50) 靑燈 : 청등. 청사초롱. 궁중에서 사용하던 등롱(燈籠)이다. 푸른 운문사(雲紋紗)로 바탕을 삼고 위아래에 붉은 천으로 동을 달아서 만든 옷을 둘러씌웠다.

51) 거론 : 걸(걸다, 卦)- + -∅(과시)- + -오(대상)- + -ㄴ(관전) ※ 여기서 쓰인 대상 표현의 '-오-'는 정철이 『송강가사』를 지었던 16세기 말 국어의 흔적이다.

52) 겻틱 : 겻ㅌ(← 곁 : 곁, 傍) + -익(-에 : 부조, 위치) ※ '겻틱'는 '겨틱'의 /ㅌ/을 'ㅅㅌ'으로 거듭 적은 형태이다.

53) 鈿恐候 : 전공후. 몸체에 자개를 박은 하프와 비슷한 동양의 옛 현악기이다.

54) 노하 두고 : 놓(놓다, 置)- + -아(연어) # 두(두다 : 보용, 완료 지속)- + -고(연어, 계기)

55) 쑴의나 : 쑴(꿈, 夢) + -의(-에 : 부조, 위치) + -나(보조사, 선택)

56) 툭 : 툭(턱, 頤) ※ 〈성주본〉(1747년)에는 '뒥'으로 표기되어 있다.

57) 밧고 : 밧(← 받다 : 받치다, 支)- + -고(연어, 계기) ※ '밧고'는 종성 /ㄷ/을 'ㅅ'으로 표기한 형태이다.

58) 비겨시니 : 비기(기대다, 의지하다, 倚)- + -어시(-었- : 완료)- + -니(연어, 설명 계속)

59) 鴦衾 : 앙금. 원앙금. 원앙을 수놓은 이불로서, 부부가 함께 덮는 이불이다.

60) 추도 출샤 : 추(차다, 寒)- + -∅(← -디 : -기 : 명전) + -도(보조사, 강조) # 추(차다)- + -∅(현시)- + -ㄹ샤(-구나 : 감종, 아주 낮춤)

61) 샐고 : 새(새다, 明)- + -ㄹ고(-ㄹ까 : 의종, 설명, 미시) ※ '새다'는 날이 밝아 오는 것이다.

62) 째 : 때, 時.

시름 닛쟈[66] ᄒ니 ᄆᆞ음의 미쳐[67] 이셔 骨_골髓_슈[68]의 ᄢᅦ텨시니[69] 扁_편鵲_쟉[70]이
열히[71] 오다[72] 이 병을 엇디ᄒ리[73] 어와 내 병이야[74] 이[75] 님의 타시로다[76]
ᄎᆞᆯ하리[77] ᄉᆞ여디여[78] 범나븨[79] 되오리라[80] 곳나모[81] 가지마다 간 ᄃᆡ
죡죡[82] 안니다가[83] 향 므틴[84] 놀애로[85] 님의 오시[86] 올므리라[87] 님이야[88]

---

63) 셜혼 : 서른, 三十(관사, 양수)

64) 겨근덧 : [잠시, 暫(부사) : 젹(젹다, 쟉다, 少)- + -은(관전) + 덧(← 덛 : 덧, 짧은 시간)]

65) 마라 : 말(말다, 勿)- + -아(연어)

66) 닛쟈 : 닛(← 닞다 : 잊다, 忘)- + -쟈(-쟈 : 청종) ※ '닛쟈'는 종성 /ㄷ/을 'ㅅ'으로 표기한 형태이다.

67) 미쳐 : 미치[맺히다 : 및(맺다, 結)- + -히(피접)-]- + -어(연어)

68) 骨髓 : 골수. 뼈의 중심부인 골수 공간(骨髓空間)에 가득 차 있는 결체질(結締質)의 물질이다.

69) ᄢᅦ텨시니 : ᄢᅦ티(꿰뚫다 : ᄢᅦ(꿰다, 貫)- + -티(강접)-]- + -어시(완료)- + -니(연어, 이유)

70) 扁鵲 : 편작. 중국 전국 시대의 의사(?~?)이다. 본명은 진월인(秦越人)으로서, 임상 경험을 바탕으로 치료하였다. 장상군(長桑君)으로부터 의술을 배워 환자의 오장을 투시하는 경지에 까지 이르렀다고 전한다.

71) 열히 : 열ᄒ(열, 十 : 수사, 양수) + -이(주조)

72) 오다 : 오(오다, 來)- + -다(← -나 : 연어, 대조) ※ '오다'는 '오나'의 오기이다. 〈성주본〉(1747년)에는 '오나'로 표기되어 있다.

73) 엇디ᄒ리 : 엇디ᄒ[어찌하다 : 엇디(어찌, 何 : 부사) + -ᄒ(동접)-]- + -리(평종, 반말, 미시)

74) 병이야 : 병(병, 病) + -이야(보조사, 강조)

75) 이 : 이(이것, 此 : 지대) + -∅(← -이 : 주조)

76) 타시로다 : 탓(탓 : 의명, 원인) + -이(서조)- + -∅(현시)- + -로(← -도- : 감동)- + -다(평종) ※ '탓'은 15세기 국어에서는 '닷'의 형태였다.

77) ᄎᆞᆯ하리 : 차라리, 寧(부사)

78) ᄉᆞ여디여 : ᄉᆞ여디[← ᄉᆞ여디다(물 새듯이 없어지다) : ᄉᆞ(새다, 漏)- + -여(← -어 : 연어) + 디(지다 : 보용, 피동)-]- + -여(← -어 : 연어)

79) 범나븨 : 범나븨[호랑나비, 蝴蝶 : 범(호랑이, 虎) + 나븨(← 나비 : 나비, 蝶)] + -∅(← -이 : 보조)

80) 되오리라 : 되(되다, 爲)- + -오(화자)- + -리(미시)- + -라(← -다 : 평종) ※ 여기서 쓰인 인칭 표현의 선어말 어미인 '-오-'는 정철이 송강가사를 지은 16세기 말 국어의 흔적이다.

81) 곳나모 : [꽃나무 : 곳(← 곶 : 꽃, 花) + 나모(나무, 木)] ※ '곳나모'는 종성 /ㄷ/을 'ㅅ'으로 표기한 형태이다.

82) 죡죡 : 죡죡(의명) ※ '죡죡'은 어떤 일을 하는 하나하나이다.

83) 안니다가 : [앉으며 다니다 : 안(← 앉다 : 앉다, 坐)- + 니(가다, 다니다, 行)-]- + -다가(-다가 : 연어, 동작 전환)

84) 므틴 : 므티[묻히다 : 믇(묻다, 着)- + -히(사접)-]- + -∅(과시)- + -ㄴ(관전) ※ 〈성주본〉(1747년)에는 '므든'으로 표기되어 있다.

85) 놀애로 : 놀애[날개, 羽 : 놀(날다, 飛)- + -애(← -개 : 명접)] + -로(부조, 방편)

86) 오시 : 옷(옷, 衣) + -이(-에 : 부조, 위치)

날인⁸⁹⁾ 줄 모르셔도⁹⁰⁾ 내⁹¹⁾ 님 조츠려⁹²⁾ 항노라⁹³⁾

하루도 열두 때 한 달도 서른 날 잠간도 생각을 말아서 이 시름 잊자 하니, 마음에 맺혀 있어 骨髓(골수)에 꿰뚫었으니, 扁鵲(편작)이 열이 오나 이 병을 어찌하리? 어와 내 병이야, 이것이 임의 탓이구나. 차라리 사라져서 범나비가 되리라. 꽃나무 가지마다 간 데 족족 앉아다니다가, 향을 묻힌 날개로 임의 옷에 옮으리라. 임이야 (그 범나비가) 나인 줄 모르셔도 내가 임을 쫓으려 한다.

---

87) 올므리라 : 옮(옮다, 이동하다, 移)- + -으리(미시)- + -라(←-다 : 평종)

88) 님이야 : 님(임, 主) + -이야(보조사, 한정 강조) ※ 중세 국어의 '-이사'가 '-이야'의 형태로 바뀌었다.

89) 날인 : 날(←나 : 나, 我, 인대) + -이(서조)- + -∅(현시)- + -ㄴ(관전) ※ '날인'은 '나인'을 오각한 형태이다.

90) 모르셔도 : 모르(모르다, 不知)- + -시(주높)- + -어도(연어, 양보) ※ 중세 국어에서는 주체 높임의 선어말 어미인 '-시-'에 모음으로 시작하는 어미가 결합하면 '-시-'의 형태가 '-샤-'로 변동하였다. 곧, 중세 국어의 시기에는 '모르샤도'로 실현되었으나, 이 시기에는 '모르셔도'로 실현되었다.

91) 내 : 나(나, 我 : 인대, 1인칭) + -ㅣ(←-이 : 주조)

92) 조츠려 : 좇(쫓다, 從)- + -ㅇ려(-으려 : 연어, 의도)

93) 항노라 : 항(하다 : 보용)- + -ㄴ(←-ᄂᆞ- : 현시)- + -오(화자)- + -라(평종)

續_쇽美_미人_인曲_곡*

> 뎨¹⁾ 가는 뎌²⁾ 각시 본 듯도³⁾ ᄒᆞ뎌이고⁴⁾ 天_텬上_샹 白_{ᄇᆡᆨ}玉_옥京_경⁵⁾을 엇디ᄒᆞ야 離_니別_별ᄒᆞ고 ᄒᆡ 다 뎌⁶⁾ 져믄⁷⁾ 날의 눌을⁸⁾ 보라 가시ᄂᆞᆫ고⁹⁾

(갑녀) : 저기 가는 저 각시 본 듯도 하구나. 天上(천상)의 白玉京(백옥경)을 어찌하여 離別(이별)하고, 해가 다 져 저문 날에 누구를 보러 가시는가?

> 어와 네여이고¹⁰⁾ 이내¹¹⁾ ᄉᆞ셜¹²⁾ 드러 보오¹³⁾ 내 얼굴¹⁴⁾이 거동¹⁵⁾이 님 괴얌즉¹⁶⁾ ᄒᆞᆫ가마ᄂᆞᆫ¹⁷⁾ 엇딘디¹⁸⁾ 날 보시고 네로다¹⁹⁾ 녀기실ᄉᆡ²⁰⁾ 나도 님을

---

* 〈속미인곡, 續美人曲〉 : 정철이 50세 되던 1585년(선조 18)에 사간원과 사헌부 양사로부터 탄
핵을 받고 조정에서 물러나 낙향하여, 고향인 전라남도 담양에서 지은 가사 작품이다.

1) 뎨 : 저기, 彼(지대, 정칭)

2) 뎌 : 저, 彼(관사, 지시, 정칭)

3) 본 듯도 : 보(보다, 見)-+-Ø(과시)-+-ㄴ(관전) # 듯(듯 : 의명)+-도(보조사, 강조)

4) ᄒᆞ뎌이고 : ᄒᆞ(하다 : 보용, 추측)-+-Ø(현시)-+-ㄴ뎌(-구나 : 감종)+-이고(-구나 : 감종,
아주 낮춤) ※ 'ᄒᆞ뎌이고'는 'ᄒᆞ다'의 어간 'ᄒᆞ-'에 감탄형 어미인 '-ㄴ뎌'와 '-이고'가 겹쳐서
실현된 특이한 표현이다. 정상적으로는 'ᄒᆞ뎌'로 표현해야 한다.

5) 白玉京 : 백옥경. 하늘 위에 옥황상제가 산다고 하는 가상적인 서울이다.

6) 뎌 : 디(지다, 落)-+-어(연어)

7) 져믄 : 져므(← 져믈다 : 저물다, 暮)-+-Ø(과시)-+-ㄴ(관전)

8) 눌을 : 눌(← 누 : 누구, 誰, 인대, 미지칭)+-을(목조)

9) 가시ᄂᆞᆫ고 : 가(가다, 行)-+-시(주높)-+-ᄂᆞ(현시)-+-ㄴ고(-ㄴ가 : 의종, 설명)

10) 네여이고 : 너(너, 汝 : 인대, 2인칭)+-ㅣ(←-이- : 서조)+-Ø(현시)-+-어(←-거- : 확
인)-+-이고(←-구나 : 감종, 아주 낮춤)

11) 이내 : [이내, 나의, 我(관사) : 이(이, 此 : 관사, 지시)+나(나, 我 : 인대)+-ㅣ(←-의 : 관
조)] ※ '이내'는 '내(= 나의)'를 강조해서 이르는 지시 관형사이다. 〈성주본〉(1747년)에는
'내'로 표현되어 있다.

12) ᄉᆞ셜 : 사설, 辭說. 늘어놓는 말이나 이야기이다.

13) 보오 : 보(보다, 見)-+-오(명종, 예사 높임)

14) 얼굴 : 모습, 형상, 樣.

15) 거동 : 거동(擧動). 몸을 움직임, 또는 그런 짓이나 태도이다.

16) 괴얌즉 : 괴(사랑하다, 寵)+-얌즉(←-암직 : 연어, 가치)

17) ᄒᆞᆫ가마ᄂᆞᆫ : ᄒᆞ(하다 : 보용, 추측)-+-Ø(현시)-+-ㄴ가(-ㄴ가 : 의종, 판정)+-마ᄂᆞᆫ(-마ᄂᆞᆫ
: 보조사, 종결, 대조)

미더 군쁘다[21] 젼혀 업서 이릭이야[22] 교틱야[23] 어즈러이[24] 구돗썬디[25] 반기시
는 눗비치[26] 녜와[27] 엇디 다르신고[28] 누어[29] 싱각ᄒ고 니러[30] 안자 혜여[31]
ᄒ니[32] 내 몸의 지은 죄 뫼[33] ᄀ티[34] ᄡᅡ혀시니[35] 하늘히라[36] 원망ᄒ며
사름이라 허믈ᄒ랴[37] 셜워[38] 플뎌[39] 혜니 造ᄌ物믈의 타시로다[40]

(을녀) : 어와, 너이구나. 이내 사설(辭說)을 들어 보오. 내 얼굴이 거동이 임이 사랑함

---

18) 엇던디 : 엇디(어찌, 어째서, 何 : 부사) + -Ø(←-이- : 서조)- + -ㄴ디(-ㄴ지 : 연어, 막연한
의문)

19) 녜로다 : 녜(너, 汝 : 인대, 2인칭) + -ㅣ(←-이- : 서조)- + -Ø(현시)- + -로(←-도- : 감동)-
+ -다(평종)

20) 녀기실ᄉ : 녀기(너기다, 思)- + -시(주높)- + -ㄹ식(-므로 : 연어, 이유)

21) 군쁘디 : 군쁜[잡념, 사심 : 군(쓸데없다, 雜 : 접두)- + 쁜(뜻, 생각, 意)] + -이(주조)

22) 이릭이야 : 이릭(재롱, 아양, 응석) + -야(←-이야 : 보조사, 한정 강조)

23) 교틱야 : 교틱(교태, 嬌態) + -야(←-이야 : 보조사, 한정 강조)

24) 어즈러이 : [어지러이, 어지럽게(부사) : 어즈러(←어즈럽다, ㅂ불 : 어지럽다, 亂)- + -이(부
접)]

25) 구돗썬디 : 구(← 굴다 : 굴다, 행동하다)- + -돗(감동)- + -더(회상)- + -ㄴ디(-ㄴ지 : 연어,
막연한 의문) ※ '구돗썬디'는 '구돗던디'의 종성 /ㄷ/을 'ㅅ'으로 거듭 적은 형태이다.

26) 눗비치 : 눗빛[낯빛, 顔色 : 눗(← 늦 : 낯, 顔) + 빛(빛, 色)] + -이(주조)

27) 녜와 : 녜(예, 옛날, 昔) + -와(←-과 : 부조, 비교)

28) 다르신고 : 다르(다르다, 異)- + -시(주높)- + -ㄴ고(-ㄴ가 : 의종, 설명)

29) 누어 : 누(← 눕다, ㅂ불 : 눕다, 臥)- + -어(연어) ※ '누어'는 '누워'의 오기이다.

30) 니러 : 닐(일어나다, 起)- + -어(연어)

31) 혜여 : 혜(헤아리다, 생각하다, 思)- + -여(←-어 : 연어)

32) ᄒ니 : ᄒ(보다 : 보용, 시도, 경험)- + -니(연어, 설명 계속, 반응)

33) 뫼 : 뫼(산, 山) + -Ø(←-이 : 부조, 비교)

34) ᄀ티 : [같이, 如(부사) : ᄀᇀ(같다, 如 : 형사)- + -이(부접)]

35) ᄡᅡ혀시니 : ᄡᅡ히[쌓이다 : ᄡᅡᇂ(쌓다, 積)- + -이(피접)-]- + -어시(완료)- + -니(연어, 설명 계
속, 이유)

36) 하늘히라 : 하늘ᄒ(하늘, 天)- + -이라(보조사, 지적, 강조) ※ 이때의 '-이라'는 어떤 대상을
지적(指摘)하여 강조하는 뜻을 나타내는 보조사이다. '하늘이라'와 '사름이라'는 서술어인
'허믈ᄒ랴'에 대하여 목적어로 쓰였다.

37) 허믈ᄒ랴 : 허믈ᄒ[허물하다, 責 : 허믈(허물 : 명사) + -ᄒ(동접)-]- + -랴(-랴 : 의종, 판정,
미시)

38) 셜워 : 셜우(← 셟다, ㅂ불 : 셟다, 哀)- + -어(연어)

39) 플뎌 : 플티[풀어 버리다 : 플(풀다, 解)- + -티(강접)-]- + -어(연어)

40) 타시로다 : 탓(탓 : 의명) + -이(서조)- + -Ø(현시)- + -로(←-도- : 감동)- + -다(평종)
※ 15세기 국어에서는 '닷'이었는데, 이 시기에는 '탓'으로 형태가 바뀌었다.

직 한가마는, 어째서인지 나를 보시고 "너이구나." 여기시므로, 나도 임을 믿어 군뜻
이 전혀 없어, 재롱이야 교태야 어즈러이 굴었던지, (임이 나를) 반기시는 낯빛이 예
전과 어찌 다르신가? 누워 생각하고 일어나 앉아 헤아려 보니, 내 몸에 지은 죄가
산같이 쌓였으니, 하늘이라 원망하며 사람이라 허물하랴? 서러워 풀어서 헤아리니
(이는) 造物(조물)의 탓이구나.

글란⁴¹⁾ 싱각 마오⁴²⁾

(갑녀) : 그것은 생각 마오.

미친⁴³⁾ 일이 이셔이다⁴⁴⁾ 님을 뫼셔 이셔⁴⁵⁾ 님의 일을 내 알거니⁴⁶⁾
믈 ᄀᆞ튼 얼굴이 편ᄒᆞ실 적 몃⁴⁷⁾ 날일고⁴⁸⁾ 春_츈寒_한苦_고熱_열⁴⁹⁾은 엇디ᄒᆞ야
디내시며 秋_츄日_일冬_동天_텬⁵⁰⁾은 뉘라셔⁵¹⁾ 뫼셧ᄂᆞᆫ고⁵²⁾ 粥_죽早_조飯_반⁵³⁾ 朝_죠夕_셕
뫼⁵⁴⁾ 녜와 ᄀᆞᆺ티⁵⁵⁾ 셰시ᄂᆞᆫ가⁵⁶⁾ 기나긴⁵⁷⁾ 밤의 ᄌᆞᆷ은 엇디 자시ᄂᆞᆫ고⁵⁸⁾ 님

---

41) 글란 : 글(← 그 : 그것, 彼, 지대) + -란(보조사, 주제)
42) 마오 : 마(← 말다 : 말다, 勿)- + -오(명종 : 예사 높임)
43) 미친 : 미치[맺히다 : 밎(맺다, 結)- + -히(피접)-]- + -Ø(과시)- + -ㄴ(관전)
44) 이셔이다 : 이시(있다, 有)- + -어(확인)- + -이(상높, 아주 높임)- + -다(평종) ※ '-어-'는
    이 작품이 지어진 16세기 말의 국어에 나타났던 확인 표현의 선어말 어미의 잔영이다.
45) 뫼셔 이셔 : 뫼시(모시다, 伴)- + -어(연어) # 이시(있다 : 보용, 지속)- + -어(연어)
46) 알거니 : 알(알다, 知)- + -거니(연어, 근거) ※ '-거니'는 이미 정해진 어떤 사실을 인정하면
    서 그것이 다른 사실의 전제나 조건이 됨을 나타내는 연결 어미이다. 흔히 뒤에는 의문 형식
    이 온다.
47) 몃 : 몃(← 몇 : 관사, 미지칭)
48) 날일고 : 날(날, 日) + -이(서조)- + -ㄹ고(-ㄹ까 : 의종, 설명, 미시)
49) 春寒 苦熱 : 춘한 고열. 봄의 꽃샘 추위와 견디기 힘들 정도로 매우 심한 더위이다.
50) 秋日冬天 : 추일동천. 가을날과 겨울날이다.
51) 뉘라셔 : 누(누구, 誰 : 인대, 미지칭) + -ㅣ라셔(주조) ※ '-이라셔'는 앞의 체언을 특별히 가
    리켜 강조하면서 주어임을 나타내는 격조사이다. '감히', '능히'의 뜻을 나타낸다.
52) 뫼셧ᄂᆞᆫ고 : 뫼시(모시다, 伴)- + -엇(완료)- + -ᄂᆞ(현시)- + -ㄴ고(-ㄴ가 : 의종, 설명)
53) 粥早飯 : 죽조반. 죽으로 만든 자릿 조반으로서, 아침밥 전에 조금 먹는 죽이다.
54) 뫼 : 밥. 飯.
55) ᄀᆞᆺ티 : [같이, 如(부사) : ᄀᆞᆺ티(← ᄀᆞᆮ다 : 같다, 如 : 형사)- + -이(부접)] ※ 'ᄀᆞᆺ티'는 'ᄀᆞᆮ티'의 /ㅌ/
    을 'ㅅㅌ'으로 거듭 적은 형태이다.
56) 셰시ᄂᆞᆫ가 : 셰시(잡수시다, 食)- + -ᄂᆞ(현시)- + -ㄴ가(-ㄴ가 : 의종, 판정)

다히[59] 消쇼息식을 아므려나[60] 아쟈[61] 흐니 오늘도 거의로다[62] 닉일이나[63]
사룸 올가 내 모음 둘 딕[64] 업다 어드러로[65] 가쟛[66] 말고 잡거니[67]
밀거니 놉픈[68] 뫼히[69] 올라가니 구롬은ᄏ니와[70] 안개는 므스[71] 일고[72]
山산川쳔이 어둡거니[73] 日일月월을 엇디 보며 咫지尺쳑[74]을 모르거든 千쳔里리를
브라보랴[75] 출하리 물ᄀ의[76] 가 빅길히나[77] 보랴[78] 흐니 브람이야[79] 믈결리

---

57) 기나긴 : 기나기[← 기나길다(기나길다) : 기(← 길다 : 길다, 長)- + -나(연어) + 길(길다, 長)-]- + -∅(현시)- + -ㄴ(관전)

58) 자시는고 : 자(자다, 眠)- + -시(주높)- + -ᄂ(현시)- + -ㄴ고(-ㄴ고 : 의종, 설명)

59) 다히 : 쪽, 便(의명)

60) 아므려나 : [아무리(부사) : 아므(아무, 某 : 인대, 부정칭) + -리(부접) + -이어나(-이거나 : 보조사, 선택)] ※ '아므려나'는 '아무리 해서든지'의 뜻으로 쓰이는 파생 부사이다.

61) 아쟈 : 아(← 알다 : 알다, 知)- + -쟈(-자 : 청종)

62) 거의로다 : 거의(거의 : 부사) + -∅(←-이- : 서조)- + -∅(현시)- + -로(←-도- : 감동)- + -다(평종) ※ '거의로다'는 '거의 날이 저물었구나.'나 '거의 다 지나갔구나.'의 뜻으로 쓰인 말이다.

63) 닉일이나 : 닉일(내일, 來日) + -이나(보조사, 선택) ※ '릭일>닉일'의 변화는 'ㄹ' 두음 법칙이 적용된 결과이다.

64) 딕 : 딕(데, 處 : 의명) + -∅(←-이 : 주조)

65) 어드러로 : 어드러(어디로, 何處 : 부사) + -로(부조, 방향)

66) 가쟛 : 가(가다, 行)- + -쟈(-자 : 청종) + -ㅅ(관조) ※ 관형격 조사 '-ㅅ'은 '어드러로 가쟈'의 전체 문장을 관형어로 쓰이게 한다.

67) 잡거니 : 잡(잡다, 執)- + -거니(연어, 대립되는 동작의 반복)

68) 놉픈 : 놉프(← 높다 : 높다, 高)- + -∅(현시)- + -은(관전) ※ '놉픈'은 '노픈'의 /ㅍ/을 'ㅂㅍ'으로 거듭 적은 형태이다.

69) 뫼히 : 뫼ㅎ(산, 山) + -의(-에 : 부조, 위치)

70) 구롬은ᄏ니와 : 구롬(구름, 雲) + -은(보조사) + -ᄏ니와(말할 것도 없이, 물론이고 : 보조사)

71) 므스 : 무슨, 何(관사, 지시, 미지칭)

72) 일고 : 일(일, 事) + -고(보조사, 의문, 설명)

73) 어둡거니 : 어둡(어둡다, 昏)- + -거니(연어) ※ '-거니'는 이미 정해진 어떤 사실을 인정하면서 그것이 다른 사실의 전제나 조건이 됨을 나타내는 연결 어미이다. '-거니'의 뒤에는 의문의 형식이 온다.

74) 咫尺 : 지척. 아주 가까운 거리이다.

75) 브라보랴 : 브라보[바라보다 : 브라(바라다, 望)- + -아(연어) + 보(보다, 見)-]- + -랴(의종, 판정, 미시)

76) 물ᄀ의 : 물ᄀ[물가, 水邊 : 물(물, 水) + ᄀ(가, 邊)] + -의(-에 : 부조, 위치)

77) 빅길히나 : 빅길ㅎ[뱃길 : 빅(배, 舟) + 길ㅎ(길, 路)] + -이나(보조사, 선택)

78) 보랴 : 보(보다, 見)- + -랴(←-오랴 : -으려, 연어, 의도)

79) 브람이야 : 브람(바람, 風) + -이야(보조사, 강세)

야⁸⁰⁾ 어둥졍⁸¹⁾ 된뎌이고⁸²⁾ 샤공은 어듸 가고 뷘⁸³⁾ 빅만 걸렷는고⁸⁴⁾ 江_강川_쳔의 혼자 셔셔⁸⁵⁾ 디는 히를 구버보니⁸⁶⁾ 님 다히 消_쇼息_식이 더옥 아득흔뎌이고⁸⁷⁾ 茅_모簷_쳠⁸⁸⁾ 춘 자리의⁸⁹⁾ 밤듕 만⁹⁰⁾ 도라오니 半_반壁_벽靑_쳥燈_등⁹¹⁾은 눌⁹²⁾ 위흐야 불갓는고⁹³⁾ 오르며 느리며 헤쓰며⁹⁴⁾ 바자니니⁹⁵⁾ 져근덧⁹⁶⁾ 力_녁盡_진⁹⁷⁾흐야 픗줌⁹⁸⁾을 잠간 드니 精_졍誠_셩이 지극흐야 숨의⁹⁹⁾ 님을 보니 玉_옥 ㄱ튼 얼구리¹⁾ 半_반이 나마²⁾ 늘거셰라³⁾ 모음의 머근 말숨 슬ㅋ장⁴⁾ 숣쟈⁵⁾

---

80) 믈결리야 : 믈결ㄹ[← 믈결(믈결, 波) : 믈(믈, 水) + 결(결, 紋)] + -이야(보조사, 강세)
　　※ '믈결리야'는 '믈겨리야'의 'ㄹ'을 'ㄹㄹ'로 거듭 적은 형태이다.
81) 어둥졍 : 어리둥절하게(부사)
82) 된뎌이고 : 되(되다, 化)- + -Ø(과시)- + -ㄴ뎌(-구나 : 감종) + -이고(-구나 : 감종)
　　※ '된뎌이고'의 정상적으로는 '된뎌'로 표현해야 한다.
83) 뷘 : 븨(비다, 空)- + -Ø(과시)- + -ㄴ(관전)
84) 걸렷는고 : 걸리[걸리다 : 걸(걸다, 掛)- + -리(피접)-]- + -엇(완료)- + -느(현시)- + -ㄴ고
　　(-ㄴ가 : 의종, 설명) ※〈성주본〉(1747년)에는 '걸렷느니'로 표현되어 있다.
85) 셔셔 : 셔(서다, 立)- + -어셔(-어서 : 연어)
86) 구버보니 : 구버보[굽어보다 : 굽(굽다, 曲)- + -어(연어) + 보(보다, 見)-]- + -니(연어, 설명
　　계속)
87) 아득흔뎌이고 : 아득흐[아득하다 : 아득(아득 : 불어) + -흐(형접)-]- + -Ø(현시)- + -ㄴ뎌
　　(감종 : -구나) + -이고(-구나 : 감종) ※ 정상적인 표현은 '아득흔뎌'이다.
88) 茅簷 : 모쳠. 초가지붕의 처마이다.
89) 춘 자리의 : 춧(차다, 寒)- + -Ø(현시)- + -ㄴ(관전) # 자리(자리, 處) + -의(-에 : 부조, 위치)
90) 밤듕 만 : 밤듕[밤중 : 밤(밤, 夜) + 듕(중, 中)] # 만(동안, 만 : 의명)
91) 半壁靑燈 : 반벽청등. 벽 가운데 걸린 청사 초롱의 등불이다.
92) 눌 : 누(누구, 誰) + -ㄹ(←-룰 : 목조)
93) 불갓는고 : 붉(밝다, 明)- + -앗(완료)- + -느(현시)- + -ㄴ고(-ㄴ가 : 의종, 설명)
94) 헤쓰며 : 헤쓰[← 헤쁘다(헤매며 떠돌다) : 헤(헤매다)- + 쓰(← 쁘다 : 쁘다, 浮)-]- + -며(연
　　어, 나열)
95) 바자니니 : 바자니(따라가거나 바장이다)- + -니(연어, 설명 계속) ※ '바자니다'는 부질없이
　　짧은 거리를 오락가락 거니는 것이다. 그리고〈성주본〉(1747년)에는 '바자니니'가 '바니니'
　　로 표현되어 있다.
96) 져근덧 : [잠시, 暫(부사) : 젹(적다, 작다, 少)- + -은(관전) + 덧(← 덛 : 덧, 짧은 시간)]
97) 力盡 : 역진. 힘이 다하여 지치는 것이다. ※ '력진〉녁진'은 'ㄹ' 두음 법칙이 적용된 예이다.
98) 픗줌 : [픗잠 : 픗(픗- : 깊지 않은, 접두)- + 자(자다, 眠)- + -ㅁ(명접)]
99) 숨의 : 숨[꿈, 夢 : 꾸(꾸다, 夢 : 동사)- + -ㅁ(명접)] + -의(-에 : 부조, 위치)
 1) 얼구리 : 얼굴(모습, 형상, 貌) + -이(주조)
 2) 나마 : 남(넘다, 越)- + -아(연어)
 3) 늘거셰라 : 늙(늙다, 老)- + -엇(완료)- + -예라(←-에라 : -구나, 감종)
 4) 슬ㅋ장 : [실컷(부사) : 슳(싫다, 嫌)- + ㄱ장(만큼 다, 끝까지 : 의명)]

ᄒ니 눈믈이 바라6) 나니 말ᄉᆞᆷ인들7) 어이ᄒ며8) 情정을 못다 ᄒ야9) 목이 조차 메여10) ᄒ니11) 오뎐된12) 鷄계聲셩의13) ᄌᆞᆷ은 엇디 ᄭᅵ돗던고14) 어와 虛허事ᄉᆞ로다15) 이 님이 어듸 간고16) 결의17) 니러 안자 窓창을 열고 ᄇᆞ라보니 어엿븐18) 그림재19) 날 조ᄎᆞᆯ20) ᄲᅮᆫ이로다21) 출하리 싀여디어22) 落낙月월이나23) 되야 이셔 님 겨신 窓창 안히24) 번드시25) 비최리라26)

(을녀) : 맺힌 일이 있습니다. 임을 모시고 있어서 임의 일을 내가 알거니, 물 같은 모습이 편안하실 적이 몇 날이겠는가? 春寒苦熱(춘한고열)은 어찌하여 지내시며, 秋日冬天(추일동천)은 누구라서 모시어 있는가? 粥早飯(죽조반) 朝夕(조석) 밥을 예전과

---

5) 숣쟈 : 숣(아뢰다, 사뢰다, 曰)- + -쟈(청종, 아주 낮춤)

6) 바라 : [바로, 直(부사) : 바ᄅᆞ(바르다, 곧다, 直 : 형사)- + -아(연어 ▷부접)]

7) 말ᄉᆞᆷ인들 : 말ᄉᆞᆷ[말ᄉᆞᆷ, 말, 言 : 몯(말, 言) + -ᄉᆞᆷ(-ᄊᆞᆷ : 접미)] + -인들(-인들 : 보조사, 양보)
   ※〈성주본〉(1747년)에는 '말인들'로 표현되어 잇다.

8) 어이ᄒ며 : 어이ᄒ[어찌하다 : 어이(어찌 : 부사) + -ᄒ(동접)-] + -며(연어, 나열)

9) ᄒ야 : ᄒ(하다, 爲)- + -야(←-아 : 연어) ※〈성주본〉(1747년)에는 'ᄒ여'로 표기되어 있다.

10) 메여 : 메(메다, 미어지다)- + -여(←-어 : 연어)

11) ᄒ니 : ᄒ(하다)- + -니(연어, 설명 계속) ※ 문맥을 감안하면 'ᄒ니'는 불필요한 구절이다. 〈성주본〉(1747년)에는 'ᄒ니'가 표현되지 않았다.

12) 오뎐된 : 형태와 의미를 확인할 수가 없다.

13) 鷄聲의 : 鷄聲(계성, 닭소리) + -의(-에 : 부조, 원인)

14) ᄭᅵ돗던고 : ᄭᅵ(깨다, 醒)- + -돗(감동)- + -더(회상)- + -ㄴ고(-ㄴ가 : 의종, 설명)

15) 虛事로다 : 虛事(허사, 헛일) + -∅(←-이- : 서조)- + -∅(현시)- + -로(←-도- : 감동)- + -다(평종)

16) 간고 : 가(가다, 去)- + -∅(과시)- + -ㄴ고(-ㄴ가 : 의종, 설명)

17) 결의 : 결(즉시, 즉각, 卽 : 명사) + -의(-에 : 부조, 위치)

18) 어엿븐 : 어엿브(불쌍하다, 가엾다, 憐)- + -∅(현시)- + -ㄴ(관전)

19) 그림재 : 그림재(그림자, 影) + -∅(←-이 : 주조)

20) 조ᄎᆞᆯ : 좇(쫓다, 從)- + -ᄋᆞᆯ(관전)

21) ᄲᅮᆫ이로다 : ᄲᅮᆫ(뿐 : 의명) + -이(서조)- + -∅(현시)- + -로(←-도- : 감동)- + -다(평종)

22) 싀여디어 : 싀여디[물 새듯이 없어지다 : 싀(새다, 漏)- + -여(←-어 : 연어) + 디(지다 : 보용, 피동)-]- + -어(연어)

23) 落月이나 : 落月(낙월, 지는 달) + -이나(보조사, 선택)

24) 안히 : 안ᄒ(안, 內)- + -의(-에 : 부조, 위치)

25) 번드시 : [환히(부사) : 번듯(번듯 : 불어)- + -이(부접)]

26) 비최리라 : 비최(비추다, 照 : 타동)- + -리(미시)- + -라(←-다 : 평종) ※ '출하리~비최리라' 의 구절은 〈성주본〉(1747년)에는 표현되지 않았다.

같이 잡수시는가? 기나긴 밤에 잠은 어찌 자시는가? 임 쪽의 消息(소식)을 아무리 알자 하니 오늘도 거의로다. 내일이나 사람이 올까? 내 마음 둘 데 없다. 어디로 가자는 말인가? 잡거니 밀거니 높은 산에 올라가니, 구름은 말할 것도 없거니와 안개는 무슨 일인가? 山川(산천)이 어둡거니 日月(일월)을 어찌 보며, 咫尺(지척)을 모르거든 千里(천리)를 바라보랴? 차라리 물가에 가 뱃길이나 보려 하니, 바람이야 물결이야 어리둥절하게 되었구나. 사공은 어디 가고 빈 배만 걸렸는가? 江川(강천)에 혼자 서서 지는 해를 굽어보니, 임 쪽 消息(소식)이 더욱 아득하구나. 茅簷(모첨)의 찬 자리에 밤중 동안에 돌아오니, 半壁(반벽) 靑燈(청등)은 누구를 위하여 밝았는가? 오르며 내리며 헤매며 떠돌며 오락가락하니, 잠시 力盡(역진)하여 풋잠을 잠깐 드니, 精誠(정성)이 지극하여 꿈에 임을 보니, 玉(옥) 같은 모습이 半(반)이 넘어 늙었구나. 마음에 먹은 말씀을 실컷 아뢰자 하니, 눈물이 바로 나니 말씀인들 어찌하며, 情(정)을 못다 하여 목이 따라 메어, 오뎐된(?) 鷄聲(계성)에 잠은 어찌 깨었던가? 어와, 虛事(허사)이구나. 이 임이 어디 갔는가? 즉시에 일어나 앉자 窓(창)을 열고 바라보니, 불쌍한 그림자가 나를 쫓을 뿐이로다. 차라리 사라져서 落月(낙월)이나 되어 있어, 임 계신 窓(창) 안에 환하게 비추리라.

각시님²⁷⁾ 둘이야ᄏ니와²⁸⁾ 구즌²⁹⁾ 비나 되쇼셔³⁰⁾

(갑녀) : 각시님, 달이야 말할 것도 없거니와 궂은 비나 되소서.

---

27) 각시님 : [각시님 : 각시(각시, 아내) + -님(높접)]
28) 둘이야ᄏ니와 : 둘(달, 月) + -이야(보조사 : 강세) + -ᄏ니와(-커녕, 물론이거니와 : 보조사)
   ※ 'ᄏ니와'는 'ᄒ거니와'의 준말인 '커니와'가 보조사로 굳은 것인데, '-커녕'이나 '물론이거니와', '말할 것도 없거니와'와 같은 뜻을 나타낸다.
29) 구즌 : 궂(궂다, 惡)- + -∅(현시)- + -은(관전)
30) 되쇼셔 : 되(되다, 化)- + -쇼셔(-소서 : 명종, 아주 높임)

將_쟝進_진酒_쥬辭_ᄉ*

혼 盞_잔 먹새그려¹⁾ 쪼 혼 盞_잔 먹새그려 곳 것거²⁾ 筹_산³⁾ 노코 無_무盡_진無_무盡_진⁴⁾ 먹새그려 이 몸 죽은 後_후면⁵⁾ 지게 우히⁶⁾ 거적 더퍼⁷⁾ 주리혀⁸⁾ 미여⁹⁾ 가나¹⁰⁾ 流_뉴蘇_소寶_보張_댱¹¹⁾의 萬_만人_인이 우러 녜나¹²⁾ 어욱새¹³⁾ 속새¹⁴⁾ 덥가나무¹⁵⁾ 白_{ᄇᆡᆨ}楊_양¹⁶⁾ 수페¹⁷⁾ 가기곳¹⁸⁾ 가면 누른¹⁹⁾ ᄒᆡ 흰 둘 ᄀᆞ는비²⁰⁾ 굴근 눈 쇼쇼리ᄇᆞ람²¹⁾ 불 제 뉘²²⁾ 혼 盞_잔 먹쟈 홀고 ᄒᆞ믈며²³⁾ 무덤

---

* **장진주사(將進酒辭)** : 조선 중기에 정철(鄭澈)이 지은 사설시조이다. 『송강가사』(松江歌辭) 및 『문청공유사』(文淸公遺詞)에 실려 전하며, 『청구영언』와 『근화악부』(槿花樂府) 등 각종 가집(歌集)에도 널리 수록되어 있다.

1) 먹새그려 : 먹(먹다, 食)- + -새(-세 : 청종, 예사 높임) + -그려(보조사, 종결, 강조) ※ 〈성주본〉(1747년)에는 '-그려'를 '-근여'로 표기하고 있다.

2) 것거 : 젺(꺾다, 折)- + -어(연어)

3) 筹 : 산. 산가지, 예전에 수효를 셈하는 데에 쓰던 막대기이다.

4) 無盡無盡 : 무진무진. 다함이 없을 만큼 매우매우(부사)

5) 後면 : 後(후, 뒤) + -Ø(←-이- : 서조)- + -면(연어, 조건) ※ '後면'은 後ㅣ면'의 오기이다.

6) 우히 : 우ㅎ(위, 上) + -이(-에 : 부조, 위치) ※ 〈성주본〉(1747년)에는 '우히'가 '우희'로 표기되어 있다.

7) 더퍼 : 덮(덮다, 蓋)- + -어(연어) ※ 〈성주본〉(1747년)에는 '덥허'로 표기되어 있다.

8) 주리혀 : 주리혀[줄어지다, 쭈그러지다 : 줄(줄다, 縮)- + -이(피접)- + -혀(강접)-]- + -Ø (←-어 : 연어)

9) 미여 : 미이[매이다 : 미(매다, 負)- + -Ø(←-이- : 피접)-]- + -어(연어)

10) 가나 : 가(가다, 去)- + -나(연어, 선택)

11) 流蘇寶張 : 유소보장. 가마, 술(= 실, 絲)이 달려 있는 비단 장막인데, 주로 상여 위에 친다.

12) 녜나 : 녜(← 녀다 : 가다, 行)- + -나(연어, 선택)

13) 어욱새 : 억새.

14) 속새 : 양치식물 속샛과의 상록 여러해살이풀이다.

15) 덥가나무 : 떡갈나무.

16) 白楊 : 백양. '황철나무'를 일상적으로 이르는 말이다.

17) 수페 : 숲(숲, 林) + -에(부조, 위치) ※ 〈성주본〉(1747년)에는 '속애'로 표현되어 있다.

18) 가기곳 : 가(가다, 去)- + -기(명전) + -곳(보조사, 한정 강조)

19) 누른 : 누르(누르다, 누렇다, 黃)- + -Ø(현시)- + -ㄴ(관전)

20) ᄀᆞ는비 : [가랑비, 細雨 : ᄀᆞᄂᆞ(← ᄀᆞ늘다 : 가늘다, 細)- + -ㄴ(관전) + 비(비, 雨)]

21) 쇼쇼리ᄇᆞ람 : [소소리바람 : 쇼쇼리(?) + ᄇᆞ람(바람, 風)] ※ '쇼쇼리바람'은 이른 봄에 살 속으로 스며드는 듯한 차고 매서운 바람이다. '쇼쇼리'의 형태와 의미를 확인할 수 없다.

22) 뉘 : 누(누구, 誰 : 인대, 미지칭)- + -ㅣ(←-이 : 주조)

우희²⁴⁾　　진나비²⁵⁾　　프람²⁶⁾　불　제²⁷⁾　뉘우츤들²⁸⁾　엇디리²⁹⁾

　　한 盞(잔) 먹세그려. 또 한 盞(잔) 먹세그려. 꽃 꺾어 算(산) 놓고 無盡無盡(무진무진) 먹세그려. 이 몸이 죽은 後(후)면 지게 위에 거적 덮어 쭈그러져서 매여 가나, 流蘇寶張(유소보장)에 萬人(만인)이 울어서 가나, 억새, 속새, 떡갈나무, 白楊(백양) 속에 가기만 가면, 누른 해와 흰 달, 가랑비, 굵은 눈, 소소리바람 불 때에, 누가 한 盞(잔) 먹자 하겠는가? 하물며 무덤 위에 잔나비(원숭이)가 휘파람 불 때에, 뉘우친들 어찌하리?

---

23) ᄒᆞ믈며 : 하물며, 況(부사)

24) 우히 : 우ㅎ(위, 上) + -이(-에 : 부조, 위치)

25) 진나비 : 진납(← 짓납 : 잔나비, 원숭이, 猿) + -이(주조) ※ 〈성주본〉(1747년)에는 '진납이'로 표현되어 있다.

26) 프람 : 휘파람.

27) 제 : 제, 때에, 時(의명) ※ 〈성주본〉에는 '제야'로 표현되어 있는데, '제야'는 '제(제, 때, 時 : 의명) + -야(보조사, 한정 강조)'로 분석된다.

28) 뉘우츤들 : 뉘웇(뉘우치다, 悔)- + -은들(-은들 : 연어, 양보)

29) 엇디리 : 엇디(← 엇디ᄒᆞ다(어찌하다) : 엇디(어찌 : 부사) + -∅(← -ᄒᆞ- : 동접)-]- + -리(평종, 반말, 미시)

18세기 옛글 2부

1. 어제경민음

1757(영조 22)년에 영조는 관리와 백성들에게 금주(禁酒)할 것을 명하는 『어제계주윤음』(御製戒酒綸音)을 내렸다. 그리고 이 금주령을 어기는 자에 대한 벌칙도 명시하였는데, 당시에 금주령을 위반하여 변방으로 유배를 간 사람의 수가 거의 1천여 명이나 되었다. 그리고 금주령 위반자에 대한 처벌이 매우 엄하여, 죄인에 대한 대사면을 시행할 때에도 금주령을 위반한 자는 제외하도록 할 정도였다.

그러나 이처럼 엄한 금주령을 내렸음에도 백성들의 음주가 계속되었다. 그러자 영조(英祖)는 이를 심히 개탄하고, 1762년(영조 38)에 『어제경민음』(御製警民音)을 지어서 금주령을 잘 지켜줄 것을 간곡히 부탁하였다. 글의 제목인 '御製警民音'은 임금이 지은, '백성을 깨우치은 글'이라는 뜻이다.

『어제경민음』은 1책 10장의 분량으로 구성되었는데, 표제(表題)와 판심제(版心題)만 한자로써 '御製警民音'으로 적었고 나머지 본문은 모두 언문(諺文)으로 적었다. 그리고 『어제경민음』의 끝 부분에 "이번은 교서관(校書館)으로 박아 반포하니 글자가 분명(分明)하여 비록 (이 글이) 언문선류(諺文選類)라도 가(可)히 알아볼 것이니……"라는 구절과 "이 글은 이젼 범연(泛然)히 번역(飜譯)ᄒ 글과 다르니 너희 보기 어렵지 아니ᄒ고"라는 구절이 있다. 이를 보면 『어제경민음』이 그동안 간행되었던 어제 언해본과는 다르게, 한문본을 언해한 것이 아니라 한글본을 직접 편찬한 것으로 추정할 수 있다.

이 책에는 간기(刊記)가 없어서 정확한 발행 연도를 알 수가 없다. 하지만 책머리에는 "오호라. 내가 너의 부모(父母)가 된 지가 그 몇 해이냐? 이제 삼십팔 년이되……,"라는 기록이 있고, 권말에 "임오년 구월십이 일에 (이 글을) 불러서 쓰게 하니……"라는 기록이 적혀 있다. 이러한 기록을 미루어 보면 이 책은 1762년(영조 38년, 壬午)에 저술하였음을 알 수 있다.

『어제경민음』은 18세기 중엽 국어의 전형적인 모습을 보여주는 중요한 자료인데, 이 문헌에 나타나는 국어학적인 특징을 정리하면 다음과 같다.

첫째, 음절 말에 실현되는 /ㄷ/을 'ㅅ'으로 표기한 예가 보인다.

(보기) 듣지 → 듯지, ᄅ게 → ᄌ게, 믿던 → 밋던, ᄅ게 → ᄌ게

둘째, 이어적기(連綴)뿐만 아니라 끊어적기(分綴)와 거듭적기(重綴)가 혼용되었는데, 대체적으로 끊어적기가 이어적기나 거듭적기보다 활성화되었다.

(보기) ① 끊어적기의 예 : 덕틱이, ᄆᄋᄋ이, 쥬금홀으로부터, 츕아, 눅으니
② 거듭적기의 예 : ᄒ나히 → 혼나히, 자피면 → 잡피면, 기피 → 깁피, ᄀ튼
→ ᄀ튼, ᄂ츠로 → ᄂ츠로, 쓰지라 → 쓴지라

셋째, 종성의 한 음소를 재음소화하여 두 음절에 나누어서 표기한 예가 보인다.

(보기) 노픈 → 놉흔

넷째, 앞 음절 종성 /ㄹ/과 뒤 음절의 초성 /ㄹ/이 이어서 발음될 때, 'ㄹㄹ'을 'ㄹㄴ'으로 표기한 예가 보인다.

(보기) 들린 → 들닌, 블러 → 불너, 들리오 → 들니오, 닐러시니 → 닐너시니, 홀로 →
홀노, 믈라 → 믈나, 몰라 → 몰나, 말라 → 말나, 불러 → 불너

다섯째, 이 시기에 /·/가 없어짐에 따라서 'ㅏ'와 'ㆍ'의 표기에 혼란이 일어난 예가 있다.

(보기) 오늘〉오날

여섯째, 구개음화의 예가 아주 많이 나타나는데, 원순 모음화와 'ㄹ' 두음 법칙이 적용된 예도 드물게 보인다.

(보기) ① 구개음화의 예 : 엇디〉엇지, 되얀 디〉되얀 지, 밋디〉밋지, 펴디〉펴지, 어
딘〉어진, 쓰디라〉쓴지라
② 원순 모음화의 예 : 쥬금홈으로브터〉쥬금홈으로부터, 깃븐〉깃븐, 브르
다〉부르다, 블너〉불너
③ 'ㄹ' 두음 법칙의 예 : 리(利)의〉니의

일곱째, 모음으로 끝나는 체언 다음에 주격 조사 '-가'가 실현된 곳이 부분적으로

나타난다.

　(보기) 어늬가 니흐며 어늬가 경흐니, 경고가

　여덟째, 명사형 어미가 '-옴/-움' 대신에 '-음'이나 '-ㅁ'으로 표기된 예가 많이
발견된다.

　(보기) 거록호믈〉거록ᄒ믈, 싀원호믈〉싀원ᄒ믈, 보샤믈〉보시믈, 가음여로미〉가음
　　　　여름이

　아홉째, 명사형 어미의 형태로 '-기'가 쓰이는 예가 늘었다.

　(보기) 형츅ᄒ기ᄂᆞᆫ, 사로기로, 줌자기를, 되기를, 둘니기를

　열째, 화자 표현과 대상 표현의 선어말 어미인 '-오-/-우-'가 잘 실현된 예가 보
이지 않는다.

　열한째, '-앗-/-엇-/-엿'와 '-아시-/-어시-' 등이 '완료(完了)'를 나타내는 선어말
어미로 쓰였다.

　(보기) 아랏더니, 넘엇더라, 둣다가, ᄀᆞ리왓고, 되엿ᄂᆞᆫ ; 닐너시니, 져ᄇᆞ려시나

御製 警民音

> 오호ㅣ라[1] 내 너의 부모 되얀[2] 지[3] 그 몃[4] 히뇨[5] 이제 삼십팔
> 년이로ᄃᆡ[6] 덕퇴이 능히 빅셩의게[7] 밋지[8] 못ᄒ고 은혜 능히 빅셩의게
> 펴지 못ᄒ야 경외[9] 빅셩이 것고로[10] 돌닌[11] 듯 ᄒ니 낫과 밤의 너희를
> 싱각ᄒ야도 엇지[12] ᄆᆞ음이 펴일 ᄴᆡ[13] 이시리오[14]

오호라. 내가 너의 부모(父母)가 된 지가 그 몇 해이냐? 이제 삼십팔 년이되, (나의) 덕택(德澤)이 능히 백성(百姓)에게 미치지 못하고, 은혜(恩惠)가 능히 백성에게 펴지 못하여, 경외(京外)의 백성이 거꾸로 매달린 듯하니, 낮과 밤에 너희를 생각하여도 어찌 마음이 펴일 때가 있으리오?

> ᄒᆞ믈며 쥬금홈으로부터[15] 팔도의 죵[16] 되여 가는 류는[17] 락속[18]ᄒ고

---

1) 오호ㅣ라 : [← 오호라(오호라 : 감탄사) : 오호(嗚呼) + -ㅣ(← -이- : 서조)- + -Ø(현시)- + -라(← -다 : 평종)] ※ '오호ㅣ라'는 슬플 때나 탄식할 때에 내는 소리를 나타내는 감탄사이다. 주로 '오호라'로 쓰인다. 표기 원칙에 맞으려면 '오회라'로 표기해야 한다.

2) 되얀 : 되(되다, 爲)- + -야(← -아 : 확인)- + -Ø(과시)- + -ㄴ(관전)

3) 지 : 지(지 : 의명) + -Ø(← -이 : 주조) ※ 'ㄷ〉지'는 /ㄷ/이 /ㅈ/으로 구개음화한 예이다.

4) 몃 : 몃(← 몇 : 몇, 何, 관사, 지시, 미지칭)

5) 히뇨 : 히(해, 年) + -Ø(← -이- : 서조)- + -Ø(현시)- + -뇨(-냐 : 의종, 설명)

6) 년이로ᄃᆡ : 년(년, 年 : 의명) + -이(서조)- + -로ᄃᆡ(← -오ᄃᆡ : -되, 연어, 설명 계속)

7) 빅셩의게 : 빅셩(백성, 百姓) + -의게(-에게 : 부조, 상대)

8) 밋지 : 밋(← 및다 : 미치다, 及)- + -지(연어, 부정) ※ '믿디〉밋지'는 /ㄷ/이 /ㅈ/으로 구개음화하고, '믿-'의 종성 /ㄷ/이 'ㅅ'으로 표기된 형태이다.

9) 경외 : 경외(京外). 서울과 시골을 아울러 이르는 말이다.

10) 것고로 : [← 것ᄀᆞ로(거꾸로, 逆 : 부사) : 것골(← 것굴다(거꾸로 되다, 逆 : 동사)- + -오(부접]

11) 돌닌 : 돌니[← 돌리다(달리다, 매달리다) : 돌(달다, 매달다, 縣)- + -리(← -이- : 피접)-]- + -ㄴ(관전) ※ '돌닌'은 '돌린'의 'ㄹㄹ'을 'ㄹㄴ'으로 표기한 형태이다.

12) 엇지 : 어찌, 何(부사).

13) 펴일 ᄴᆡ : 펴이[펴이다 : 펴(펴다, 伸)- + -이(피접)-]- + -ㄹ(관전) # ᄴᆡ(때, 時 : 의명) + -Ø(← -이 : 주조)

14) 이시리오 : 이시(있다, 有)- + -리(미시)- + -오(← -고 : -냐 : 의종, 설명)

15) 쥬금홈으로부터 : 쥬금ᄒᆞ[← 쥬금ᄒᆞ다(주금하다) : 쥬금(주금, 酒禁 : 명사) + -ᄒᆞ(동접)-]- +

형조[19]의 형츄ᄒ기ᄂᆞᆫ[20] 업슨 날이 업서 그 부모 되니와[21] ᄌᆞ뎨[22] 되니ᄂᆞᆫ 그 곳을 ᄇᆞ라며[23] 쥬야[24]에 ᄆᆞᄋᆞᆷ을[25] 쓰고 죵 된 류[26]ᄂᆞᆫ 셔울 구롬을 ᄇᆞ라[27] 혹 부모를 부르며 쳐ᄌᆞ[28]를 불너[29] 경샹[30]이 잔잉ᄒᆞ니[31] 내 비록 보지 못ᄒᆞ고 듯지[32] 못ᄒᆞ나 보ᄂᆞᆫ 듯 ᄒᆞ고 듯ᄂᆞᆫ 듯 ᄒᆞ니 밤의 엇지 ᄌᆞᆷ이[33] 편ᄒᆞ며 나지[34] 엇지 옥식이[35] ᄃᆞᆯ니오[36]

하물며 주금(酒禁)함으로부터, 팔도(八道)에 종(僕)이 되어 가는 유(類)는 낙속(落俗)

-옴(명전) + -으로(부조, 방향) + -부터(보조사, 비롯함) ※ '쥬금(酒禁)'은 술을 금하는 것이다. 그리고 '-브터〉-부터'의 변화는 원순 모음화가 적용된 결과이다.

16) 죵 : 종(僕)

17) 류ᄂᆞᆫ : 류(유, 무리, 類) + -ᄂᆞᆫ(보조사, 주제)

18) 락속 : 낙속(落俗). ※ '낙속(落俗)'은 신분이 천한 사람으로 떨어지는 것이다.

19) 형조의 : 형조(刑曹) + -의(관조, 의미상 주격) ※ '형조(刑曹)'는 조선 시대에 육조(六曹) 가운데 법률, 소송, 형옥, 노예 따위에 관한 일을 맡아보던 관아이다.

20) 형츄ᄒ기ᄂᆞᆫ : 형츄ᄒ[형추하다 : 형츄(형추, 刑推 : 명사) + -ᄒ(동접)-] + -기(명전) + -ᄂᆞᆫ(보조사, 주제) ※ '형츄(刑推)'는 죄인의 정강이를 때리며 죄를 캐묻는 일이다.

21) 되니와 : 되(되다, 爲)- + -ㄴ(관전) # 이(이, 人 : 의명) + -와(←-과 : 접조)

22) ᄌᆞ뎨 : ᄌᆞ뎨(자제, 子弟) + -∅(←-이 : 보조)

23) ᄇᆞ라며 : ᄇᆞ라(바라다, 바라보다, 望)- + -며(연어, 나열)

24) 쥬야 : 주야(晝夜). 밤과 낮이다.

25) ᄆᆞᄋᆞᆷ을 : ᄆᆞᄋᆞᆷ(마음, 心) + -을(목조)

26) 죵 된 류 : 종이 된 유(類). 금주령을 어기어서 죄를 입어서 종으로 신분이 떨어진 사람들을 가리킨다.

27) ᄇᆞ라 : ᄇᆞ라(바라보다, 望)- + -아(연어)

28) 쳐ᄌᆞ : 처자(妻子)

29) 불너 : 불ᄂᆞ(← 불르- ← 부르다 : 부르다, 呼)- + -어(연어) ※ '불너'는 '불러'의 'ㄹㄹ'을 'ㄹㄴ'으로 표기한 형태이다.

30) 경샹 : 경상(景狀). 좋지 못한 몰골이다.

31) 잔잉ᄒ니 : 잔잉ᄒ[자닝하다 : 잔잉(← 자닝 : 명사) + -ᄒ(형접)-] + -니(연어, 설명 계속, 이유) ※ '잔잉(자닝)'은 애처롭고 불쌍하여 차마 보기 어려운 것이다.

32) 듯지 : 듯(← 듣다 : 듣다, 聞)- + -지(연어, 부정) ※ '듣다〉듯지'의 변화는 /ㄷ/이 /ㅈ/으로 구개음화한 형태이며, '듯지'는 '듣지'에서 종성 /ㄷ/을 'ㅅ'으로 표기한 것이다.

33) ᄌᆞᆷ이 : ᄌᆞᆷ[잠, 睡眠 : ᄌ(자다, 眠)- + -ㅁ(명접)] + -이(주조)

34) 나지 : 낮(낮, 晝) + -이(-에 : 부조, 시간)

35) 옥식이 : 옥식(옥식, 玉食) + -이(주조) ※ '옥식(玉食)'은 맛있는 음식이나 하얀 쌀밥이다.

36) ᄃᆞᆯ니오 : ᄃᆞᆯ(달다, 甘)- + -니(←-리- : 미시)- + -오(←-고 : 의종, 설명) ※ 'ᄃᆞᆯ니오'은 'ᄃᆞᆯ리오'의 'ㄹㄹ'을 'ㄹㄴ'으로 표기한 형태이다.

하고, 형조(刑曹)가 형추(刑推)하기는 없는 날이 없어, 그 부모가 된 이와 자제(子弟)가 된 이는 그곳을 바라보며 주야(晝夜)에 마음을 쓰고, 종(僕)이 된 유(類)는 서울의 구름을 바라보아 혹 부모(父母)를 부르며 처자(妻子)를 불러 경상(景狀)이 자늑하니, 내가 비록 (그 경상을) 보지 못하고 듣지 못하나 보는 듯하고 듣는 듯하니, 밤에 어찌 잠이 편하며 낮에 어찌 옥식(玉食)이 달리오?

　　내 마음이 이러하며 이 법을 쓰는 거시 엇지 즐겨 하며 즐겨 홈이랴[37] 즁간[38] 탕텩하야[39] 다 노홀[40] 뿐이[41] 아니라 이번 또 탕텩하는 하교[42]에 남은 것 업시 닐너시니[43] 내 비록 덕이 업스나 너희[44] 다 녯 날[45] 사랑하옵시던[46] 빅셩이라[47] 무숨[48] 뜻으로[49] 네 덜하던[50]

---

37) 즐겨 홈이랴 : 즐겨(즐기다, 樂)- + -어(연어) # 하(← 하다 : 하다, 보용)- + -옴(명전) + -이(서조)- + -Ø(현시)- + -랴(-랴 : 의종, 판정, 설의)

38) 즁간 : 중간(中間)

39) 탕텩하야 : 탕텩하[탕척하다 : 탕텩(탕척 : 蕩滌) + -하(동접)-]- + -야(← -아 : 연어) ※ '탕척(蕩滌)'은 죄명을 씻어 주는 것이다.

40) 노홀 : 놓(놓다, 방면하다, 放)- + -올(관전)

41) 뿐이 : 뿐(뿐 : 의명, 한정) + -이(보조)

42) 하교 : 하교(下敎). 윗사람이 아랫사람에게 가르침을 베푸는 것이다.

43) 닐너시니 : 닐ㄴ(← 닐ㄹ- ← 니르다 : 이르다, 曰)- + -어시(-었- : 완료)- + -니(연어, 설명 계속, 이유) ※ '닐너시니'는 '닐러시니'의 'ㄹㄹ'를 'ㄹㄴ'으로 표기한 형태이다.

44) 너희 : 너희[너희 : 너(너, 汝 : 인대, 2인칭) + -희(복접)] + -Ø(← -이 : 주조)

45) 녯 날 : ① 녜(예전, 昔) + -ㅅ(-의 : 관조) + 나(나, 我 : 인대, 1인칭) + -ㄹ(← -ㄹ : 목조) ② 녯날[예날, 昔日 : 녜(예전, 昔) + -ㅅ(사잇) + 날(날, 日)] + -ㄹ(← -ㄹ : 목조) ※ 앞의 '내 비록 덕이 업스나'의 문맥을 감안하면 ①로 분석하는 것이 좀 더 타당하다. '녯'은 '옛날에'로 의역하여 옮긴다.

46) 사랑하옵시던 : 사랑하[사랑하다, 愛 : 사랑(사랑 : 명사) + -하(동접)-]- + -옵(객높, 공손)- + -시(주높)- + -더(회상)- + -ㄴ(관전) ※ '-옵-'을 객체 높임의 선어말 어미로 보면, '-옵-'은 목적어인 '나(= 임금, 영조)'를 높인 것으로 보아야 한다. 그리고 '-시-'도 '나(=영조 임금)'를 과잉하여 높인 결과로 보인다. 이러한 표현은 영조 임금의 말을 받아 적던 신하가 영조 임금이 구술하는 내용을 언문으로 기록하는 과정에서 화자인 '영조(= 나)'를 높이려는 의도에서 '-옵-'과 '-시-'를 중복하여 표현한 것으로 보인다. '사랑하옵시던'을 어법에 맞게 표현하면 '사랑하던'으로 표현해야 한다.

47) 빅셩이라 : 빅셩(백성, 百姓) + -이(서조)- + -라(← -아 : -ㄴ데, 연어, 설명 계속)

48) 무숨 : 무슨, 何(관사, 지시, 미지칭)

49) 뜻으로 : 뜻(뜻, 意) + -으로(부조, 방편)

50) 덜하던 : 덜하[덜하다, 정도가 약하다 : 덜(덜, 弱 : 부사) + -하(동접)-]- + -더(회상)- + -ㄴ(관전)

거시 이제는 더ㅎ며⁵¹⁾ 네 조심ㅎ던 거시 이제는 방ㅈㅎ뇨⁵²⁾ 샹히⁵³⁾ 가히 미들 거슨 빅셩으로 아랏더니⁵⁴⁾ 너희 무슴 ᄆᆞᆷ으로 빅슈의⁵⁵⁾ 늘근 님군⁵⁶⁾을 이다지⁵⁷⁾ ᄆᆞᆷ을 쓰게 ㅎᄂᆞ뇨 내 비록 덕이 업서 너희를 져ᄇᆞ려시나⁵⁸⁾ 녯 사ᄅᆞᆷ이 니ᄅᆞ딕 아비 비록 ᄉᆞ랑치⁵⁹⁾ 아니ㅎ나 ᄌᆞ식이 엇지 효도치⁶⁰⁾ 아니랴⁶¹⁾ ㅎ니 너희 비록 지극히 미ㅎ고⁶²⁾ 지극히 쳔ㅎ야⁶³⁾ 깃분⁶⁴⁾ ᄆᆞᆷ과 하례ᄒᆞᆯ⁶⁵⁾ ᄠᅳᆺ을 펴지 못ㅎᄂᆞᆯ⁶⁶⁾ 므슴 ᄆᆞᆷ으로 닐혼 거의 된 님군이 탄일⁶⁷⁾ ᄃᆞᆯ의⁶⁸⁾ 법 쓸 날을 뎡ㅎ고⁶⁹⁾ 이 ᄀᆞᆺ게⁷⁰⁾ ᄆᆞᆷ을 쓰게 ㅎᄂᆞ뇨 이를 보면 젼의⁷¹⁾ 밋던⁷²⁾ ᄆᆞᆷ이 내 스스로

---

51) 더ㅎ며 : 더ㅎ[더하다, 정도가 강하다 : 더(더, 益 : 부사) + -ㅎ(동접)-]- + -며(연어, 나열)

52) 방ㅈㅎ뇨 : 방ㅈㅎ[방자하다 : 방ㅈ(방자, 放恣 : 명사) + -ㅎ(형접)-]- + -Ø(현시)- + -뇨(-냐 : 의종, 설명)

53) 샹히 : 항상, 평소에, 常(부사)

54) 아랏더니 : 알(알다, 知)- + -앗(완료)- + -더(회상)- + -니(연어, 설명 계속)

55) 빅슈의 : 빅슈(백수, 白首) + -의(관조). ※ '빅슈'는 '백수(白首)' 곧, '흰머리'를 뜻한다.

56) 님군 : '님君'. '님금'의 오기이다.

57) 이다지 : [이다지, 如此(부사) : 이(이, 此 : 지대, 정칭) + -다지(부접)]

58) 져ᄇᆞ려시나 : 져ᄇᆞ려[져버리다, 棄 : 져(저- : 접두, 강조)- + ᄇᆞ리(버리다, 棄)-]- + -어시(-었- : 완료)- + -나(연어, 대조)

59) ᄉᆞ랑치 : ᄉᆞ랑ㅎ[← ᄉᆞ랑ㅎ다(사랑하다, 愛) : ᄉᆞ랑(사랑 : 명사) + -ㅎ(동접)-]- + -지(연어, 부정) ※ 'ᄉᆞ랑티〉ᄉᆞ랑치'는 /ㅌ/이 /ㅊ/으로 구개음화한 예이다.

60) 효도치 : 효도ㅎ[← 효도ㅎ다(효도하다) : 효도(효도, 孝道 : 명사) + -ㅎ(동접)-]- + -지(연어, 부정) '효도티〉효도치'는 /ㅌ/이 /ㅊ/으로 구개음화한 예이다.

61) 아니랴 : 아니[← 아니ㅎ다(아니하다 : 보용, 부정) : 아니(부사, 부정) + -Ø(←-ㅎ- : 동접)-]- + -랴(의종, 판정, 설의)

62) 미ㅎ고 : 미ㅎ[미하다, 미미하다 : 미(미, 微 : 불어) + -ㅎ(형접)-]- + -고(연어, 나열)

63) 쳔ㅎ야 : 쳔ㅎ[쳔하다 : 쳔(천, 賤 : 불어) + -ㅎ(형접)-]- + -야(←-아 : 연어)

64) 깃분 : 깃부[← 깃브다(기쁘다, 喜) : 깃(← 깄다 : 기뻐하다, 歡, 동사)- + -브(형접)-]- + -Ø(현시)- + -ㄴ(관전) ※ '깃븐〉깃분'은 원순 모음화를 잘못 적용한 형태이다.

65) 하례ᄒᆞᆯ : 하례ㅎ[하례하다 : 하례(하례, 賀禮 : 명사) + -ㅎ(동접)-]- + -ㄹ(관전) ※ '하례(賀禮)'는 축하하여 예를 차리는 것이다.

66) 못ㅎᄂᆞᆯ : 못ㅎ[못하다(보용, 부정) : 못(부사, 부정) + -ㅎ(동접)-]- + -ㄴ들(-ㄴ들 : 연어, 양보)

67) 탄일 : 탄일(誕日). 탄생일이다.

68) ᄃᆞᆯ의 : ᄃᆞᆯ(달, 月) + -의(-에 : 부조, 시간)

69) 뎡ㅎ고 : 뎡ㅎ[정하다 : 뎡(정, 定 : 불어) + -ㅎ(동접)-]- + -고(연어, 계기)

70) ᄀᆞᆺ게 : ᄀᆞᆺ(← ᄀᆞᇀ다 : 같다, 如)- + -게(-게 : 연어, 도달) ※ 'ᄀᆞᆺ게'는 'ᄀᆞᇀ게'의 종성 /ㄷ/을 'ㅅ'으로 표기한 형태이다. 그리고 'ᄀᆞᆺ게'는 문맥상 '같이'로 옮긴다.

엇지 붓그럽지⁷⁵⁾ 아니ᄒ랴 이⁷⁴⁾ 다 네 님군의 타시오⁷⁵⁾ 이 다 네
님군의 타시나 너희 ᄆᆞ음의 홀연이⁷⁶⁾ 싱각ᄒ면 ᄯ또ᄒᆫ⁷⁷⁾ 붓그럽지 아니ᄒ랴

내 마음이 이러한데 이 법(法)을 쓰는 것을 어찌 즐겨 하며 즐겨 하는 것이랴?
중간(中間)에 탕척(蕩滌)하여 다 사면(赦免)할 뿐이 아니라, 이번에 또 탕척(蕩滌)하는
하교(下敎)에 남은 것이 없이 말하였으니, 내가 비록 덕(德)이 없으나 너희가 다 예전
의 나를 사랑하던 백성(百姓)인데, 무슨 뜻으로 예전에 덜하던 것이 이제는 더하며,
(무슨 뜻으로) 옛날에 조심하던 것이 이제는 방자(放恣)하냐? 늘 가(可)히 믿을 것은
백성으로 알았더니, 너희가 무슨 마음으로 백수(白首)의 늙은 임금을 이다지 마음을
쓰게 하느냐? 내가 비록 덕(德)이 없어 너희를 저버렸으나, 옛 사람이 이르되 "아버
지가 비록 (자식을) 사랑하지 아니하나 자식이 어찌 효도하지 아니하랴?" 하니, 너희
가 비록 지극히 미미(微微)하고 지극(至極)히 천(賤)하여 기쁜 마음과 하례(賀禮)할 뜻
을 펴지 못한들, 무슨 마음으로 일흔이 거의 된 임금이 탄일(誕日)의 달에 법(法)을
쓸 날을 정(定)하고 이와 같이 마음을 쓰게 하느냐? 이를 보면 전(前)에 믿던 마음이
내 스스로 어찌 부끄럽지 아니하랴? 이것이 다 네 임금의 탓이요 이것이 다 네 임금
의 탓이나, 너희가 마음에 홀연(忽然)히 생각하면 또한 부끄럽지 아니하랴?

오호ㅣ라 내⁷⁸⁾ 빅셩이 법의 범ᄒ야도⁷⁹⁾ 사로기로⁸⁰⁾ ᄆᆞ음의 힘쓰거든⁸¹⁾

---

71) 젼의 : 젼(전, 前) + -의(-에 : 부조, 시간)

72) 밋던 : 밋(← 믿다 : 믿다, 信)- + -더(회상)- + -ㄴ(관전) ※ '밋던'은 '믿던'의 종성 /ㄷ/을
'ㅅ'으로 표기한 형태이다.

73) 붓그럽지 : 붓그럽[← 붓그럽다, ㅂ불 : 붓그리(부끄러워하다)- + -업(형접)-]- + -지(연어, 부
정) ※ '붓그럽지'는 '붓그럽지'를 오각한 형태이다.

74) 이 : 이(이, 이것, 此 : 지대, 정칭) + -∅(←-이 : 주조)

75) 타시오 : 닷(탓, 由 : 의명) + -이(서조)- + -오(←-고 : 연어, 나열)

76) 홀연이 : [홀연히, 忽然(부사) : 홀연(홀연, 忽然 : 부사) + ∅(←-ᄒᆞ- : 형접)- + -이(부접)]
※ '홀연이'는 뜻하지 아니하게 갑자기라는 뜻을 나타내는 말이다.

77) ᄯ또ᄒᆫ : [또한, 又(부사) : ᄯ또(또, 又 : 부사) + ᄒᆞ(하다, 爲)- + -ㄴ(관전▷부접)]

78) 내 : 나(나, 我 : 인대, 1인칭) + -ㅣ(←-이 : 주조)

79) 범ᄒ야도 : 범ᄒᆞ[범하다, 위반하다 : 범(범, 犯 : 불어) + -ᄒᆞ(동접)-]- + -야도(←-아도 : 연어,
양보)

80) 사로기로 : 사로[살리다 : 살(살다, 活)- + -오(사접)-]- + -기(명전) + -로(부조, 방편)

81) 힘쓰거든 : [힘쓰다 : 힘(힘, 力) + 쓰(쓰다, 用)-]- + -거든(-는데 : 연어, 설명 계속)

ᄒᆞ믈며 무슴 ᄆᆞ음과 무슴 ᄯᅳᆺ으로 내 빅셩의 마리를⁸²⁾ 보과쟈⁸³⁾ ᄒᆞ리오 이ᄂᆞᆫ 죠션의 술은 결단ᄒᆞ야 업시 치⁸⁴⁾ 아니치 못ᄒᆞᆯ 거신 바ㅣ라⁸⁵⁾ 이제 엿새곳⁸⁶⁾ 지내면 쟝ᄎᆞᆺ⁸⁷⁾ 뎍간ᄒᆞᆯ⁸⁸⁾ 거시니 만일 업ᄉᆞ면 내 마음을 펴 줌을 자려니와⁸⁹⁾ 혹 ᄒᆞ나히⁹⁰⁾ 잡피면⁹¹⁾ 법은 결단코⁹²⁾ 샤치⁹³⁾ 못ᄒᆞ려니와 내 ᄆᆞ음이 엇더ᄒᆞ료⁹⁴⁾

오호라. 내가 백성(百姓)이 법(法)에 범(犯)하여도 살리기로 마음에 힘쓰는데, 하물며 무슨 마음과 무슨 뜻으로 내가 백성(百姓)의 머리를 보고자 하리오? 이는 조선의 술은 결단(決斷)하여 없이 하지 아니하지 못할 것인 바이다. 이제 엿새만 지나면 장차 (將次) 적간(摘奸)할 것이니, 만일 (잡히는 자가) 없으면 내가 마음을 펴 잠을 자려니와, 혹 하나가 잡히면 법(法)은 결단코 사(赦)하지 못하려니와, (그럴 때에) 나의 마음이 어떠하리오?

너희ᄂᆞᆫ 혜여⁹⁵⁾ 보라 내 비록 덕이 업ᄉᆞ나 네희⁹⁶⁾ 부모ㅣ니 부모ㅣ

---

82) 마리를 : 마리(머리, 頭) + -를(목조) ※ 이때의 '마리'는 금주령을 위반하여 참수 당한 백성의 '머리'를 이른다.

83) 보과쟈 : 보(보다, 見)- + -과쟈(-고자 : 연어, 의도, 바람)

84) 업시 치 : 업시[없이, 無(부사) : 없(없다, 無 : 형사)- + -이(부접)] # ᄒᆞ(← ᄒᆞ다 : 하다, 爲)- + -지(연어, 부정) ※ '티〉치'는 /ㅌ/이 /ㅊ/으로 구개음화한 예이다.

85) 바ㅣ라 : 바(바, 所 : 의명) + -ㅣ(←-이- : 서조)- + -Ø(현시)- + -라(←-다 : 평종)

86) 엿새곳 : 엿새(엿새, 六日 : 명사) + -곳(-만 : 보조사, 한정 강조)

87) 쟝ᄎᆞᆺ : 쟝ᄎᆞᆺ(← 쟝ᄎᆞ : 장차, 將次, 부사)

88) 뎍간ᄒᆞᆯ : 격간ᄒᆞ[적간하다 : 뎍간(적간, 摘奸 : 명사) + -ᄒᆞ(동접)-]- + -ㄹ(관전) ※ '뎍간(摘奸)'은 죄상이 있는지 없는지를 밝히기 위하여 캐어 살피는 것이다.

89) 자려니와 : 자(자다, 眠)- + -리(미시)- + -어니와(←-거니와 : 연어, 인정 대조)

90) ᄒᆞ나히 : ᄒᆞ낳(← ᄒᆞ낳 : 하나, 수사) + -이(주조) ※ 'ᄒᆞ나히'는 'ᄒᆞ나히'의 /ㄴ/을 'ㄴㄴ'으로 거듭 적은 형태이다.

91) 잡피면 : 잡프[← 자피다(잡히다) : 잡(잡다, 捕 : 타동)- + -히(피접)-]- + -면(연어, 조건) ※ '잡피면'은 '자피면'의 /ㅍ/을 'ㅂㅍ'으로 거듭 적은 형태이다.

92) 결단코 : [결단코(부사) : 결단(決斷 : 명사) + -ᄒᆞ(←-ᄒᆞ- : 동접)- + -고(연어 ▷부접)]

93) 샤치 : 샤ᄒᆞ[← 샤ᄒᆞ다(사하다, 사면하다) : 샤(사, 赦 : 불어) + -ᄒᆞ(동접)-]- + -지(연어, 부정) ※ '샤티〉샤치'는 /ㅌ/이 /ㅊ/으로 구개음화한 예이다.

94) 엇더ᄒᆞ료 : 엇더ᄒᆞ[어떠하다, 何 : 엇더(어뗘 : 불어)- + -ᄒᆞ(형접)-]- + -료(의종, 설명, 미시)

95) 혜여 : 혜(헤아리다, 생각하다, 量)- + -여(←-어 : 연어)

96) 네희 : 네희[← 너희 : 네(← 너 : 인대) + -희(복접)] ※ '너'에 관형격 조사인 '-ㅣ'를 실현한

춤아⁹⁷⁾ ᄌᆞ식의게⁹⁸⁾ 이 ᄆᆞ음이 이시랴 비록 니ᄅᆞ는 거슬 듯지 아니ᄒᆞ야 법을 쁜들⁹⁹⁾ 그 부모의 ᄆᆞ음이 엇더ᄒᆞ료 너희 부모 되니도¹⁾ 잇고 ᄌᆞ뎨²⁾ 되니도 이시니 내 동동ᄒᆞ야³⁾ ᄒᆞ는 ᄆᆞ음을 싱각ᄒᆞ야 보고 그 째⁴⁾ 경샹을 ᄯᅩ 싱각ᄒᆞ야 보라 모든⁵⁾ 가온대 세 번 회시ᄒᆞᆯ⁶⁾ 제 부모 형뎨는 발을 굴너⁷⁾ 부르지지며⁸⁾ 놉혼⁹⁾ 대에¹⁰⁾ ᄃᆞᆫ¹¹⁾ 후의는¹²⁾ 반ᄃᆞ시¹³⁾ 소리를¹⁴⁾ 춤고 ᄯᅡ희¹⁵⁾ 업더지리니¹⁶⁾ 그 경샹을 싱각ᄒᆞ니 엇지 줌을 자며 옥식을 먹으리오

너희는 헤아려 보라. 내가 비록 덕(德)이 없으나 너희의 부모(父母)이니, 부모가 차마 자식(子息)에게 이 마음이 있으랴? 비록 말하는 것을 듣지 아니하여 법(法)을 쓴들,

---

뒤에 복수 접미사인 '-희'를 실현한 형태이다. '네희'는 '너희'를 오각한 형태로 처리한다.

97) 춤아 : [← ᄎᆞ마(차마 : 부사) : 춤(← 춤다 : 참다, 忍)- + -아(연어 ▷ 부접)] ※ '춤아'는 'ᄎᆞ마'를 과잉으로 분철한 형태이다.

98) ᄌᆞ식의게 : ᄌᆞ식(자식, 子息) + -의게(-에게 : 부조, 상대)

99) 쁜들 : 쁘(쓰다, 用)- + -ㄴ들(-ㄴ들 : 연어, 양보)

1) 되니도 : 되(되다, 爲)- + -∅(과시)- + -ㄴ(관전) # 이(이, 人 : 의명) + -도(보조사, 첨가)

2) 자뎨 : 자뎨(자제, 子弟) + -∅(보조)

3) 동동ᄒᆞ야 : 동동ᄒᆞ[동동하다 : 동동(동동, 憧憧 : 부사) + -ᄒᆞ(형접)-]- + -야(← -아 : 연어) ※ '동동(憧憧)'은 마음이 잡히지 않아 안정되지 못한 것이다.

4) 째 : 때, 時(의명)

5) 모든 : 몯(모이다, 集)- + -∅(과시)- + -은(관전)

6) 회시ᄒᆞᆯ : 회시ᄒᆞ[회시하다 : 회시(회시, 回示 : 명사) + -ᄒᆞ(동접)-]- + -ㄹ(관전) ※ '회시(回示)'는 예전에 죄인을 끌고 다니며 뭇사람에게 보이던 일이다.

7) 굴너 : 굴ㄴ(← 굴르- ← 구르다 : 구르다, 踩)- + -어(연어) ※ '굴너'는 '굴러'의 'ㄹㄹ'를 'ㄹㄴ'으로 표기한 형태이다.

8) 부르지지며 : 부르짖[부르짖다, 吒 : 부르(부르다, 呼)- + 지지(지저귀다, 嚶)-]- + -며(연어, 나열)

9) 놉혼 : 놉ㅎ(← 높다 : 높다, 高)- + -∅(현시)- + -은(관전) ※ '놉혼'은 '노픈'의 /ㅍ/을 /ㅂ/과 /ㅎ/으로 재음소화하여 표기한 형태이다.

10) 대에 : 대(대, 대나무, 竹) + -에(부조, 위치)

11) ᄃᆞᆫ : ᄃᆞ(← ᄃᆞᆯ다 : 달다, 매달다, 縣)- + -∅(과시)- + -ㄴ(관전)

12) 후의는 : 후(후, 뒤, 後) + -의(-에 : 부조, 위치) + -는(보조사, 주제)

13) 반ᄃᆞ시 : [반드시, 必(부사) : 반ᄃᆞᆺ(반듯, 直 : 불어)- + -이(부접)]

14) 소리를 : 소리(소리, 聲) + -를(목조)

15) ᄯᅡ희 : ᄯᅡㅎ(땅, 地) + 의(-에 : 부조, 위치)

16) 업더지리니 : 업더지(엎드려지다, 엎어지다, 倒)- + -리(미시)- + -니(연어, 설명 계속, 이유)

그 부모의 마음이 어떠하랴? 너희가 부모 된 이도 있고 자제(子弟)가 된 이도 있으니, 내가 동동(憧憧)하여 하는 마음을 생각하여 보고, 그때에 경상(景狀)을 또 생각하여 보라. (사람들이) 모인 가운데 세 번 회시(回示)할 때에, 부모 형제(兄弟)는 발을 굴러 부르짖으며, (머리를) 높은 대나무에 단 후(後)에는 반드시 소리를 참고 땅에 엎어지리니, 그 경상(景狀)을 생각하니 어찌 잠을 자며 옥식(玉食)을 먹으리요?

내 무음도 이러호니 호믈며 그 부모 되니와 그 자뎨 되니야[17] 더욱 엇더호료 오호ㅣ라 희미호 둘과 흐린 구룸의 쳐풍[18]이 쇼슬홀[19] 째 사쟝[20]의 정법호[21] 넉순[22] 제 부모와 쳐즈[23]를 부르며[24] 내 엇지 금쥬령을 범호여 이 디경[25]에 니르뇨[26] 부모는 나를 싱각호며 쳐즈도 쏘호 싱각호느냐 호야 쳐창호[27] 말과 이원호[28] 소리는 듯지 못호는 가온대 사쟝의 은은호리니[29] 싱각이 이에 밋츠니[30] 내 마음이 쇠니[31]

---

17) 되니야 : 되(되다, 爲)- + -∅(과시)- + -ㄴ(관전) # 이(이, 人 : 의명) + -야(보조사, 한정 강조) ※ '-야'는 중세 국어에 쓰인 보조사인 '-사'가 변화한 형태이다.

18) 쳐풍 : 처풍(凄風). 쓸쓸한 바람이다.

19) 쇼슬홀 : 쇼슬호[소슬하다 : 쇼슬(소슬, 蕭瑟 : 명사) + -호(형접)-]- + -ㄹ(관전) ※ '쇼슬(蕭瑟)'은 으스스하고 쓸쓸한 것이다.

20) 사쟝 : 사장(死場). 사형장이다.

21) 정법호 : 정법호[정법하다 : 정법(정법, 正法 : 명사) + -호(동접)-]- + -∅(과시)- + -ㄴ(관전) ※ '정법(正法)'은 예전에 죄인을 사형에 처하던 것이다.

22) 넉순 : 넉(넋, 魂) + -운(보조사, 주제)

23) 쳐즈 : 처자(妻子), 처와 자식이다.

24) 부르며 : 부르(부르다 : 부르다, 呼)- + -며(연어, 나열) ※ '브르다〉부르다'의 변화는 원순 모음화가 적용된 결과이다.

25) 디경 : 지경(地境). '경우'나 '형편', '정도'의 뜻을 나타내는 의존 명사이다.

26) 니르뇨 : 니르(이르다, 至)- + -∅(과시)- + -뇨(-냐 : 의종, 판정)

27) 쳐창호 : 쳐창호[처창하다 : 쳐창(처창, 悽愴, 悽悵 : 명사)- + -호(형접)-]- + -∅(현시)- + -ㄴ(관전) ※ '쳐창(悽愴)'은 몹시 구슬프고 애달픈 것이다.

28) 이원호 : 이원호[애원하다 : 이원(애원, 哀怨 : 명사) + -호(형접)-]- + -∅(과시)- + -ㄴ(관전) ※ '이원(哀怨)'은 슬프게 원망하는 것이다.

29) 은은호리니 : 은은호[은은하다 : 은은(隱隱 : 명사) + -호(형접)-]- + -리(미시)- + -니(연어, 설명 계속) ※ '은은(隱隱)'은 소리가 아득하여 들릴 듯 말 듯한 것이다.

30) 밋츠니 : 밋츠(← 및다 : 미치다, 及)- + -으니(연어, 설명 계속, 이유) ※ '밋츠니'는 '미츠니'의 /ㅊ/를 'ㅊㅊ'으로 거듭 적은 형태이다.

31) 쇠니 : 쇠[쓰이다 : 스(쓰다)- + -ㅣ(← -이- : 피접)-]- + -니(연어, 설명 계속, 이유)

> 너희 무음이 홀노[32] 엇더호료

내 마음도 이러하니 하물며 그 부모(父母) 된 이와 그 자제(子弟) 된 이야 더욱 어떠하랴? 오호라, 희미한 달과 흐린 구름에 처풍(凄風)이 소슬(蕭瑟)할 때에, 사형장(死刑場)의 정법(正法)한 넋은 제 부모와 처자(妻子)를 부르며, "내 어찌 금주령(禁酒令)을 범(犯)하여 이 지경(地境)에 이르렀느냐? 부모는 나를 생각하며 처자도 또한 (나를) 생각하느냐?" 하여, 처창(悽愴)한 말과 애원(哀怨)한 소리는 듣지 못하는 가운데 사장(死場)에 은은하리니, 생각이 이에 미치니 내가 마음이 쓰이니, 너희 마음이 홀로 어떠하냐?

> 내 비록 어진 무음이 업고 어진 졍시[33] 업스나 그 ᄉᆞ오나온[34] 거슨 무음의 깁피[35] 경계ᄒᆞᄂᆞᆫ지라[36] 비록 ᄒᆞᄅᆞ사리[37] ᄀᆞᆺᄐᆞᆫ[38] 져근[39] 즘싱이나[40] 춤아 손으로 해홀 무음이 업고 ᄑᆞ리ᄂᆞᆫ[41] 셰간에 믜온[42] 즘싱이로ᄃᆡ[43] 혹 믈 그ᄅᆞᆺ싀[44] ᄲᅡ진[45] 양을 보면 부ᄃᆡ[46] 건져 그ᄂᆞᆯ애[47]

---

32) 홀노 : 홀노(← 홀로 : 홀로, 獨, 부사) ※ '홀노'는 '홀로'의 'ㄹㄹ'을 'ㄹㄴ'으로 표기한 형태이다.

33) 졍시 : 졍시(정사, 情思) + -ㅣ(←-이 : 주조) ※ '졍ᄉᆞ(靜思)'는 감정에 따라 일어나는 생각이다.

34) ᄉᆞ오나온 : ᄉᆞ오나오(← 사오납다, ㅂ불 : 사납다, 惡)- + -∅(현시)- + -ㄴ(←-은 : 관전)

35) 깁피 : 깁피[← 기피(깊이 : 부사) : 깁피(← 깊다 : 깊다, 深)- + -이(부접)] ※ '깁피'는 '기피'의 /ㅍ/을 'ㅂㅍ'으로 거듭 적은 형태이다.

36) 경계ᄒᆞᄂᆞᆫ지라 : 경계ᄒᆞ[경계하다 : 경계(경계, 警戒 : 명사) + -ᄒᆞ(동접)-]- + -ᄂᆞ(현시)- + -ㄴ지라(연어, 이유) ※ '경계ᄒᆞᄂᆞ디라〉경계ᄒᆞᄂᆞᆫ지라'는 /ㄷ/이 /ㅈ/으로 구개음화한 예이다.

37) ᄒᆞᄅᆞ사리 : ᄒᆞᄅᆞ사리[하루살이, 蜉 : ᄒᆞᄅᆞ(하루, 一日 : 명사) + 술(살다, 活 : 동사)- + -이(명접)] + -∅(←-이 : -와, 부조, 비교)

38) ᄀᆞᆺᄐᆞᆫ : ᄀᆞᆺᄐᆞ(← ᄀᆞᆮ다 : 같다, 同)- + -ᆫ(관전) ※ 'ᄀᆞᆺᄐᆞᆫ'은 'ᄀᆞᆮᄐᆞᆫ'의 /ㅌ/을 'ㅅㅌ'으로 거듭 적은 형태이다.

39) 져근 : 젹(작다, 小)- + -∅(현시)- + -은(관전)

40) 즘싱이나 : 즘싱(짐승, 獸) + -이나(보조사, 선택)

41) ᄑᆞ리ᄂᆞᆫ : ᄑᆞ리(파리, 蠅) + -ᄂᆞᆫ(보조사, 주제)

42) 믜온 : 믜오(← 믭다, ㅂ불 : 밉다, 憎)- + -∅(현시)- + -ㄴ(←-은 : 관전)

43) 즘싱이로ᄃᆡ : 즘싱(짐승, 獸) + -이(서조)- + -로ᄃᆡ(←-오ᄃᆡ : -되, 연어, 설명 계속)

44) 그ᄅᆞᆺ싀 : 그ᄅᆞᆺ(그릇, 皿) + -싀(-에 : 부조, 위치)

45) ᄲᅡ진 : ᄲᅡ지(빠지다, 沒)- + -∅(과시)- + -ㄴ(관전) ※ 'ᄲᅡ디다〉ᄲᅡ지다'는 /ㄷ/이 /ㅈ/으로 구개음화한 예이다.

46) 부ᄃᆡ : 부디, 꼭, 必(부사)

146   제2부 18세기 옛글

믈나⁴⁸⁾ ᄂᆞ는 양을 보며 길희⁴⁹⁾ 혹 개야미⁵⁰⁾를 드듸여도⁵¹⁾ 긔운⁵²⁾ 츨혀⁵³⁾ 긔ᄂᆞ⁵⁴⁾ 양을 본 후의야⁵⁵⁾ ᄆᆞᄋᆞᆷ이 눅으니 이 비록 져근 ᄆᆞᄋᆞᆷ이나 미ᄒᆞᆫ⁵⁶⁾ ᄃᆡ도 오히려 이러ᄒᆞ거든⁵⁷⁾ ᄇᆡᆨ슈 모년의⁵⁸⁾ 무슴 ᄯᅳᆺ으로 내 젹ᄌᆞ⁵⁹⁾를 효시코져⁶⁰⁾ ᄒᆞ리오

내가 비록 어진 마음이 없고 어진 정사(靜思)가 없으나, 그 사나운 것은 마음에 깊이 경계(警戒)하는지라, 비록 하루살이 같은 적은 짐승이나 차마 손으로 해(害)할 마음이 없고, 파리는 세간(世間)에 미운 짐승이로되, 혹 물 그릇에 빠진 양(樣)을 보면 반드시 건져 그늘에 말라 나는 양을 보며, 길에 혹 개미를 디디어도 (개미가) 기운(氣運)을 차려서 기는 양을 본 후에야 마음이 눅으니, 이것이 비록 적은 마음이나 미(微)한 데에도 오히려 이러하거늘, 백수(白壽) 모년(暮年)에 무슨 뜻으로 내가 적자(赤子)를 효시(梟示)하고자 하리요?

이러케⁶¹⁾ ᄌᆞ셰히⁶²⁾ 니ᄅᆞ지 아니ᄒᆞ야 십팔 일 후의 사장에 내 ᄇᆡᆨ셩의

---

47) 그늘애 : 그늘(그늘, 陰) + -애(-에 : 부조, 위치)

48) 믈나 : 믈ㄴ(← 믈ㄹ- ← ᄆᆞᄅᆞ다 : 마르다, 燥)- + -아(연어) ※ '믈나'는 '믈라'의 'ㄹㄹ'을 'ㄹ ㄴ'으로 표기한 형태이다.

49) 길희 : 길ㅎ(길, 路) + -의(-에 : 부조, 위치)

50) 개야미 : 개미, 蟻.

51) 드듸여도 : 드듸(디디다, 밟다, 踏)- + -여도(← -어도 : 연어, 양보)

52) 긔운 : 기운(氣運)

53) 츨혀 : 츨히(차리다, 覺)- + -어(연어)

54) 긔ᄂᆞ : 긔(기다, 匍)- + -ᄂᆞ(현시)- + -ㄴ(관전)

55) 후의야 : 후(후, 後) + -의(-에 : 부조, 위치) + -야(보조사, 한정 강조)

56) 미ᄒᆞᆫ : 미ᄒᆞᆫ[미하다, 미미하다 : 미(미, 微 : 불어) + -ᄒᆞ(형접)-]- + -Ø(현시)- + -ㄴ(관전)

57) 이러ᄒᆞ거든 : 이러ᄒᆞ[이러하다 : 이러(이러 : 불어) + -ᄒᆞ(형접)-]- + -거든(-ㄴ데 : 연어, 설명 계속)

58) 모년의 : 모년(모년, 暮年) + -의(-에 : 부조, 시간) ※ '모년(暮年)'은 나이가 들어 늙어 가는 시기이다.

59) 젹ᄌᆞ : 적자(赤子), 갓난아이이다. ※ 여기서 '적자(赤子)'는 임금이 갓난아이처럼 여겨 사랑한다는 뜻으로, 그 나라의 '백성(百姓)'을 이르던 말이다.

60) 효시코져 : 효시ᄒᆞ[← 효시ᄒᆞ다 (효시하다) : 효시(효시, 梟示 : 명사) + -ᄒᆞ(동접)-]- + -고져(-고자 : 연어, 의도) ※ '효시(梟示)'는 목을 베어 높은 곳에 매달아 놓아 뭇사람에게 보이는 것이다.

61) 이러케 : 이러ᄒᆞ[← 이러ᄒᆞ다(이러하다, 如此) : 이러(이러 : 불어) + -ᄒᆞ(형접)-]- + -게(연어,

마리를 들게 ᄒᆞ면 이는 너희 범ᄒᆞᆫ 거시 아니라 내 너희를 법의
ᄲᅡ지온[63] 거시니 오ᄂᆞᆯ[64] 니ᄅᆞ지 아니ᄒᆞ고 너희 만일 ᄌᆞ셰히 몰나[65]
법을 범ᄒᆞ면 내 빅슈 모년의 어ᄂᆡ[66] ᄂᆞᆾ츠로[67] 너희 모든 빅셩을
ᄃᆡᄒᆞ리오[68] 대져[69] 샹졍으로[70] 니ᄅᆞ면 너희 나라 법을 이대도록[71] 좃지[72]
아니ᄒᆞ니 둣다가[73] 뎡일[74] 후 ᄒᆞ나흘[75] 효시ᄒᆞ야 빅인[76]을 징계코져[77]
ᄒᆞᆯ 거시로ᄃᆡ[78] 이는 쾌ᄒᆞᆫ[79] ᄯᅳᆺ지라[80] 법은 비록 펴고 모든[81] 사름은

도달)

62) ᄌᆞ셰히 : [자세히(부사) : ᄌᆞ셰(자세, 仔細 : 명사) + -ᄒᆞ(←-ᄒᆞ- : 형접)- + -이(부접)]

63) ᄲᅡ지온 : ᄲᅡ지오[ᄲᅡ지게 하다 : ᄲᅡ지(ᄲᅡ지다, 陷)- + -오(사접)-]- + -∅(과시)- + -ㄴ(관전)

64) 오ᄂᆞᆯ : 오날(←오ᄂᆞᆯ : 오늘, 今日) ※ '오날'은 '오늘'의 오기이다. /·/의 소실로 인하여 '·'와 'ㅏ'의 표기를 혼기한 것으로 볼 수 있다.

65) 몰나 : 몰ㄴ(몰ㄹ-←모ᄅᆞ다 : 모르다, 無知)- + -아(연어) ※ '몰나'는 '몰라'의 'ㄹㄹ'을 'ㄹㄴ'으로 표기한 형태이다.

66) 어ᄂᆡ : 어ᄂᆡ(←어느 : 어느, 何, 관사)

67) ᄂᆞᆾ츠로 : ᄂᆞᆾ츠(←ᄂᆞᆾ : 낮, 面) + -ᄋᆞ로(부조, 방편) ※ 'ᄂᆞᆾ츠로'는 'ᄂᆞ츠로'의 /ㅊ/을 'ㅅㅊ'으로 거듭 적은 형태이다.

68) ᄃᆡᄒᆞ리오 : ᄃᆡᄒᆞ[대하다 : ᄃᆡ(대, 對 : 불어) + -ᄒᆞ(동접)-]- + -리(미시)- + -오(←-고 : 의종, 설명)

69) 대져 : 대저(大抵), 대체로 보아서(부사)

70) 샹졍으로 : 샹졍(상정, 常情 : 명사) + -으로(부조, 방편) ※ '샹졍(常情)'은 사람에게 공통적으로 있는 보통의 인정(人情)이다.

71) 이대도록 : 이토록, 이다지, 至是(부사) ※ 참고로 '이대도록'을 [이(이, 是 : 지대, 정칭) + 대(←ᄃᆡ : 데, 것, 의명) + -도록(보조사▷부접)]과 같이 분석할 가능성이 있다.

72) 좃지 : 좃(←좃다 : 좇다, 從)- + -지(연어, 부정) ※ '좃디〉좃지'는 /ㄷ/이 /ㅈ/으로 구개음화한 예이다.

73) 둣다가 : 두(두다, 置)- + -ㅅ(←-엇- : 완료)- + -다가(연어, 전환) ※ '두어 잇다가〉뒷다가〉둣다가'의 형태로 변화했다.

74) 뎡일 : 정일(定日). 날짜를 정하다.

75) ᄒᆞ나흘 : ᄒᆞ나ᄒᆞ(←ᄒᆞ나ᄒᆞ : 하나, 一, 수사, 양수) + -을(목조) ※ 'ᄒᆞ나흘'은 'ᄒᆞ나흘'의 /ㄴ/을 'ㄴㄴ'으로 거듭 적은 형태이다.

76) 빅인 : 백인(百人). 백 사람이다.

77) 징계코져 : 징계ᄒᆞ[←징계ᄒᆞ다 : 징계(징계, 懲戒 : 명사) + -ᄒᆞ(←-ᄒᆞ- : 동접)-]- + -고져(-고자 : 연어, 의도)

78) 거시로ᄃᆡ : 것(것 : 의명) + -이(서조)- + -로ᄃᆡ(←-오ᄃᆡ : -되, 연어, 설명 계속)

79) 쾌ᄒᆞᆫ : 쾌ᄒᆞ[쾌하다 : 쾌(쾌, 快 : 불어)- + -ᄒᆞ(형접)-]- + -∅(현시)- + -ㄴ(관전) ※ '쾌(快)'는 원래 하는 짓이 시원스럽다는 뜻으로 쓰인 말인데, 여기서는 '간명하고 손쉽다'의 뜻으로 쓰였다.

80) ᄯᅳᆺ지라 : ᄯᅳᆺᄌ(←ᄯᅳᆮ : 뜻, 意) + -이(서조)- + -라(←-라 : 연어, 이유) ※ 'ᄯᅳᆺ지라'는 구개음

> 서로 보와[82] 나라 법은 잇다 ᄒᆞ려니와[83] 내 엇지 ᄎᆞᆷ아 늘근 후 정ᄉᆞ[84]를 다시 ᄒᆞᄂᆞᆫ 가온대 ᄒᆞᆫ 쾌ᄒᆞᆫ ᄆᆞᄋᆞᆷ으로 내 젹ᄌᆞ의게[85] 펴리오

이렇게 자세(仔細)히 이르지 아니하여, 십팔 일(日) 후(後)에 사장(死場)에 내 백성(百姓)의 머리를 달게 하면, 이는 너희가 (죄를) 범(犯)한 것이 아니라 내가 너희를 법(法)에 빠지게 한 것이니, (내가) 오늘 (너희에게 법을) 이르지 아니하고 너희가 만일 자세히 몰라서 법을 범하면, 내가 백수(白壽) 모년(暮年)에 어느 낯으로 너희 모든 백성을 대(對)하리요? 대저(大抵) 상정(常情)으로 이르면, 너희가 나라의 법을 이처럼 좇지 아니하니, (그들을 내버려) 두었다가 정일(定日)한 후에 하나를 효시(梟示)하여 백인(百人)을 징계(懲戒)하고자 할 것이로되, 이는 쾌(快)한 뜻이라서 법은 비록 펴고 (형장에) 모인 사람은 서로 보아서 "나라의 법은 있다."고 할 것이지만, 내가 어찌 차마 늙은 후에 정사(政事)를 다시 하는 가운데 한 쾌(快)한 마음으로 나의 적자(赤子)에게 (정사를) 펴리요?

> 그러모로[86] 탄일[87]이 ᄒᆞᄅᆞᆺ밤이 ᄀᆞ리왓고[88] 녯날을[89] 싱각ᄒᆞᆸᄂᆞᆫ[90] ᄆᆞᄋᆞᆷ이 근졀ᄒᆞ되[91] ᄎᆞᆷ아 자지 못ᄒᆞ야 불너 쓰이니[92] 젼의[93] 하교ᄒᆞᆫ 거슬 비록

화에 따라서 '쓰디라'가 '쓰지라'로 변화한 다음에, /ㅈ/을 'ㅅㅈ'으로 거듭 적은 형태이다.

81) 모든 : 몯(모이다, 集)- + -Ø(과시)- + -은(관전) ※ '모든'은 '형장에 모인'의 뜻을 나타낸다.

82) 보와 : 보오(← 보다 : 보다, 見)- + -아(연어) ※ '보와'는 '보아'를 오각한 형태이다.

83) ᄒᆞ려니와 : ᄒᆞ(하다, 爲)- + -리(미시)- + -어니와(← -거니와 : 연어, 인정 반전)

84) 졍ᄉᆞ : 정사(政事). 정치 또는 행정상의 일이다.

85) 젹ᄌᆞ의게 : 젹ᄌᆞ(적자, 갓난아기, 백성, 赤子) + -의게(-에게 : 부조, 상대) ※ '젹자(赤子)'는 임금이 갓난아이처럼 여겨 사랑한다는 뜻으로, 그 나라의 '백성'을 이르던 말이다.

86) 그러모로 : [그러므로, 故(부사) : 그러(불어) + -Ø(← -ᄒᆞ- : 형접)- + -모로(← -ᄆᆞ로 : 연어 ▷ 부접)]

87) 탄일 : 탄일(誕日), 탄생일(생일)이다.

88) ᄀᆞ리왓고 : ᄀᆞ리오(가리다, 蔽)- + -앗(완료)- + -고(연어, 나열, 계기) ※ 이 구절은 '탄생일이 하룻밤 남았다는 뜻'을 비유적으로 한 말이다. 이 단어의 형태는 'ᄀᆞ리ᄫᆞ다〉ᄀᆞ리오다'로 변화했다. 여기서는 'ᄀᆞ리왓고'를 '남았고'로 의역하여 옮긴다.

89) 녯날을 : 녯날[예날, 昔日 : 녜(예전, 昔) + -ㅅ(사잇) + 날(날, 日)] + -을(목조)

90) 싱각ᄒᆞᆸᄂᆞᆫ : 싱각ᄒᆞ[생각하다 : 싱각(생각 : 명사) + -ᄒᆞ(동접)-]- + -ᄋᆞᆸ(공손)- + -ᄂᆞ(현시)- + -ㄴ(관전)

91) 근졀ᄒᆞ되 : 근졀ᄒᆞ[간절하다 : 근졀(간절, 懇切 : 명사) + -ᄒᆞ(동접)-]- + -되(연어, 설명 계속)

92) 쓰이니 : 쓰이[쓰게 하다 : 쓰(쓰다, 書)- + -이(사접)-]- + -니(연어, 설명 계속)

언문으로 번역ᄒ야 반포ᄒ야시나⁹⁴⁾ 서어ᄒ⁹⁵⁾ 하교를 설게⁹⁶⁾ 번역ᄒᆯ 제 엇지 ᄌ셰ᄒ며⁹⁷⁾ ᄎᄎ⁹⁸⁾ 벗겨⁹⁹⁾ 뵐¹⁾ 제 ᄯ 엇지 ᄲ진 거시 업ᄉ랴²⁾ 그러모로 이 번은 교셔관으로³⁾ 박아⁴⁾ 반포ᄒ니 글ᄌㅣ⁵⁾ 분명ᄒ야 비록 언문션류라도⁶⁾ 가히 아라볼 거시니 이러ᄒ 후의 너희 혹 범ᄒ면 비록 사쟝에 효시ᄒ 넉신들⁷⁾ 엇지 감히 나를 원ᄒ며⁸⁾ 그 부모 되니와⁹⁾ 쳐ᄌ¹⁰⁾ 되인들¹¹⁾ ᄯ 엇지 감히 나를 원ᄒ랴

그러므로 탄일(誕日)이 하룻밤이 남았고 옛날을 생각하는 마음이 간절(懇切)하되, 차마 자지 못하여 (신하를) 불러 (이 글을) 쓰게 하니, 전(前)에 하교(下敎)한 것을 비록

---

93) 젼의 : 젼(전, 앞, 前) + -의(-에 : 부조, 위치)

94) 반포ᄒ야시나 : 반포ᄒ[반포하다 : 반포(반포, 頒布 : 명사) + -ᄒ(동접)-] + -야시(← -아시-: -였-, 완료) + -나(연어, 대조) ※ 이 글에 앞서 영조(英祖)는 1757년(영조 33년)에 『계주윤음』(戒酒綸音)을 지어서 문무 백관(百官)에게 술을 금한 바가 있다.

95) 서어ᄒ : 서어ᄒ[성기다, 엉성하다 : 서어(서어, 齟齬, 鉏鋙 : 명사) + -ᄒ(형접)-] + -Ø(현시)- + -ㄴ(관전)

96) 설게 : 설(설다 : 형사)- + -게(연어, 사동) ※ '설다'는 빈틈이 있고 서투른 것이다.

97) ᄌ셰ᄒ며 : ᄌ셰ᄒ[자세하다 : ᄌ셰(자세, 仔細 : 명사) + -ᄒ(형접)-] + -며(연어, 나열)

98) ᄎᄎ : 차차(次次), 점차(부사)

99) 벗겨 : 벗기(베끼다, 寫)- + -어(연어)

1) 뵐 : 뵈[보이다, 示 : 보(보다, 見 : 타동)- + -ㅣ(← -이- : 사접)-] + -ㄹ(관전)

2) 업ᄉ랴 : 없(없다, 無)- + -ᄋ랴(의종, 판정, 미시, 설의)

3) 교셔관 : 교서관(校書館). 조선 시대에 경서(經書)의 인쇄나 교정, 향축(香祝), 인전(印篆) 따위를 맡아보던 관아이다.

4) 박아 : 박(박다, 印)- + -아(연어) ※ '박다'는 인쇄물이나 사진을 찍는 것이다.

5) 글ᄌㅣ : 글ᄌ(글자, 字) + -ㅣ(← -이 : 주조)

6) 언문션류라도 : 언문션류[언문션류 : 언문(언문, 諺文) + -션(선, 選 : 접미) + -류(-류 : 類, 접미)] + -라도(보조사, 선택) ※ '언문션류(諺文選類)'는 어떠한 언문에서 가려 뽑아서 지은 글이다.

7) 넉신들 : 넋(넋, 魂) + -인들(보조사, 양보)

8) 원ᄒ며 : 원[원망하다 : 원(원, 怨 : 명사) + -ᄒ(동접)-] + -며(연어, 나열)

9) 되니와 : 되(되다, 爲)- + -Ø(과시)- + -ㄴ(관전) # 이(이, 人 : 의명) + -와(← -과 : 접조)

10) 쳐ᄌ : 처자(妻子)

11) 되인들 : 되(되다, 爲)- + -Ø(과시)- + -ㄴ(관전) # 이(이, 人 : 의명) + -ㄴ들(← -인들 : 보조사, 양보) ※ '되인들'은 '되닌들'의 오기이다. 보조사 '-인들'은 [-이(서조)- + -ㄴ들(연어 ▷ 조접)]의 방식으로 형성된 파생 연결 어미이다.

언문(諺文)으로 번역(飜譯)하여 반포(頒布)하였으나, 엉성한 하교(下敎)를 서툴게 번역할 때에 (글의 내용이) 어찌 자세(仔細)하며, 차차 (이 글을 다른 이에게) 베껴(寫) 보일 때에 또 어찌 빠진 것이 없으랴? 그러므로 이번은 교서관(校書館)으로 박아 반포하니, 글자가 분명(分明)하여 비록 언문선류(諺文選類)라도 가(可)히 알아볼 것이니, 이러한 후에 너희가 혹 (음주의 죄를) 범하면, 비록 사장(死場)에 효시(梟示)한 넋인들 어찌 감히 나를 원망(怨望)하며, 그 부모가 된 이와 처자(妻子)가 된 이인들 또 어찌 감히 나를 원망(怨望)하랴?

차홉다¹²⁾ 너희 등이¹³⁾ 혜여¹⁴⁾ 보라 빅슈의 늘근 부모를 ᄆᆞᅀᆞᆷ을 쓰게 ᄒᆞᄂᆞᆫ 거시 올ᄒᆞ냐¹⁵⁾ 칠슌¹⁶⁾ 갓가온¹⁷⁾ 부모를 ᄆᆞᅀᆞᆷ을 쓰게 ᄒᆞᄂᆞᆫ 거시 올ᄒᆞ냐 탄일이 밤이 ᄀᆞ린 부모를 줌자기를 닛고 잇ᄉᆞ지¹⁸⁾ ᄆᆞᅀᆞᆷ 쓰게 ᄒᆞᄂᆞᆫ 거시 올ᄒᆞ냐 ᄯᅩᄒᆞᆫ 이번 효시만 면ᄒᆞ야¹⁹⁾ 하교를 좃다²⁰⁾ 말나²¹⁾ 죠션의²²⁾ 술이 업지²³⁾ 아닌²⁴⁾ 젼은²⁵⁾ 이 ᄆᆞᅀᆞᆷ이 눅지 아니ᄒᆞᆯ 거시니 샹례²⁶⁾ 도리로 니르리라 조션²⁷⁾ 졔ᄉᆞ의²⁸⁾ 술을 쓰지 아니ᄒᆞ며 그

---

12) 차홉다 : 차홉[차홉다, 슬프다(감사) : 차(차, 嗟 : 불어) + -ᄒᆞ(형접)- + -옵(공손)- + -다(평종)] ※ '차홉다'는 주로 글에서 매우 슬퍼 탄식할 때 쓰는 감탄사이다.

13) 등이 : 등(등, 等 : 의명) + -이(주조)

14) 혜여 : 혜(헤아리다, 量)- + -여(←-어 : 연어)

15) 올ᄒᆞ냐 : 옳(옳다, 是)- + -Ø(현시)- + -으냐(-으냐 : 의종, 판정)

16) 칠슌 : 칠순(七旬). 사람의 나이 일흔 살을 이른다.

17) 갓가온 : 갓가오(← 갓갑다, ㅂ불 : 가깝다, 近)- + -ㄴ(←-은 : 관전)

18) 잇ᄉᆞ지 : 이(이, 此 : 지대, 정칭) + -ㅅᄉᆞ지(←ᄉᆞ지 : -까지, 보조사, 도달) ※ '잇ᄉᆞ지'는 '이까지'를 거듭 적은 형태인데, 문맥을 감안하여 '이토록'으로 옮긴다.

19) 면ᄒᆞ야 : 면ᄒᆞ[면하다 : 면(면, 免 : 불어) + -ᄒᆞ(동접)-]- + -야(←-아 : 연어)

20) 좃다 : 좃(← 좃다 : 좇다, 從)- + -Ø(과시)- + -다(평종)

21) 말나 : 말(← 말다 : 말다, 勿, 보용, 부정)- + -나(←-라 : 명종) ※ '하교를 좃다 말나'는 '하교를 좇았다고 하지 말라.'로 옮긴다. '말나'는 '말라'의 'ㄹㄹ'를 'ㄹㄴ'으로 표기한 형태이다.

22) 죠션의 : 죠션(조선, 朝鮮) + -의(-에 : 부조, 위치)

23) 업지 : 업(← 없다 : 없어지다, 無)- + -지(연어, 부정) ※ '업디>업지'는 /ㄷ/가 /ㅈ/로 구개음화한 예이다.

24) 아닌 : 아니[← 아니ᄒᆞ다(보용, 부정) : 아니(부사, 부정) + -Ø(←-ᄒᆞ- : 형접)-]- + -Ø(과시)- + -ㄴ(관전) ※ '아닌'은 '아니ᄒᆞᆫ'을 오기한 형태이다.

25) 젼은 : 젼(전, 前) + -은(보조사, 주제) ※ 여기서 '죠션의 술이 업지 아닌 젼은'을 직역하면 '조선에 술이 없어지지 아니한 전(前)에는'이 된다. 이 구절을 의역하면 '조선에 술이 있는 한에는'으로 의역하여 옮길 수 있다.

조손²⁹⁾을 방ᄌᆞ히³⁰⁾ 먹게 ᄒᆞ는 거시 효라³¹⁾ 니ᄅᆞ며 ᄌᆞ손 되엿는 인들³²⁾ 그 조선 졔ᄉᆞ의 아듕³³⁾ ᄡᅳ는 술을 방ᄌᆞ히 먹으면 이는 금슈³⁴⁾의 ᄆᆞᆷ이니 사름이라³⁵⁾ 니ᄅᆞ랴³⁶⁾

슬프다. 너희 등(等)이 헤아려 보라. 백수(白壽)의 늙은 부모(父母)를 마음을 쓰게 하는 것이 옳으냐? 칠순(七旬) 가까운 부모를 마음을 쓰게 하는 것이 옳으냐? 탄일(誕日)이 하룻밤 남은 부모가 잠자기를 잊고 이토록 마음을 쓰게 하는 것이 옳으냐? 또한 이번 효시(梟示)만 면(免)하여, "하교(下敎)를 좇았다."고 (하지) 말라. 조선(朝鮮)에 술이 있는 한에는 이 마음이 눅지 아니할 것이니, 항상 도리(道理)로 이르리라. (앞에 내린 금주령에 따라서) 조선(祖先)의 제사(祭祀)에 술을 쓰지 아니하면서도, 그 자손(子孫)을 방자(放恣)하게 (술을) 먹게 하는 것이 효(孝)이라고 이르며, 자손 된 이(者)인들 그 조선(祖先) 제사의 아준(亞樽)에 쓰는 술을 방자하게 먹으면, 이는 금수(禽獸)의 마음이니 (어찌) 사람이라고 이르랴?

오호 ㅣ라 이 술을 먹어 그 오래 살기 비록 핑조³⁷⁾와 ᄀᆞ고³⁸⁾ 이

---

26) 샹례 : 샹례(← 샹녜, 常例). 늘, 항상(부사)

27) 조선 : 조선(祖先), 조상.

28) 졔ᄉᆞ의 : 졔ᄉᆞ(제사, 祭祀) + -의(-에 : 부조, 위치)

29) ᄌᆞ손 : 자손(子孫)

30) 방ᄌᆞ히 : [방자하게(부사) : 방ᄌᆞ(방자, 放恣) + -ᄒᆞ(←-ᄒᆞ- : 형접)- + -이(부접)]

31) 효라 : 효(효, 孝) + -∅(←-이- : 서조)- + -∅(현시)- + -라(←-다 : 평종) ※ '효라'는 중세국어에서는 '회라'로 표기되었다.

32) 되엿는 인들 : ① 되(되다, 爲)- + -엿(←-엇- : 완료)- + -ᄂᆞ(현시)- + -ㄴ(관전) # 이(이, 者 : 의명) + -인들(보조사, 양보) ② 되(되다, 爲)- + -엿(←-엇- : 완료)- + -ᄂᆞ(현시)- + -ㄴ(관전) # 인들[사람들 : 인(인, 人 : 명사) + -들(복접)]

33) 아듕 : 아준(亞樽), '亞' 자 모양의 무늬가 있는 술통이다.

34) 금슈 : 금수(禽獸). 날짐승과 길짐승이라는 뜻으로, 행실이 아주 더럽고 나쁜 사람을 비유적으로 이르는 말이다.

35) 사름이라 : 사름(사람, 人) + -이(서조)- + -∅(현시)- + -라(←-다 : 평종)

36) 니ᄅᆞ랴 : 니ᄅᆞ(이르다, 말하다, 曰)- + -랴(의종, 판정, 미시, 설의)

37) 핑조 : 팽조(彭祖). 800년이나 살았다고 하는 중국 전설 속의 인물이다. 팽조가 실제로 800년을 살았다고 하는 것은 고증할 수 없으나, 중국 다수의 역사서에 팽조에 대한 언급이 있다.

38) ᄀᆞ고 : ᄀᆞᆮ(← ᄀᆞᆮ다 : 같다, 如)- + -고(연어, 나열) ※ 'ᄀᆞ고'는 종성 /ㄷ/을 'ㅅ'으로 표기한 형태이다.

술을 파라[39] 그 가음여름이[40] 비록 셕슝[41]과 ᄀᆞᆺ튼들[42] 춤아 그 군부[43]를 니즈며[44] ᄯᅩ 춤아 그 부모 쳐ᄌᆞ를 큰 률의[45] ᄲᅡ지오랴[46] 너희ᄂᆞᆫ 이 거시 즐겨 범ᄒᆞᄂᆞᆫ 거시 아니라 ᄯᅩ 싱애에[47] 마지 못ᄒᆞ야 ᄒᆞ다[48] 니르지 말나[49] 비록 싱앤들[50] ᄯᅩ혼 홀 도리 만ᄒᆞ니[51] 엇지 니의[52] 만ᄒᆞ며 져그믈 니르랴 져근 니를 탐ᄒᆞ야 큰 법에 ᄲᅡ지ᄂᆞᆫ 거시 어늬가[53] 니ᄒᆞ며 어늬가 경ᄒᆞ니[54]

오호라. 이 술을 먹어 그 오래 살기가 비록 팽조(彭祖)와 같고, 이 술을 팔아 그 부유함이 비록 석숭(石崇)과 같은들, 차마 그 군부(君父)를 잊으며, 또 차마 그 부모(父母)와 처자(妻子)를 큰 율(律)에 빠지게 하랴? 너희는 이것이 즐겨 범(犯)하는 것이 아니라, 또 생계(生計)로 마지 못하여 했다고 이르지 말라. 비록 생계인들 또한 할

---

39) 파라 : 폴(팔다, 賣)- + -아(연어)

40) 가음여름이 : 가음열(가멸다, 부유하다, 富)- + -음(명전) + -이(주조)

41) 셕슝 : 석숭(石崇). 중국 서진(西晉)의 부호(富豪)(249~300)이다. 형주(荊州) 자사(刺史)를 지냈으며, 항해와 무역으로 거부가 되었다.

42) ᄀᆞᆺ튼들 ; ᄀᆞᆺ튼(← ᄀᆞᆮ다 : 같다, 如)- + -은들(연어, 양보) ※ 'ᄀᆞᆺ튼들'은 'ᄀᆞᄐᆞᆫ들'의 /ㅌ/을 'ㅅ ㅌ'으로 거듭 적은 형태이다.

43) 군부 : 군부(君父). 임금과 아버지를 아울러 이르는 말이다.

44) 니즈며 : 닞(잊다, 忘)- + -ᄋᆞ며(연어, 나열)

45) 률의 : 률(율, 법, 律) + -의(-에 : 부조, 위치) ※ '률(律)'은 형법(刑法)을 이른다.

46) ᄲᅡ지오랴 : ᄲᅡ지오[빠뜨리다 : ᄲᅡ지(빠지다, 陷)- + -오(사접)-]- + -랴(의종, 판정, 미시) ※ 'ᄲᅡ디오랴'ᄲᅡ지오랴'는 /ㄷ/이 /ㅈ/으로 구개음화한 예이다.

47) 싱애에 : 싱애(생애, 生涯) + -에(부조, 이유) ※ '싱애에'는 문맥상 '생계(生計)'로 옮긴다.

48) ᄒᆞ다 : ᄒᆞ(하다, 爲)- + -∅(과시)- + -다(평종)

49) 말나 : 말(말다, 勿 : 보용, 부정, 금지)- + -나(←-라 : 명종, 아주 낮춤) ※ '말나'는 '말라'의 'ㄹㄹ'를 'ㄹㄴ'으로 표기한 형태이다. ※ "싱애에 마지 못ᄒᆞ야 ᄒᆞ다 말나"는 '생계의 수단으로 마지 못하여 하였다고 말하지 말라.'는 뜻이다.

50) 싱앤들 : 싱애(생애, 생계, 生涯) + -인들(연어, 양보)

51) 만ᄒᆞ니 : 만ᄒᆞ(많다, 多)- + -니(연어, 설명 계속, 이유)

52) 니의 : 니(이, 이익, 利) + -의(관조) ※ '리의'니의의 변화는 'ㄹ' 두음 법칙이 적용된 결과이다.

53) 어늬가 : 어늬(← 어느 : 무엇, 何, 지대, 미지칭) + -가(주조) ※ /j/로 끝나는 체언 뒤에서 주격 조사의 형태로 '-가'가 쓰였다. 그리고 '어늬'는 미지칭의 관형사로 쓰이는 것이 일반적이다. 그러나 여기서는 그 뒤에 주격 조사 '-가'가 실현되었으므로, 지시 대명사로 처리하여 '무엇'으로 옮긴다.

54) 경ᄒᆞ니 : 경ᄒᆞ[경하다, 죄가 가볍다 : 경(경, 輕 : 불어) + -ᄒᆞ(형접)-]- + -니(의종, 반말) ※ '경(輕)'은 형벌 따위가 그다지 대단하지 않은 것이다.

도리(道理)가 많으니, 어찌 이익(利益)이 많으며 적음을 이르랴? 적은 이익을 탐(貪)하여 큰 법(法)에 빠지는 것이, 무엇이 이익(利益)이 되며 무엇이 (죄가) 경(輕)하냐?

내 비록 덕이 업스나 이 ᄀᆞ튼⁵⁵⁾ 거슨 ᄒᆞᆫ 호령의⁵⁶⁾ 가히 금홀 거시로ᄃᆡ⁵⁷⁾ 심ᄒᆞ다 슬이며⁵⁸⁾ 심ᄒᆞ다 슬이여⁵⁹⁾ ᄇᆡ셩이 죵 되기를 도라보지 아니ᄒᆞ고 사쟝의 마리 ᄃᆞᆯ니기를⁶⁰⁾ 져허⁶¹⁾ 아니ᄒᆞ니 그 엇진⁶²⁾ ᄆᆞᆷ이며 그 엇진 ᄆᆞᆷ고⁶³⁾ 이를 죵시⁶⁴⁾ 금치⁶⁵⁾ 못ᄒᆞ면 다른 날 졀ᄒᆞ올⁶⁶⁾ ᄂᆞᆺ치⁶⁷⁾ 업고 오늘날 ᄇᆡ셩 살올⁶⁸⁾ 도리 업스모로⁶⁹⁾ 이 ᄀᆞᆺ게⁷⁰⁾ 여러 슌⁷¹⁾ 니ᄅᆞ니 이 글은 이젼⁷²⁾ 범연히⁷³⁾ 번역ᄒᆞᆫ 글과 다ᄅᆞ니 너희 보기 어렵지

---

55) ᄀᆞ튼 : ᄀᆞᇀ(← ᄀᆞᆮ다 : 같다, 如)- + -Ø(현시)- + -은(관전) ※ 'ᄀᆞ튼'은 'ᄀᆞᇀᄋᆞᆫ'의 /ㅌ/을 'ㅅㅌ'으로 거듭 적은 형태이다.

56) 호령의 : 호령(호령, 號令) + -의(-에 : 부조, 위치, 방편) ※ '호령(號令)'은 부하나 동물 따위를 지휘하여 명령하는 것이나, 또는 그 명령이다. 또는 큰 소리로 꾸짖는 것이다.

57) 거시로ᄃᆡ : 것(것 : 의명) + -이(서조)- + -로ᄃᆡ(← -오ᄃᆡ : -되, 연어, 설명 계속)

58) 슬이며 : 슬(술, 酒) + -이며(← -이여 : 호조, 예사 높임, 영탄) ※ '-이며'는 영탄의 뜻을 나타내는 호격 조사인 '-이여'를 오각한 형태이다.

59) 슬이여 : 슬(술, 酒) + -이여(호조, 예사 높임, 영탄)

60) ᄃᆞᆯ니기를 : ᄃᆞᆯ니[← ᄃᆞ리다(달리다) : ᄃᆞᆯ(달다, 懸)- + -니(← -리- ← -이- : 피접)-]- + -기(명전) + -를(목조) ※ 'ᄃᆞᆯ니기를'은 'ᄃᆞ리기를'의 'ㄹㄹ'을 'ㄹㄴ'으로 표기한 형태이다.

61) 져허 : 졓(두려워하다, 畏)- + -어(연어)

62) 엇진 : 엇지[← 엇지ᄒᆞ다(어찌하다) : 엇지(어찌, 何 : 부사) + -Ø(← -ᄒᆞ- : 동접)]- + -Ø(과시)- + -ㄴ(관전) ※ '엇딘〉엇진'은 /ㄷ/이 /ㅈ/으로 구개음화한 예이다.

63) ᄆᆞᆷ고 : ᄆᆞᆷ(마음, 心 : 명사) + -고(-인가 : 보조사, 의문, 설명)

64) 죵시 : 죵시(終始), 끝내(부사)

65) 금치 : 금ᄒᆞ[← 금ᄒᆞ다 : 금(금, 禁 : 불어) + -ᄒᆞ(동접)-]- + -지(연어, 부정) ※ '금티〉금치'는 /ㅌ/이 /ㅊ/으로 구개음화한 예이다.

66) 졀ᄒᆞ올 : 졀ᄒᆞ[졀하게 하다, 切 : 졀(졀, 切 : 불어) + -ᄒᆞ(동접)- + -오(사접)-]- + -ㄹ(관전) ※ '졀(切)ᄒᆞ오다'는 '졀ᄒᆞ다'의 사동사로서 어떠한 일을 끊게 하는 것이다.

67) ᄂᆞᆺ치 : ᄂᆞᆺᄎ(← ᄂᆞᆾ : 낯, 面) + -이(주조) ※ 'ᄂᆞᆾ'은 남을 대하는 체면이나 명분이다. 그리고 'ᄂᆞᆺ치'는 'ᄂᆞᆾ이'의 /ㅊ/을 'ㅅㅊ'으로 거듭 적은 형태이다.

68) 살올 : 살오[살리다, 活 : 살(살다, 生)- + -오(사접)-]- + -ㄹ(관전)

69) 업스모로 : 없(없다, 無)- + -ᄋᆞ모로(← -으므로 : 연어, 이유)

70) ᄀᆞᆺ게 : ᄀᆞᆺ(← ᄀᆞᆮ다 : 같다, 如)- + -게(연어, 도달) ※ 'ᄀᆞᆺ게'는 종성 /ㄷ/을 'ㅅ'으로 표기한 형태이다.

71) 슌 : 슌(順), 차례, 번(의명)

72) 이젼 : 이전(以前)

73) 범연히 : [범연히(부사) : 범연(泛然 : 불어) + -ᄒᆞ(← -ᄒᆞ- : 형접)- + -이(부접)] ※ '범연(泛

아니ᄒ고 ᄯᅩ 가히 잠심ᄒᆞᆯ지라[74] 내 빅셩과 내 빅셩은 그 감동ᄒ며 감동ᄒᆞᆯ지어다[75]

내가 비록 덕(德)이 없으나 이같은 것은 한 호령(號令)에 가히 금(禁)할 것이로되, 심(甚)하다 슬이여! 심(甚)하다 슬이여! 백성(百姓)이 종이 되기를 돌아보지 아니하고 사장(死場)에 머리가 (매)달리기를 두려워 아니하니, 그 어떤 마음이며 그 어떤 마음인가? 이를 종시(終始)에 금(禁)하지 못하면 다른 날에 절(切)할 낯이 없고 오늘날 백성(百姓)을 살릴 도리(道理)가 없으므로 이 같이 여러 순(順)으로 이르니, 이 글은 이전(以前)에 범연(泛然)히 번역(飜譯)한 글과 다르니, 너희가 보기 어렵지 아니하고 또 가히 잠심(潛心)할지라. 내 백성과 내 백성은 그 감동하며 감동할지라.

임오[76] 구월십이 일 불너[77] 쓰이니[78] 경고가[79] 거의 이경[80]이 넘엇더라[81]

임오년(壬午年) 구월십이(九月十二) 일(日)에 (이 글을) 불러서 (신하에게) 쓰게 하니, 경고(更鼓)가 거의 이경(二更)이 넘었더라.

然)'은 성질이 꼼꼼하지 않아 행동이 신중하거나 조심스럽지 않은 모양을 이른다.
74) 잠심ᄒᆞᆯ지라 : 잠심ᄒ[잠심하다 : 잠심(잠심, 潛心 : 명사) + -ᄒ(동접)-]- + -ㄹ지라(-ㄹ 것이다 : 평종, 당위) ※ '잠심(潛心)'은 어떤 일에 마음을 두어 깊이 생각하는 것이다. ※ '-ㄹ지라'는 '-ㄹ 것이다'의 뜻을 나타내는 평서형 종결 어미인데 '당위성'의 뜻이 있으므로 명령형 종결 어미의 기능을 겸한다. ※ '잠심ᄒᆞᆯ디라〉잠심ᄒᆞᆯ지라'는 /ㄷ/이 /ㅈ/으로 구개음화한 예이다.
75) 감동ᄒᆞᆯ지어다 : 감동ᄒ[감동하다 : 감동(감동, 感動 : 명사) + -ᄒ(동접)-]- + -ㄹ지어다(-ㄹ 것이다 : 평종, 당위, 명종) ※ '-ㄹ지어다'는 '-ㄹ지라'에 확인 표현의 선어말 어미인 '-어-'가 실현된 형태이다. ※ '감동ᄒᆞᆯ디어다〉감동할지어다'는 /ㄷ/이 /ㅈ/으로 구개음화한 예이다.
76) 임오 : 임오년(壬午年). 여기서는 1762년(영조 38년)이다.
77) 불너 : 불ᄂ(← 불ᄅ- : 부르다, 讀)- + -어(연어) ※ '불너'는 '불러'의 'ㄹㄹ'을 'ㄹㄴ'으로 표기한 형태이다.
78) 쓰이니 : 쓰이[쓰게 하다 : 쓰(쓰다, 書)- + -이(사접)-]- + -니(연어, 설명 계속) ※ "불너 쓰이니"는 영조가 구술한 경민음(警民音)의 내용을 신하에게 쓰게 하였다고 하는 뜻이다.
79) 경고가 : 경고(경고, 更鼓) + -가(주조) ※ '경고(更鼓)'는 밤에 시각을 알리려고 치던 북이다. 밤의 시간을 초경(初更), 이경(二更), 삼경(三更), 사경(四更), 오경(五更)으로 나누어 시각마다 관아에서 북을 쳐 알렸다. 모음으로 끝난 체언 뒤에 주격 조사의 형태로 '-가'가 쓰였다.
80) 이경 : 이경(二更). 하룻밤을 오경(五更)으로 나눈 시각의 동안으로서, 밤 아홉 시부터 열한 시 사이이다.
81) 넘엇더라 : 넘(넘다, 越)- + -엇(완료)- + -더(회상)- + -라(← -다 : 평종)

2. 동명일기

의유당(意幽堂, 1727~1823)은 『의유당유고』(意幽堂遺稿)라는 문집을 남긴 조선 후기 여류 문인이다. 본관은 의령(宜寧)이며 성은 남씨(南氏), 당호는 의유당(意幽堂)이다.

종래에는 의유당을 김반(金盤)의 딸이며 순조 때에 함흥판관을 지낸 이희찬(李義贊)의 부인 연안 김씨(延安 金氏, 1765~1792)로 추정하였다. 그러나 부산대학교의 류탁일 교수가 연안 김씨가 의유당이라는 주장은 잘못이고, 실제의 의유당은 신대손(申大孫)의 부인인 의령 남씨(宜寧南氏)인 것으로 주장하였다.

류탁일 교수에 따르면 『의유당관북유람일기』(意幽堂關北遊覽日記)는 1772년(영조 48)에 그의 남편인 신대손이 함흥판관으로 부임할 때에 같이 가서, 그 부근의 명승 고적을 탐승하며 지은 기행(紀行), 전기(傳記), 번역 등을 합편한 문집이다. 이 문집의 원명은 『의유당관북유람일기』인데, 이를 줄여서 『관북유람일기』라고도 한다. 내용은 〈낙민루〉(樂民樓), 〈북산루〉(北山樓), 〈동명일기〉(東溟日記), 〈춘일소흥〉(春日笑興), 〈영명사득월루상량문〉(永明寺得月樓上樑文) 등이 실려 있다. 이 책에서는 민병도가 편찬한 『의유당집』(을유문화사, 1949)의 텍스트를 대본으로 하여 주해하였다.

〈동명일기〉는 의유당이 46세 되던 1772년(영조 48) 9월 17일에 귀경대(龜景臺)의 해돋이와 달맞이를 하러 나갔다가 이튿날 놀아와 3일 뒤에 기록한 글이다. 의유당은 귀경대에서 본 일출과 월출 장면을 절묘하고 사실적으로 묘사함으로써, 조선조의 국문 수필 문학의 높은 수준을 보였다.

의유당이의 〈동명일긔〉에 나타나는 국어사적인 특징을 정리하면 다음과 같다.

첫째, 어두 합용 병서는 'ㅅ'계와 'ㅂ'계가 동시에 사용되고 있는데, 이 중에서 'ㅅ'계가 훨씬 많이 쓰였다. 반면에 각자 병서는 발견되지 않는다.

　(보기) ① 'ㅂ'계 병서 : 뿌어시되, 악뻐, 뜬덥기, 삣는다
　　　　② 'ㅅ'계 병서 : 씨치며, 씨와, 써나, 째, 싸히, 쩍, 쌔디되, 쌔

둘째, 음절 말에 실현되는 /ㄷ/을 'ㅅ'으로 표기한 예가 보인다.

(보기) 듣고 → 듯고, 믿브디 → 밋브디, 벋텨시니 → 벗텨시니, 고디듣디 → 고디듯디, 믿 → 밋

셋째, 이어적기(連綴)뿐만 아니라 끊어적기(分綴)와 거듭적기(重綴)가 혼용되었다.

(보기) 붉은, 움죽여, 붉으니 ; 별비치 → 별빗치, 비치 → 빗치, ᄀ티 → 같티, 거츨 → 것츨

넷째, 거센소리의 자음 음소를 예사소리와 /ㅎ/으로 재음소화하여 표기한 예가 나타난다.

(보기) ᄀ튼 → ᄀ흗, 노피 → 놉히, 브트며 → 붓흐며

다섯째, 앞 음절 종성 /ㄹ/과 뒤 음절의 초성 /ㄹ/이 이어서 발음될 때에, 'ㄹㄹ'을 'ㄹㄴ'으로 표기한 예가 보인다.

(보기) 불러 → 불너, 믈롤 → 믈늘, 돌로 → 돌노

여섯째, 이 시기에는 단어의 첫째 음절에서도 /·/가 없어짐에 따라서, 전반적으로 '·'와 'ㅏ'의 표기에 혼란이 일어났다.

(보기) ᄒᄃ〉하ᄃ, 무르라〉무르르, ᄀ티〉같티, 가ᇦ사이다〉가ᇦᄉ이다, ᄒ다〉하다

일곱째, 비음화, 원순 모음화, 'ㄹ' 두음 법칙이 적용된 예가 많이 보이는데 반해서, 구개음화는 일부 단어에서만 일어난다.

(보기) ① 비음화 : 즁란〉듕난, 즁로손〉듕뇨손, 명량〉명낭, 쳥량〉쳥낭, 령롱〉녕농
② 원순 모음화 : 블러〉불너, 믈구빈ᄂ〉물구빈ᄂ
③ 'ㄹ' 두음 법칙 : 령롱〉녕농, 리일〉니일, 련ᄒ야〉년ᄒ야, 링쇼〉닝쇼, 량목〉냥목
④ 구개음화 : 티티니〉치치니, 티밀다〉치밀다, 밧티다〉밧치다

여덟째, 모음으로 끝나는 체언 뒤에 주격 조사 '-가'가 실현된 곳이 부분적으로 나타난다.

(보기) 귀경ᄃ가 십오 리라 ᄒ기, 인부가 계유 조심ᄒ야 일 니는 가니

아홉째, 명사형 어미가 '-옴/-움' 대신에 '-음'이나 '-ㅁ'으로 표기된 예가 많이 발견된다.

　　(보기) 거록호믈>거록ᄒᆞ믈, 싀원호믈>싀원ᄒᆞ믈, 보샤믈>보시믈

열째, 명사형 어미의 형태로 '-기'가 쓰인 예가 아주 많이 늘었다.

　　(보기) ᄒᆞ기, 근쳥ᄒᆞ기, 희기, 왓기, 멀기로, 끼티기, 보기를, 붉기, 통낭ᄒᆞ기는, 쁜덥기

열한째, 화자 표현과 대상 표현의 선어말 어미인 '-오-/-우-'가 거의 실현되지 않았다. 다만, 화자 표현의 선어말 어미는 현재 시제 선어말 어미인 '-ᄂᆞ-'와 '-오-'가 결합된 형태인 '-노-'에서만 부분적으로 나타난다.

　　(보기) 긔록ᄒᆞ노라

열두째, 중세 국어에서 종성이 /ㅎ/으로 끝나던 체언들에서, 현대어처럼 종성 /ㅎ/이 탈락된 예가 일부 나타난다.

　　(보기) 기싱들히>기싱들이, ᄒᆞ인들히>ᄒᆞ인들이

열셋째, '-앗-/-엇-/-엿- ; -아시-/-어시-' 등이 '완료'를 나타내는 선어말 어미로 쓰이고 있다.

　　(보기) 갓더라, 왓던, 머럿고, 그첫더니 ; 됴화시니, 뿌어시딕, 안자시딕, 다하시니

열넷째, 현재 시제의 선어말 어미의 형태가 모음의 어간 뒤에서는 '-ㄴ-'으로, 자음의 어간 뒤에서 '-는-'으로 실현된 예가 보인다.

　　(보기) ᄒᆞᄂᆞ다>흔다, 유명ᄒᆞ리라 ᄒᆞᄂᆞ다>유명ᄒᆞ리란다 ; 씻ᄂᆞ다>씻는다

열다섯째, '-게 ᄒᆞ엿-'이 쓰였는데, 이 어형이 축약되어서 훗날에 미래 시제 선어말 어미인 '-리-'에 대응하는 '-겟-'이 생성되었다. 1895년에 지은 〈한듕만록〉에는 '-게 ᄒᆞ엿-'과 '-겟-'의 형태가 모두 나타난다.

　　(보기) 나게 ᄒᆞ엿다

동명일긔*

> 긔튝년[1] 팔월의 낙[2]을 떠나[3] 구월 초싱의[4] 함흥으로 오니 다 니르기를
> 일월츌[5]이 보암 즉다[6] 하되[7] ᄆᆞᆷ 듕난ᄒᆞ되[8] 기싱들이[9] 못내[10] 칭찬ᄒᆞ여
> 거록ᄒᆞᄆᆞᆯ 일ᄏᆞᄅᆞ니[11] 내 ᄆᆞ음이 들셕여[12] 원님긔[13] 쳥ᄒᆞᆫ대 ᄉᆞ군[14]이
> ᄒᆞ시되 녀ᄌᆞ의 츌입이 엇디 경이[15] ᄒᆞ리오 ᄒᆞ여 뇌거불허ᄒᆞ니[16] 홀일업

---

* **동명**: 동명(東溟). 함흥부에서 동쪽으로 60리쯤 떨어진 곳에 있는 지명이다. 일출이 장관인
  것으로 유명하다.
1) 긔튝년: 기축년(己丑年). 1769년이다.
2) 낙: 낙(洛). 낙양(洛陽). 중국 허난 성(河南省)의 서북부에 있는 성 직할시인데, 예로부터 여
   러 왕조의 도읍지로 번창하여 명승고적이 많다. 여기서는 문맥상 서울인 '한양(漢陽)'을 뜻
   한다. 그리고 '락〉낙'의 변화는 'ㄹ' 두음 법칙이 적용된 결과이다.
3) 떠나: 떠나[떠나다, 發: ㅆ(←ᄠᅳ다: 뜨다, 隔)-+-어(연어)+나(나다, 出)-]-+-아(연어)
4) 초싱의: 초싱(초승, 初生)+-의(-에: 부조, 위치) ※ '초싱(初生)'은 음력으로 그 달 초하루
   부터 처음 며칠 동안이다.
5) 일월츌: 일월출(日月出). 일출과 월출을 이른다.
6) 보암 즉다: 보(보다, 見)-+-암(연어, 가치) # 즉[←즉ᄒᆞ다(직하다: 보용, 가치): 즉(직: 의
   명)+-Ø(←-ᄒᆞ-: 보용, 가치)-]-+-Ø(현시)-+-다(평종)
7) 하되: 하(←ᄒᆞ다: 하다, 謂)-+-되(-되: 연어, 설명 계속) ※ '하되'는 'ㆍ'와 'ㅏ'가 혼기된
   형태이다. 이 시기에 'ㅏ'와 'ㆍ'를 혼기한 예가 제법 많이 나타난다. 이는 /ㆍ/가 없어지고 /ㅏ/
   에 합류됨에 따라서 'ㅏ'와 'ㆍ'의 표기에 혼란이 일어난 현상이다. ※ 이 시기에는 중세 국어
   의 연결 어미인 '-오되'가 '-되/-되'의 형태로 바뀌었다.
8) 듕난ᄒᆞ되: 듕난ᄒᆞ[듕란하다: 듕난(듕란, 中亂: 명사)+-ᄒᆞ(형접)-]-+-되(-되: 연어, 설명
   계속) ※ '듕란(中亂)'은 원래 나라 안에서 일어난 정권을 차지할 목적으로 벌어지는 큰 싸움
   이다. 여기서 '듕난ᄒᆞ다'는 마음이 어지럽다는 뜻으로 옮긴다. ※ '듕란→듕난'의 변동은 /ㄹ
   /이 /ㄴ/으로 비음화한 형태이다.
9) 기싱들이: 기싱들[기생들: 기싱(기생, 妓生)+-들(복접)]+-이(주조) ※ '-들ㅎ〉-들'의 변
   화는 체언의 종성 /ㅎ/이 탈락한 형태이다.
10) 못내: [못내(부사): 못(못, 不能: 부사, 부정)+-내(부접)] ※ '못내'는 '이루 다 말할 수 없
    이'의 뜻으로 쓰이는 부사이다. '못'은 종성 /ㄷ/을 'ㅅ'으로 표기한 형태이다.
11) 일ᄏᆞᄅᆞ니: 일콜(←일콛다, ㄷ불: 일컫다, 칭찬하다, 譽)-+-ᄋᆞ니(연어, 설명 계속, 이유)
12) 들셕여: 들셕이[들썩이다: 들셕(들석: 불어)+-Ø(←-ᄒᆞ-: 동접)-+-이(사접)-]-+-어
    (연어)
13) 원님긔: 원님[원님: 원(원, 員: 명사)+-님(접미, 높임)]+-긔(←-ᄭᅴ: -께, 부조, 상대, 높임)
14) ᄉᆞ군: 사군(使君). 원래는 명을 받들고 사신으로 가는 사람을 이르는데, 이는 앞에서 말한
    원님, 곧 의유당의 남편을 가리킨다.
15) 경이: [경히, 가벼이, 輕(부사): 경(경, 輕: 불어)+-Ø(←-ᄒᆞ-: 형접)-+-이(부접)]

서[17] 그첫더니[18]

　기축년(己丑年) 팔월에 낙(洛)을 떠나 구월 초승(初生)에 함흥으로 오니, 다 이르기를 일월출(日月出)이 봄 직하다 하되, 마음이 중란(中亂)한데, 기생(妓生)들이 못내 칭찬(稱讚)하여 거룩함을 기리어 말하니, 내 마음이 들썩여 원님께 청(請)하니, 사군(使君)이 말하시되 "여자의 출입(出入)이 어찌 경(輕)하게 하리요?" 하여, 뇌거불허(牢拒不許)하니 하릴없어 (내가 청하는 것을) 그쳤더니

　신묘년의[19] ᄆᆞ음이 다시 들셕여 하[20] 근졀이[21] 쳥ᄒᆞ니 허락ᄒᆞ고 겸ᄒᆞ야 ᄉᆞ군이 동ᄒᆡᆼᄒᆞ야[22] 팔월 이십일 일 동명셔[23] 나ᄂᆞᆫ 듕뇨손[24] 한명우의 집의 가 자고 게서[25] ᄃᆞᆯ[26] 보ᄂᆞᆫ 귀경ᄃᆡ가[27] 십오 리라[28] ᄒᆞ기[29] 그리 가려 ᄒᆞᆯᄉᆡ[30] 그 ᄣᆡ[31] 츄위[32] 지리ᄒᆞ야[33] 길 ᄯᅥ나ᄂᆞᆫ 날 ᄀᆞ디[34] 구룸이

---

16) 뇌거불허ᄒᆞ니 : 뇌거불허ᄒᆞ[뇌거불허하다 : 뇌거불허(牢拒不許 : 명사구) + -ᄒᆞ(동접)] - + -니(연어, 설명 계속, 이유) ※ '뇌거불허(牢拒不許)'는 딱 잘라 거절하여서 어떠한 일을 허락하지 않는 것이다.

17) ᄒᆞᆯ일업서 : ᄒᆞᆯ일없[하릴없다, 어쩔 도리가 없다 : ᄒᆞ(하다, 爲)- + -ㄹ(관전) # 일(일, 事) # 없(없다, 無)-] - + -어(연어) ※ 'ᄒᆞᆯ일없다'는 어떻게 할 도리가 없는 것이다.

18) 그첫더니 : 그치(그치다, 止)- + -엇(완료)- + -더(회상)- + -니(연어, 설명 계속)

19) 신묘년의 : 신묘년(신묘년, 1771년, 辛卯年) + -의(-에 : 부조, 위치)

20) 하 : [많이, 대단히, 大, 甚(부사) : 하(많다, 多 : 형사)- + -Ø(부접)]

21) 근졀이 : [간절히, 懇切(부사) : 근졀(간절, 懇切 : 불어) + -Ø(←-ᄒᆞ- : 형접)- + -이(부접)]

22) 동ᄒᆡᆼᄒᆞ야 : 동ᄒᆡᆼᄒᆞ[동행하다 : 동ᄒᆡᆼ(동행, 同行 : 명사) + -ᄒᆞ(동접)]- + -야(←-아 : 연어)

23) 동명셔 : 동명(동명, 동해, 東溟) + -셔(-서 : 보조사, 위치 강조)

24) 듕뇨손 : 중로손(中路孫, 중인의 자손). ※ '듕료손 → 듕뇨손'의 변동은 /ㄹ/이 /ㄴ/으로 비음화된 예이다. /듕/의 /ㄷ/이 유지되는 것을 보면, 이 작품에서는 구개음화가 거의 반영되지 않았음을 알 수 있다.

25) 게서 : 게(거기, 彼 : 지대, 정칭) + -서(←-셔 : 보조사, 강조) ※ 중세 국어의 보조사 '-셔'가 여기서 현대어처럼 '-서'로 실현되었다.

26) ᄃᆞᆯ : 달(月)

27) 귀경ᄃᆡ가 : 귀경ᄃᆡ(귀경대, 龜景臺) + -가(주조) ※ '귀경대(龜景臺)'는 함흥부에서 동쪽으로 사십 리쯤 떨어진 해변가에 있는 큰 바위 언덕이다. ※ /j/로 끝나는 체언 뒤에서 주격 조사가 '-가'의 형태로 실현되었다.

28) 리라 : 리(리, 里 : 의명) + -Ø(←-이- : 서조)- + -Ø(현시)- + -라(←-다 : 평종)

29) ᄒᆞ기 : ᄒᆞ(하다, 謂)- + -기(명전) + -Ø(← 에 : 부조, 위치, 이유) ※ 'ᄒᆞ기'는 문맥상 '하기에'로 옮긴다.

30) ᄒᆞᆯᄉᆡ : ᄒᆞ(하다 : 보용, 의도)- + -ㄹᄉᆡ(-는데 : 연어, 설명 계속)

스면으로 운집ᄒ고 짜히³⁵⁾ 즈러³⁶⁾ 믈 발이 ᄲᅡ디되³⁷⁾ 임의³⁸⁾ 내현³⁹⁾ ᄆᆞᄋᆞ이라⁴⁰⁾ 동명으로 가니 그 날이 종시⁴¹⁾ 청명티⁴²⁾ 아니ᄒ니 새박ᄃᆞᆯ도⁴³⁾ 못 보고 그져 환아⁴⁴⁾를 ᄒ려 ᄒ더니 새박의 종이⁴⁵⁾ 드러와 임의 날이 됴화시니⁴⁶⁾ 귀경ᄃᆡ로 오ᄅᆞ쟈⁴⁷⁾ ᄀᆞᆫ쳥ᄒ기⁴⁸⁾ 죽을 먹고 길히⁴⁹⁾ 오ᄅᆞ니 임의 먼동이 트더라 (… 중략 …)

신묘년(辛卯年)에 마음이 다시 들썩여 대단히 간절(懇切)히 청(請)하니, (사군께서 일월출 구경을) 허락(許諾)하고, 겸(兼)하여 사군(使君)이 동행(同行)하여, 팔월 이십일 일(二十一 日)에 동명(東溟)에서 나는 중로손(中路孫)인 한명우의 집에 가서 자고, 거기서

---

31) ᄣᅢ : 때, 時(명사)

32) 츄위 : [추위, 寒 : 츄(← ᄎᆞᆸ다, ㅂ불 : 춥다, 寒)- + -위(명접)] + -Ø(← -이 : 주조) ※ 이 단어는 '치ᄫᅱ 〉 치위 〉 츄위 〉 추위'로 변화했다.

33) 지리ᄒ야 : 지리ᄒ[지루하다 : 지리(지리, 支離 : 명사) + -ᄒ(형접)-] + -야(-아 : 연어) ※ '지리ᄒ야'는 '오래도록 계속되어'의 뜻으로 쓰였다.

34) ᄀᆞ디 : [← ᄀᆞ티(같이, 如 : 부사) : ᄀᆞᇀ(같다, 如 : 형사)- + -이(부접)] ※ 'ᄀᆞ디'는 'ᄀᆞ티'를 오기한 형태이다.

35) 짜히 : 짜ㅎ(땅, 地) + -이(주조)

36) 즈러 : 즐(질다, 泥)- + -어(연어)

37) ᄲᅡ디되 : ᄲᅡ디(빠지다, 陷)- + -되(연어, 설명 계속)

38) 임의 : 이미, 已(부사) ※ '임의'는 '이미'를 오기한 형태이다.(과잉 분철)

39) 내현 : 내혀[내치다 : 나(나다, 出)- + -ㅣ(← -이- : 사접)- + -혀(강접)-] + -Ø(과시)- + -ㄴ(관전)

40) ᄆᆞᄋᆞ이라 : ᄆᆞᄋᆞ(마음, 心) + -이(서조)- + -라(← -아 : 연어)

41) 종시 : 종시(終始), 처음부터 끝까지(부사)

42) 청명티 : 청명ᄒ[← 청명ᄒ다(청명하다) : 청명(청명, 淸明 : 명사) + -ᄒ(형접)-] + -디(-지 : 연어, 부정)

43) 새박ᄃᆞᆯ도 : 새박달[새벽달 : 새박(새벽, 晨) + ᄃᆞᆯ(달, 月)] + -도(보조사, 마찬가지)

44) 환아 : 환아(還衙). 관아로 돌아가는 것이다.

45) 종이 : 종(종, 鐘 : 사람 이름) + -이(주조) ※ '종'은 의유당의 친정 언니의 아들인 김기종(金基鐘)을 가리킨다. 김기종은 의유당에게 '이질(姨姪)'이다.

46) 됴화시니 : 둏(좋다, 好)- + -아시(완료)- + -니(연어, 설명 계속, 이유)

47) 오ᄅᆞ쟈 : 오ᄅᆞ(오르다, 登)- + -쟈(-자 : 청종, 아주 낮춤)

48) ᄀᆞᆫ쳥ᄒ기 : ᄀᆞᆫ쳥ᄒ[간청하다 : ᄀᆞᆫ쳥(간청, 懇請 : 명사) + -ᄒ(동접)-] + -기(명전) + -Ø(← -에 : 부조, 위치, 이유) ※ 'ᄀᆞᆫ쳥ᄒ기'는 문맥상 '간청하기에'로 옮긴다.

49) 길히 : 길ㅎ(길, 路) + -이(← -의 : 부조, 위치) ※ '길히'는 문맥상 '길희'나 '길헤'를 오기한 형태로 보인다.

달을 보는 귀경대(龜景臺)가 십오 리(里)라고 하기에 그리 가려 하는데, 그때 추위가 지리(支離)하여 길을 떠나는 날같이 구름이 사면(四面)으로 운집(雲集)하고, 땅이 질어 말(馬)의 발이 빠지되, 이미 내친 마음이라 동명(東溟)으로 가니, 그 날이 종시(終始) 청명(淸明)하지 아니하니, 새벽달도 못 보고 그저 환아(衙還)를 하려 하더니, 새벽에 김기종(金基鐘)이 들어와서 "이미 날이 좋았으니 귀경대(龜景臺)로 오르자." 간청(懇請) 하기에, 죽을 먹고 길에 오르니 이미 먼동이 트더라. (… 중략 …)

힝여[50] 일출을 못 볼가 노심쵸ᄉᄒᆞ야[51] 새도록 자디 못하고 굿금[52] 영지[53]를 불러 사공ᄃᆞ려[54] 무르ᄅᆞ[55] ᄒᆞ니 ᄂᆡ일은[56] 일출을 쾌히[57] 보시리라 ᄒᆞ다[58] ᄒᆞ되[59] ᄆᆞ음의 밋브디[60] 아니ᄒᆞ야 쵸조ᄒᆞ더니[61] 먼 ᄃᆡ 닭이 울며 년ᄒᆞ야[62] ᄌᆞ초니[63] 기ᄉᆡᆼ[64]과 비복[65]을 혼동ᄒᆞ여[66] 어서 니러나라

---

50) 힝여 : [행여, 어쩌다, 혹시(부사) : 힝(행, 幸 : 불어) + -여(← -아 : 연어 ▷ 부접)]

51) 노심쵸ᄉᄒᆞ야 : 노심쵸ᄉᄒᆞ[노심초사하다 : 초심쵸ᄉ(초심초사, 勞心焦思 : 명사구) + -ᄒᆞ(동 접)-] + -야(← -아 : 연어)

52) 굿금 : 가끔, 間或(부사)

53) 영지 : 하인의 이름이다.

54) 사공ᄃᆞ려 : 사공(뱃사공, 沙工) + -ᄃᆞ려(-더러, -에게 : 부조, 상대)

55) 무르ᄅᆞ : 물(← 묻다, ㄷ불 : 묻다, 間)- + -으ᄅᆞ(← -으라 : 명종) ※ '무르ᄅᆞ'의 'ㄹᆞ'는 'ㅏ'를 'ᆞ'로 혼기한 형태이다.

56) ᄂᆡ일은 : ᄂᆡ일(내일, 來日) + -은(보조사, 주제) ※ 'ᄅᆡ일'이 'ᄂᆡ일'의 변화는 'ㄹ' 두음 법칙이 적용된 결과이다.

57) 쾌히 : [쾌히, 快(부사) : 쾌(쾌, 快 : 불어) + -ᄒᆞ(← -ᄒᆞ- : 형접)- + -이(부접)]

58) ᄒᆞ다 : ᄒᆞ(하다, 曰)- + -Ø(과시)- + -다(평종) ※ 여기서 'ᄒᆞ다(曰)'의 주체는 '사공'이다.

59) ᄒᆞ되 : ᄒᆞ(하다, 曰)- + -되(-되 : 연어, 설명 계속) ※ 'ᄒᆞ되(曰)'의 주체는 '영지'이다.

60) 밋브디 : 밋브[미쁘다, 信 : 밋(← 믿다 : 믿다, 信, 동사)- + -브(형접)-] + -디(-지 : 연어, 부정) ※ '밋브디'는 종성 /ㄷ/을 'ㅅ'으로 표기한 형태이다.

61) 쵸조ᄒᆞ더니 : 쵸조ᄒᆞ[초조하다 : 쵸조(초조, 焦燥 : 명사) + -ᄒᆞ(형접)-] + -더(회상)- + -니 (연어, 설명 계속)

62) 년ᄒᆞ야 : 년ᄒᆞ[연하다 : 년(연, 連 : 불어) + -ᄒᆞ(동접)-] + -야(← -아 : 연어) ※ '련ᄒᆞ야〉년 ᄒᆞ야'의 변화는 'ㄹ' 두음 법칙이 적용된 결과이다.

63) ᄌᆞ초니 : ᄌᆞ초[잦게 하다, 頻 : ᄌᆞᆽ(잦다, 頻 : 형사)- + -호(사접)-] + -니(연어, 이유)

64) 기ᄉᆡᆼ : 기생(妓生). 잔치나 술자리에서 노래나 춤 또는 풍류로 흥을 돋우는 것을 직업으로 하 는 여자이다.

65) 비복 : 비복(婢僕). 계집종과 사내종을 아울러 이르는 말이다.

66) 혼동ᄒᆞ여 : 혼동ᄒᆞ[혼동하다 : 혼동(혼동, 混動 : 명사) + -ᄒᆞ(동접)-] + -여(← -아 : 연어) ※ '혼동'은 마구 움직이는 것인데, 여기서는 '재촉하다'나 '야단하다'의 뜻으로 쓰인 말이다.

ᄒᆞ니 밧긔[67] 급댱[68]이 와 관텽[69] 감관[70]이 다 아직 너모[71] 일즉ᄒᆞ니[72] 못 ᄯᅥ나시리라[73] ᄒᆞ다[74] ᄒᆞ듸 고디[75] 아니 듯고 불불이[76] 지촉ᄒᆞ야 ᄯᅥᆨ국[77]을 ᄲᅮ어시듸[78] 아니 먹고 밧비[79] 귀경듸에 오ᄅᆞ니

행(幸)여 일출(日出)을 못 몰까 노심초사(勞心焦思)하여, (밤이) 새도록 자지 못하고 가끔 영재를 불러 "사공(沙工)에게 (일출을 볼 수 있을지) 물으라." 하니, (사공이 이르되) "'(마님께서) 내일(來日)은 일출(日出)을 쾌(快)히 보시리라.' 하였다." 하되,[80] 마음에 미쁘지 아니하여 초조(焦燥)하더니, 먼 데 닭이 울며 연(連)하여 잦게 하니, 기생과 비복(婢僕)을 혼동(混動)하여 "어서 일어나라." 하니, 밖에 급창(及唱)이 와서 "관청(官廳)의 감관(監官)이 다 '아직 너무 이르니, (마님께서) 못 떠나시리라.' 한다."고 하되,[81] 곧이 아니 듣고 발발이 재촉하여, 떡국을 쑤었으되 아니 먹고 바삐 귀경대(龜景臺)에

---

67) 밧긔 : 밖(밖, 外) + -의(-에 : 부조, 위치)

68) 급댱 : 급댱(← 급탕 : 급창, 及唱) ※ '급탕(급창, 及唱)'은 조선 시대에, 군아에 속하여 원의 명령을 간접으로 받아 큰 소리로 전달하는 일을 맡아보던 사내종이다. '급댱'은 '급탕(及唱)'을 오기한 형태이다.

69) 관텽 : 관청(官廳)

70) 감관 : 감관(監官). 조선 시대에, 각 관아나 궁방(宮房)에서 금전과 곡식의 출납을 맡아보거나, 중앙 정부를 대신하여 특정 업무의 진행을 감독하고 관리하던 벼슬아치이다.

71) 너모 : [너무, 過(부사) : 넘(넘다, 越)- + -오(부접)]

72) 일즉ᄒᆞ니 : 일즉ᄒᆞ[이르다, 早 : 일즉(일찍 : 부사) + -ᄒᆞ(형접)-] + -니(연어, 설명 계속, 이유)

73) ᄯᅥ나시리라 : ᄯᅥ나[떠나다, 離 : ᄯᅳ(← ᄯᅳ다 : 뜨다, 離)- + -어(연어) + 나(나다, 出)-]- + -시(주높)- + -리(미시)- + -라(← -다 : 평종)

74) ᄒᆞ다 : ᄒᆞ(하다, 謂)- + -ㄴ(← -ᄂᆞ- : 현시)- + -다(평종) ※ 모음으로 끝나는 어간 뒤에서 현재 시제의 선어말 어미의 형태가 '-ᄂᆞ-'에서 '-ㄴ-'으로 변화한 형태이다.(ᄒᆞᄂᆞ다 > ᄒᆞᆫ다)

75) 고디 : [곧이, 옳게 : 곧(곧다, 直 : 형사)- + -이(부접)]

76) 불불이 : [발발이, 勃勃(부사) : 불불(발발, 勃勃 : 불어)- + -Ø(← -ᄒᆞ- : 형접)- + -이(부접)] ※ '발발이'는 '급하게'나 '갑작스럽게'의 뜻으로 쓰이는 부사이다.

77) ᄯᅥᆨ국 : [떡국, 焦 : ᄯᅥᆨ(떡, 餠) + 국(국, 湯)]

78) ᄲᅮ어시듸 : ᄲᅮ(쑤다, 烹)- + -어시(완료)- + -듸(-되 : 연어, 설명 계속) ※ 'ᄲᅮ다'는 곡식의 알이나 가루를 물에 끓여 익히는 것이다.

79) 밧비 : [바삐, 忙(부사) : 밧(← ᄲᅡᆺ다 : 바쁘다, 忙, 동사)- + -ㅂ(← -브- : 형접)- + -이(부접)]

80) "'내일은 일출을 쾌히 보시겠다.' 하였다." 하되 : 이 문장은 인용절을 두 개 안고 있는 문장으로서, 서술어가 세 개가 겹쳐서 실현되었다. 여기서 '보시겠다'에 호응하는 주체는 '의유당'이며, '하였다'에 호응하는 주체는 '사공'이며, '하되'에 호응하는 주체는 '영재'이다.

81) "관청(官廳)의 감관(監官)이 다 '아직 너무 이르니 못 떠나시겠다.' 한다"고 하되 : '못 떠나시겠다'에 호응하는 주체는 의유당이며, '한다'에 호응하는 주체는 '관청 감관'이며, '하되'에 호응하는 주체는 '급창'이다.

오르니

> 둘빗치⁸²⁾ 수면의 됴요ᄒ니⁸³⁾ 바다히 어제밤도곤⁸⁴⁾ 희기 더ᄒ고 광풍이
> 대작ᄒ야⁸⁵⁾ 사름의 ᄲᅧ를⁸⁶⁾ ᄉᄆᆺ고⁸⁷⁾ 믈결티ᄂᆫ⁸⁸⁾ 소리⁸⁹⁾ 산악이 움즉이며⁹⁰⁾
> 별빗치 믈곳믈곳ᄒ야⁹¹⁾ 동편의 ᄎᆞ례로⁹²⁾ 이셔⁹³⁾ 새기는 머럿고⁹⁴⁾ 자는
> 아히를 급히 ᄭᅢ와⁹⁵⁾ 왓기⁹⁶⁾ 치워⁹⁷⁾ ᄂᆯ티며⁹⁸⁾ 기싱과 비복이 다 니⁹⁹⁾를
> 두드려¹⁾ ᄯᅥ니²⁾ 슈군이 소리ᄒ여 혼동 왈³⁾ 샹업시⁴⁾ 일즉이⁵⁾ 와 아히와⁶⁾

---

82) 둘빗치 : 둘빗ㅊ[달빛, 月光 : 둘(달, 月) + 빗ㅊ(← 빛 : 빛, 光)] + -이(주조) ※ '빗ㅊ'은 '빛'의 /ㅊ/을 'ㅅㅊ'으로 거듭 적은 형태이다.

83) 됴요ᄒ니 : 됴요ᄒ[조요하다 : 됴요(조요, 照耀 : 명사) + -ᄒ(형접)-]- + -니(연어, 설명 계속, 이유) ※ '됴요(조요, 照耀)'는 밝게 비쳐서 빛나는 것이다.

84) 어제밤도곤 : 어제밤[어젯밤 : 어제(어제, 昨日) + 밤(밤, 夜)] + -도곤(-보다 : 부조, 비교)

85) 대작ᄒ야 : 대작ᄒ[대작하다 : 대작(대작, 大作 : 명사) + -ᄒ(동접)-]- + -야(← -아 : 연어) ※ '대작(大作)'은 바람, 구름, 아우성 따위가 크게 일어나는 것이다.

86) ᄲᅧ를 : ᄲᅧ(뼈, 骨) + -를(목조)

87) ᄉᄆᆺ고 : ᄉᄆᆺ(← ᄉᄆᆾ다 : 사무치다, 貫)- + -고(연어, 나열) ※ 'ᄉᄆᆺ고'는 종성 /ㄷ/을 'ㅅ'으로 표기한 형태이다.

88) 믈결티ᄂᆫ : 믈결티[물결치다, 波 : 믈결(물결, 波) + 티(치다, 打)-]- + -ᄂᆫ(현시)- + -ㄴ(관전)

89) 소리 : 소리(소리, 聲) + -∅(← -이 : 부조, 위치, 원인)

90) 움즉이며 : 움즉이[움직이다, 動 : 움즉(움직, 動 : 불어) + -이(동접)-]- + -며(연어, 나열)

91) 믈곳믈곳ᄒ야 : 믈곳믈곳ᄒ[말긋말긋하다, 말똥말똥하다 : 묽(맑다, 淨 : 형사)- + -옷(부접) + 묽(맑다, 淨 : 형사)- + -옷(부접) + -ᄒ(형접)-]- + -야(← -아 : 연어) ※ 'ᄂᆯ곳ᄂᆯ곳ᄒ다'는 생기 있게 맑고 환한 것이다.

92) ᄎᆞ례로 : ᄎᆞ례(← ᄎᆞ례 : 차례, 次例) + -로(부조, 방편) ※ 'ᄎᆞ례'는 'ᄎᆞ례'의 오기이다.

93) 이셔 : 이시(있다, 在)- + -어(연어)

94) 머럿고 : 멀(멀다, 遠)- + -엇(완료)- + -고(연어, 나열)

95) ᄭᅢ와 : ᄭᅢ오[깨우다 : ᄭᅢ(깨다, 寤 : 자동)- + -오(사접)-]- + -아(연어)

96) 왓기 : 오(오다, 來)- + -앗(완료)- + -기(명전) ※ '왓기'에는 부사격 조사인 '-에'가 생략되었다.

97) 치워 : 치우(← 칩다, ㅂ불 : 춥다, 寒)- + -어(연어)

98) ᄂᆯ티며 : ᄂᆯ티[날치다 : ᄂᆯ(날다, 飛)- + -티(강접)-]- + -며(연어, 나열) ※ 'ᄂᆯ티다'는 추위에 어쩔 줄 몰라서 발을 구르는 모양을 표현한 것이다.

99) 니 : 이, 齒.

1) 두드려 : 두드리(두드리다, 打)- + -어(연어)

2) ᄯᅥ니 : ᄯᅥ(← ᄯᅥᆯ다 : 떨다, 慄)- + -니(연어, 설명 계속)

3) 왈 : 왈(曰). 이르다. ※ '혼동 왈'은 문맥상 '꾸짖어 말하기를'로 옮긴다.

4) 샹업시 : 샹업[상없이(부사) : 샹(← 상 : 상, 常 : 불어) + 업(없다, 無)- + -이(부접)] ※ '샹(常)없이'는 '보통의 이치에서 벗어나 막되고 상스럽게'라는 뜻이다.

실닉⁷⁾ 다 큰 병이 나게 ᄒ였다⁸⁾ 하고 소ᄅᆡᄒ여 걱정ᄒ니 내 ᄆᆞ음이 불안ᄒ야 ᄒᆞᆫ 소ᄅᆡ를 못 ᄒᆞ고 감이⁹⁾ 치워ᄒᆞᄂᆞᆫ¹⁰⁾ 눈픠를¹¹⁾ 못 ᄒᆞ고 죽은 ᄃᆞ시¹²⁾ 안자시ᄃᆡ¹³⁾ 날이 셸¹⁴⁾ 가망¹⁵⁾이 업ᄉ니 년ᄒ여 영직를 불녀¹⁶⁾ 동이 트ᄂᆞ냐 무ᄅᆞ니 아직 멀기로¹⁷⁾ 년ᄒ여 ᄃᆡ답ᄒ고 믈 티ᄂᆞᆫ 소ᄅᆡ 텬디 딘동ᄒᆞ야¹⁸⁾ 한풍 ᄭᅵ티기¹⁹⁾ 더욱 심ᄒ고 좌우 시인²⁰⁾이 고개를 기우려 입을 가슴의 박고 치워ᄒᆞ더니

달빛이 사면(四面)에 조요(照耀)하니 바다가 어젯밤보다 희기가 더하고, 광풍(狂風)이 대작(大作)하여 사람의 뼈를 사무치고, 물결치는 소리에 산악(山岳)이 움직이며,

---

5) 일즉이 : [일찍이, 早(부사) : 일즉(일찍, 早 : 부사) + −이(부접)]

6) 아히와 : 아히(아이, 兒) + −와(←−과 : 접조)

7) 실닉 : 실닉(실내, 室內) + −∅(←−이 : 주조) ※ '실닉'는 남의 아내를 점잖게 이르는 말인데, 여기서는 신대손이 자신의 아내인 '의유당'을 '실닉'로 불렀다.

8) 나게 ᄒ였다 : 나(나다, 生)− + −게(연어, 사동) # ᄒᆞ(하다 : 보용, 사동) + −였(←−엿− : 완료)− + −다(평종) ※ '−게 ᄒᆞ엿−'의 어형이 축약되어서 미래 시제 선어말 어미인 '−리−'에 대응하는 '−겟−'이 생성되었다. '−게 ᄒᆞ엿− 〉 −게엿− 〉 −겟−'과 같이 축약된 것으로 생각한다.(나진석 1972 : 302의 내용을 참조.) 그리고 1895년에 혜경궁 홍씨가 지은 『한듕만록』에는 '됴화ᄒ시겟다'와 '시기겟다'와 같이 미래 시제의 선어말 어미인 '−겟−'의 형태가 나타난다. 다만, 'ᄒ였−'의 표기는 19세기 말에 나타나므로, '−게 ᄒᆞ였−'은 '−게 ᄒᆞ얏−'을 오기한 형태로 보인다.

9) 감이 : [감히, 敢(부사) : 감(감, 敢 : 불어) + −∅(←−ᄒᆞ− : 형접)− + −이(부접)]

10) 치워ᄒᆞᄂᆞᆫ : 치워ᄒᆞ[추워하다 : 치우(← 칩다, ㅂ불 : 춥다, 寒 : 형사)− + −어(연어) + ᄒᆞ(하다 : 보용)−]− + −ᄂᆞ(현시)− + −ㄴ(관전)

11) 눈픠를 : 눈픠[← 눈ᄎᆡ(눈치) : 눈(눈, 目 : 명사) + −ᄎᆡ(−치 : 접미)] + −를(목조) ※ '눈픠'는 '눈ᄎᆡ'를 오기한 형태이다.

12) ᄃᆞ시 : [듯이(의명) : ᄃᆞᆺ(듯 : 의명, 흡사) + −이(명접)]

13) 안자시ᄃᆡ : 앉(앉다, 坐)− + −아시(완료)− + −ᄃᆡ(−되 : 연어, 설명 계속)

14) 셸 : 셰(← 새다 : 새다, 날이 밝아 오다, 明)− + −ㄹ(관전) ※ '셸'은 '셀'을 오기한 형태이다.

15) 가망 : 가망(可望). 될 만하거나 가능성이 있는 희망이다.

16) 불녀 : 불ㄴ(← 불ㄹ− ← 부르다 : 부르다, 喚)− + −어(연어) ※ '블러〉불러'의 변화는 원순 모음화가 적용된 결과이고, '불녀'는 '불러'의 'ㄹㄹ'을 'ㄹㄴ'으로 표기한 형태이다.

17) 멀기로 : 멀(멀다, 遠)− + −기(명전) + −로(부조, 방편) ※ '멀기로'는 '멀었다고'로 의역하여 옮긴다.

18) 딘동ᄒᆞ야 : 딘동ᄒᆞ[진동하다 : 딘동(진동, 振動 : 명사) + −ᄒᆞ(동접)−]− + −야(←−아 : 연어)

19) ᄭᅵ티기 : ᄭᅵ티(ᄭᅵ치다, 影響)− + −기(명전) + −∅(←−이 : 주조)

20) 시인 : 시인(侍人). 귀한 사람을 모시고 시중드는 사람이다.

별빛이 말똥말똥하여 동편(東便)에 차례(次例)로 있어 (날이) 새기는 멀었고, 자는 아이를 급(急)히 깨워 왔기에 추워 날뛰며, 기생과 비복(婢僕)이 다 이를 두드려 떠니, 사군(使君)이 소리하여 혼동(混動) 왈(曰), "상(常)없이 일찍이 와서 아이와 실내(室內) 다 큰 병(病)이 나게 하였다." 하고 소리하여 걱정하니, 내 마음이 불안(不安)하여 한소리를 못 하고, 감(敢)히 추워하는 눈치를 못 하고 죽은 듯이 앉았으되, 날이 샐 가망(可望)이 없으니 연(連)하여 영재를 불러 "동이 트느냐?" 물으니, (영재가) 아직 멀었다고 연(連)하여 대답(對答)하고, 물 치는 소리가 천지(天地)를 진동(振動)하여 한풍(寒風)이 끼치기가 더욱 심(甚)하고, 좌우(左右) 시인(侍人)이 고개를 기울여 입을 가슴에 박고 추워하더니,

---

ᄆᆡ이[21] 이윽흔[22] 후 동편의 셩쉬[23] 드믈며 월식이 ᄎᆞᄎ 여러디며[24] 홍식[25]이 분명ᄒᆞ니 소ᄅᆡ ᄒᆞ야 싀원ᄒᆞᄆᆞᆯ[26] ᄇᆞ릭고 가마 밧긔[27] 나셔니 좌우 비복과 기ᄉᆡᆼ들이 옹위ᄒᆞ야[28] 보기를 조이더니[29] 이윽고[30] 날이 븕으며 불근 긔운이 죵편[31] 길게 벗텨시니[32] 진홍[33] 대단[34] 여러 필을 물 우희 펼틴 듯 만경창패[35] 일시의 븕어 하늘의 ᄌᆞ옥하고 노ᄒᆞᄂᆞ

---

21) ᄆᆡ이 : 매우, 甚(부사)
22) 이윽흔 : 이윽ᄒᆞ[이슥하다, 晚 : 이윽(이윽 : 불어) + −ᄒᆞ(동접)−]− + −Ø(현시)− + −ㄴ(관전)
    ※ '이윽ᄒᆞ다'는 시간이 한잠 지난 것이다.
23) 셩쉬 : 셩수(성수, 星宿) + −ㅣ(←−이 : 주조) ※ '셩수(星宿)'는 모든 별자리의 별들이다.
24) 여러디며 : 여러디[← 열워디다(엷어지다, 薄) : 열우(← 엷다, ㅂ불 : 엷다, 薄)− + −어(연어) + 디(지다 : 보용, 피동)−]− + −며(연어, 나열) ※ '여러디며'는 '열워디며'의 오기이다.
25) 홍식 : 홍색(紅色). 붉은 빛이다.
26) 싀원ᄒᆞᄆᆞᆯ : 싀원ᄒᆞ[시원하다 : 싀원(시원 : 불어) + −ᄒᆞ(형접)−]− + −ㅁ(명전) + −ᄋᆞᆯ(목조)
27) 밧긔 : 밝(밖, 外) + −의(−에 : 부조, 위치)
28) 옹위ᄒᆞ야 : 옹위ᄒᆞ[옹위하다 : 옹위(옹위, 擁圍 : 불어) + −ᄒᆞ(동접)−]− + −야(←−아 : 연어)
    ※ '옹위(擁圍)'는 주위를 둘러싸는 것이다.
29) 조이더니 : 조이(죄다, 마음이 긴장되다)− + −더(회상)− + −니(연어, 설명 계속)
30) 이윽고 : [이윽고, 얼마 있다가(부사) : 이윽(이윽 : 불어) + −Ø(←−ᄒᆞ− : 형접)− + −고(연어 ▷부접)] ※ '이윽ᄒᆞ다'는 지난 시간이 얼마간 오랜 것이다.
31) 죵편 : 종편(縱偏). 세로쪽이다.
32) 벗텨시니 : 벗티[뻗치다 : 벗(← 벋다 : 뻗다, 長)− + −티(강접)−]− + −어시(완료)− + −니(연어, 설명 계속) ※ '벗텨시니'는 종성 /ㄷ/을 'ㅅ'으로 표기한 형태이다.
33) 진홍 : 진홍(眞紅). 짙고 산뜻한 붉은색이다. 다홍색.
34) 대단 : 대단(大緞). 중국에서 나는 비단의 하나이다.

> 물결 소릭 더욱 장ᄒ며 홍젼[36] ᄀᆞᆺ흔[37] 믈 빗치[38] 황홀ᄒ야 슈쇠[39]이
> 도요ᄒ니[40] 춤아[41] 금즉ᄒ더라[42]

매우 시간이 지난 후(後)에 동편(東便)에 성수(星宿)가 드물며, 월색(月色)이 차차 엷어지며 홍색(紅色)이 분명(分明)하니, 소리 하여 시원함을 부르고 가마 밖에 나서니, 좌우(左右)의 비복(婢僕)과 기생들이 옹위(擁衛)하여 보기를 (마음) 죄더니, 이윽고 날이 밝으며 붉은 기운(氣運)이 종편(從便)으로 길게 뻗쳤으니, 진홍(眞紅) 대단(大緞) 여러 필(疋)을 물 위에 펼친 듯, 만경창파(萬頃蒼波)가 일시(一時)에 붉어 하늘에 자욱하고 노(怒)하는 물결 소리가 더욱 장(壯)하며, 홍젼(紅氈) 같은 물빛이 황홀(恍惚)하여 수색(水色)이 조요(照耀)하니, 차마 끔찍하더라.

> 붉은 비치 더욱 붉으니 마죠[43] 션 사름의 ᄂᆞᆺ과[44] 오시 다 붉더라
> 믈이 구비뎌[45] 치치니[46] 밤의 믈 티ᄂᆞᆫ[47] 구비ᄂᆞᆫ[48] 옥 갓티[49] 희더니

---

35) 만경창패 : 만경창파(만경창파, 萬頃蒼波) + - ㅣ (← -이 : 주조) ※ '만경창파(萬頃蒼波)'는 만 이랑의 푸른 물결이라는 뜻으로, 한없이 넓고 넓은 바다를 이르는 말이다.

36) 홍젼 : 홍전(紅氈). 붉은 빛깔의 모직물이다.

37) ᄀᆞᆺ흔 : ᄀᆞᆺᄒ(← ᄀᆞᆮ다 : 같다, 同)- + -은(관전) ※ 'ᄀᆞᆺ흔'은 'ᄀᆞᆮᄐᆞᆫ'의 / ㅌ/을 / ㄷ/과 / ㅎ/으로 재음소화한 뒤에, 종성 / ㄷ/을 'ㅅ'으로 표기한 형태이다.

38) 빗치 : 빗ᄎ(← 빛 : 빛, 光) + -이(주조) ※ '빗치'는 '비치'의 / ㅊ/을 'ㅅㅊ'으로 거듭 적은 형태이다.

39) 슈쇠 : 수색(水色). 물빛이다.

40) 도요ᄒ니 : 도요ᄒ[← 됴요ᄒ다(조요하다, 照耀 : 명사) + -ᄒ(형접)-]- + -니(연어, 이유) ※ '도요ᄒ니'는 '됴요ᄒ니'를 오기한 형태이다. '됴요(照耀)'는 밝게 비쳐서 빛나는 것이다.

41) 춤아 : [← 츠마(차마 : 부사) : 춤(참다, 忍)- + -아(연어 ▷ 부접)] ※ '춤아'는 '츠마'를 오기한 형태이다.(과잉 분철)

42) 금즉ᄒ더라 : 금즉ᄒ[끔찍하다 : 금즉(금찍 : 불어) + -ᄒ(형접)-]- + -더(회상)- + -라(← -다 : 평종)

43) 마죠 : [← 마조(마주 : 부사) : 맞(맞다, 當)- + -요(← -오 : 부접)] ※ '마죠'는 '마조'를 오기한 형태이다.

44) ᄂᆞᆺ과 : ᄂᆞᆺ(← ᄂᆞᆾ : 낯, 面) + -과(접조) ※ 'ᄂᆞᆺ과'는 종성 / ㄷ/을 'ㅅ'으로 표기한 형태이다.

45) 구비뎌 : 구비디[굽이지다 : 굽(굽다, 曲)- + -이(명접) + -디(지다, 되다, 爲 : 동접)]- + -어(연어)

46) 치치니 : 치치[치치다 : 치(강접)- + 치(치다, 打)-]- + -니(연어, 설명 계속, 이유) ※ '치치다'는 아래에서 위로 향하여 치는 것이다. '티티다 〉 치치다'의 변화는 구개음화가 적용된 예인데, 『동명일기』에서는 구개음화가 적용된 예가 아주 드물게 나타난다.

47) 티ᄂᆞᆫ : 티(치다, 打)- + -ᄂᆞ(현시)- + -ㄴ(관전)

즉금⁵⁰⁾ 물구비는⁵¹⁾ 붉기 홍옥⁵²⁾ ヌ하야⁵³⁾ 하늘의 다하시니⁵⁴⁾ 장관을 니를 것이 업더라

붉은 빛이 더욱 붉으니 마주 선 사람의 낯과 옷이 다 붉더라. 물이 굽이쳐 치치니 밤에 물이 치는 굽이는 옥(玉)같이 희더니, 즉금(卽今) 물굽이는 붉기가 홍옥(紅玉) 같아서 하늘에 닿았으니, (그) 장관(壯觀)을 (말로써) 이를 것이 없더라.

붉은 기운이 펴뎌⁵⁵⁾ 하늘과 믈이 다 됴요ᄒᆞᄃᆡ 히 아니 나니 기싱들이 손을 두드려⁵⁶⁾ 소리 ᄒᆞ야 애드라⁵⁷⁾ ᄀᆞᆯ오ᄃᆡ⁵⁸⁾ 이제는 히 다 도다 뎌⁵⁹⁾ 속의 드러시니⁶⁰⁾ 뎌 붉은 기운이 다 프르러⁶¹⁾ 구름이 되리라 혼공ᄒᆞ니⁶²⁾ 낙막ᄒᆞ여⁶³⁾ 그저 도라가려 ᄒᆞ니 ᄉᆞ군과 슉시셔⁶⁴⁾ 그러티⁶⁵⁾

---

48) 구비는 : 구비[굽이 : 굽(굽다, 曲 : 동사)- + -이(명접)] + -는(보조사, 주제)

49) 같티 : [← ᄀᆞ티(같이, 如 : 부사) : 곹(같다, 如 : 형사)- + -이(부접)] ※ '같티'는 'ᄀᆞ티'의 /ㅌ/을 'ㅌㅌ'으로 거듭 적은 형태이다. 그리고 '같티'는 'ᄀᆞ티'의 'ㆍ'를 'ㅏ'로 혼기하였는데, 이는 /ㆍ/가 소멸하여 /ㅏ/에 합류된 결과이다.

50) 즉금 : 즉금(卽今). ① 말하는 바로 이때에. 또는 지금 곧. 그 자리에서 곧(부사) ② 바로 지금 (명사)

51) 물구비는 : 물구비[물굽이 : 물(물, 水 : 명사) + 굽(굽다, 曲 : 동사) + -이(명접)] + -는(보조사, 주제) ※ 'ᄆᆞᆯ〉믈'의 변화는 원슌 모음화가 적용된 결과이다.

52) 홍옥 : 홍옥(紅玉). 붉은 빛깔의 옥(玉)이다.

53) ヌ하야 : ヌᄒᆞ(← ᄀᆞᆮᄒᆞ다 : 같다, 如)- + -야(← -아 : 연어) ※ 'ヌᄒᆞ야'는 'ᄀᆞᆮᄒᆞ야'의 종성 /ㄷ/을 'ㅅ'으로 표기한 형태이다.

54) 다하시니 : 닿(닿다, 至)- + -아시(완료)- + -니(연어, 설명 계속, 이유)

55) 펴뎌 : 펴디[펴지다 : 펴(펴다, 伸)- + -어(연어) + 디(지다, 보용, 피동)-]- + -어(연어)

56) 두드려 : 두드리(두드리다, 打)- + -어(연어)

57) 애드라 : 애들[애달프게 여기다, 초조하다, 焦) : 애(애, 腸 : 명사) + 들(← ᄃᆞᆲ다 : 뚫어지다, 穿)-]- + -아(연어)

58) ᄀᆞᆯ오ᄃᆡ : ᄀᆞᆯ오(가로다, 曰)- + -ᄃᆡ(-되 : 연어, 설명 계속) ※ 중세 국어에서는 'ᄀᆞᆯ오ᄃᆡ'를 'ᄀᆞᆯ- + -오ᄃᆡ'로 분석하였으나, 이 시기에는 연결 어미 '-오ᄃᆡ'가 '-ᄃᆡ'로 실현되므로 'ᄀᆞᆯ오- + -ᄃᆡ'로 분석한다.

59) 뎌 : 저, 彼(관사, 지시, 정칭)

60) 드러시니 : 들(들다, 入)- + -어시(완료)- + -니(연어, 설명 계속, 이유)

61) 프르러 : 프르(← 프르다 : 푸르다, 靑)- + -러(← -어 : 연어) ※ '프르러'는 '프르다(← 프르다, 靑)'의 '러' 불규칙 활용형이다. ※ 문맥으로 보면 '풀어져서'로 해석해야 하는데, 이렇게 해석하면 '프르러'는 '프르뎌'를 오기한 형태가 된다. 여기서는 '푸르러'로 옮긴다.

62) 혼공ᄒᆞ니 : 혼공ᄒᆞ[혼공하다 : 혼공(渾恐 : 명사) + -ᄒᆞ(동접)-]- + -니(연어, 설명 계속, 이유)

아냐⁶⁶⁾ 이제 보리라 ᄒ시되 이랑이 차셤이 닝쇼ᄒ야⁶⁷⁾ 이르디 쇼인 등이 이 변분⁶⁸⁾ 아냐⁶⁹⁾ ᄌ로⁷⁰⁾ 보아ᄉ오니⁷¹⁾ 엇디⁷²⁾ 모ᄅ리잇가⁷³⁾ 마누하 님⁷⁴⁾ 큰 병환 나실 거시니 어서 가읍ᄉ이다⁷⁵⁾ ᄒ거늘 가마 속의 드러 안ᄌ니 봉이⁷⁶⁾ 어미 악뻐⁷⁷⁾ ᄀ오대 ᄒ인들이⁷⁸⁾ 다 ᄒ디⁷⁹⁾ 이제 히⁸⁰⁾ 니라라⁸¹⁾ ᄒᄂ디⁸²⁾ 엇디 가시리오 기싱 아히들은 철모ᄅ고 즈레⁸³⁾

※ '혼공(渾恐)ᄒ다'는 모두 꺼리거나 두려워하는 것이다. 여기서는 '안타까워하다'로 의역하여 옮긴다.

63) 낙막ᄒ여 : 낙막ᄒ[낙막하다 : 낙막(낙막, 落寞 : 불어) + -ᄒ(형접)-]- + -여(←-아 : 연어)
    ※ '낙막(落寞)'은 마음이 쓸쓸한 것이다.

64) 슉시셔 : 슉시(숙씨, 叔氏) + -셔(-서 : 보조사, 위치 강조) ※ '슉시'는 문맥상 '시숙(媤叔)', 곧 남편의 형제를 이르는 말인 것 같다. '슉시셔'는 문맥에 따라서 '숙씨께서'로 옮긴다.

65) 그러티 : 그러ᄒ[← 그러ᄒ다(그러하다) : 그러(그러 : 불어) + -ᄒ(형접)-]- + -디(-지 : 연어, 부정)

66) 아냐 : 아니(← 아니ᄒ다 : 아니하다, 非, 보용, 부정)- + -아(연어) ※ '아냐'는 '않아'로 옮긴다.

67) 닝쇼ᄒ야 : 닝쇼ᄒ[냉소하다 : 닝쇼(냉소, 冷笑 : 명사) + -ᄒ(동접)-]- + -야(←-아 : 연어)
    ※ '링쇼〉닝쇼'의 변화는 'ㄹ' 두음 법칙이 적용된 결과이다.

68) 분 : 분(← ᄲᅮᆫ : -뿐, 보조사, 한정) ※ 중세 국어에서는 'ᄲᅮᆫ'이 의존 명사로 쓰였으나, 근대 국어에서는 체언 뒤에 실현되면 '한정'의 뜻을 나타내는 보조사로 처리한다.

69) 아냐 : 아니(아니다, 非)- + -아(연어)

70) ᄌ로 : 자주, 頻(부사)

71) 보아ᄉ오니 : 보(보다, 見)- + -앗(완료)- + -ᄋ오(공손)- + -니(연어, 이유, 근거)

72) 엇디 : 어찌, 何(부사)

73) 모ᄅ리잇가 : 모ᄅ(모르다, 不知)- + -리(미시)- + -잇(←-이- : 상높, 아주 높임)- + -가(의종, 판정)

74) 마누하님 : [마나님 : 마누하(林樓下) + -님(높접)] '마누하님'는 '마나님'의 뜻으로 쓰이는 아주 높임의 호칭어이다. '마나님'은 나이가 많은 부인(婦人)을 높여 이르는 말이다.

75) 가읍ᄉ이다 : 가(가다, 行)- + -읍(공손)- + -ᄉ이다(청종, 아주 높임)

76) 봉이 : 사람 이름이다.

77) 악뻐 : 악ᄡᅥ[← 악ᄡᅳ다(악쓰다) : 악(악 : 명사) + ᄡᅳ(쓰다, 用)-]- + -어(연어) ※ '악'은 있는 힘을 다하여 모질게 마구 쓰는 기운이다.

78) ᄒ인들이 : ᄒ인들[하인들 : ᄒ인(하인, 下人) + -들(복접)] + -이(주조) ※ 'ᄒ인들히'가 'ᄒ인들이'로 바뀐 것은 중세 국어의 복수 접미사인 '-들ᄒ'의 종성 /ㅎ/이 탈락한 형태이다. 'ᄒ인'은 '하인'의 'ㅏ'을 'ㆍ'로 혼기한 형태이다.

79) ᄒ디 : ᄒ(말하다, 曰)- + -디(-되 : 연어, 설명 계속)

80) 히 : 히(해, 日) + -Ø(←-이 : 주조)

81) 니라라 : 닐(일다, 일어나다, 起)- + -아라(←-ᄋ려 : 연어, 의도) ※ '니라라'는 문맥상 '니르려'를 오기한 형태로 보인다.

82) ᄒᄂ디 : ᄒ(하다, 爲)- + -ᄂ(현시)- + -ᄂ디(-ㄴ데 : 연어, 설명 계속)

83) 즈레 : 지레(부사). ※ '즈레'는 '어떤 일이 일어나기 전 또는 어떤 기회나 때가 무르익기 전에

이렁[84] 구는다[85] 이랑이 박당[86] 왈 그것들은 바히[87] 모르고 혼 말이니 고디듯디[88] 말라 호거늘 도라 샤공드려[89] 무르라[90] 호니 샤공셔[91] 오늘 일츌이 유명호리란다[92] 호거늘 샤공셔[93] 오늘 일츌이 유명호리란다[94] 호거늘[95] 내[96] 도로 나셔니 차셤이 보비는 내 가마의 드는 샹[97] 보고 몬져 가고 계집종 세히[98] 몬저 갓더라[99]

붉은 기운(氣運)이 퍼지어 하늘과 물이 다 조요(照耀)하되 해가 아니 나니, 기생들이 손을 두드려 소리하여 애달아 가로되, "이제는 해가 다 돋아서 저 속에 들었으니, 저 붉은 기운이 다 푸르러 구름이 되리라." (하고) 혼공(渾恐)하니, (내가) 낙막(落寞)하

미리'의 뜻을 나타낸다.

84) 이렁 : 이리, 이렇게, 如此(부사, 지시, 정칭)

85) 구는다 : 구(← 굴다 : 굴다, 그렇게 행동하다)- + -ᄂ(현시)- + -ᄂ다(-ᄂ가 : 의종, 2인칭)

86) 박당 : 박장(拍掌). 두 손바닥을 마주 치는 것이다.

87) 바히 : 바이, 아주 전혀, 全(부사)

88) 고디듯디 : 고디듯[← 고디듣다, ㄷ불(곧이듣다) : 곧(곧다, 直 : 형사)- + -이(부접) + 듯(듣다, 聞)-]- + -디(-지 : 연어, 부정) ※ '듯디'는 '듣디'의 종성 /ㄷ/을 'ㅅ'으로 표기한 형태이다.

89) 샤공드려 : 샤공(사공, 沙工) + -드려(-더러, -에게 : 부조, 상대)

90) 무르라 : 물(← 묻다, ㄷ불 : 묻다, 聞)- + -으라(명종, 아주 낮춤)

91) 샤공셔 : 샤공(사공, 沙工) + -셔(-서 : 보조사, 강조) ※ 문맥상 '사공이'로 옮긴다.

92) 유명호리란다 : 유명호[유명하다(좋다, 好) : 유명(유명, 有名 : 명사) + -호(형접)-]- + -리(미시)- + -라(←-다 : 평종) + -ᄂ(←-ᄂ- : 현시)- + -다(평종) ※ '유명호리란다'는 '유명호리라 호다'가 줄어진 말이다. 그리고 '호다(호- + -ᄂ(←-ᄂ-)- + -다)'는 '호ᄂ다'가 변한 말인데, 모음의 어간 뒤에서 현재 시제 선어말 어미가 '-ᄂ-'에서 '-ᄂ'으로 바뀐 형태이다.

93) 샤공셔 : 샤공(사공, 沙工) + -셔(-서 : 보조사, 위치 강조) ※ 문맥상 '사공이'로 옮긴다.

94) ★★각주 92)와 중첩됩니다. 유명호리란다 : 유명호[유명하다(좋다, 好) : 유명(유명, 有名 : 명사) + -호(형접)-]- + -리(미시)- + -라(←-다 : 평종) + -ᄂ(←-ᄂ- : 현시)- + -다(평종) ※ '유명호리란다'는 '유명호리라 호다'가 줄어진 말이다. 그리고 '호다(호- + -ᄂ(←-ᄂ-)- + -다)'는 '호ᄂ다'가 변한 말인데, 모음의 어간 뒤에서 현재 시제 선어말 어미가 '-ᄂ-'에서 '-ᄂ'으로 바뀐 형태이다.

95) 샤공셔 오늘 일츌이 유명호리란다 호거늘 : '유명하리라'에 호응하는 주체는 '일츌'이며, '호다'에 호응하는 주체는 '샤공'이며, '호거늘'에 호응하는 주체는 '이랑이'이다.

96) 내 : 나(나, 我 : 인대, 1인칭) + -ㅣ(←-이 : 주조)

97) 샹 : 상(狀). 모양.

98) 세히 : 세호(셋, 三 : 수사, 양수) + -이(주조)

99) 갓더라 : 가(가다, 行)- + -앗(완료)- + -더(회상)- + -라(←-다 : 평종) ※ '갓더라'는 종성 /ㄷ/을 'ㅅ'으로 표기한 형태이다.

여 그저 돌아가려 하니, 사군(使君)과 시숙(媤叔)이 "그렇지 않아. 이제 (일출을) 보리라."고 하시되, 이랑이와 차섬이가 냉소(冷笑)하여 이르되, "소인(小人) 등이 이 번뿐 아니라 자주 보았사오니 어찌 모르겠습니까? 마나님께서 큰 병환(病患)이 나실 것이니 어서 갑시다."라고 하거늘, (내가) 가마 속에 들어 앉으니, 봉이 어머니가 악써 가로되 "하인(下人)들이 다 하되, '이제 해가 일어나리라.'고 하는데 어찌 가시리오? 기생 아이들은 철모르고 지레 이리 구느냐?" 이랑이 박장(拍掌)하여 왈(曰), "그것들은 전혀 모르고 한 말이니 곧이듣지 말라."고 하거늘, (내가 이랑이에게) "돌아가서 사공(沙工)에게 (일출 여부를) 물으라."고 하니, (이랑이가) "사공이 '오늘 일출(日出)이 유명(有名)하리라.'고 한다." 하거늘 내가 (가마에서) 도로 나서니, 차섬이와 보배는 내가 가마에 드는 상(狀)을 보고 먼저 가고 계집종 셋이 먼저 갔더라.

홍싁이 거록ᄒ야[1] 븕은 긔운이 하늘을 쐬노더니[2] 이랑이 소ᄅᆡ를 놉히[3] ᄒ야 나를 불러 져긔[4] 믈 밋츨[5] 보라 웨거늘[6] 급히 눈을 드러 보니 믈 밋[7] 홍운을 헤앗고[8] 큰 실오리[9] ᄀᆞᆺᄒᆞᆫ[10] 줄이 븕기 더옥 긔이ᄒ며[11] 긔운이 진홍 ᄀᆞᆺᄒᆞᆫ 것이 ᄎᄎ[12] 나 손바닥 너븨[13] ᄀᆞᆺᄒᆞᆫ 것이 그믐밤의 보는 숫블[14] 빗 ᄀᆞᆺ더라 ᄎᄎ 나오더니 그 우ᄒ로[15]

---

1) 거록ᄒ야 : 거록ᄒ[거룩하다, 대단하다 : 거록(← 거륵 : 거룩, 명사) + -ᄒ(형접)-]- + -야(← -아 : 연어)
2) 쐬노더니 : 쐬노[← 쐬놀다(뛰놀다)] : 쐬(뛰다, 躍)- + 놀(놀다, 遊)-]- + -더(회상)- + -니(연어, 설명 계속)
3) 놉히 : [높이, 高(부사) : 놉ᄒ(← 높다 : 높다, 高, 형사)- + -이(부접)] ※ '놉히'은 '노피'의 /ㅍ/을 /ㅂ/과 /ㅎ/으로 재음소화하여 표기한 형태이다.
4) 져긔 : 저기, 彼(지대, 정칭)
5) 밋츨 : 밋ᄎ(← 밑 : 밑, 底) + -을(목조) ※ '밋츨'은 '미틀'의 /ㅌ/을 거듭 적어서 표기하는 과정(= 밋틀)에서 오기한 형태로 보인다.
6) 웨거늘 : 웨(외다, 외치다, 呼)- + -거늘(-거늘 : 연어, 상황)
7) 밋 : 밋(← 밑 : 밑, 下) ※ '밋'은 '밑'의 종성 /ㄷ/을 'ㅅ'으로 표기한 형태이다.
8) 헤앗고 : 헤앗[헤치다 : 헤(헤다, 泳)- + -앗(강접)-]- + -고(연어, 계기)
9) 실오리 : [실오리, 실오라기 : 실(실, 絲) + 올(올) + -이(명접)] + -Ø(← -이 : 부조, 비교)
10) ᄀᆞᆺᄒᆞᆫ : ᄀᆞᆺᄒᆞ(← ᄀᆞᆮᄒᆞ다 : 같다, 同)- + -ㄴ(관전) ※ 'ᄀᆞᆺᄒᆞᆫ'은 'ᄀᆞᆮᄒᆞᆫ'의 종성 /ㄷ/을 'ㅅ'으로 표기한 형태이다.
11) 긔이ᄒ며 : 긔이ᄒ[기이하다 : 긔이(기이, 奇異 : 명사) + -ᄒ(형접)-]- + -며(연어, 나열)
12) ᄎᄎ : 차차, 점차, 次次(부사)
13) 너븨 : 너븨[넓이, 幅 : 넙(넓다, 廣)- + -의(명접)] + -Ø(← -이 : 부조, 비교)

> 젹은 회오리밤[16] ス흔 것이 붉기 호박 구슬 ス고 묽고 통낭ᄒ기는[17] 호박도곤[18] 더 곱더라

홍색(紅色)이 거룩하여 붉은 기운(氣運)이 하늘을 뛰놀더니, 이랑이 소리를 높이 하여 나를 불러, "저기 물 밑을 보라."라고 외치거늘, 급(急)히 눈을 들어 보니 물 밑 홍운(紅雲)을 헤치고, 큰 실오라기 같은 줄이 붉기가 더욱 기이(奇異)하며, 기운(氣運)이 진홍(眞紅) 같은 것이 차차 나서, 손바닥 넓이 같은 것이 그믐밤에 보는 숯불 빛과 같더라. 차차 나오더니 그 위로 적은 회오리밤 같은 것이 붉기가 호박(琥珀) 구슬과 같고 맑고 통랑(通郎)하기는 호박(琥珀)보다 더 곱더라.

> 그 붉은 우흐로 흘흘[19] 움즉여[20] 도는되[21] 처엄 낫던[22] 붉은 긔운이 빅지[23] 반 쟝[24] 너비만치[25] 반드시[26] 비최며 밤 ス던 긔운이 희[27] 되야 ᄎᄎ 커 가며 큰 징반[28] 만[29] ᄒ여 붉웃붉웃[30] 번듯번듯 쮜놀며 젹싴이[31]

---

14) 숫불 : [숯불 : 숫(← 숯 : 숯, 炭) + 불(불, 火)] ※ '숯블>숫불'의 변화는 원순 모음화가 적용된 결과이다.

15) 우흐로 : 우ㅎ(위, 上) + -으로(부조, 방향)

16) 회오리밤 : [회오리밤 : 회오리(회오리) + 밤(밤, 栗)] ※ '회오리밤'은 밤송이 속에 외톨로 들어앉아 있는, 동그랗게 생긴 밤이다.

17) 통낭ᄒ기는 : 통낭ᄒ[← 통랑ᄒ다(통랑하다) : 통낭(통랑, 通郎 : 불어) + -ᄒ(형접)-]- + -기(명전) + -는(보조사, 주제) ※ '통랑(通郎)'은 속까지 비치어 환한 것이다. ※ '통랑 → 통낭'은 /ㄹ/이 /ㄴ/으로 비음화한 형태이다.

18) 호박도곤 : 호박(호박, 琥珀) + -도곤(-보다 : 부조, 비교)

19) 흘흘 : 흘홀(부사). 어떠한 기운이나 물건이 가볍게 날리는 모양이다.

20) 움즉여 : 움즉이[← 움즈기다(움직이다, 動) : 움즉(움직 : 불어)- + -이(동접)-]- + -어(연어)

21) 도는되 : 도(← 돌다 : 돌다, 回)- + -ᄂ(현시)- + -ᄂ되(-ㄴ데 : 연어, 설명 계속)

22) 낫던 : 나(나다, 出)- + -앗(완료)- + -더(회상)- + -ㄴ(관전)

23) 빅지 : 백지(白紙). 흰 종이이다.

24) 쟝 : 장(장, 張 : 의명). '얇고 넓적한 조각'의 수를 헤아리는 단위이다.

25) 너비만치 : 너비[넓이, 너비, 幅, 廣 : 넙(넓다, 廣)- + -이(명접)] + -만치(-만큼 : 부조, 비교)

26) 반드시 : 반드시[반듯이, 반듯하게, 直(부사) : 반듯(반듯 : 불어) + -이(부접)]

27) 희 : 희(해, 日) + -∅(← -이 : 보조)

28) 징반 : 쟁반, 錚盤.

29) 만 : 만(의명, 비교). ※ '만'은 어느 정도에 이르는 것을 나타내는 의존 명사이다.

30) 붉웃붉웃 : [불긋불긋, 赤(부사) : 붉(붉다, 赤 : 형사)- + -웃(부접)- + 붉(붉다, 赤 : 형사)- + -웃(부접)]

왼[32] 바다희 씨치며[33] 몬져[34] 븕은 기운이 ᄎᄎ 가시며[35] 히 흔들며 쒸놀기 더욱 ᄌᆞ로[36] ᄒᆞ며 항[37] ᄀᆞᆺ고 독 ᄀᆞᆺ흔 것이 좌우로 쒸놀며 황홀이[38] 번득여 냥목[39]이 어즐ᄒᆞ며[40] 븕은 긔운이 명낭ᄒᆞ야[41] 첫 홍식을 헤앗고[42] 텬듕의 징반 ᄀᆞᆺ흔 것이 수레박희[43] ᄀᆞᆺᄒᆞ야 믈 속으로셔[44] 치미러[45] 밧치ᄃᆞ시[46] 올나븟흐며[47] 항 독 ᄀᆞᆺ한 긔운이 스러디고[48] 처엄 븕어 것츨[49] 비최던 거슨 모혀[50] 소 혀텨로[51] 드리워[52] 믈 속의 풍덩 쌔디는[53] 듯

---

31) 젹싴이 : 젹색(赤色, 붉은 색) + -이(주조)

32) 왼 : 왼(← 온 : 온, 全, 관사, 수량)

33) 씨치며 : 씨치(끼치다, 響)- + -며(연어, 나열, 계기)

34) 몬져 : 먼저, 先(부사)

35) 가시며 : 가시(가시다, 사라지다, 변하다, 消)- + -며(연어, 계기)

36) ᄌᆞ로 : 자주, 頻(부사)

37) 항 : 항아리, 缸. 아래위가 좁고 배가 부른 질그릇이다.

38) 황홀이 : [황홀히, 恍惚(부사) : 황홀(황홀, 恍惚 : 명사) + -∅(←-ᄒᆞ- : 형접)- + -이(부접)]

39) 냥목 : 양목(兩目). 두 눈이다. ※ '량목〉냥목'의 변화는 'ㄹ' 두음 법칙이 적용된 결과이다.

40) 어즐ᄒᆞ며 : 어즐ᄒᆞ[어찔하다 : 어즐(어찔 : 불어) + -ᄒᆞ(형접)-] + -며(연어, 나열)

41) 명낭ᄒᆞ야 : 명낭ᄒᆞ[명랑ᄒᆞ다(명랑하다) : 명낭(← 명랑 : 명랑, 明朗) + -ᄒᆞ(형접)-] + -야(← -아 : 연어) ※ '명랑 → 명낭'은 /ㄹ/이 /ㄴ/으로 비음화한 형태이다.

42) 헤앗고 : 헤앗[헤치다 : 헤(헤다, 泳)- + -앗(강접)-] + -고(연어, 계기)

43) 수레박희 : 수레박희[수렛바퀴 : 수레(수레, 車) + 박희(← 박회, 바회 : 바퀴, 輪)] + -∅(← -이 : -와, 부조, 비교)

44) 속으로셔 : 속(속, 裏) + -으로(부조, 방향) + -셔(-서 : 보조사, 위치 강조, 출발점)

45) 치미러 : 치밀[치밀다 : 치(강접)- + 밀(밀다, 推)-]- + -어(연어) ※ '티밀다〉치밀다'는 /ㅌ/이 /ㅊ/으로 구개음화한 예이다.

46) 밧치ᄃᆞ시 : 밧치[받치다, 支 : 받(받다, 떠받다)- + -히(사접)-]- + -ᄃᆞ시(-듯이 : 연어, 흡사) ※ '밧티다〉밧치다'의 변화는 구개음화의 형태이다. '밧치ᄃᆞ시'는 '바치ᄃᆞ시'의 초성 /ㅊ/을 'ㅅㅊ'으로 거듭 적은 형태다.

47) 올나븟흐며 : 올나븟흐[← 올라븥다(올라붙다) : 올ㄴ(← 올르 ← 오ᄅᆞ다 : 오르다, 登)- + -아(연어) + 븟흐(← 븥다 : 붙다, 附)-]- + -으며(연어 : 나열, 계기) ※ '올나'는 '올라'의 'ㄹㄹ'을 'ㄹㄴ'으로 표기한 형태이다. 그리고 '븟흐며'는 '브트며'의 초성 /ㅌ/을 /ㄷ/과 /ㅎ/으로 재음소화하여 표기한 뒤에, 다시 종성 /ㄷ/을 'ㅅ'으로 표기한 형태이다.

48) 스러디고 : 스러디[스러지다, 消(자동) : 슬(스러지게 하다 : 타동)- + -어(연어) + 디(지다 : 보용, 피동)-]- + -고(연어, 계기)

49) 것츨 : 것ㅊ(← 겇 : 겉, 表) + -을(목조) ※ '것츨'은 '거츨'의 /ㅊ/을 'ㅅㅊ'으로 거듭 적은 형태이다.

50) 모혀 : 모히[← 모이다, 集 : 모으(모으다 : 타동)- + -이(피접)-]- + -어(연어) ※ '모혀'는 '모여'를 오기한 형태이다.

51) 혀텨로 : 혀(혀, 舌) + -텨로(← -톄로 : -처럼, 부조, 비교) ※ 조사 '-톄로'는 '모양'의 뜻을

시브더라[54] 일싁[55]이 됴요ᄒ며 믈결의[56] 붉은 긔운이 ᄎᄎ 가시며 일광이 청낭하니[57] 만고텬하의[58] 그런 장관은 듸두할[59] 듸[60] 업슬 듯 ᄒ더라

그 붉은 위로 (진홍 같은 기운이) 홀홀 움직여 도는데, 처음 나왔던 붉은 기운(氣運)이 백지(白紙) 반(半) 장 너비만큼 반듯이 비치며, 밤 같던 기운(氣運)이 해가 되어 차차 커 가며, 큰 쟁반(錚盤) 만하여 불긋불긋 번듯번듯 뛰놀며 적색(赤色)이 온 바다에 끼치며, 먼저의 붉은 기운(氣運)이 차차(次次) 가시며, 해가 흔들며 뛰놀기를 더욱 자주 하며, 항아리 같고 독 같은 것이 좌우(左右)로 뛰놀며 황홀(恍惚)히 번득여 양목(兩目)이 어찔하며, 붉은 기운(氣運)이 명랑(明朗)하여 첫 홍색(紅色)을 헤치고, 천중(天中)에 쟁반 같은 것이 수레바퀴와 같아서, 물 속으로(부터)서 치밀어 받치듯이 올라붙으며, 항아리와 독 같은 기운이 스러지고, 처음에 붉어서 겉을 비추던 것은 모여서 소의 혀처럼 드리워 물 속에 풍덩 빠지는 듯 싶더라. 일색(日色)이 조요(照耀)하며, 물결에 붉은 기운이 차차 가시며, 일광(日光)이 청랑(晴朗)하니, 만고천하(萬古天下)에 그런 장관(壯觀)은 대두(對頭)할 데가 없을 듯하더라.

짐쟉의[61] 처엄 빅지 반 쟝만티[62] 붉은 긔운은 그 속의셔[63] 힉 쟝츳[64]

나타내는 의존 명사인 '톄(體)'에 부사격 조사인 '-로'가 붙어서 된 파생 조사이다. '-톄로'는 중세 국어에서는 그 용례를 발견할 수 없고 근대 국어에서 새로이 나타난 부사격 조사이다. '-톄로'는 구개음화를 겪어서 현대 국어에서는 '-처럼'으로 실현된다.

52) 드리워 : 드리우[드리우다, 垂 : 들(들다, 入 : 자동)- + -이(사접)- + -우(사접)-]- + -어(연어)

53) ᄲᅢ디ᄂ : ᄲᅢ디(빠지다, 陷)- + -ᄂ(현시)- + -ㄴ(관전)

54) 시브더라 : 시브(싶다 : 보형, 추측)- + -더(회상)- + -라(←-다 : 평종)
    ※ 이 단어는 '싁브다 〉 십브다/시브다 싶다'로 변화하였다.

55) 일싁 : 일색(日色). 햇빛이다.

56) 믈결의 : 믈결[물결, 波 : 믈(물, 水) + 결(결, 紋)] + -의(-에 : 부조)

57) 청낭하니 : 청낭하[← 청랑ᄒ다(청랑하다) : 청낭(청랑, 晴朗 : 불어) + ᄒ(형접)-]- + -니(연어, 설명 계속, 이유) ※ '청랑(晴朗)'은 날씨가 맑고 화창한 것이다. 그리고 '청랑→청낭'의 변동은 비음화가 적용된 예이며, 'ᄒ다'의 'ᆞ'가 'ㅏ'로 혼기되었다.

58) 만고텬하의 : 만고텬하(만고천하, 萬古天下) + -의(-에 : 부조, 위치) ※ '만고텬하(萬古天下)'는 아득한 옛날의 세상이나 만대에 영원한 세상을 이른다.

59) 듸두할 : 듸두하[← 듸두ᄒ다(대두하다) : 듸두(대두, 대적, 對頭 : 명사) + -ᄒ(동접)-]- + -ㄹ(관전) ※ '듸두(對頭)ᄒ다'는 원래 '대적하다'라는 뜻을 나타내는데, 여기서는 '비교하다'는 뜻으로 쓰였다. 'ᄒ다'의 'ᆞ'가 'ㅏ'로 혼기되었다.

60) 듸 : 듸(데, 處 : 의명) + -Ø(←-이 : 주조)

61) 짐쟉의 : 짐쟉(짐작, 斟酌) + -의(-에 : 부조, 위치, 근거)

나려 ᄒ고[65] 우리여[66] 그리 붉고 그 회호리밤 ᄀᆞᆺ흔 거슨 진짓[67] 일ᄉᆡᆨ을 ᄲᅢ혀내니[68] 우리온[69] 긔운이 ᄎᆞᄎᆞ 가시며 독 ᄀᆞᆺ고 항 ᄀᆞᆺ흔 거슨 일ᄉᆡᆨ이 모디리[70] 고온[71] 고로[72] 보는 사람의 안력[73]이 황홀ᄒᆞ야 도모디 헷긔운인[74] ᄃᆞᆺ 시브더라[75]

짐작(斟酌)에 처음 백지(白紙) 반(半) 장만치 붉은 기운은 그 속에서 해가 장차(將次) 나려고 우리어서 그리 붉고, 그 회오리밤 같은 것은 진짜 일색(日色)을 빼어내니, 우린 기운이 차차 가시며 독 같고 항 같은 것은, 일색(日色)이 모질게 고운 고(故)로 보는 사람의 안력(眼力)이 황홀(恍惚)하여 도무지 헛기운인 듯 싶더라.

차셤이 보ᄇᆡ 내 교듕의[76] ᄃᆞ니 몬져 가는 ᄃᆞᆺ 시브더니 도로 왓던[77] 양[78] ᄒᆞ야 묘시[79] 보시믈[80] 하례ᄒᆞ고[81] 이랑이 손을 두드려 보시도다[82]

62) 쟝만티 : 쟝(장, 張 : 의명) + -만티(-만치 : 부조, 비교)
63) 속의셔 : 속(속, 裏) + -의셔(-에서 : 부조, 위치)
64) 쟝ᄎᆞᆺ : 쟝ᄎᆞᆺ(← 쟝ᄎᆞ : 장차, 將次, 부사)
65) 나려 ᄒ고 : 나(나다, 出)- + -려(연어, 의도) # ᄒ(하다 : 보용, 의도)- + -고(연어, 나열)
   ※ 문맥을 고려하여 '나려 ᄒ고'를 '나려고'로 옮긴다.
66) 우리여 : 우리(우리다, 어리다)- + -어(연어) ※ '우리다'는 달빛이나 햇빛 따위가 희미하게 비치는 것이다.
67) 진짓 : ① 진짜, 참(명사), ② 진짜로, 정말로(부사)
68) ᄲᅢ혀내니 : ᄲᅢ혀내[힘을 주어서 빼다, 拔 : ᄲᅢ(빼다)- + -혀(강접)- + 나(나다, 出)- + -ㅣ(←-이- : 사접)-]- + -니(연어, 설명 계속, 이유)
69) 우리온 : 우리오(← 우리다 : 우리다, 漬)- + -Ø(과시)- + -ㄴ(관전) ※ '우리온'은 '우린'의 오기이다.
70) 모디리 : [모질게, 아주, 虐(부사) : 모딜(모질다, 虐 : 형사)- + -이(부접)]
71) 고온 : 고오(← 곱다, ㅂ불 : 곱다, 麗)- + -Ø(현시)- + -ㄴ(←-은 : 관전)
72) 고로 : 고(고, 까닭, 故 : 의명) + -로(부조, 방편)
73) 안력 : 안력(眼力), 시력(視力)
74) 헷긔운인 : 헷긔운[헛기운 : 헷(← 헛- : 접두)- + 긔운(기운, 氣運)] + -이(서조)- + -Ø(현시)- + -ㄴ(관전) ※ 접두사인 '헷-(← 헛-)'은 일부 명사 앞에 붙어서 '이유 없는, 보람 없는'의 뜻을 더하는 접두사이다. 접두사인 '헛-'은 [허(허, 虛)- + -ㅅ(사잇)]으로 다시 분석할 수 있다.
75) 시브더라 : 시브(싶다 : 보형, 추측)- + -더(회상)- + -라(←-다 : 평종)
76) 교듕의 : 교듕(교중, 가마 안, 轎中) + -의(-에 : 부조, 위치)
77) 왓던 : 오(오다, 來)- + -앗(완료)- + -더(회상)- + -ㄴ(관전)
78) 양 : 양(양, 樣 : 의명)

ᄒᆞ여 즐겨 ᄒᆞ더라⁸³⁾ 장관을 쁜더이⁸⁴⁾ ᄒᆞ고 오려 홀시⁸⁵⁾ 촌녀들이⁸⁶⁾ 작별 운집ᄒᆞ여 와셔 보며 손을 비븨여⁸⁷⁾ 므엇⁸⁸⁾ 달라⁸⁹⁾ ᄒᆞ니 돈냥인디⁹⁰⁾ 주어 ᄂᆞ화⁹¹⁾ 먹으라 하다⁹²⁾ 햐쳐로⁹³⁾ 도라오니 쁜덥기⁹⁴⁾ 듕보⁹⁵⁾를 어든 듯 ᄒᆞ더라 (… 중략 …)

차섬이와 보배가 내가 교중(轎中)에 드니 먼저 가는 듯 싶더니 도로 왔던 양(樣)하여, 묘시(卯時)에 일출(日出)을 보신 것을 하례(賀禮)하고, 이랑이가 손을 두드려 "(마누하님께서 일출을) 보셨구나." 하여 즐거워하더라. 장관(壯觀)을 찐덥게 하고 (돌아)오려 하는데, 촌녀(村女)들이 작별(作別)하려고 운집(雲集)하여, 와서 보며 손을 비비어 무엇을 달라 하니, 돈푼이나 주어서 '나누어 먹으라.' 하였다. 하처(下處)로 돌아오니 찐덥기가 중보(重寶)를 얻은 듯 하더라. (…중략…)

---

79) 묘시(卯時) : 십이시(十二時)의 넷째 시(時)로서, 오전 다섯 시에서 일곱 시까지이다. 여기서는 문맥상 '묘시에 일어난 해돋이'를 이른다.

80) 보시믈 : 보(보다, 見)- + -시(주높)- + -ㅁ(명전) + -을(목조)

81) 하례ᄒᆞ고 : 하례ᄒᆞ[하례하다 : 하례(賀禮 : 명사) + -ᄒᆞ(동접)-]- + -고(연어, 계기)

82) 보시도다 : 보(보다, 見)- + -시(주높)- + -Ø(과시)- + -도(감동)- + -다(평종)

83) 즐겨 ᄒᆞ더라 : 즐기(즐기다, 樂)- + -어(연어) # ᄒᆞ(하다, 爲)- + -더(회상)- + -라(← -다 : 평종)

84) 쁜더이 : [찐덥게, 흐뭇하고 만족스럽게, 흡(부사) : 쁜더(← 쁜덥다, ㅂ불 : 찐덥다)- + -이(부접)] ※ '쁜더이(← 씐더이)'는 '남을 대하기가 마음에 흐뭇하고 만족스럽게'나, '마음에 거리낌이 없고 떳떳하게'라는 뜻이다. 합용 병서 글자로 'ㅄ'이 쓰인 것이 특징인데, 일반적으로는 '씐더이'로 표기된다.

85) 홀시 : ᄒᆞ(하다 : 보용, 의도)- + -ㄹ시(-는데 : 연어, 설명 계속)

86) 촌녀들이 : 촌녀들[촌녀들 : 촌녀(촌녀, 시골 여자, 村女) + -들(복접)] + -이(주조)

87) 비븨여 : 비븨(비비다, 搓)- + -여(← -어 : 연어)

88) 므엇 : 무엇. 何(지대, 미지칭)

89) 달라 : 달(남이 나에게 주다, 授)- + -라(명종, 아주 낮춤)

90) 돈냥인디 : 돈냥[돈냥, 돈푼 : 돈(돈, 錢) + 냥(냥 : 의명)]- + -이(서조)- + -ㄴ디(-ㄴ지 : 연어, 막연한 의문) ※ '돈냥인디'는 문맥을 감안하여 '돈냥이나'로 옮긴다. ※ '돈냥'은 쉽사리 헤아릴 만큼 그다지 많지 아니한 돈이다.

91) ᄂᆞ화 : ᄂᆞ호(나누다, 分)- + -아(연어)

92) 하다 : 하(← ᄒᆞ다 : 하다, 말하다, 謂)- + -Ø(과시)- + -다(평종) ※ '하다'는 'ᄒᆞ다'의 'ㆍ'를 'ㅏ'로 혼기한 형태이다.

93) 햐쳐로 : 햐쳐(← 하처 : 하처, 下處, 숙소) + -로(부조, 방향) ※ '햐쳐'는 '하처'의 오기이다.

94) 쁜덥기 : 쁜덥(찐덥다)- + -기(명전) + -Ø(← -이 : 주조)

95) 듕보 : 중보(重寶). 귀중한 보물이다.

구월 십칠 일 가셔 십팔 일 도라와 이십일 일 긔록ᄒ노라[96]

구월 십칠 일에 가서 십팔 일에 돌아와, 이십일 일에 기록(記錄)한다.

---

96) 긔록ᄒ노라 : 긔록ᄒ[기록하다 : 긔록(기록, 記錄 : 명사) + -ᄒ(동접)-]- + -노라(평종, 현시,
화자)

3. 한중만록

　『한듕만록』(閑中漫錄)은 장헌 세자(사도 세자)의 빈(嬪)이자 정조 임금의 어머니인 혜경궁 홍씨(惠慶宮 洪氏)가 지은 회고록이다. 곧, 자신의 회갑을 맞던 해인 1795년(정조 19)에 남편인 장헌 세자의 일을 중심으로 자기의 일생을 돌아보면서 쓴 자전적인 작품이다.

　『한듕만록』은 홍씨가 친정 조카인 홍수영(洪守榮)의 소청으로 지었는데, 1795년에 첫째 편을 비롯하여, 67세, 68세, 71세에 지은 쓴 총 네 편의 작품으로 구성되어 있다. 제1편은 1795년(정조 19)에 지었는데, 혜경궁 홍씨의 어린 시절과 세자빈이 된 이후 50년 간 궁궐에서 지낸 이야기로 구성되어 있다. 제2편은 67세인 1801년(순조 1)에 지었는데, 사도 세자의 사건 이후부터 정조 초년까지 정적들에게 모함받은 이야기를 자세하게 기록했다. 제3편은 68세였던 1802년에 쓴 글로 제2편과 비슷한 내용으로 자신의 친정 쪽이 억울한 누명을 쓰고 있음을 주장하는 내용이다. 제4편은 71세인 1805년에 쓴 것으로 사도 세자가 영조에 의해서 뒤주 속에서 죽게 되기까지의 경위를 서술하였다.

　『한듕만록』은 6권 6책으로 이루어진 필사본이다. 이 외에도 언문본인 『한듕록』(閑中錄, 恨中錄)과 한문본인 『읍혈록』(泣血錄) 등 14종의 이본이 있다. 이들 이본은 혜경궁 홍씨가 직접 지은 작품이 아니고 모두 필사본이라는 점에서 아쉬움이 있다. 이처럼 현존하는 이본이 모두 필사본인 탓으로 이들 문헌에 쓰인 표기가 정연하지 못하고 오자와 탈자가 매우 많은 것이 특징이다. 『한듕만록』의 이본들 중에서 중요한 것은 다섯 종류의 이본이다. 곧, 한글본으로서는 일사문고(一簑文庫)에서 소장하고 있는 『한중만록』(閑中漫錄, 일사본)과 이병기가 소장하고 있는 『한중록』(가람본), 김동욱이 소장하고 있는 『恨中錄』(나손본)이 있다. 그리고 한문본으로서는 국립도서관에서 소장하고 있는 『한중만록』(閑中漫錄)과 서울대학교 규장각에서 소장하고 있는 『읍혈록』(泣血錄)이 있는데, 이 두 한문본은 내용이 동일하다.

　이 책에서는 1961년에 간행된 『한국 고전 문학 대계』 제14권, 이병기·김동욱 교주본인 『한듕록』(閑中漫錄)을 분석 대상으로 하였다. 『한국 고전 문학 대계』의 『한듕록』(閑中漫錄)의 원문은 〈일사본〉을 기본 대본으로 하고 있고, 〈가람본〉과 〈나손본〉과 차이가 나는 내용은 〈일사본〉에 별도로 부기(附記)되어 있다. 이러한 사정을 감안하여 이 책에서도 〈일사본〉을 기본 대본으로 하고, 〈가람본〉과 〈나손본〉에 나타나는 일부 다른 내용은 별로도 기술하기로 한다.

『한듕만록』에는 18세기 말에 쓰인 '근대 국어'의 전형적인 특징이 나타나 있다.

첫째, 어두 합용 병서는 'ㅅ'계와 'ㅂ'계가 동시에 사용되고 있는데, 이 중에서 'ㅅ'계가 훨씬 많이 쓰였다. 반면에 각자 병서는 'ㅆ'만 쓰였다.

  (보기) ①'ㅅ'계 : 쏘흔, 이쩌, 쌔지오노라, 쌘, 쏠, 쑤둥, 쑤짓디
      ②'ㅂ'계 : 뻐, 빵벽
      ③각자 병서 : 써, 쎠, 쓰나

둘째, 음절 말에 실현되는 /ㄷ/을 'ㅅ'으로 표기한 예가 많이 보인다.

  (보기) 받는 → 밧는, 받즈와 → 밧즈와, 듣고 → 듯고, 굳게 → 굿게, 듣느니 → 듯느니

셋째, 앞 음절 종성 /ㄹ/과 뒤 음절의 초성 /ㄹ/이 이어서 발음될 때에, 'ㄹㄹ'을 'ㄹㄴ'으로 표기한 예가 보인다.

  (보기) 불러 → 불너, 놀라와 → 놀나와, 알리 → 알니, 올라가매 → 올나가매, 졀로 → 졀노

넷째, 끊어적기와 거듭적기의 예가 대단히 많이 나타난다.

  (보기) ①끊어적기의 예 : 즈식이, 옷안은, 춤으시고
      ②거듭적기의 예 : 거슬 → 것슬, 비즐 → 빗즐

다섯째, 거센소리의 음소를 예사소리와 /ㅎ/으로 재음소화하여서 표기한 예가 보인다.

  (보기) 압히(앞 + -익), 겻홀(곁 + -을)

여섯째, 이 시기에는 단어의 첫 음절에서도 /·/가 /ㅏ/로 바뀜에 따라서, '·'와 'ㅏ'를 표기하는 데에 전반적으로 혼란이 일어났다. 그런데 혼기된 예를 살펴보면 기존

의 'ㆍ'를 'ㅏ'로 표기한 예보다는 기존의 'ㅏ'를 'ㆍ'로 표기한 예가 더 많다.

(보기) ① 기존의 'ㆍ'를 'ㅏ'로 표기한 예 : ᄒᆞ오시ᄃᆡ〉경계하오시ᄃᆡ, 홍감ᄒᆞᆫ〉홍감한, 경역ᄒᆞᆫ〉경역한

② 기존의 'ㅏ'를 'ㆍ'로 표기한 예 : 내〉ᄂᆡ, 보내다〉보ᄂᆡ다, 싸다가〉ᄊᆞ다가, 내여보내다〉ᄂᆡ여보ᄂᆡ다, 지내소셔〉지ᄂᆡ쇼셔, 마자〉마ᄌᆞ, 대례〉ᄃᆡ례

일곱째, 중세 국어에서 종성이 /ㅎ/으로 끝나던 체언들에서, 현대어처럼 종성 /ㅎ/이 탈락된 예가 일부 나타난다.

(보기) 익예들히〉익예들이, 지친들콰〉지친들과

여덟째, 구개음화, 원순 모음화, 비음화 현상이 적용된 예가 많이 보이며, 'ㄹ' 두음 법칙이 적용된 예도 많이 보인다.

(보기) ① 구개음화의 예 : 참예티〉참예치, ᄊᆞ디기를〉ᄊᆞ지기를, 어ᄅᆞ만뎌〉어ᄅᆞᄆᆞ져, 엇던〉엇진

② 원순 모음화의 예 : 눈믈이〉눈물이, 머므시거니와〉머무시거니와, 블너〉불너, 블근〉불근

③ 비음화의 예 : 근로ᄒᆞ시며〉근노하시며, 용렬〉용녈, 힁례〉힁녜

④ 'ㄹ' 두음 법칙의 예 : 령〉녕, 륳듕〉늏듕, 례모〉녜모, 량위〉냥위

아홉째, 'ㄴ' 두음 법칙의 예는 발견되지 않는다. 그러데 19세기 초인 1809년에 빙허각 이씨가 지은 필사본 『규합총서』(閨閤叢書)에는 부분적으로 'ㄴ' 두음 법칙의 예가 나타난다. 이러한 사실을 감안하면, 혜경궁 홍씨가 『한듕만록』을 지었던 18세기 말에는 대궐 밖의 일반 언중이 사용하는 입말에서는 'ㄴ' 두음 법칙이 적용되었을 것으로 추정할 수 있다.

(보기) 닐니〉일니, 니로미라〉이로미라, 료법〉뇨법〉요법

열째, 모음으로 끝나는 체언 뒤에서 주격 조사가 '-가'의 형태로 실현되는 예가 대단히 많이 보인다.

(보기) 만키가, 미스가, 인스가, 비자가, 남유용이가, 니가, 비자가, ᄂᆡ가

열한째, 높임의 뜻을 나타내는 주격 조사의 형태로 '겨오셔' 등의 나타나서 활발하게 쓰였다. 이때 '겨오셔'는 '겨(있다, 在)- + -오(공손)- + -시(주높)- + -어(연어)'로 재분석된다.

(보기) 선인겨오셔, 션비겨오셔, 션듸왕겨오셔, 뎡셩왕후겨오셔, 부모겨오셔

열두째, 객체 높임법의 문법 범주가 완전히 소멸하여서 '-습-, 스오 ; -줍-, -즈오-, -오-' 등은 공손법의 기능으로 쓰였다.

(보기) 슬스오이다, 밧즈와, 엿즈오되, 아오시고

열셋째, 인칭 표현과 대상 표현의 문법 범주가 거의 소멸하였다. 다만, 평서형의 종결 어미로 쓰이는 용언에서 인칭 표현의 흔적이 보인다.

(보기) 쌔지오노라, 싱각노라, 찻노라

열넷째, 명사형 전성 어미의 형태가 '-옴/-움'에서 /오/와 /우/가 탈락하여 '-음/-ㅁ'의 형태로 바뀌어서 쓰였다.

(보기) 올흐믈, 심그미라, 덜미, 깃거ㅎ오시미

열다섯째, 명사형 전성 어미로 '-기'가 많이 쓰였다.

(보기) 만키가, 슬허ㅎ기를, 샌지기를, 쩌나기를, 빈가지녀기, 허비ㅎ기로, 슉셩ㅎ시기, 겨오시기, 슬허ㅎ기를

열여섯째, 선어말 어미 '-엇-/-어시-, -앗-/-아시-, -엿-/-여시-'가 완료상을 나타내는 선어말 어미로 쓰였다.

(보기) 갓던지, 어덧도다, 올나실셰, ㅎ엿다, 괴로와ㅎ엿더니, 드러시니

열일곱째, 현재 시제의 선어말 어미인 '-ᄂ-'를 대체하여 '-ㄴ-/-ᄂ-'의 형태가 쓰였다.

(보기) ① 모음 아래 : 본다, ㅎ신다, 간다

② 자음 아래 : 늙<u>느</u>다, 믓<u>느</u>다, 알<u>느</u>다

열여덟째, 미래 시제 선어말 어미의 형태가 '-리-'와 함께 '-겟-'이 나타났는데, 이때의 '-겟-'은 '-게 ᄒ엿다'가 축약된 형태로 보인다.

(보기) 됴화ᄒ시<u>겟</u>다, 시기<u>겟</u>다

열아홉, 남의 말을 인용하는 부사격 조사인 '-고'가 쓰였다.

(보기) 션비겨오셔는 아히 말 ᄀ치 아니타<u>고</u> 도로혀 ᄭ듕ᄒ시니

위와 같은 특징을 감안하면 『한듕만록』은 근대 국어의 전형적인 모습을 보여 주며, 국어사에서 매우 중요한 가치가 있는 문헌이다.

한듕만록 일

[한중만록을 쓴 내력]

닉[1] 유시의[2] 궐닉의[3] 드러와 셔찰[4] 왕복이 됴셕의[5] 이시니[6] 닉
집의 닉 슈젹[7]이 만히 이실 거시로딕[8] 입궐 후 선인겨오셔[9] 경계하오시
딕[10] 외간[11] 셔찰이 궁듕의 드러가 흘릴 거시 아니오 문후훈[12] 의외예[13]
ᄉ년이[14] 만키가[15] 공경ᄒᆞᆫ 도리의 가치[16] 아니ᄒᆞ니 됴셕봉셔[17] 회답의[18]

---

1) 닉 : ᄂᆞ(←나 : 나, 我, 인대, 1인칭) + -ㅣ(←-이 : 주조) ※ 이 시기에 단어의 첫 음절에서 /·/
   가 /ㅏ/로 바뀜에 따라서, /ㅏ/의 표기에 혼란이 생겨서 '나'의 'ㅏ'를 '·'로 혼기하였다.
2) 유시의 : 유시(유시, 어릴 적, 幼時) + -의(-에 : 부조, 위치)
3) 궐닉의 : 궐닉(궐내, 대궐의 안, 大闕) + -의(-에 : 부조, 위치)
4) 셔찰 : 셔찰(書札). 편지.
5) 됴셕의 : 됴셕(조석, 아침저녁, 朝夕) + -의(-에 : 부조, 위치)
6) 이시니 : 이시(있다, 有)- + -니(연어, 설명 계속, 이유) ※ 〈가람본〉에는 '잇시니'로 표기됨.
7) 슈젹 : 슈젹(手迹). 손수 쓴 글씨나 그린 그림이다.
8) 거시로딕 : 것(것 : 의명) + -이(서조)- + -로되(←-오되 : 연어, 설명 계속, 대조)
9) 선인겨오셔 : 선인(선인, 돌아가신 아버지, 先人) + -겨오셔(-께옵서 : 주조, 아주 높임) ※
   '겨옵셔'는 [겨(있다, 在)- + -오(공손)- + -시(주높)- + -어(연어)]의 방식으로 형성된 주격
   조사이다. 여기서 '선인'은 혜경궁 홍씨의 친정 아버지인 홍봉한(洪鳳漢)이다.
10) 경계하오시딕 : 경계하[← 경계ᄒᆞ다(경계하다) : 경계(경계, 警戒 : 명사) + -ᄒᆞ(←-ᄒᆞ- : 동접)-]-
    + -오(공손)- + -시(주높)- + -딕(-되 : 연어, 설명 계속) ※ '하오시딕'는 'ᄒᆞ오시딕'의 '·'를
    'ㅏ'로 표기한 형태이다.
11) 외간 : 외간(外間). 자기 집 밖의 다른 곳이다.
12) 문후훈 : 문후ᄒᆞ[문후하다, 안부를 묻다 : 문후(문후, 問候 : 명사) + -ᄒᆞ(동접)-]- + -Ø(과시)-
    + -ㄴ(관전)
13) 의외예 : 의외(← 이외 : 이외, 以外) + -예(←-에 : 부조, 위치) ※ 〈가람본〉에는 '외예'로 표
    기됨.
14) ᄉ년이 : ᄉ년(← ᄉ연 : 사연, 事緣) + -이(주조) ※ 〈가람본〉에는 '사연이'로 표기되었다.
15) 만키가 : 많(많다, 多)- + -기(명전) + -가(주조)
16) 가치 : 가ᄒᆞ[← 가ᄒᆞ다(가하다) : 가(가, 可 : 명사) + -ᄒᆞ(형접)-]- + -지(연어, 부정)
    ※ '가티〉가치'의 변화는 구개음화의 형태이다.
17) 됴셕봉셔 : 조석봉서(朝夕封書). 아침저녁으로 봉하여 보내는 편지이다. 여기서는 혜경궁 홍
    씨가 아침 저녁으로 그 친정집에 보내는 편지를 이른다.
18) 회답의 : 회답(회답, 回答) + -의(-에 : 부조, 위치) ※ '회답(回答)'은 물음이나 편지 따위에
    반응하는 것이나, 또는 그런 반응이다.

쇼식만 알고 그 죠희의[19] 뻐[20] 보니라[21] ᄒ시기 션비겨오셔[22] 아참[23] 져역[24] 승후ᄒ오시ᄂ[25] 봉셔의 션인 경계ᄃᆡ로[26] 됴희[27] 머리의 써[28] 보내ᄋᆞᆸ고[29] 집의셔도[30] ᄯᅩᄒᆫ[31] 션인 경계ᄅᆞᆯ 밧ᄌᆞ와[32] 다[33] 모화[34] 셰초ᄒᆞᄆ로[35] ᄂᆡ 필젹이 젼ᄒᆞ염즉[36] ᄒᆞᆫ 거시 업난지라[37]

내가 유시(幼時)에 궐내(闕內)에 들어와 서찰(書札) 왕복이 조석(朝夕)에 있으니, 내 집에 나의 수적(手迹)이 많이 있을 것이되, (내가) 입궐(入闕)한 후에 선인(先人)께옵서 경계하오시되, "외간(外間)의 서찰이 궁중에 들어가 흘릴 것이 아니요, 문후(問候)한

---

19) 죠희의 : 죠희(종이, 紙) + -의(-에 : 부조, 위치) ※ 〈가람본〉에는 '됴희의'로 표기되었다.

20) 뻐 : ㅄ(← 쓰다 ← 쓰다 : 쓰다, 書)- + -어(연어) ※ '뻐'는 '써'를 오기한 형태이다.

21) 보니라 : 보니(← 보내다 : 보내다, 送)- + -라(명종, 아주 낮춤) ※ '보니라'는 '보내라'의 'ㅏ'를 'ㅣ'로 혼기한 형태이다.

22) 션비겨오셔 : 션비(선비, 先妣) + -겨오셔(-께옵서 : 주조, 아주 높임) ※ '선비(先妣)'는 돌아가신 어머니인데, 여기서는 돌아가신 어머니인 한산 이씨(韓山 李氏)를 이른다.

23) 아참 : 아참(← 아ᄎᆞᆷ : 아침, 朝) ※ '아참'은 '아ᄎᆞᆷ'의 'ㆍ'를 'ㅏ'로 혼기한 형태이다.

24) 져역 : 져역(← 져녁 : 저녁, 夕) ※ 〈가람본〉에는 '져녁'으로 표기되었다.

25) 승후ᄒᆞ오시ᄂᆞᆫ : 승후ᄒᆞ[승후하다 : 승후(승후, 承候 : 명사) + -ᄒᆞ(동접)-]- + -오(공손)- + -시(주높)- + -ᄂᆞ(현시)- + -ㄴ(관전) ※ '승후(承候)'는 웃어른께 문안하는 것인데, 여기서는 어머니인 이씨가 왕비인 혜경궁 홍씨에게 보낸 문안 편지이다.

26) 경계ᄃᆡ로 : 경계(경계, 警戒) + -ᄃᆡ로(-대로 : 보조사, 흡사)

27) 됴희 : '죠희(종이, 紙)'를 오기한 형태이다.

28) 써 : ㅆ(← 쓰다 : 쓰다, 書)- + -어(연어)

29) 보내ᄋᆞᆸ고 : 보내(보내다, 送)- + -ᄋᆞᆸ(공손)- + -고(연어, 계기)

30) 집의셔도 : 집(집, 家) + -의셔(-에서 : 부조, 위치, 의미상 주격) + -도(보조사, 첨가) ※ 이때의 '-의셔'는 단체 유정 명사인 '집'에 실현되어서 의미상 주격으로 기능한다. 여기서 '집'은 혜경궁 홍씨의 친가(親家)를 이른다.

31) ᄯᅩᄒᆫ : [또한, 又(부사) : ᄯᅩ(또, 又 : 부사) + ᄒᆞ(하다, 爲)- + -ㄴ(관전▷부접)]

32) 밧ᄌᆞ와 : 밧(← 받다 : 받다, 受)- + -ᄌᆞ오(← -ᄌᆞᆸ- : 공손)- + -아(연어) ※ '밧ᄌᆞ와'는 '받ᄌᆞ와'의 종성 /ㄷ/을 'ㅅ'으로 표기한 형태이다.

33) 다 : 다, 모두, 皆(부사)

34) 모화 : 모호(모으다, 集)- + -아(연어)

35) 셰초ᄒᆞᄆ로 : 셰초ᄒᆞ[셰초하다 : 셰초(셰초, 洗草 : 명사) + -ᄒᆞ(동접)-]- + -ᄆ로(연어, 이유) ※ '셰초(洗草)'는 원래 조선 시대에 실록을 편찬한 뒤 그 초고를 없애 버리던 일이다. 여기서는 봉셔 안에 적어 놓은 혜경궁의 글을 물로 씻어 없애는 일을 뜻한다.

36) 젼ᄒᆞ염즉 : 젼ᄒᆞ[전하다 : 젼(전, 傳 : 불어) + -ᄒᆞ(동접)-]- + -염즉(←-엄직 : 연어, 가치)

37) 업난지라 : 업(← 없다 : 없다, 無)- + -나(←-ᄂᆞ- : 현시)- + -ㄴ지라(연어, 이유) ※ '업난지라'는 '업ᄂᆞᆫ지라'의 'ㆍ'를 'ㅏ'로 혼기한 예다.

외에 사연(事緣)이 많기가 (왕실을) 공경하는 도리에 가(可)하지 아니하니, 조석봉서(朝夕封書)의 회답(回答)에 (서로의) 소식만 알고, 그 종이에 (문후 외의 사연을) 써 보내라."라고 하시기(에), 선비(先妣)께옵서 아침 저녁 승후(承候)하시는 봉서(封書)에 선인(先人)의 경계대로 종이 머리에 써서 보내옵고, 집에서도 또한 선인의 경계를 받자와 (봉서를) 다 모아 세초(洗草)하므로, 나의 필적(筆跡)이 전(傳)함직 한 것이 없는지라,

---

빅딜³⁸⁾ 슈영³⁹⁾이 미양⁴⁰⁾ 본집의 마노라⁴¹⁾ 슈적이 머믄 거시 업스니 흔번 친히 무슨 글을 써⁴²⁾ 나리오셔⁴³⁾ 보장ᄒᆞ야⁴⁴⁾ 집의 길니⁴⁵⁾ 뎐ᄒᆞ면⁴⁶⁾ 미ᄉᆞ가⁴⁷⁾ 되게 ᄒᆞ엿다⁴⁸⁾ ᄒᆞ니 그 말이 올히여⁴⁹⁾ 써 쥬고져⁵⁰⁾ ᄒᆞ되 틈 업셔 못ᄒᆞ엿더니 올히⁵¹⁾ 닉 회갑 히를 당ᄒᆞ니 츄모지통⁵²⁾이 빅 비 더ᄒᆞ고 세월이 더 가면 닉 정신이 이 씪만도⁵³⁾ 못할 듯 ᄒᆞ기

---

38) 빅질 : 백질(伯姪). 맏조카.
39) 수영 : 수영(守榮). '수영(守榮)'은 홍수영(洪守榮)을 이른다. 홍수영은 홍봉한(洪鳳漢)의 장손(長孫)이고 홍낙인(洪樂仁)인 장자(長子)이다.
40) 미양 : 늘, 常(부사)
41) 마노라 : 왕, 왕비, 기타 귀인에게 쓰이는 경칭이다. 여기서는 '혜경궁 홍씨'의 호칭이다.
42) 써 : ㅆ(← 쓰다 : 쓰다, 書)- + -여(← -어 : 연어) ※ '써'는 '써'를 오기한 형태이다.
43) 나리오셔 : 나리(내리다, 下賜)- + -오(공손)- + -시(주높)- + -어(연어)
44) 보장ᄒᆞ야 : 보장ᄒᆞ[보장하다 : 보장(보장, 寶藏 : 명사) + -ᄒᆞ(동접)-]- + -야(← -아 : 연어) ※ '보장(寶藏)'은 매우 소중하게 여겨 잘 간직하여 두는 것이다.
45) 길니 : [← 기리(길이, 永 : 부사) : 길ㄴ(← 길다 : 길다, 長, 형사)- + -이(부접)] ※ '길니'는 '기리'의 초성 /ㄹ/을 'ㄹㄹ'로 거듭 적은 뒤에, 다시 'ㄹㄹ'을 'ㄹㄴ'으로 적은 형태이다. 〈가람본〉에는 '기리'로 표기되었다.
46) 뎐ᄒᆞ면 : 뎐ᄒᆞ[전하다 : 뎐(전, 傳 : 불어) + -ᄒᆞ(동접)-]- + -면(연어, 조건)
47) 미ᄉᆞ가 : 미ᄉᆞ(미사, 美事) + -가(보조) ※ '미ᄉᆞ(美事)'는 칭찬할 만한 아름다운 일이다.
48) 되게 ᄒᆞ엿다 : 되(되다, 化)- + -게(연어, 사동) # ᄒᆞ(하다, 爲 : 보용, 사동)- + -엿(완료)- + -다(평종) ※ '-게 ᄒᆞ엿-'이 축약되어서, 미래 시제 선어말 어미인 '-겟-'이 형성되었다.(나진석 1972 : 302의 내용을 참조.) 그리고 '되게 ᄒᆞ엿다'는 〈나손본〉에는 '되겟다'로 표기되었다.
49) 올히여 : 올히(← 올ᄒᆞ다 : 옳다, 是)- + -여(← -아 : 연어) ※ '올히여'는 '올ᄒᆞ여'를 오기한 형태이다. ※ 〈가람본〉에는 '올ᄒᆞ여'로 표기되었다.
50) 쥬고져 : 쥬(← 주다, 授)- + -고져(-고자 : 연어, 의도) ※ '쥬고져'는 '주고져'를 오기한 형태이다.
51) 올히 : 옳(올해, 今年) + -이(-에 : 부조, 위치)
52) 츄모지통 : 추모지통(追慕之痛). 추모하는 아픔이다. 여기서는 임오년(壬午年)에 죽은 남편 장헌세자(사도세자)를 추모하는 아픔을 이른다.
53) 씪만도 : 씪(때, 時)] + -만(-만큼 : 부조, 비교) + -도(보조사, 강조)

닉 흥감한[54] 마음과 경녁한[55] 일을 싱각ᄒ난[56] 딕로[57] 긔록ᄒ야 쓰나 ᄒ나흘[58] 건디고[59] 빅을 쌔지오노라[60] (…중략…)

백질(伯姪)인 수영(守榮)이 늘 "본집에 마누하님(= 혜경궁 홍씨)의 수적(手迹)이 머문 것이 없으니, 한번 친히 무슨 글을 써서 내리오시어 (그 글을) 보장(寶藏)하여 집에 길이 전하면 미사(美事)가 되게 하였다."라고 하니, 그 말이 옳아 (글을) 써 주고자 하되 틈이 없어 못하였더니, 올해에 내가 회갑(回甲)의 해를 당하니, (죽은 사도세자에 대한) 추모지통(追慕之痛)이 백(百) 배(倍) 더하고, 세월이 더 가면 나의 정신이 이때만 도 못할 듯하기(에), 내가 흥감(興感)한 마음과 경력(經歷)한 일을 생각하는 대로 기록 하여 쓰나, 하나를 건지고 백을 빠뜨린다. (…중략…) [3-4]

[궁중에서 어린 자녀를 키우던 일]

쥬상[61]이 홍진[62] 후 잘 ᄌ라시고 돌 즈음의 글ᄌ를 능히 아르셔[63] 슉셩ᄒ시기[64] 범으와[65] 졀이ᄒ시고[66] 계유[67] 초츄의[68] 딕뎨흑[69] 됴관빈[70]

---

54) 흥감한 : 흥감하[흥감하다, 흥겹게 느끼다 : 흥감(흥감, 興感 : 명사) + -하(동접)-]- + -Ø(현 시)- + -ㄴ(관전) ※ '興感(흥감)'은 마음이 움직여 느끼는 것이다. ※ '흥감한'에서는 '-ᄒ-' 의 'ㆍ'가 'ㅏ'로 혼기되었다. 〈가람본〉에는 '흥감ᄒ'으로 표기되었다.

55) 경녁한 : 경녁하[← 경력ᄒ다(경력하다) : 경녁(← 경력 : 경력, 經歷 : 명사) + -하(동접)-]- + -Ø(과시)- + -ㄴ(관전) ※ '경력(經歷)'는 여러 가지 일을 겪어 지내 오는 것이다. '경력 → 경녁'의 변동은 비음화가 적용딘 예이다. ※ '경역한'은 '경역흔의 'ㆍ'가 'ㅏ'로 혼기되었다.

56) 싱각ᄒ난 : 싱각ᄒ[← 싱각하다(생각하다, 思) : 싱각(생각 : 명사) + -ᄒ(동접)-]- + -나(← - ᄂ- : 현시)- + -ㄴ(관전) ※ 이하의 분석에서는 이처럼 /ㆍ/가 /ㅏ/로 바뀜에 따라서 생긴 'ㆍ' 와 'ㅏ'의 혼기 현상은 별도로 기술하지 않는다.

57) 딕로 : 대로(의명)

58) ᄒ나흘 : ᄒ나ㅎ(하나, 一 : 수사, 양수) + -을(목조)

59) 건디고 : 건디(건지다, 得) + -고(연어, 나열, 대조)

60) 쌔지오노라 : 쌔지오[빠뜨리다, 缺 : 쌔지(빠지다, 陷)- + -오(사접)-]- + -노라(평종, 현시, 1 인칭) ※ '쌔디다'가 '쌔지다'로 바뀐 것은 구개음화의 예이다.

61) 쥬상 : 주상(主上). '임금'을 달리 이르는 말인데, 여기서는 아들인 정조(正祖)를 가리킨다.

62) 홍진 : 홍진(紅疹). 홍역(紅疫)이다.

63) 아르셔 : 알(알다, 知)- + -으시(주높)- + -어(연어)

64) 슉셩ᄒ시기 : 슉셩ᄒ[숙성하다 : 슉셩(숙성, 夙成 : 불어) + -ᄒ(형접)-]- + -시(주높)- + -기 (명전) + -Ø(←-이 : 주조) ※ '슉셩(夙成)'은 나이에 비하여 지각이나 발육이 빠른 것이다.

65) 범으와 : 범으(범아, 凡兒) + -와(부조, 비교) ※ '범으(凡兒)'는 평범한 아이이다.

친국ᄒ오실⁷¹⁾ 씨⁷²⁾ 궁듕이 다 공구ᄒ니⁷³⁾ 당신도⁷⁴⁾ 손을 저어 소릭 말나⁷⁵⁾ ᄒ니 두 셜의⁷⁶⁾ 이런 이상ᄒ 지각이⁷⁷⁾ 어이⁷⁸⁾ 이시며 삼 셰의 보양관⁷⁹⁾을 정ᄒ고 ᄉ셰의 효경을 빅호시딕⁸⁰⁾ 됴곰도⁸¹⁾ 유튱⁸²⁾의 일이 업ᄉ시고 글을 됴화ᄒ시니⁸³⁾ ᄀᄅ치미 슈고로오미⁸⁴⁾ 업고 어룬⁸⁵⁾ ᄀᆽ치⁸⁶⁾ 일죽이⁸⁷⁾ 쇼셰ᄒ고⁸⁸⁾ 글을 가지고 놀며 뉵 셰의 유싱⁸⁹⁾ 뎐강홀⁹⁰⁾ 졔⁹¹⁾

---

66) 졀이ᄒ시고 : 졀이ᄒ[졀이하다 : 졀이(졀이, 絶異 : 불어) + -ᄒ(형접)-]- + -시(주높)- + -고 (연어, 나열) ※ '졀이(絶異)'는 아주 뛰어나서 다른 것과 다르거나 월등하게 뛰어난 것이다.

67) 계유 : 계유(癸酉). 영조 이십구 년(1753년)이다.

68) 초츄의 : 초츄(초추, 초가을, 初秋) + -의(-에 : 부조, 위치)

69) 딕뎨ᄒ : 대제학(大提學). 조선 시대에 홍문관과 예문관에 둔 정이품의 으뜸 벼슬이다.

70) 됴관빈 : 조관빈(趙觀彬). 조선 후기 문신이다. 호조참판, 평안도 관찰사 등을 거쳐 대제학에 있을 때 죽책문의 제진을 거부하여 성주목사로 좌천되었다가, 풀려나 중추부지사가 되었다.

71) 친국ᄒ오실 : 친국ᄒ[친국하다 : 친국(친국, 親鞫 : 명사) + -ᄒ(동접)-]- + -오(공손)- + -시(주높)- + -ㄹ(관전) ※ '친국(親鞫)'은 임금이 중죄인을 몸소 신문하던 일이다.

72) 씨 : 때, 時.

73) 공구ᄒ니 : 공구ᄒ[공구하다 : 공구(공구, 恐懼 : 명사) + -ᄒ(동접)-]- + -니(연어, 설명 계속, 이유) ※ '공구(恐懼)'는 몹시 두려워하는 것이다.

74) 당신도 : 당신(당신, 當身 : 인대, 재귀칭, 아주 높임) + -도(보조사, 첨가) ※ 이때의 '당신'인 주상인 정조(正祖)를 가리킨다.

75) 말나 : 말(말다, 勿 : 부정, 금지)- + -나(← -라 : 명종) ※ '말나'는 '말라'의 'ㄹㄹ'을 'ㄹㄴ'으로 표기한 형태이다.

76) 두 셜의 : 두(두, 二 : 관사, 양수) # 셜(살, 歲 : 의명) + -의(-에 : 부조, 위치)

77) 지각이 : 지각(지각, 知覺) + -이(주조)

78) 어이 : 어찌, 何(부사)

79) 보양관 : 보양관(輔養官). 조선 시대에 보양청(輔養廳)에 속하여 세자(世子)와 세손(世孫)을 교육하는 일을 맡아보던 벼슬이다.

80) 빅호시딕 : 빅호(배우다, 學)- + -시(주높)- + -딕(-되 : 연어, 설명 계속)

81) 됴곰도 : 됴곰(조금, 小 : 부사) + -도(보조사, 강조)

82) 유튱 : 유충(幼沖). 나이가 어린 것이다.

83) 됴화ᄒ시니 : 됴화ᄒ[좋아하다 : 둏(좋다, 好)- + -아(연어) + ᄒ(하다, 爲 : 보용)-]- + -시(주높)- + -니(연어, 설명 계속)

84) 슈고로오미 : 슈고로오[← 수고롭다, ㅂ불 : 슈고(수고, 受苦 : 명사) + -롭(형접)-]- + -ㅁ(← -음 : 명전) + -이(주조)

85) 어룬 : [어른, 丈 : 얼(결혼하다, 교합하다, 婚)- + -우(사접)- + -ㄴ(관전▷명접)]

86) ᄀᆽ치 : [같이, 如(부사) : ᄀᆽ치(← ᄀᆮ다 : 같다, 如, 형사)- + -이(부접)] ※ 'ᄀᄐ이〉ᄀᆽ치'는 /ㅌ/이 /ㅊ/으로 구개음화한 형태이며, '갓치'는 '가치'의 /ㅊ/을 'ㅅㅊ'으로 거듭 적은 형태이다.

87) 일죽이 : [일찍이, 早(부사) : 일죽(일찍, 早 : 부사) + -이(부접)]

88) 쇼셰ᄒ고 : 쇼셰ᄒ[소세하다 : 쇼셰(소세, 梳洗 : 명사) + -ᄒ(동접)-]- + -고(연어, 나열)

선왕겨오셔⁹²⁾ 브르오셔⁹³⁾ 뇽상⁹⁴⁾ 머리의셔 글을 닑히오시니⁹⁵⁾ 셔셩⁹⁶⁾이 묽고 잘 닑으니 보양관 남유용이가⁹⁷⁾ 션동⁹⁸⁾이 하강ᄒ여 글 닑는 소리라⁹⁹⁾ 알외니¹⁾ 션왕이 가열ᄒ오시니²⁾ 우리 쥬샹 ᄀᆞ치 슉쥐ᄒ시니ᄂᆞᆫ³⁾ 젼고⁴⁾의 업슬 듯 ᄒ셔 튱년이나⁵⁾ 경모궁긔⁶⁾ 불언듕⁷⁾ 효도로온⁸⁾ 일이 만흐니 다 엇디 거들니오⁹⁾ 범빅¹⁰⁾이 하ᄂᆞᆯ 사ᄅᆞᆷ이시지¹¹⁾ 녜 스ᄅᆞᆷ으로¹²⁾ 엇지

※ '쇼셰(梳洗)'는 머리를 빗고 낯을 씻는 것이다.

89) 유싱 : 유생(儒生). 유학(儒學)을 공부하는 선비이다.

90) 뎐강ᄒᆞᆯ : 뎐강ᄒᆞ[뎐강하다 : 뎐강(뎐강, 殿講 : 명사) + -ᄒᆞ(동접)-] + -ㄹ(관전) ※ '뎐강(殿講)'은 조선 성종 때부터 경서의 강독을 권장하기 위하여 실시하던 시험이다. 성균관의 유생 가운데서 실력 있는 사람을 뽑아 임금이 친히 대궐에 모아 놓고, 삼경이나 오경에서 찌를 뽑아서 외게 하던 것으로, 뒤에 생원, 진사, 명문의 자제 등도 참가하였다.

91) 졔 : 졔(←제 : 적에, 時, 의명)

92) 션왕겨오셔 : 션왕(선왕, 先王) + -겨오셔(-께옵서 : 주조, 높임) ※ '션왕(先王)'은 영조(英祖)이다.

93) 브르오셔 : 브르(부르다, 召)- + -오(공손)- + -시(주높)- + -어(연어)

94) 뇽상 : 용상(龍床). '(룡상)뇽상'의 변화는 'ㄹ' 두음 법칙이 적용된 결과이다.

95) 닑히오시니 : 닑히[읽히다 : 닑(읽다, 讀 : 타동)- + -히(사접)-] + -오(공손)- + -시(주높)- + -니(연어, 설명 계속)

96) 셔셩 : 서성(書聲). 글을 읽는 소리이다.

97) 남유용이가 : [남유용이 : 남유용(남유용, 男有容 : 인명) + -이(접미, 어조 고름)] + -가(주조) ※ '남유용(南有容)'은 조선 후기의 문신으로서 영조 때에 승지(承旨)·예조참판 등을 지냈다. 문장과 시, 글씨에 능하였으며, 『뇌연집』, 『명사정강』 등의 저서가 있다.

98) 션동 : 선동(仙童). 선경(仙境)에 살면서 신선의 시중을 든다는 아이이다.

99) 소리라 : 소리(소리, 聲) + -∅(←-이- : 서조)- + -∅(현시)- + -라(←-다 : 평종)

1) 알외니 : 알외[아뢰다, 奏 : 알(알다, 知)- + -오(사접)- + -ㅣ(←-이- : 사접)]- + -니(연어, 반응)

2) 가열ᄒ오시니 : 가열ᄒ[가열하다 : 가열(가열, 嘉悅 : 불어) + -ᄒᆞ(동접)-] + -오(공손)- + -시(주높)- + -니(연어, 설명 계속) ※ '가열(嘉悅)'은 손아랫사람의 경사를 기뻐하는 것이다.

3) 슉쥐ᄒ시니ᄂᆞᆫ : 슉쥐ᄒ[슉쥐하다 : 슉쥐(슉쥐, 夙就 : 명사) + -ᄒᆞ(동접)-] + -시(주높)- + -∅(과시)- + -ㄴ(관전) # 이(이, 人) + -ᄂᆞᆫ(보조사, 주제) ※ '슉쥐(夙就)'는 일찍 성취하는 것이다.

4) 젼고 : 전고(前古). 지나간 옛날이다.

5) 튱년이나 : 튱년(충년, 沖年 : 명사) + -이(서조)- + -나(연어, 대조) ※ '튱년(沖年)'은 열 살 안팎의 어린 나이이다. 이 구절은 '(비록 우리 쥬샹이) 튱년이나'의 뜻이다.

6) 경모궁긔 : 경모궁(景慕宮) + -긔(-께 : 부조, 상대, 높임) ※ '경모궁(景慕宮)'은 원래 조선 제 21대 영조(英祖)의 둘째 아들인 사도세자와 그의 비인 헌경왕후(獻敬王后, 혜경궁 홍씨)의 사당이다. 여기서는 사도세자(思悼世子)를 이른다.

7) 불언듕 : 불언중(不言中). 말을 하지 않은 중(中)이다.

8) 효도로온 : 효도로오[← 효도롭다, ㅂ불(효성스럽다) : 효도(효도, 孝道 : 명사) + -롭(형접)-]- + -∅(현시)- + -ㄴ(←-은 : 관전)

이러호시리

　주상(主上, 정조)이 홍진(紅疹)한 후(後)에 잘 자라시고, 돌 즈음에 글자를 능히 아셔 숙성(夙成)하시기가 범아(凡兒)와 절이(絶異)하시고, 계유(癸酉) 초추(初秋)에 대제학(大提學) 조관빈(趙觀彬)을 친국(親鞫)하오실 때에 궁중(宮中)이 다 공구(恐懼)하니, 당신도 손을 저어 "소리를 말라."라고 하니, 두 살에 이런 이상한 지각(知覺)이 어찌 있으며, 삼 세에 보양관(輔養官)을 정하고 사 세에 효경(孝經)을 배우시되, 조금도 유충(幼沖)의 일이 없으시고 글을 좋아하시니 가르치는 것이 수고로움이 없고, 어른 같이 일찍이 소세(梳洗)하고 글을 가지고 놀며, 육 세에 유생(儒生)이 전강(殿講)할 때에 선왕(先王)께옵서 부르오시어 용상(龍床) 머리에서 글을 읽히오시니 서성(書聲)이 맑고 잘 읽으니, 보양관(輔養官)인 남유용(男有容)이가 "선동(仙童)이 하강(下降)하여 글을 읽는 소리이다."라고 아뢰니, 선왕(先王)이 가열(嘉悅)하오시니, 우리 주상(主上)같이 숙취(夙就)하시는 이는 전고(前古)에 없을 듯 하시어, (우리 주상이 비록) 충년(沖年)이나 경모궁께 불언중(不言中)에 효도(孝道)로운 일이 많으니 다 어찌 (말로써) 거들겠느냐? 범백(凡百)이 하늘의 사람이시지, 예사(例事) 사람으로 어찌 이러하시리?

　니 조년¹³⁾의 이런 거룩ᄒ신 튱ᄌ¹⁴⁾를 두고 갑슐¹⁵⁾의 쳥년¹⁶⁾을 나코 병ᄌ¹⁷⁾의 쳥션¹⁸⁾을 어드니 쳥년은 긔질¹⁹⁾이 유화관후²⁰⁾ᄒ고 쳥션은 온아기

---

9) 거들니오 : 거들(거들다, 擧證)- + -니(← -리- : 미시)- + -오(← -고 : 의종, 설명) ※ '거들다'는 근거를 보이거나 증명하기 위하여 보이는 것이다. '거들니오'는 '거들리오'의 'ㄹㄹ'을 'ㄹㄴ'으로 표기한 형태이다.

10) 범ᄇᆡᆨ : 범백(凡百). 갖가지의 모든 것이다.

11) 사롬이시지 : 사롬(사람, 人) + -이(서조)- + -시(주높)- + -지(연어, 대조) ※ '-지'는 상반되는 사실을 서로 대조적으로 나타내는 연결 어미이다.

12) 녜 ᄉ롬으로 : 녜(예사, 例事) # ᄉ롬(← 사롬 : 사람, 人) + -으로(부조, 자격) ※ '례>녜'의 변화는 'ㄹ' 두음 법칙이 적용된 결과이다.

13) 조년 : 조년(早年). 젊었을 때. 또는 젊은 나이이다.

14) 튱ᄌ : 충자(沖子). 어린 아이이다.

15) 갑슐 : 갑술(甲戌). 갑술년. 영조 30년(1754년)이다.

16) 쳥년 : 청연(淸衍). 혜경궁 홍씨의 장녀이다.

17) 병ᄌ : 병자(丙子). 병자년. 영조 32년(1756년)이다.

18) 쳥션 : 청선(淸璿). 혜경궁 홍씨의 차녀이다.

19) 긔질 : 기질(氣質)

20) 유화관후 : 유화관후(柔和寬厚). 성품이 부드럽고 온화하며, 마음이 너그럽고 후덕하다.

제21)ᄒ야 쟝듕22)의 빵벽23)이니 닉 팔ᄌ를 뉘24) 아니 흠선ᄒ며25) 밧집으로26)
부뫼 착ᄒ오시되27) 공명28)과 영홰29) 빗나시고 형뎨 쏘 만하30) ᄒ 근심이
업ᄂᆫ 듕 션비 드러오시면 계믜31)와 계뎨32)를 압희33) 셰우고 드러오시니

내가 조년(早年)에 이런 거룩하신 충자(沖子)를 두고, 갑술(甲戌)에 청연(淸衍)을 낳
고 병자(丙子)에 청선(淸璿)을 얻으니, 청연(淸衍)은 기질이 유화관후(柔和寬厚)하고 청
선(淸璿)은 온아개제(溫雅愷悌)하여 장중(掌中)의 쌍벽(雙璧)이니, 나의 팔자(八字)를 누
가 아니 흠선(欽羨)하며, 본집(= 친정집)으로 부모(父母)가 착하오시되 공명(功名)과 영
화(榮華)가 빛나시고, 형제(兄弟)가 또 많아 한(一) 근심이 없는 중(中)에, 선비(先妣)가
(궁궐에) 들어오시면 계매(季妹)와 계제(季弟)를 앞에 세우고 들어오시니

계뎨 부모의 만싱34)으로 ᄉ랑이 지극ᄒ신 듕 제35) 우인이36) 튱후ᄒ고37)

---

21) 온아기제 : 온아개제(溫雅愷悌). 성격, 태도 따위가 온화하고 기품이 있으며, 용모가 단아하고
    기상이 화평하다.
22) 쟝듕 : 장중(掌中). 원래는 움켜쥔 손아귀의 안을 나타내는데, 비유적으로 마음대로 다룰 수
    있는 권한이 미치는 테두리의 안을 이른다.
23) 빵벽 : 쌍벽(雙璧). 두 개의 구슬이다.
24) 뉘 : 누(누구, 誰 : 인대, 미지칭) + -ㅣ(←-이 : 주조)
25) 흠선ᄒ며 : 흠선ᄒ[흠선하다 : 흠선(흠선, 欽羨 : 명사) + -ᄒ(동접)-] + -며(연어, 나열)
    ※ '흠선(欽羨)'은 우러러 공경하고 부러워하는 것이다.
26) 밧집으로 : 밧집[본집, 본겯 : 밧(←밖 : 밖, 外) + 집(집, 家)] + -으로(부조, 방편) ※ '밧집'은
    비(妃)나 빈(嬪)의 친정을 이르던 말이다.
27) 착ᄒ오시되 : 착ᄒ[착하다, 善 : 착(착, 善 : 불어) + -ᄒ(형접)-] + -오(공손)- + -시(주높)-
    + -되(-되 : 연어, 설명 계속)
28) 공명 : 공명(功名). 공을 세워서 자기의 이름을 널리 드러내는 것이다.
29) 영홰 : 영화(영화, 榮華) + -ㅣ(←-이 : 주조)
30) 만하 : 많(많다, 多)- + -아(연어)
31) 계믜 : 계매(季妹). 매제(妹弟). 누이동생이다. 이때의 계매는 나중에 이복일(李復一)의 처가
    된, 혜경궁 홍씨의 누이 동생을 이른다.
32) 계뎨 : 계제(季弟). 혜경궁 홍씨의 동생인 홍낙윤(洪樂倫)을 이른다.
33) 압희 : 압ᄒ(← 앞 : 앞, 前) + -의(-에 : 부조, 위치) ※ '압ᄒ'은 '앞'의 /ㅍ/을 /ㅂ/과 /ㅎ/으로
    재음소화하여 거듭 적은 형태이다.
34) 만싱 : 만생(晩生). 늙어서 자식을 낳는 것이다.
35) 제 : 저(저 : 자기, 己, 인대, 재귀칭) + -ㅣ(←-의 : 관조)
36) 우인이 : 우인(← 위인 : 위인, 사람의 됨됨이, 爲人) + -이(주조)
37) 튱후ᄒ고 : 튱후ᄒ[충후하다 : 튱후(충후, 忠厚 : 불어) + -ᄒ(형접)-] + -고(연어) ※ '튱후

관홍ᄒ야³⁸⁾ ᄋ시라도³⁹⁾ 큰 그릇 될 긔상⁴⁰⁾이 이시니 쥬샹 닛글고⁴¹⁾ 노시며 심히 ᄉ랑ᄒ시니 닉 어엿브고⁴²⁾ 긔듸ᄒᄂ⁴³⁾ ᄆᄋᆷ이 덕지⁴⁴⁾ 아니ᄒ고 계미ᄂ 닉 궐닉의 드러온 후 부모긔셔⁴⁵⁾ 일심이⁴⁶⁾ 경경ᄒ시다가⁴⁷⁾ 계미를 싱ᄒ시니⁴⁸⁾ 사름마다 싱ᄌ⁴⁹⁾를 깃거ᄒ듸⁵⁰⁾ 우리 집 졍니⁵¹⁾ᄂ 싱녀ᄒᄆᆯ⁵²⁾ 요힝이 너겨 합가⁵³⁾의 깃브ᄆ로⁵⁴⁾ 일홈을 주시니 닉 ᄆᄋᆷ의 닉가 부모 슬하의 닉 자쵀⁵⁵⁾ 머믄 다시⁵⁶⁾ 가열⁵⁷⁾ᄒ고 제 긔품이 아름다온 옥 ᄀᆺ고⁵⁸⁾ 셩힝⁵⁹⁾이 효우⁶⁰⁾ 완슌ᄒ니⁶¹⁾ 부뫼 춍이ᄒ시며⁶²⁾

(忠厚)'는 충직하고 온순하며 인정이 두터운 것이다.

38) 관홍ᄒ야 : 관홍ᄒ[관홍하다 : 관홍(관홍, 寬弘 : 불어) + -ᄒ(형접)-]- + -야(←-아 : 연어) ※ '관홍(寬弘)'은 관대(寬大)한 것이다.

39) ᄋ시라도 : ᄋ시(아시, 어린아이의 때, 兒時 : 명사) + -라도(←-이라도 : 보조사, 양보)

40) 긔상 : 기상(氣象)

41) 닛글고 : 닛글(←잇글다 : 이끌다, 牽)- + -고(연어, 계기) ※ '닛글고'는 '잇글고'를 오기한 형태이다.

42) 어엿브고 : 어엿브(예쁘다, 姚)- + -고(연어, 나열)

43) 긔듸ᄒᄂ : 긔듸ᄒ[기대하다 : 긔듸(기대, 期待 : 명사) + -ᄒ(동접)-]- + -ᄂ(현시)- + -ㄴ(관전)

44) 덕지 : 덕(←젹다 : 적다, 小)- + -지(연어, 부정) ※ '덕지'는 '젹지'를 오기한 형태이며, '젹디>젹지'는 /ㄷ/이 /ㅈ/으로 구개음화한 예이다.

45) 부모긔셔 : 부모(父母) + -긔셔(←-씌셔 : -께서, 주조, 높임)

46) 일심이 : [일심으로, 한 마음으로(부사) : 일심(一心 : 명사) + -∅(←-ᄒ- : 형접)- + -이(부접)]

47) 경경ᄒ시다가 : 경경ᄒ[경경하다 : 경경(경경, 耿耿 : 명사) + -ᄒ(형접)-]- + -시(주높)- + -다가(연어, 전환) ※ '경경(耿耿)'은 마음에서 사라지지 않고 염려가 되는 것이다.

48) 싱ᄒ시니 : 싱ᄒ[생하다 : 싱(생, 生 : 불어)- + -ᄒ(동접)-]- + -시(주높)- + -니(연어, 설명 계속, 이유)

49) 싱ᄌ : 생자(生子). 아이를 낳아서 얻는 것이다.

50) 깃거ᄒ듸 : 깃거ᄒ[기뻐하다 : 깄(기뻐하다, 歡)- + -어(연어) + ᄒ(하다, 爲 : 보용)-]- + -듸(-되 : 연어, 설명 계속)

51) 졍니 : 정리(情理). 인정과 도리를 아울러 이르는 말이다. ※ '정리 → 졍니'는 /ㄹ/이 /ㄴ/으로 비음화한 형태이다.

52) 싱녀ᄒᄆᆯ : 싱녀ᄒ[생녀하다 : 싱녀(생녀, 生女 : 명사) + -ᄒ(동접)-]- + -ㅁ(명전) + -을(목조)

53) 합가 : 합가(闔家). 집안 전체이다.

54) 깃브ᄆ로 : 깃븜[기쁨(명사) : 깃(←깄다 : 기뻐하다, 歡)- + -브(형접)- + -ㅁ(명접)] + -으로(부조, 방편, 이유)

55) 자쵀 : 자쵀(자취, 迹) + -∅(←-이 : 주조)

56) 머믄 다시 : 머므(←머믈다 : 머물다, 留)- + -∅(과시)- + -ㄴ(관전) # 다시(←ᄃ시 : 듯이, 의명, 흡사)

57) 가열 : 가열(嘉悅). 손아랫사람의 경사를 기뻐하는 것이다.

동긔⁶³⁾ ㅅ랑이 제 몸의 과ᄒᆞ딕⁶⁴⁾ 조곰도 교앙치⁶⁵⁾ 아니ᄒᆞ고 궐ᄂᆡ 드러오민⁶⁶⁾ 냥셩모겨오셔와⁶⁷⁾ 션희궁긔셔⁶⁸⁾ 다 어엿비⁶⁹⁾ 너기시고 통명뎐⁷⁰⁾ 딕례⁷¹⁾ ᄺᅵ 뉵궁⁷²⁾ ᄂᆡ인들이 돌려가며 안아 보아 묽은 들과 년화 숑이⁷³⁾ 귀경ᄒᆞᆺ⁷⁴⁾ ᄒᆞ던 것시니⁷⁵⁾ 제 ᄌᆞ딜의⁷⁶⁾ 아름다오믈 여긔 알디라⁷⁷⁾

---

58) ᄀᆞᆺ고 : ᄀᆞᆺ(← ᄀᆞᆮ다 : 같다, 如)- + -고(연어, 나열) ※ 'ᄀᆞᆺ고'는 종성의 /ㄷ/을 'ㅅ'으로 표기한 형태이다.

59) 셩ᄒᆡᆼ : 성행(性行). 성품과 행실을 아울러 이르는 말이다.

60) 효우 : 효후(孝友). 부모에 대하여 효도하고 형제에 대하여 우애를 쌓는 것이다.

61) 완슌ᄒᆞ니 : 완슌ᄒᆞ[완순하다 : 완슌(완순, 婉順 : 불어) + -ᄒᆞ(형접)-]- + -니(연어, 설명 계속, 이유) ※ '완슌(婉順)'은 예쁘고 온순한 것이다.

62) 춍이ᄒᆞ시며 : 춍이ᄒᆞ[총애하다 : 춍이(총애, 寵愛 : 명사) + -ᄒᆞ(동접)-]- + -시(주높)- + -며 (연어, 나열)

63) 동긔 : 동기(同期). 형제와 자매와 남매를 통틀어서 이르는 말이다.

64) 과ᄒᆞ딕 : 과ᄒᆞ[과하다 : 과(과, 過 : 불어) + -ᄒᆞ(형접)-]- + -딕(-되 : 연어, 설명 계속)

65) 교앙치 : 교앙ᄒᆞ[← 교앙ᄒᆞ다(교앙하다 : 교앙(교앙, 교만, 驕昻 : 명사) + -ᄒᆞ(← -ᄒᆞ- : 형접)-]- + -지(연어, 부정) ※ '교앙티>교앙치'는 /ㅌ/이 /ㅊ/으로 구개음화한 예이다.

66) 드러오민 : 드러오[들어오다 : 들(들다, 入)- + -어(연어) + 오(오다, 來)-]- + -ㅁ(명전) + -인(-에 : 부조, 위치, 기준)

67) 냥셩모겨오셔와 : 냥셩모(양성모, 兩聖母) + -겨오셔(-께옵서 : 주조, 높임) + -와(접조) ※ '양셩모(兩聖母)'는 두 분의 국모(國母)라는 뜻인데, 여기서는 '인원왕후(仁元王后)'와 '정성왕후(貞聖王后)'를 이른다. ※ '량셩모>냥셩모'의 변화는 'ㄹ' 두음 법칙이 적용된 결과이다.

68) 션희궁긔셔 : 션희궁(선희궁, 宣禧宮) + -긔셔(-께서 : 주조, 높임) ※ '션희궁(宣禧宮)'은 원래 조선 시대에 영조(英祖)의 후궁(後宮)이었던 영빈 이씨(暎嬪 李氏)의 사당(祠堂)으로 쓰던 집이다. 여기서는 영빈 이씨를 가리킨다.

69) 어엿비 : [어여삐, 예쁘게, 姚(부사) : 어엿ㅂ(← 어엿브다, 姚 : 형사)- + -이(부접)]

70) 통명뎐 : 통명전(通明殿). 서울 창경궁 안에 있는, 대궐의 정전(正殿)을 이른다.

71) 딕례 : 딕례(← 대례 : 大禮). 규모가 큰 중대한 의식이나 혼인을 치르는 큰 예식을 이른다.

72) 뉵궁 : 육궁(六宮). 옛 중국의 궁중에 있었던, 황후의 궁전과 부인 이하의 다섯 궁실이다. ※ '륙궁>뉵궁'의 변화는 'ㄹ' 두음 법칙이 적용된 결과이다.

73) 년화 숑이 : 년화(연화, 연꽃, 蓮花) # 숑이(송이) ※ '련화>년화'의 변화는 'ㄹ' 두음 법칙이 적용된 결과이다.

74) 귀경ᄒᆞᆺ : 귀경ᄒᆞ[구경하다 : 귀경(← 구경 : 구경, 명사) + -ᄒᆞ(동접)-]- + -ᆺ(연어, 흡사)

75) 것시니 : 것ㅅ(← 것 : 것, 의명) + -이(서조)- + -니(연어, 설명 계속) ※ '것시니'는 '거시니'의 'ㅅ'을 'ㅅㅅ'으로 거듭 적은 형태이다.

76) ᄌᆞ딜의 : ᄌᆞ딜(자질, 資質) + -의(관조, 의미상 주격)

77) 알디라 : 알(알다, 知)- + -∅(현시)- + -ㄹ디라(-ㄹ지라 : 평종, 당위) ※ '-ㄹ디라'는 [-ㄹ(관전) # ㄷ(← ᄃᆞ : 것, 者, 의명) + -이(서조)- + -∅(현시)- + -라(← -다 : 평종)]로 형성된 평서형의 종결 어미이다. '마땅히 그렇게 할 것이다.', '마땅히 그러할 것이다.'의 뜻을 나타낸다.

닉 긔이ᄒ미[78] 엇디 ᄒ갓[79] 동긔의 정 ᄯᆞ니리오[80]

계제(季弟)가 부모의 만생(晚生)으로 (부모의) 사랑이 지극하신 중(中)에, 자기의 위인(爲人)이 충후(忠厚)하고 관홍(寬弘)하여 아시(兒時)라도 큰 그릇이 될 기상(氣象)이 있으니, 주상(主上)이 (계제를) 이끌고 노시며 심히 사랑하시니, 내가 어여쁘고 기대(期待)하는 마음이 적지 아니하고, 계매(季妹)는 내가 궐내(闕內)에 들어온 후(後)에 부모께서 일심(一心)으로 경경(耿耿)하시다가 계매를 생(生)하시니, 사람마다 생자(生子)를 기뻐하되, 우리 집의 정리(情理)는 생녀(生女)함을 요행(僥倖)히 여겨서 합가(闔家)의 기쁨으로 이름을 주시니, 내 마음에 내가 부모 슬하(膝下)에 내 자취가 머문 듯이 가열(嘉悅)하고, 제 기품(氣稟)이 아름다운 옥 같고 성행(性行)이 효우(孝友)하고 완순(婉順)하니 부모가 총애(寵愛)하시며, 동기(同期)의 사랑이 제 몸에 과(過)하되 조금도 교앙(驕昂)하지 아니하고, 궐내에 들어옴에 양성모(兩聖母)께옵서와 선희궁(宣禧宮)께서 다 어여뻐 여기시고, 통명전(通明殿)의 대례(大禮) 때에 육궁(六宮)의 내인(內人)들이 (계매를) 돌려가며 안아 보아 맑은 달과 연화(蓮花) 송이를 구경하듯 하던 것이니, 자기의 자질(資質)이 아름다움을 여기에서 알지라. 내가 기애(奇愛)하는 것이 어찌 한갓 동기(同期)의 정(情)뿐이리오?

제[81] 날을[82] ᄯᆞᆯ와[83] 겻흘[84] ᄯᅥ나ᄂᆞᆫ 일이 업고 경오년[85]의 오셰라[86] 능히 선비 뫼시고 드러왓더니[87] 닉 희산ᄒ단[88] 말 듯고 ᄂᆞ라히[89]

---

78) 긔이ᄒ미 : 긔이ᄒ[기애하다 : 긔이(기애, 奇愛 : 불어) + -ᄒ(동접)-] + -ㅁ(명전) + -이(주조)
   ※ '긔이(奇愛)'는 특별히 사랑하는 것이다.
79) ᄒ갓 : [한갓, 단지, 唯(부사) : ᄒ(한, 一 : 관사, 양수) + 갓(← 가지 : 가지, 類, 의명)]
80) 정 ᄯᆞ니리오 : 정(정, 情 : 명사) # ᄯᆞᆫ(뿐 : 의명, 한정) + -이(서조)- + -리(미시)- + -오(-고 : 의종, 설명)
81) 제 : 저(저, 자기, 己 : 인대, 재귀칭) + -ㅣ(← -이 : 주조)
82) 날을 : 나(나, 我 : 인대, 1인칭) + -ㄹ을(← -를 : 목조) ※ '날을'은 '나를'을 오기한 형태이다.
83) ᄯᆞᆯ와 : ᄯᆞᆯ오(따르다, 從)- + -아(연어)
84) 겻흘 : 겻ᄒ(← 곁 : 곁, 傍) + -을(목조) ※ '겻흘'은 '겨틀'의 /ㅌ/을 /ㄷ/과 /ㅎ/으로 재음소화한 뒤에 /ㄷ/을 'ㅅ'으로 적어서, 결과적으로 'ㅅㄷ'으로 표기한 형태이다.
85) 경오년 : 경오년(庚午年). 1750년. 조선(朝鮮) 영조(英祖) 26년이다.
86) 오셰라 : 오셰(오세, 五歲) + -Ø(서조)- + -라(← -아 : 연어, 이유, 근거)
87) 드러왓더니 : 드러오[들어오다 : 들(들다, 入)- + -어(연어) + 오(오다, 來)-]- + -앗(완료)- + -더(회상)- + -니(연어, 설명 계속)

깃거ᄒ시고 우리 아바님⁹⁰⁾ 어마님이⁹¹⁾ 다 됴화ᄒ시겟다⁹²⁾ ᄒ고 어룬⁹³⁾ ᄀᆺ치⁹⁴⁾ 말ᄒ니 듯ᄂ니⁹⁵⁾ 이상이⁹⁶⁾ 너기고 효순왕후긔셔⁹⁷⁾ 노리기⁹⁸⁾ ᄒ 줄 치와⁹⁹⁾ 겨오시더니¹⁾ 그 후 그 노리기를 아니 ᄎᆺ거ᄂᆯ²⁾ 닌 어이³⁾ 아니 ᄎᆺᄂ니⁴⁾ 무르니 쥬시던⁵⁾ 니가⁶⁾ 아니 겨오시기⁷⁾ 못 ᄎᆺ노라⁸⁾ ᄒ고 임신⁹⁾ 삼월의 나라 슬푸미 잇ᄂ디라¹⁰⁾ ᄀᆞ을의 드러와 날을¹¹⁾

---

88) 희산ᄒ단 : 희산ᄒ[해산하다 : 희산(해산, 解産 : 명사) + -ᄒ(동접)-]- + -Ø(과시)- + -다(평종) # -ᄂ(관전) ※ '희산ᄒ단'은 '희산ᄒ다 ᄒᄂ'이 줄어진 형태이다.

89) ᄂ라히 : ᄂ라ᄒ(← 나라ᄒ : 나라, 國) + -이(주조) ※ 'ᄂ라ᄒ'은 나랏님(영조 임금)을 뜻한다.

90) 아바님 : [아버님 : 아바(← 아비 : 아버지, 父) + -님(높접)]

91) 어마님이 : 어마님[어머님 : 어마(← 어미 : 어머니, 父) + -님(높접)] + -이(주조)

92) 됴화ᄒ시겟다 : 됴화ᄒ[← 됴화ᄒ다 : 좋아하다, 好) : 동(좋다, 好)- + -아(연어) + ᄒ(하다, 爲 : 보용)-]- + -시(주높)- + -겟(미시)- + -다(평종) ※ 미래 시제의 선어말 어미인 '-겟-'이 문헌에 처음으로 나타난 예이다. '-게 ᄒ엿-〉-겟-'의 변화 과정을 거쳐서 형성된 선어말 어미로 추정한다.(나진석, 1972 : 302 참조.)

93) 어룬 : [어른 : 얼(결혼시키다, 교합하다, 婚)- + -우(사접)- + -ㄴ(관전▷관접)]

94) ᄀᆺ치 : [같이, 如(부사) : ᄀᆺᄎ(← ᄀᆮ다 : 같다, 如, 형사)- + -이(부접)]
    ※ 'ᄀᆺ치'는 'ᄀᆮ치'의 /ᄎ/을 'ᄉᄎ'으로 거듭 적은 형태이다.

95) 듯ᄂ니 : 듯(← 듣다 : 듣다, 聞)- + -ᄂ(현시)- + -ㄴ(관전) # 이(이, 者 : 의명) + -Ø(← -이 : 주조) ※ '듯ᄂ니'는 '듣ᄂ니'의 /ᄃ/을 'ᄉ'으로 표기한 예이다.

96) 이상이 : [이상히(부사) : 이상(이상, 異常 : 명사) + -Ø(← -ᄒ- : 형접)- + -이(부접)]

97) 효순왕후긔셔 : 효순왕후(孝純王后) + -긔셔(-께서 : 주조, 높임) ※ '효순왕후(孝純王后)'는 조선 영조 임금의 첫째 아들인 진종(眞宗)의 비(妃)이다.(1715년~1751년)

98) 노리기 : 노리개, 珩.

99) 치와 : 치[채우다 : ᄎ(차다, 착용하다, 着)- + -ㅣ(← -이- : 사접)- + -오(사접)-]- + -아(연어)

1) 겨오시더니 : 겨오시(← 겨시다 : 계시다, 보용, 완료 지속, 공손)- + -더(회상)- + -니(연어, 설명 계속) ※ '겨오시-'는 [겨(있다, 보용)- + -오(공손)- + -시(주높)-]로 분석된다.

2) ᄎᆺ거ᄂᆯ : ᄎᆺ(← ᄎ다 : 차다, 착용, 着)- + -ᇫ(← -앗- : 완료)- + -거ᄂᆯ(-거늘 : 연어, 상황)

3) 어이 : 어찌, 何(부사)

4) ᄎᆺᄂ니 : ᄎᆺ(차다, 착용, 着)- + -ᄂ(현시)- + -니(의종, 반말) ※ 〈나손본〉에는 '안이 찬 연고을'로 표현되었다.

5) 쥬시던 : 쥬(← 주다 : 주다, 授)- + -시(주높)- + -더(회상)- + -ㄴ(관전)

6) 니가 : 니(← 이 : 이, 人, 의명) + -가(주조)

7) 겨오시기 : 겨오시(← 겨시다 : '겨시다'의 공손 표현)- + -기(명전)

8) ᄎᆺ노라 : ᄎᆺ(차다, 착용하다, 着)- + ㅅ(← -앗- : 완료)- + -노라(평종, 현시, 1인칭)

9) 임신 : 임신년(壬申年). 여기서는 영조 28년(1752년)이다. 이 해 3월 4일에 혜경궁 홍씨의 장남인 의소 세손((懿昭世孫, 1750~1753)이 죽었다.

10) 잇ᄂ디라 : 잇(있다, 有)- + -ᄂ(현시)- + -ㄴ디라(-ㄴ지라 : 연어, 이유) ※ '-ㄴ디라'는 앞 절의 상황이 뒤 절의 상황에 대하여 이유나 원인이 됨을 나타내는 연결 어미이다.

보고 눈물을 드리오고[12] 그 아히[13] 기르던 보모의 손을 잡아 뉴체ᄒᆞ니[14] 그 ᄡᅵᄂᆞᆫ 칠셰라 엇ᄭᅵ 인ᄉᆡ[15] 그리 ᄌᆞ셩턴고[16] 이상ᄒᆞ냐[17] 임신 구월 ᄃᆡ경[18] ᄯᅥ 션비 드러오시니 저도 뫼시고 드러와 쥬샹[19] 탄싱 후 졔[20] 보고 이 아기시ᄂᆞᆫ[21] ᄃᆞᆫᄃᆞᆫᄒᆞ고[22] 슉셩ᄒᆞ시니[23] 형님 마마[24] 걱정 아니 시기겟다[25] ᄒᆞ니 좌우가 그 말을 올ᄒᆞ믈[26] 웃고 션비겨오셔ᄂᆞᆫ 아히 말 ᄀᆞᆺ치 아니타고[27] 도로혀[28] ᄭᅮ듕ᄒᆞ시니[29] 그 말이 올ᄒᆞ니

---

11) 날을 : 나(나, 我 : 인대, 1인칭) + -ㄹ을(←-를 : 목조) ※ '날을'은 '나를'을 오기한 형태이다.

12) 드리오고 : 드리오[드리우다, 홀리다, 落 : 들(← 듣다, ㄷ불 : 듣다, 떨어지다, 落)- + -이(사접)- + -오(사접)-] + -고(연어, 계기)

13) 그 아히 : 그(그, 彼 : 관사, 지시, 정칭) # 아히(아이, 兒) ※ '그 아이'는 죽은 '의소 세손(懿昭世孫)'을 이른다.

14) 뉴체ᄒᆞ니 : 뉴체ᄒᆞ[유체하다 : 뉴체(유체, 流涕) + -ᄒᆞ(동접)-] + -니(연어, 설명 계속) ※ '뉴체(流涕)'는 눈물을 홀리는 것이다. '류체〉뉴체'의 변화는 'ㄹ' 두음 법칙이 적용된 결과이다.

15) 인ᄉᆡ : 인ᄉᆞ(인사, 人事) + -ㅣ(←-이 : 주조)

16) ᄌᆞ셩턴고 : ᄌᆞ셩ᄒᆞ[자성하다 : ᄌᆞ셩(← 슉셩 : 숙성, 夙成) + -ᄒᆞ(←-ᄒᆞ- : 형접)-] + -더(회상)- + -ㄴ고(-ㄴ가 : 의종, 설명) ※ 'ᄌᆞ셩ᄒᆞ다'의 의미와 형태를 알 수 없다. 문맥상 '슉셩(숙성, 夙成)ᄒᆞ다'와 같은 의미로 보인다. 〈가람본〉에는 '조슉(조숙, 早熟)'으로, 〈나손본〉에는 '슉셩(숙성, 夙成)'으로 표기되었다. '자성(自成)'으로 볼 가능성도 있다.

17) 이상ᄒᆞ냐 : 이상ᄒᆞ[이상하다 : 이상(이상, 異常 : 명사) + -ᄒᆞ(형접)-] + -냐(←-나 : 연어, 대조) ※ '이상ᄒᆞ냐'의 형태가 문맥과 어울리지 않는데, 문맥상 '이상하나'의 오기로 보인다.

18) ᄃᆡ경 : ᄃᆡ경(← 대경 : 大慶). 큰 경사이다. ※ 이는 영조 28년(1776년, 임신년) 9월 22일에 창경궁 경춘전에서 정조(正祖)가 탄생한 경사를 가리킨다.

19) 쥬샹 : 주상(主上). 현재의 임금(정조)이다.

20) 졔 : 져(← 저 : 자기, 己, 인대, 재귀칭) + -ㅣ(←-이 : 주조)

21) 아기시ᄂᆞᆫ : 아기시[아기씨 : 아기(아기, 兒 : 명사) + -씨(-씨 : 접미, 높임)] + -ᄂᆞᆫ(보조사, 주제)

22) ᄃᆞᆫᄃᆞᆫᄒᆞ고 : ᄃᆞᆫᄃᆞᆫᄒᆞ[단단하다, 堅 : ᄃᆞᆫᄃᆞᆫ(단단히 : 부사) + -ᄒᆞ(형접)-] + -고(연어, 나열)

23) 슉셩ᄒᆞ시니 : 슉셩ᄒᆞ[숙성하다 : 슉셩(숙성, 夙成 : 불어) + -ᄒᆞ(형접)-] + -시(주높)- + -니(연어, 설명 계속, 이유) ※ '슉셩(夙成)'은 나이에 비하여 지각이나 발육이 빠른 것이다.

24) 마마 : 임금 및 그의 가족과 관련된 명사 뒤에 붙어 '존대'의 뜻을 나타내는 말이다.

25) 시기겟다 : 시기(시키다, 使)- + -겟(미시)- + -다(평종)

26) 올ᄒᆞ믈 : 옳(옳다, 是)- + -음(명전) + -을(목조)

27) 아니타고 : 아니ᄒᆞ[← 아니ᄒᆞ다(아니하다, 非 : 보용, 부정) : 아니(아니, 非 : 부사, 부정) + -ᄒᆞ(형접)-] + -∅(현시)- + -다(평종) + -고(부조, 인용) ※ 남의 말을 인용하는 부사격 조사인 '-고'가 처음으로 나타난다.

28) 도로혀 : [도리어, 猶(부사) : 돌(돌다, 回)- + -오(사접)- + -혀(강접)- + -∅(부접)]

29) ᄭᅮ듕ᄒᆞ시니 : ᄭᅮ듕ᄒᆞ[꾸중하다 : ᄭᅮ듕(꾸중 : 명사) + -ᄒᆞ(동접)-] + -시(주높)- + -니(연어, 설명 계속)

꾸짓디[30] 마오쇼셔[31] ㅎ엿더니라 잇씨[32] 궁등의 복녹[33]이 면면ㅎ시고[34] 집이 쏘 ㅎ번 셩ㅎ셔[35] 남미[36] 다 남만 못ㅎ지 아니ㅎ니 궁인들이 날을 우러러 치하[37] 아니 ㅎ느니[38] 잇시리오[39]

자기(= 계매)가 나를 따라 곁을 떠나는 일이 없고, 경오년(庚午年)에 오세(五歲)라 능히 선비(先妣)를 모시고 들어왔더니, "내가 해산(解産)했다." (하는) 말을 듣고, "나라가 기뻐하시고, 우리 아버님과 어머님이 다 좋아하시겠다." 하고 어른같이 말하니, 듣는 이가 이상하게 여기고, 효순왕후(孝純王后)께서 노리개 한 줄을 (계매에게) 채워 계시더니, 그 후(後)에 (계매가) 그 노리개를 아니 찼거늘, 내가 "어찌 (노리개를) 아니 차느냐?" 물으니, (계매가) "주시던 이(= 효순왕후)가 아니 계시오기에 못 찼다." 하고, 임신년(壬申年) 사월에 나라가 슬픔(의소세손의 요절)이 있는지라 가을에 들어와 나를 보고 눈물을 흘리고, 그 아이(= 의소세손)를 기르던 보모(保姆)의 손을 잡아 유체(流涕)하니, 그때는 (제매가) 칠세(七歲)라 어찌 인사(人事)가 그리 자성하던가 이상하나, 임신년 구월 (주상이 탄생하는) 대경(大慶) 때에 선비(先妣)가 (대궐에) 들어오시니 자기(= 계매)도 (선비를) 모시고 들어와, 주상(主上)이 탄생(誕生)한 후(後)에 자기가 (주상을) 보고, "이 아기씨는 단단하고 숙성(夙成)하시니 형님 마마에게 걱정을 아니 시키겠다." 하니, 좌우(左右)가 그 말이 옳은 것을 웃고, 선비께오서는 아이의 말 같지 아니하다고 도리어 꾸중하시니, (내가) "그 말이 옳으니 꾸짖지 마오소서." 하였더니라. 이내에 궁중(宮中)에 복록(福祿)이 면면(綿綿)하시고 집이 또 한번 성(盛)하시어, 남매

---

30) 꾸짓디 : 꾸짓(← 꾸짖다 : 꾸짖다, 叱)- + -디(-지 : 연어, 부정)
　　※ '꾸짓디'는 종성 /ㄷ/을 'ㅅ'으로 표기한 형태이다.

31) 마오쇼셔 : 마(← 말다 : 말다, 勿, 보용, 부정)- + -오(공손)- + -쇼셔(-소서 : 명종, 아주 높임)

32) 잇씨 : [이때(명사) : 이(이, 此 : 지대) + -ㅅ(사잇) + 씨(때, 時)]

33) 복녹 : 복록(福祿). 타고난 복과 벼슬아치의 녹봉이라는 뜻으로, 복되고 영화로운 삶을 이른다. '복록→복녹'의 변동은 비음화의 예이다.

34) 면면ㅎ시고 : 면면ㅎ[면면하다 : 면면(면면, 綿綿 : 불어) + -ㅎ(동접)-]- + -시(주높)- + -고(연어, 나열) ※ '면면(綿綿)'은 끊어지지 않고 죽 잇달아 있는 것이다.

35) 셩ㅎ셔 : 셩ㅎ[성하다 : 셩(성, 盛 : 불어) + -ㅎ(형접)-]- + -시(주높)- + -어(연어)

36) 남미 : 남미(남매, 男妹) + -∅(← -이 : 주조)

37) 치하 : 치하(致賀). 남이 한 일에 대하여 고마움이나 칭찬의 뜻을 표시하는 것이다. 주로 윗사람이 아랫사람에게 한다.

38) ㅎ느니 : ㅎ(하다, 爲)- + -느(현시)- + -ㄴ(관전) # 이(이, 人 : 의명) + -∅(주조)

39) 잇시리오 : 잇시(← 이시다 : 있다, 有)- + -리(미시)- + -오(의종, 설명)

(男妹)가 다 남만 못하지 아니하니 궁인들이 나를 우러러 치하(致賀)를 아니 하는 이가 있으리오?

4. 오륜행실도

　『오륜행실도』(五倫行實圖)는 조선 정조(正祖) 21년(1797)에 왕명으로 심상규(沈象奎), 이병모(李秉模) 등이 오륜(五倫)에 출중한 사람들의 행적을 설명한 책이다.(활자본 5권 4책) 세종 때(1434년)에 간행된『삼강행실도』(三綱行實圖)와 중종 때(1518년)에 간행된 『이륜행실도』(二倫行實圖)의 내용을 합하고, 이들 책의 언해문을 정조 당시의 표기로 바꾸어서 간행한 책이다. 이『오륜행실도』는 초간된 후 62년 만인 1859년(철종 10)에 목판본이 중간(重刊)되었다.

　『오륜행실도』에는 우리나라와 중국의 역대 문헌에서 효자(孝子), 충신(忠臣), 열녀 (烈女), 형제(兄弟), 붕우(朋友)에 관계된 인물 150명을 뽑아 각 인물의 행적에 대하여 그림과 한문의 설명과 시(詩), 찬(贊)을 붙여 놓았다. 먼저 삼강(三綱)과 관련된 내용으로 효자에 33인, 충신에 35인, 열녀에 35인의 행적을 실었다. 그 다음에 이륜(二倫)과 관련된 내용으로 형제가 24인에 종족(宗族)이 7인, 붕우가 11인에 사생(師生)이 5인으로 모두 150인의 행적이 실렸다.『삼강행실도』와『이륜행실도』가 각상(欄上)에 언해 문을 적었는데 반해서,『오륜행실도』는 언해문을 한문의 본문에 이어서 그대로 실었다.

　『오륜행실도』에는 이 책이 간행된 18세기 말기의 언어의 모습과 더불어서, 1617 년에 간행되었던『삼강행실도』와 1727년에 간행된『이륜행실도』에 쓰인 언어의 영향을 받은 것으로 보인다. 이러한 점에서 그 이전에 나온 〈동명일기〉나 〈한듕만록〉 등에 비해서 보수적인 언어 모습이 나타난다.『오륜행실도』에 나타난 나타난 표기와 국어사적인 특징을 정리하면 다음과 같다.

　첫째, 어두 합용 병서는 'ㅅ'계와 'ㅂ'계가 동시에 사용되고 있는데, 이 중에서 'ㅅ' 계가 훨씬 많이 쓰였다. 반면에 각자 병서는 'ㄸ, ㅆ'만이 극히 드물게 쓰였다.

　　(보기) ① 'ㅂ'계 합용 병서의 예 : 싸흐며, 빵빵이, 쓰믈, 뚝기, 짝이
　　　　　② 'ㅅ'계 합용 병서의 예 : 낀, 쇼리, 수러, 뜨로디, 쁘디, 쌔져, 쌔혀, 씌여디 고, 뜻을, 씩으니, 쁘긔
　　　　　③ 각자 병서의 예 : 또, 또흔 ; 나아갈씨

둘째, 음절 말에 실현되는 /ㄷ/을 'ㅅ'으로 표기한 예가 많이 보인다.

　(보기) 매맛기에, 밧과, 뭇고, 늣기미, 듯고, 밋디, 엇고, 춧다가, 홋옷, 일큿더라

셋째, 앞 음절 종성 /ㄹ/과 뒤 음절의 초성 /ㄹ/이 이어서 발음될 때에, 'ㄹㄹ'을 'ㄹㄴ'이나 'ㄴㄹ'로 표기한 예가 보인다.

　(보기) 말리디 → 말니디, 흘른 → 흘는 ; 멀리 → 먼리

넷째, 전통적으로 쓰이던 이어적기뿐만 아니라, 끊어적기와 거듭적기의 예도 많이 보인다. 특히 체어과 조사뿐만 아니라 용언의 어간과 어미를 끊어적기로 표기한 예가 많은 것이 특징이다.

　(보기) ① 끊어적기의 예 : 사름이니, 밤낫으로, 막을, 일즉이, ᄆ음에, 집은 ; 죽으매,
　　　　　늙은, 먹으리라
　　　　② 거듭적기의 예 : 고치디 → 곳치디, 미처 → 밋처

다섯째, 하나의 음소를 두 개의 음소로 재음소화한 표기의 예가 보인다.

　(보기) 가프리오 → 갑흐리오, 을퍼 → 읇허, 겨틔 → 겻히, 겨틔셔 → 겻히셔

여섯째, /·/가 없어짐에 따라서 '·'와 'ㅏ'를 혼기한 예가 보인다.

　(보기) 싀쳐/쌔쳐, 쌘이여/쌔혀, 다릐거늘/다래여, ᄇ람/바람, 오릐/오래, 안히/안해

일곱째, 구개음화와 원순 모음화, 비음화, 'ㄹ' 두음 법칙이 적용된 예가 나타난다.

　(보기) ① 구개음화의 예 : 됴타〉죠타, 어디지〉어지디, 고티미〉곳치미, 고티디〉고치
　　　　　디, 부텨〉부쳐, 맛뎟거늘〉맛졋거늘
　　　　② 원순 모음화의 예 : 비블러〉비불러, 블러〉불러, 므셔워〉무셔워, 물〉물,
　　　　　플〉풀
　　　　③ 자음 동화의 예 : 왕릭〉왕닉
　　　　④ 'ㄹ' 두음 법칙의 예 : 리문〉니문, 례라〉녜라, 루백〉누백, 련화〉년화, 란〉
　　　　　난, 려염〉녀염, 름〉늠

여덟째, 중세 국어에서 종성이 /ㅎ/으로 끝나던 체언들에서, 현대어처럼 종성 /ㅎ/이 탈락된 예가 일부 나타난다.

(보기) 술ㅎ〉술

아홉째, 모음으로 끝나는 체언 뒤에서 주격 조사가 '-가'의 형태로 실현되는 예가 나타난다.

(보기) 히<u>가</u> 나즌 ᄒᆞ여서 뎐디 어둡고, 매<u>가</u> 새를 ᄯᅩᆺ듯 ᄒᆞᄂᆞ니, 그 아히 뉘<u>가</u> 제 어민 줄 모로더라

열째, 선어말 어미 '-앗-/-아시-, -엇-/-어시-, -엿-/-여시-' 등이 '완료'의 동작상을 나타내는 선어말 어미로 활발하게 쓰였다.

(보기) ① 갓다가, 갓더니, 왓다가, 가도앗다가
② 어더시되, 져머실
③ 피란ᄒᆞ엿다가, 췌ᄒᆞ엿더니, 사괴엿더니, 더ᄒᆞ엿노라, 부탁ᄒᆞ엿더니, 당ᄒᆞ여시니

孝子

婁伯捕虎 高麗 *

> 최누빅[1]은 고려 적 슈원[2] 아젼[3] 샹쟈[4]의 아들이니 샹재[5] 산영ㅎ다가[6]
> 범의게 해흔[7] 배[8] 되니 이 째 누빅의 나히[9] 십오 셰라[10]

최누백(崔婁伯)은 고려 때에 수원(水原)의 아전(吏)인 상저(尙蓍)의 아들이니, 상저가
사냥하다가 범에게 해(害)한 바가 되니, 이때 누백의 나이가 십오 세(歲)이다.

> 범을 잡고져 ㅎ거늘 어미 말린대[11] 누빅이 글오듸 아븨[12] 원슈룰
> 엇디[13] 아니 갑흐리오[14] ㅎ고 즉시 돗긔[15]룰 메고 범의 자최룰 쫄오니[16]
> 범이 이믜[17] 다 먹고 비불러[18] 누엇거늘[19] 누빅이 바로 알픠 드라드러[20]

---

* **婁伯捕虎 高麗**(누백포호 고려) : 누백(婁伯)이 범을 잡다. 고려(高麗) 때의 일. [卷1 孝子60]
1) 최누빅 : 최누백(崔婁伯). 사람 이름이다. '루백〉누백'은 'ㄹ' 두음 법칙이 적용된 예이다.
2) 슈원 : 수원(水原). 땅 이름이다.
3) 아젼 : 아전(衙前). 아전조선 시대에, 중앙과 지방의 관아에 속한 구실아치이다.
4) 샹쟈 : 상저(尙蓍). 사람 이름이다.
5) 샹재 : 샹쟈(상저, 尙蓍 : 사람 이름) + -ㅣ(←-이 : 주조)
6) 산영ㅎ다가 : 산영ㅎ[사냥하다 : 산영(사냥, 獵 : 명사) + -ㅎ(동접)-] + -다가(연어, 동작 전환)
7) 해흔 : 해ㅎ[해하다, 해를 입다 : 해(해, 害 : 명사) + -ㅎ(동접)-] + -Ø(과시)- + -ㄴ(관전)
8) 배 : 바(바, 所 : 의명) + -ㅣ(←-이 : 보조)
9) 나히 : 나ㅎ(나이, 年) + -이(주조)
10) 셰라 : 셰(세, 살, 歲) + -Ø(←-이- : 서조)- + -Ø(현시)- + -라(←-다 : 평종)
11) 말린대 : 말리(말리다, 止)- + -ㄴ대(-니, -ㄴ데 : 연어, 반응)
12) 아븨 : 압(← 아비 : 아버지, 父) + -의(관조)
13) 엇디 : 어찌, 何(부사)
14) 갑흐리오 : 갑ㅍ(← 갚다 : 갚다, 報)- + -으리(미시)- + -오(-느냐 : 의종, 설명)
　　※ '갑흐리오'는 '갚다'의 종성 /ㅍ/을 /ㅂ/과 /ㅎ/으로 재음소화하여 표기한 형태이다.
15) 돗긔 : 도끼, 斧.
16) 쫄오니 : 쫄오(따르다, 跡)- + -니(연어, 설명 계속)
17) 이믜 : 이미, 旣(부사)
18) 빈불러 : 빈불ㄹ[← 빈부르다(배부르다, 飽) : 빈(배, 腹) + 부르다(부르다, 飽)-] + -어(연어)

범을 쑤디저²¹⁾ 굴오듸 네 내 아비를 해쳐시니²²⁾ 내 너를 먹으리라 범이 쇼리를 치고 업듸거늘²³⁾ 돗긔로 찍어²⁴⁾ 비를 헤티고²⁵⁾ 아븨 새²⁶⁾와 술을²⁷⁾ 내여 그른시²⁸⁾ 담고 범의 고기를 항에²⁹⁾ 녀허³⁰⁾ 믈 가온대 뭇고³¹⁾ 아비를 홍법산³²⁾ 셔편³³⁾에 장ᄉᆞ³⁴⁾ᄒᆞ고 녀묘³⁵⁾ᄒᆞ더니

범을 잡고자 하니 어머니가 말리는데, 누백이 말하되, "아버지의 원수(怨讐)를 어찌 아니 갚겠습니까?" 하고, 즉시 도끼를 메고 범의 자취를 따르니, 범이 이미 (아버지를) 다 먹고 배가 불러서 누워 있거늘, 누백이 바로 앞에 달려들어 범을 꾸짖어 말하되, "네가 나의 아버지를 해쳤으니, 내가 너를 먹겠다." 범이 꼬리를 치고 엎드리거늘, 도끼로 찍어 배를 헤치고 아버지의 뼈와 살을 내어 그릇에 담고, 범의 고기를 항아리에 넣어 냇물(川) 가운데에 묻고, 아버지를 홍법산(洪法山)의 서편(西便)에 장사(葬事) 지내고 여묘(廬墓)하더니,

---

※ '비블러〉비불러'는 /ㅡ/가 /ㅜ/로 원순 모음화한 형태이다.

19) 누엇거늘 : 누(← 누우- : 눕다, ㅂ불, 臥)- + -엇(완료)- + -거늘(-거늘 : 연어, 상황)

20) 드라드러 : 드라들[달려들다, 直進 : 들(← 둗다, ㄷ불 : 닫다, 走)- + -아(연어) + 들(들다, 入)-]- + -어(연어)]

21) 쑤디저 : 쑤딪(꾸짖다, 叱)- + -어(연어)

22) 해쳐시니 : 해치[해치다 : 해(害, 害 : 명사) + -치(강접)-]- + -어시(완료)- + -니(연어, 설명 계속)

23) 업듸거늘 : 업듸(← 업데다 : 엎다, 엎드리다, 伏)- + -거늘(연어, 상황)

24) 찍어 : 찍(← 딕다 : 찍다, 斫)- + -어(연어)

25) 헤티고 : 헤티[헤치다, 割 : 헤(헤치다, 割)- + -티(강접)-]- + -고(연어, 계기)

26) 새 : 뼈, 骨.

27) 술을 : 술(살, 肉) + -을(목조) ※ '술ㅎ〉술'은 체언 끝의 /ㅎ/이 탈락한 형태이다.

28) 그른시 : 그릇(그릇, 器) + -의(-에 : 부조, 위치)

29) 항에 : 항(항아리, 甕) + -에(부조, 위치)

30) 녀허 : 넣(넣다, 安)- + -어(연어)

31) 뭇고 : 뭇(← 묻다 : 묻다, 埋)- + -고(연어, 계기) ※ '뭇고'는 '묻고'의 /ㄷ/을 'ㅅ'으로 표기한 형태이다.

32) 홍법산 : 홍법산(洪法山). 산 이름이다.

33) 셔편 : 서편(西便)

34) 장ᄉᆞ : 장사(葬事)

35) 녀묘 : 여묘(廬墓). 상제가 무덤 근처에서 여막(廬幕)을 짓고 살면서 무덤을 지키는 일이다. ※ '려묘〉녀묘'는 'ㄹ' 두음 법칙이 적용된 예이다.

홀는[36] 쑴을 꾸니 그 아비 와셔[37] 글을 읇허[38] 글오듸 가시덤블을[39] 헤티고 효즈의 집에 니르니 졍이[40] 늣기미[41] 만흐매 눈믈이 무궁ᄒ도다[42] 흙을 져셔[43] 날마다 무덤애 더ᄒ니 지음[44]은 명월쳥풍이로다[45] 사라셔 봉양ᄒ고 죽으매[46] 딕희니[47] 뉘 닐오듸 회[48] 시죵이 업다 ᄒ리오 읇기를[49] 다ᄒ매[50] 믄득 뵈디[51] 아니ᄒ더라 거상을 ᄆᆞᄎ매[52] 범의 고기를 내여[53] 다 먹으니라[54]

하루는 꿈을 꾸니, 그 아버지가 와서 글을 읊어 말하되, "가시덤불을 헤치고 효자 (孝子)의 집에 이르니, 정(情)이 느끼는 것이 많으므로 눈물이 무궁(無窮)하구나. (아들

---

36) 홀는 : 홀ㄹ(← ᄒᆞᄅᆞ : 하루, 一日) + 은(보조사, 주제) ※ '홀는'은 '홀른'의 'ㄹㄹ'를 'ㄹㄴ'로 표기한 형태이다.

37) 와셔 : 오(오다, 來) + 아셔(아서 : 연어)

38) 읇허 : 읇ᄒ(← 읇다 : 읊다, 詠) + 어(연어) ※ '읇허'는 '을퍼'의 /ㅍ/을 /ㅂ/과 /ㅎ/으로 재 음소화하여 표기한 형태이다.

39) 가시덤블을 : 가시덤블[가시덤불 : 가시(가시, 刺) + 덤블(덤불)] + 을(목조)

40) 졍이 : 졍(정, 情) + 이(주조)

41) 늣기미 : 늣기(← 늗기다 : 느끼다, 感) + ㅁ(명전) + 이(주조) ※ '늣기미'는 '늗기미'의 /ㄷ/ 을 'ㅅ'으로 표기한 형태이다.

42) 무궁ᄒ도다 : 무궁ᄒ[무궁하다 : 무궁(무궁, 無窮 : 명사) + ᄒ(형접)] + ∅(현시) + 도 (감동) + 다(평종) ※ '무궁(無窮)'은 공간이나 시간 따위가 끝이 없는 것이다.

43) 져셔 : 지(지다, 負) + 어셔(어서 : 연어)

44) 지음 : 지음(知音). 마음이 서로 통하는 친한 벗을 비유적으로 이르는 말이다.

45) 명월쳥풍이로다 : 명월쳥풍(명월청풍, 明月淸風 : 명사구) + 이(서조) + ∅(현시) + 로 (← 도 : 느낌) + 다(평종) ※ '명월청풍(明月淸風)'은 밝은 달과 맑은 바람, 곧 자연(自 然)의 세상를 이른다.

46) 죽으매 : ① 죽(죽다, 死) + 음(명전) + 애(에 : 부조, 위치, 이유) ② 죽(죽다, 死) + 으 매(연어, 이유, 근거)

47) 딕희니 : 딕희(지키다, 守) + 니(연어, 설명 계속)

48) 회 : 효(효, 孝) + ㅣ(← 이 : 주조)

49) 읇기를 : 읇(← 읇다 : 읊다, 詠) + 기(명전) + 를(목조)

50) 다ᄒ매 : ① 다ᄒ[다하다, 盡 : 다(부사, 悉 : 부사) + ᄒ(동접)] + ㅁ(명전) + 애(에 : 부 조, 위치) ② 다ᄒ[다하다, 盡 : 다(부사, 悉 : 부사) + ᄒ(동접)] + 매(연어, 이유, 근거)

51) 뵈디 : 뵈[보이다, 見 : 보(보다) + 이(피접)] + 디(지 : 연어, 부정)

52) ᄆᆞᄎ매 : 뭊(마치다, 閼) + 음(명전) + 애(← 에 : 부조, 위치)

53) 내여 : 내[내다, 出 : 나(나다, 出) + ㅣ(← 이 : 사접)] + 여(← 어 : 연어)

54) 먹으니라 : 먹(먹다, 食) + ∅(과시) + 니(원칙) + 라(← 다 : 평종)

이) 흙을 져서 날마다 무덤에 더하니, (나의) 지음(知音)은 명월청풍(明月淸風)이구나.55) (아들은 내가) 살아서 봉양하고 (내가) 죽으매 (나의 무덤을) 지키니, 누가 이르되, '효(孝)가 시종(始終)이 없다.'라고 하겠는가?" (아버지가 글을) 읊기를 마치니, 문득 보이지 아니하더라. 거상(居喪)을 마침에 범의 고기를 내어 다 먹었느니라.

---

55) 지음(知音)은 명월청풍(明月淸風)이로다 : 나의 친구는 명월(明月)과 청풍(淸風)이구나. 곧 밝은 달과 맑은 바람을 벗하며 지낸다는 뜻이다.

忠臣

岳飛涅背 宋 *

> 악비[1]는 송나라 샹쥬[2] 사름이니 텬셩[3]이 튱효[4]ㅎ여 오랑캐 난에[5] 고종[6] 황뎨[7]를 뫼시고 남경[8]으로 피란홀시[9] 안히를 집에 두어 노모를 봉양ㅎ라 ㅎ고 갓더니[10]

악비(岳飛)는 송(宋)나라 상주(相州) 사람이니, 천성(天性)이 충효(忠孝)로워 오랑캐의 난(亂)에 고종(高宗) 황제(皇帝)를 모시고 남경(南京)으로 피란(避亂)하므로, 아내를 집에 두어 "노모(老母)를 봉양하라." 하고 갔더니

> 하븍[11] 싸히 다 오랑캐게[12] 함몰ㅎ디라[13] 비 사름을 보내여 노모를

---

* **岳飛涅背 宋**(악비열배 송) : 악비(岳飛)가 등에 검은 물을 들이다. 송나라 때의 일. [卷2 忠臣 52]

1) 악비 : 악비(岳飛). 사람 이름이다. 중국 남송 초기의 무장(武將)이자 학자이며 서예가이다. 북송이 멸망할 무렵 의용군에 참전하여 전공을 쌓았으며, 남송 때 호북(湖北) 일대를 영유하는 대군벌(大軍閥)이 되었지만 무능한 고종(高宗)과 재상 진회(秦檜)에 의해서 살해되었다.
2) 샹쥬 : 상주(相州). 땅 이름이다.
3) 텬셩 : 천성(天性)
4) 튱효 : 충효(忠孝)
5) 난에 : 난(난, 亂) + -에(부조, 위치) ※ '란〉난'은 'ㄹ' 두음 법칙이 적용된 예이다.
6) 고종 : 고종(高宗, 재위 기간 1127~1162년)은 중국 남송(南宋)의 황제이다. 만주에서 일어난 여진족이 금나라를 세워서 1127년에 송나라(북송)를 멸망시켰다. 당시 북송의 황제인 흠종(欽宗)의 동생이었던 조구(趙構)는 남쪽으로 천도하여 항주에서 황제에 즉위하여 송나라를 재흥하였다. 이 이후부터의 송나라를 남송이라고 부른다.
7) 황뎨 : 황제(皇帝)
8) 남경 : 남경(南京). 중국 강소 성(江蘇省) 서남쪽에 있는 도시이다. 양자강(揚子江) 하류 연안에 있는 수륙 교통의 요충지이며, 역대 왕조의 도읍지로 명승고적이 많다.
9) 피란홀시 : 피란ㅎ[피난하다 : 피란(피란, 避亂 : 명사)- + -ㅎ(동접)-]- + -ㄹ시(-므로 : 연어, 이유)
10) 갓더니 : 가(가다, 去)- + -앗(완료)- + -더(회상)- + -니(연어, 설명 계속)
11) 하븍 : 하북(河北). 중국 황하 강(黃河江) 북쪽 지역을 통틀어 이르는 말이다.
12) 오랑캐게 : 오랑캐(胡) + -게(← -의게 : 부조, 상대)

ᄎ즐ᄉ 열여둛 번 왕ᄂᆡᄒᆞ여[14] 계요[15] 마자[16] 왓다가[17] 인ᄒᆞ여 모상[18]을 만나 무덤 겻히[19] 녀막[20] ᄒᆞ고 잇더니 황뎨 어찰[21]로 여러 번 부ᄅᆞ시니 비 개연히[22] 니러나 밍셰코[23] 오랑캐를 멸ᄒᆞ고 듕원[24]을 흥복ᄒᆞ려[25] ᄒᆞ여 등에 진튱보국[26] 네 글ᄌᆞ를 삭이고[27] ᄡᅡ홈마다[28] 이긔여 향ᄒᆞᆫ 바에 ᄃᆡ뎍ᄒᆞ리[29] 업ᄂᆞᆫ디라[30] 텬ᄌᆞ[31] 아름다이[32] 너기샤 긔[33] 우히[34] 졍튱이라[35] 두 ᄌᆞ를 크게 ᄡᅥ[36] 주시니 오랑캐 악비의 긔를 보면

---

13) 함몰ᄒᆞ니라 : 함몰ᄒᆞ[함몰하다 : 함몰(함몰, 陷沒 : 명사) + -ᄒᆞ(동접)-]- + -ㄴ디라(-ㄴ지라 : 연어, 이유, 근거) ※ '함몰(陷沒)'은 재난을 당하여 멸망하는 것이다.

14) 왕ᄂᆡᄒᆞ여 : 왕ᄂᆡᄒᆞ[왕래하다 : 왕ᄂᆡ(왕래, 往來) + -ᄒᆞ(동접)-]- + -여(← -아 : 연어) ※ '왕ᄅᆡ〉왕ᄂᆡ'는 /ㄹ/이 /ㄴ/으로 비음화된 예이다.

15) 계요 : 겨우(부사)

16) 마자 : 맞(맞이하다, 迎)- + -아(연어)

17) 왓다가 : 오(오다, 來)- + -앗(완료)- + -다가(연어, 동작 전환)

18) 모상 : 모상(母喪). 어머니의 상사(喪事)이다.

19) 겻히 : 겻ᄒᆞ(← 겯 : 곁, 側) + -ᄋᆡ(-에 : 조사, 위치) ※ '겻히'는 '겨ᄐᆡ'의 /ㅌ/을 /ㄷ/과 /ㅎ/으로 재음소화하여 표기한 형태이다.

20) 녀막 : 녀막(여막, 廬) ※ '여막(廬幕)'은 궤연(几筵) 옆이나 무덤 가까이에 지어 놓고 상제가 거처하는 초막이다. '려막〉녀막'은 'ㄹ' 두음 법칙이 적용된 예이다.

21) 어찰 : 어찰(御札). 임금의 편지이다.

22) 개연히 : [개연히(부사) : 개연(개연, 慨然 : 명사) + -ᄒᆞ(← -ᄒᆞ- : 형접)- + -이(부접)] ※ '개연(慨然)'은 억울하고 원통하여 몹시 분한 것이다.

23) 밍셰코 : [맹세코(부사) : 밍셰(맹서, 盟誓 : 명사) + -ᄒᆞ(← -ᄒᆞ- : 동접)- + -고(연어 ▷ 부접)]

24) 듕원 : 중원(中元). 중국의 황허 강 중류의 남부 지역이다. 흔히 한때 군웅이 할거했던 중국의 중심부나 중국 땅을 이른다.

25) 흥복ᄒᆞ려 : 흥복ᄒᆞ[흥복하다 : 흥복(흥복, 興復) + -ᄒᆞ(동접)-]- + -려(연어, 의도) ※ '흥복(興復)'은 다시 일어나는 것이다.

26) 진튱보국 : 진충보국(盡忠報國). 충성을 다하여서 나라의 은혜를 갚는 것이다.

27) 삭이고 : 삭이(← 사기다 : 새기다, 刻)- + -고(연어, 계기) ※ '삭이고'는 '사기고'를 과잉 분철한 것이다.

28) ᄡᅡ홈마다 : ᄡᅡ홈[싸움 : ᄡᅡ호(싸우다, 戰)- + -ㅁ(명접)] + -마다(보조사, 각자)

29) ᄃᆡ뎍ᄒᆞ리 : ᄃᆡ뎍ᄒᆞ[대적하다 : ᄃᆡ뎍(대적, 對敵) + -ᄒᆞ(동접)-]- + -ㄹ(관전) # 이(이, 人) + -Ø(← -이 : 주조)

30) 업ᄂᆞᆫ디라 : 없(없다, 無)- + -ᄂᆞ(현시)- + -ㄴ디라(-ㄴ지라 : 연어, 이유, 원인)

31) 텬ᄌᆞ : 텬ᄌᆞ(천자, 天子) + -ㅣ(← -이 : 주조)

32) 아름다이 : [아름답게(부사) : 아름(아름 : 불어) + -다(← -답- : 형접)- + -이(부접)]

33) 긔 : 긔(기, 깃발, 旗) + -Ø(← -의 : 관조)

34) 우히 : 우ᄒᆞ(위, 上) + -ᄋᆡ(-에 : 조사, 위치)

35) 졍튱이라 : 졍튱(정충, 貞忠) + -이(서조)- + -Ø(현시)- + -라(← -다 : 평종) ※ '졍튱(貞忠)'

다 두라나더라³⁷⁾

하북(河北) 땅이 다 오랑캐에게 함몰(陷沒)한지라, 비(飛)가 사람을 보내어 노모를 찾으므로 열여덟 번 왕래하여 겨우 맞아 왔다가, 인(因)하여 어머니의 상(喪)을 당하여 무덤 곁에 여막(廬幕)하고 있더니, 황제가 어찰(御札)로 여러 번 부르시니, 악비가 개연(蓋然)히 일어나 맹세코 오랑캐를 멸(滅)하고 중원(中元)을 흥복(興復)하려 하여, 등(背)에 '진충보국(盡忠報國)'의 네 글자를 새기고, 싸움마다 이기어 향(向)하는 바에 대적(大敵)할 이가 없는지라, 천자(황제)가 아름답게 여기시어 기(旗)의 위에 '정충(精忠)'이라는 두 글자를 크게 써 주시니 오랑캐가 악비의 기(旗)를 보면 다 달아나더라.

이 째에 승샹 진회³⁸⁾ 오랑캐와 화친홀 의논을 쥬쟝홀식³⁹⁾ 오랑캐 진회의게 フ만이⁴⁰⁾ 통ᄒ여 악비ᄅᆞᆯ 죽여야 화친이 되리라 ᄒᆞᆫ대⁴¹⁾ 진회 악비 죽이기ᄅᆞᆯ 도모ᄒᆞ여 ᄃᆡ간으로⁴²⁾ ᄒᆞ여곰 샹소ᄒᆞ여⁴³⁾ 비ᄅᆞᆯ 무함ᄒᆞ고⁴⁴⁾ 부ᄌᆞᄅᆞᆯ 다 잡아오니 비 오슬 버서 등에 삭인 글ᄌᆞᄅᆞᆯ 뵈며⁴⁵⁾ 우서⁴⁶⁾

___

은 절개가 곧고 충성스러운 것이다. '졍튱이라'는 '졍튱이란'의 오기이다. '졍튱이란'은 '졍튱 + -이(서조)- + -Ø(현시)- + --라(←-다 : 평종) + -ㄴ(관전)'으로 분석되는데, '졍튱이라 ᄒᆞ 는'의 준말이다.

36) 써 : 쓰(←ᄡᅳ다 : 쓰다, 書)- + -어(연어)

37) 두라나더라 : 두라나[달아나다 : 들(←ᄃᆞᆮ다, ᄃᆞ불 : 닫다, 走)- + -아(연어) + 나(나다, 出)-]- + -더(회상)- + -라(←-다 : 평종)

38) 진회 : 진회(秦檜) + -Ø(주조) ※ '진회(秦檜)'는 중국 남송(南宋) 초기의 정치가(1090~1155) 이다. 금나라의 침공에 맞서는 악비(岳飛)를 죽이는 등 주전파(主戰派)를 탄압하면서 금(金) 과 굴욕적인 화약(和約)을 맺었다. 이러한 일로 그는 사후에 간신으로 몰리었다.

39) 쥬쟝홀식 : 쥬쟝ᄒᆞ[주장하다 : 쥬쟝(주장, 主張 : 명사) + -ᄒᆞ(동접)-]- + -ㄹ식(-므로 : 연어, 이유)

40) フ만이 : [가만히(부사) : フ만(가만 : 불어) + -Ø(←-ᄒᆞ- : 형접)- + -이(부접)]

41) ᄒᆞᆫ대 : ᄒᆞ(하다, 謂)- + -ㄴ대(-니, -ㄴ데 : 연어, 반응)

42) ᄃᆡ간으로 : ᄃᆡ간(臺諫, 대간) + -으로(부조, 방편) ※ '대간(臺諫)'은 관료를 감찰 탄핵하는 임 무를 가진 대관(臺官)과 국왕을 간쟁(諫諍) 봉박(封駁)하는 임무를 가진 간관(諫官)을 합쳐 부른 말이다.

43) 샹소ᄒᆞ여 : 샹소ᄒᆞ[상소하다 : 샹소(상소, 上疏 : 명사) + -ᄒᆞ(동접)-]- + -여(←-아 : 연어)

44) 무함ᄒᆞ고 : 무함ᄒᆞ[무함하다 : 무함(무함, 誣陷 : 명사)- + -ᄒᆞ(동접)-]- + -고(연어, 계기) ※ '무함(誣陷)'은 없는 사실을 그럴듯하게 꾸며서 남을 어려운 지경에 빠지게 하는 것이다.

45) 뵈며 : 뵈[보이다, 示 : 보(보다, 見)- + -ㅣ(←-이- : 사접)-]- + -며(연어, 나열)

46) 우서 : 웃(웃다, 笑)- + -어(연어) ※ 중세 국어에서는 '웃다'가 'ㅅ' 불규칙 활용을 하였으므

굴오디 텬디⁴⁷⁾ 이 ᄆᆞᄋᆞᆷ을 아ᄅᆞ시리라 ᄒᆞ니 진회 거즛⁴⁸⁾ 됴셔롤⁴⁹⁾
민ᄃᆞ라⁵⁰⁾ 옥에 가도앗다가⁵¹⁾ 죽이니 텬하 사ᄅᆞᆷ이 아니 슬허ᄒᆞ리⁵²⁾ 업고
오랑캐ᄂᆞᆫ 서로 하례ᄒᆞ더라⁵³⁾

이때에 승상(丞相)인 진회(秦檜)가 오랑캐와 화친(和親)할 의논(議論)을 주장(主張)하므로, 오랑캐가 진회에게 가만히 통하여 "악비를 죽여야 화친(和親)이 되겠다."고 하므로, 진회가 악비를 죽이기를 도모(圖謀)하여, 대간(臺諫)으로 하여금 상소(上疏)하여 악비를 무함(誣陷)하고 부자(父子)를 다 잡아오니, 악비가 옷을 벗어 등에 새긴 글자를 보이며 웃으며 말하되, "천지(天地)가 이 마음을 아시리라." 하니, 진회가 거짓 조서(詔書)를 만들어 (악비를) 옥(獄)에 가두었다가 죽이니, 천하(天下)의 사람이 아니 슬퍼할 이가 없고, 오랑캐는 서로 하례(賀禮)하더라.

로 '우서'로 실현되었다. 반면에 이 문헌에서는 '웃다'가 현대어처럼 규칙적으로 활용하여
'우서'로 실현되었다.

47) 텬디 : 텬디(천지, 天地) + -Ø(←-이 : 주조)

48) 거즛 : 거짓, 假(명사)

49) 됴셔롤 : 됴셔(조서, 詔書) + -롤(목조) ※ '됴셔(詔書)'는 임금의 명령을 일반에게 알릴 목적으로 적은 문서이다.

50) 민ᄃᆞ라 : 민들(만들다, 作)- + -아(연어)

51) 가도앗다가 : 가도[가두다, 囚 : 갇(걷다, 收)- + -오(사접)-] + -앗(완료)- + -다가(연어, 동장 전환)

52) 슬허ᄒᆞ리 : 슬허ᄒᆞ[슬퍼하다, 悲 : 슳(슬퍼하다)- + -어(연어) + ᄒᆞ(하다, 爲)-]- + -ㄹ(관전) # 이(이, 人 : 의명) + -Ø(←-이 : 주조)

53) 하례ᄒᆞ더라 : 하례ᄒᆞ[하례하다, 賀禮 : 하례(하례, 賀禮 : 명사) + -ᄒᆞ(동접)-]- + -더(회시)- + -라(←-다 : 평종) ※ '하례(賀禮)'는 축하하여 예를 차리는 것이다.

烈女

崔氏奮罵 高麗 *

> 최시¹⁾는 고려 적 녕암²⁾ 션비 인우³⁾의 똘이니 딘쥬⁴⁾ 호댱⁵⁾ 뎡만⁶⁾의
> 체⁷⁾ 되어 네 주녀를 나코⁸⁾ 사더니

최씨(崔氏)는 고려 적에 영암(靈巖)의 선비인 인우(仁祐)의 딸이니, 진주(晉州)의 호
장(戶長)인 정만(鄭滿)의 처(妻)가 되어 네 자녀(子女)를 낳고 살더니

> 왜적이 딘쥬룰 티니 고을 사룸이 다 두라나눈디라⁹⁾ 뎡만은 셔울
> 가고 도적이 녀염에¹⁰⁾ 드러오니 최시 나히¹¹⁾ 졈고 주식이¹²⁾ 잇더니
> 여러 주식을 두리고 산둥에 피란호엿다가¹³⁾ 도적을 만나 칼로 저히고¹⁴⁾
> 겁박호려¹⁵⁾ 호니 최시 나모룰 안고 쑤지저¹⁶⁾ 글오디 도적의게¹⁷⁾ 더러이고¹⁸⁾

---

* **崔氏奮罵 高麗**(최씨분매 고려) : 최씨가 분하여 꾸짖다. 고려 때의 일. [卷3 烈女64]
1) 최시 : 최씨(崔氏). 사람의 성이다.
2) 녕암 : 영암(靈巖). 땅 이름이다. '령암〉녕암'은 'ㄹ' 두음 법칙의 예이다.
3) 인우 : 인우(仁祐). 사람 이름이다.
4) 딘쥬 : 진주(晉州). 땅 이름이다.
5) 호댱 : 호장(戶長). 각 고을 아전(衙前)의 우두머리이다. 신라 시대에는 촌주, 고려 초에는 당
   대등이라 부르다가, 고려 성종(成宗) 2년(983)에 이 이름으로 고쳐서 조선 때까지 일컬었다.
6) 뎡만 : 정만(鄭滿). 사람 이름이다.
7) 체 : 쳐(처, 아내, 妻) + -ㅣ(←-이 : 보조)
8) 나코 : 낳(낳다, 生)- + -고(연어, 계기)
9) 두라나눈디라 : 두라내[달아나다, 奔 : 둘(← 둗다, 드불 : 닫다, 走)- + -아(연어) + 나(나다, 出)-]-
   + -눈(현시)- + -ㄴ디라(-ㄴ지라 : 연어, 설명 계속, 이유)
10) 녀염에 : 녀염(여염, 閭閻) + -에(부조, 위치) ※ '녀염(閭閻)'은 백성의 살림집이 많이 모여
    있는 곳이다. 그리고 '려염〉녀염'은 'ㄹ' 두음 법칙의 예이다.
11) 나히 : 나ᄒ(나이, 齡) + -이(주조)
12) 주식 : 자색(姿色). 여자의 고운 얼굴이나 모습이다.
13) 피란호엿다가 : 피란ᄒ[피란하다 : 피란(피란, 避亂 : 명사) + -ᄒ(동접)-]- + -엿(←-앗- : 완
    료)- + -다가(연어, 동작 전환)
14) 저히고 : 저히[두렵게 하다, 위협하다 : 젛(두려워하다, 懼)- + -이(사접)-]- + -고(연어, 계기)

사느니¹⁹⁾ 출하리²⁰⁾ 죽으리라 ᄒ고 ᄭ짓기를 그치디 아니ᄒᆞᆫ대 도적이
드듸여²¹⁾ 나모 아래셔²²⁾ 죽이고 두 ᄌᆞ식을 잡아가니 셋재 아ᄃᆞᆯ 습²³⁾은
나히 계요²⁴⁾ 뉵 셰라²⁵⁾ 죽엄²⁶⁾ 겻히셔²⁷⁾ 울고 강보²⁸⁾에 아히ᄂᆞᆫ 오히려
긔여가²⁹⁾ 졋을³⁰⁾ ᄲᆞ라³¹⁾ 먹으니 피 흘러 입으로 드ᄂᆞᆫ디라³²⁾ 그 아히
즉시 죽으니라³³⁾ 그 후 십 년 만에³⁴⁾ 감ᄉᆞ³⁵⁾ 댱해³⁶⁾ 나라히 장계ᄒᆞ여³⁷⁾

---

15) 겹박ᄒᆞ려 : 겹박ᄒᆞ[겹박하다 : 겹박(겹박, 劫迫 : 명사) + -ᄒᆞ(동접)-]- + -려(연어, 의도)
※ '겹박(劫迫)'은 으르고 협박하는 것이다.

16) ᄭᆞ지저 : ᄭᆞ짖(꾸짖다, 叱)- + -어(연어)

17) 도적의게 : 도적(도적, 盜賊) + -의게(-에게 : 부조, 상대)

18) 더러이고 : 더러이[더럽히다, 汚 : 더러(← 더럽다, ㅂ불)- + -이(사접)-]- + -고(연어, 계기)

19) 사느니 : 사(← 살다 : 살다, 活)- + -느니(←-ᄂᆞ니 : 연어) ※ '-느니'는 앞절의 일보다 (차라
리) 뒷절의 일을 선택한다는 의미를 나타내는 연결 어미이다.

20) 출하리 : 차라리, 寧(부사)

21) 드듸여 : [드디어, 遂(부사) : 드듸(← 드듸다 : 디디다, 이어받다, 踏, 承)- + -여(←-어 : 연어
▷ 부접)]

22) 아래셔 : 아래(아래, 下) + -셔(-서 : 보조사, 강조)

23) 습 : 습(習). 사람 이름이다.

24) 계요 : 겨우, 甫(부사)

25) 뉵 셰라 : 뉵(육, 六 : 관사) # 셰(세, 歲) + -Ø(←-이- : 서조)- + -라(←-아 : 연어)
※ '륙>뉵'은 'ㄹ' 두음 법칙이 적용된 예이다.

26) 죽엄 : [주검, 시체, 屍 : 죽(죽다, 死)- + -엄(명접)]

27) 겻히셔 : 겻ᄒ(← 곁 : 곁, 側) + -이셔(-에서 : 부조, 위치) ※ '겻히셔'는 '겨틔셔'의 /ㅌ/을 /ㄷ/
과 /ㅎ/으로 재음소화한 표기이다. 그리고 '겻히셔'는 종성인 /ㄷ/을 'ㅅ'으로 표기한 형태이다.

28) 강보 : 강보(襁褓). 포대기.

29) 긔여가 : 긔여가[기어가다, 匍匐 : 긔(기다, 匍)- + -여(←-어 : 연어) + 가(가다, 行)-]- + -Ø
(←-아 : 연어)

30) 졋 : 졋(← 졎 : 젖, 乳) + -을(목조) ※ '졋을'은 '져즐'의 오기이다. 체언과 조사를 분철하여,
둘째 음절의 초성인 /ㅈ/을 첫 음절의 종성 'ㅅ'으로 표기한 형태이다.

31) ᄲᆞ라 : ᄲᆞᆯ(빨다, 取)- + -아(연어)

32) 드ᄂᆞᆫ디라 : 드(← 들다 : 들다, 入)- + -ᄂᆞ(현시)- + -ㄴ디라(-ㄴ지라 : 연어, 설명 계속, 이유)

33) 죽으니라 : 죽(죽다, 死)- + -Ø(과시)- + -으니(원칙)- + -라(←-다 : 평종)

34) 만에 : 만(만 : 의명) + -에(부조, 위치, 시간)

35) 감ᄉᆞ : 감사(監司). 관찰사. 조선 시대에 둔, 각 도의 으뜸 벼슬이다. 그 지방의 경찰권·사법
권·징세권 따위의 행정상 절대적인 권한을 가진 종이품 벼슬이다.

36) 댱해 : 댱하(장하, 張夏 : 사람 이름) + -ㅣ(←-이 : 주조)

37) 장계ᄒᆞ여 : 장계ᄒᆞ[장계하다 : 장계(장계, 狀啓 : 명사) + -ᄒᆞ(동접)-]- + -여(←-아 : 연어)
※ '장계(狀啓)'는 왕명을 받고 지방에 나가 있는 신하가 자기 관하(管下)의 중요한 일을 왕
에게 보고하던 일이나 문서이다.

정문ᄒᆞ고[38] 습의 구실[39]을 더러[40] 주니라[41]

    왜적(倭賊)이 진주(晉州)를 치니 고을 사람이 다 달아나는지라, 정만(鄭滿)은 서울에 가고 도적이 여염(閭閻)에 들어오니, 최씨가 나이가 젊고 자색(姿色)이 있더니, 여러 자식(子息)을 데리고 산중(山中)에 피란(避亂)하였다가, 도적(盜賊)을 만나 (도적이) 칼로 위협하고 겁박(劫迫)하려 하니, 최씨가 나무를 안고 꾸짖어 가로되 "도적에게 (나의 몸을) 더럽히고 사느니 차라리 죽겠다."라고 하고, 꾸짖기를 그치지 아니하는데, 도적이 드디어 나무 아래에서 (최씨를) 죽이고 두 자식을 잡아가니, 셋째 아들 습(習)은 나이가 겨우 육(六) 세(歲)라 주검 곁에서 울고, 강보에 (있는) 아이는 오히려 기어가 젖을 빨아먹으니, 피가 흘러 입으로 드는지라 그 아이가 즉시 죽었느니라. 그 후 십 년 만에 감사(監司)인 장하(張夏)가 나라에 장계(狀啓)하여 정문(旌門)하고, 습(習)의 (세납의) 사역(使役)을 덜어 주었니라.

---

38) 정문ᄒᆞ고 : 정문ᄒᆞ[정문하다 : 정문(정문, 旌門 : 명사) + -ᄒᆞ(동접)-]- + -고(연어, 나열, 계기)
    ※ '정문(旌門)'은 충신, 효자, 열녀 들을 표창하기 위하여 그 집 앞에 붉은 문을 세우는 것이나, 그렇게 세워진 문(門)이다.
39) 구실 : 예전에 온갖 세납(稅納)을 통틀어 이르던 말이다. 곧 '사역(使役)'을 이르는 말이다.
40) 더러 : 덜(덜다, 감하다, 減, 蠲)- + -어(연어)
41) 주니라 : 주(주다 : 보용, 봉사)- + -Ø(과시)- + -니(원칙)- + -라(← -다 : 평종)

兄弟

許武自穢 漢 *

> 허무[1]는 한나라[2] 양연[3] 사룸이니 회계[4] 태슈[5] 뎨오륜[6]이 천거ᄒᆞ여[7] 벼슬ᄒᆞ이니[8]

허무(許武)는 한(漢)나라 양연(陽羨) 사람이니, 회계(會稽)의 태수(太守)인 제오륜(第五倫)이 천거(川渠)하여 벼슬을 시키니

> 뮈[9] 그 두 아이[10] 현달티[11] 못ᄒᆞ므로[12] 일홈을 내려 ᄒᆞ여 이에 아ᄋᆞ드려[13] 닐오디 분지ᄒᆞ여[14] 각각 살기는 응당ᄒᆞᆫ[15] 도리라 ᄒᆞ고 가산을

---

* **許武自穢 漢**(허무자예 한) : 허무가 스스로 명예를 더럽히다. 한나라 때의 일. [卷6 兄弟6]

1) 허무 : 허무(許武). 사람 이름이다.

2) 한나라 : 한(漢)나라(기원전 206년~220년). 고대 왕조인 전한과 후한을 통틀어 이르는 말로서 진나라 이후에 생긴 중국의 통일 왕조이다.

3) 양연 : 양연(陽羨). 고을 이름이다.

4) 회계 : 회계(會稽). 고을 이름이다.

5) 태슈 : 태수(太守). 고대 중국에서 군(郡)의 으뜸 벼슬이다.

6) 뎨오륜 : 제오륜(第五倫). 사람 이름이다.

7) 천거ᄒᆞ여 : 천거ᄒᆞ[천거하다 : 천거(천거, 薦擧 : 명사) + -ᄒᆞ(동접)-]- + -여(←-아 : 연어)
   ※ '천거(薦擧)'는 어떤 일을 맡아서 할 수 있는 사람을 쓰도록 소개하거나 추천하는 것이다.

8) 벼슬ᄒᆞ이니 : 벼슬ᄒᆞ이[벼슬을 시키다 : 벼슬(벼슬, 官) + -ᄒᆞ(동접)- + -이(사접)-]- + -니(연어, 설명 계속)

9) 뮈 : 무(무, 許武 : 사람 이름) + -ㅣ(←-이 : 주조)

10) 아이 : 아(←아ᄋᆞ : 아우, 弟) + -∅(←-이 : 주조)

11) 현달티 : 현달ᄒᆞ[← 현달ᄒᆞ다(현달하다) : 현달(현달, 顯達 : 명사) + -ᄒᆞ(←-ᄒᆞ- : 형접)-]- + -디(-지 : 연어, 부정) ※ '현달(顯達)'은 벼슬, 명성, 덕망이 높아서 이름이 세상에 드러나는 것이다.

12) 못ᄒᆞ므로 : 못ᄒᆞ[못하다(보용, 부정) : 못(못, 不 : 부정, 부사) + -ᄒᆞ(형접)-]- + -므로(연어, 이유)

13) 아ᄋᆞ드려 : 아ᄋᆞ(아우, 弟) + -드려(-더러, -에게 : 부조, 상대)

14) 분지ᄒᆞ여 : 분지[분재하다 : 분지(분재, 分財) + -ᄒᆞ(동접)-]- + -여(←-아 : 연어)
   ※ '분지(분재, 分財)'는 재산을 나누는 것이다.

삼분에[16] 눈화 무는 됴혼 밧과[17] 너른[18] 집과 건장혼 종[19]을 글히여[20] 가지고 두 아으는 못 쓸[21] 거슬 주니 향듕[22] 사름이 다 무의 탐호믈 더러이[23] 너기고 두 아의[24] 능히 수양호믈[25] 일크르니[26] 일로[27] 말미암이[28] 두 아의 다 벼슬을 어드니

무(武)가 그 두 아우가 현달(顯達)하지 못하므로 (아우들의) 이름(名)을 내려 하여, 이에 아우에게 이르되, "분재(分財)하여 각각 살기는 응당(應當)한 도리(道理)이다."라고 하고, 가산(家産)을 삼분(三分)으로 나누어, 무(武)는 좋은 밭과 너른 집과 건장(健壯)한 종을 가리어 가지고 두 아이는 못 쓸 것을 주니, 향중(鄕中)의 사람이 다 무(武)가 탐(耽)하는 것을 더럽게 여기고, 두 아우가 능히 사양(辭讓)하는 것을 칭찬하니, 이로 말미암아 두 아우가 다 벼슬을 얻으니,

뮈[29] 종족[30]을 모호고[31] 울며 글오ᄃ 내 형이 되어 블쵸혼디라[32]

---

15) 응당혼 : 응당ᄒ[응당하다(마땅하다) : 응당(응당, 應當 : 부사) + -ᄒ(형접)-]- + -∅(현시)- + -ㄴ(관전)

16) 삼분에 : 삼분(삼분, 三分) + -에(부조, 위치, 방편) ※ '삼분(三分)'은 셋으로 나누는 것이다.

17) 밧과 : 밧(← 밭 : 밭, 田) + -과(접조) ※ '밧'은 '밭'의 종성 /ㄷ/을 'ㅅ'으로 표기한 형태이다.

18) 너른 : 너르(너르다, 廣)- + -∅(현시)- + -ㄴ(관전)

19) 종 : 종, 僕.

20) 글히여 : 글히(가리다, 選)- + -여(← -어 : 연어)

21) 쓸 : 쓰(쓰다, 用)- + -ㄹ(관전)

22) 향듕 : 향중(鄕中). 향소(鄕所)의 일을 맡아보던 사람들의 동아리이다.

23) 더러이 : [더럽게, 鄙(부사) : 더러(← 더럽다, ㅂ불 : 더럽다, 汚)- + -이(부접)]

24) 아의 : 아(← 아ᄋ : 아우, 弟) + -의(관조, 의미상 주격)

25) 수양호믈 : 수양ᄒ[사양하다 : 수양(사양, 辭讓 : 명사) + -ᄒ(동접)-]- + -ㅁ(명전) + -을(목조)

26) 일크르니 : 일클(← 일ᄏ다, ㄷ불 : 칭찬하다, 稱)- + -으니(연어, 설명 계속)

27) 일로 : 일(← 이 : 이, 此, 지대, 정칭) + -로(부조, 방편)

28) 말미암이 : 말미암[말미암다, 由 : 말미(까닭, 연유 : 명사) + 암(← 삼다 : 삼다, 爲)-]- + -아(연어) ※ 이 단어는 '말미사마〉말미ᄉ마〉말미아마〉말미암아'로 변화했다.

29) 뮈 : 무(무, 許武 : 사람 이름) + -ㅣ(← -이 : 주조)

30) 종족 : 종족(宗族), 친척(親戚)이다.

31) 모호고 : 모호(← 뫼호다, 모으다, 會)- + -고(연어, 계기)

32) 블쵸혼디라 : 블쵸ᄒ[불초하다 : 블쵸(불초, 不肖 : 명사) + -ᄒ(형접)-]- + -ㄴ디라(-ㄴ지라 : 연어, 이유, 근거)

일홈과 벼슬을 외람히³³⁾ 어더시되³⁴⁾ 두 아♀는 자라매³⁵⁾ 홀로 영화를³⁶⁾ 보디 못ᄒ니 내 그러므로 분ᄌᆡᄒᆞᆯ 구ᄒ여 스스로 ᄭᅮ디름을³⁷⁾ 취ᄒ엿더니³⁸⁾ 이제ᄂᆞᆫ 내 가산이 느러 젼의셔³⁹⁾ 삼 ᄇᆡ나⁴⁰⁾ 더ᄒᆞ엿노라⁴¹⁾ ᄒᆞ고 다 그 아ᄋᆞᆯ⁴²⁾ ᄂᆞᆫ화⁴³⁾ 주고 ᄒᆞ나토⁴⁴⁾ 가지디 아니ᄒᆞ니 일읍⁴⁵⁾ 사름이 비로소 그 어딜믈⁴⁶⁾ 일ᄏᆞᆺ더라⁴⁷⁾

무(武)가 종족(宗族)을 모으고 울며 가로되, "내가 형(兄)이 되어 불초(不肖)한지라 이름과 벼슬을 외람되게 얻었으되, 아우는 자람에 홀로 영화(榮華)를 보지 못하니, 내가 그러므로 분재(分財)하는 것을 구(求)하여 스스로 꾸지람을 취(取)하였더니, 이제는 내 가산(家産)이 늘어 전(前)보다 삼(三) 배(倍)나 더하였다." 하고, 다 그 아우를 나누어 주고 하나도 가지지 아니하니, 일읍(一邑)의 사람이 비로소 그 어진 것을 칭찬하더라.

---

33) 외람히 : [외람되게(부사) : 외람(외람, 猥濫 : 명사) + -ᄒ(← -ᄒᆞ- : 형접)- + -이(부접)]
34) 어더시되 : 얻(얻다, 得)- + -어시(-았- : 완료)- + -되(연어, 설명 계속)
35) 자라매 : 자라(자라다, 長)- + -ㅁ(명전) + -애(-에 : 부조, 위치, 근거)
36) 영화를 : 영화(영화, 榮華) + -를(목조) ※ '영화(榮華)'는 몸이 귀하게 되어 이름이 세상에 빛나는 것이다.
37) ᄭᅮ디름을 : ᄭᅮ딜[꾸지람, 叱 : ᄭᅮ딜(← ᄭᅮ딛다, ㄷ불 : 꾸짖다)- + -음(명접)] + -을(목조)
38) 취ᄒ엿더니 : 취ᄒ[취하다, 가지다 : 취(취, 取 : 불어) + -ᄒ(동접)-]- + -엿(← -앗- : 완료)- + -더(회상)- + -니(연어, 설명 계속)
39) 젼의셔 : 젼(前, 전, 앞) + -의셔(-에서, -보다 : 부조, 위치, 비교)
40) 삼 ᄇᆡ나 : 삼(삼, 三 : 관사) # ᄇᆡ(배, 倍) + -나(보조사, 강조)
41) 더ᄒᆞ엿노라 : 더ᄒᆞ[더하다, 加 : 더(더 : 부사) + -ᄒᆞ(동접)-]- + -엿(← -앗- : 완료)- + -노라(평종, 현시, 1인칭)
42) 아ᄋᆞᆯ : 아ᄋᆞ(아우, 弟) + -ㄹ(← -를 : -에게, 목조, 보조사적 용법)
43) ᄂᆞᆫ화 : ᄂᆞᆫ호(나누다, 分)- + -아(연어)
44) ᄒᆞ나토 : ᄒᆞ나ᄒ(하나, 一 : 수사) + -도(보조사, 강조)
45) 일읍 : 일읍(一邑), 한 고을이다.
46) 어딜믈 : 어딜(어질다, 仁)- + -ㅁ(명전) + -을(목조)
47) 일ᄏᆞᆺ더라 : 일ᄏᆞᆺ(← 일ᄏᆞᆮ다, ㄷ불 : 칭찬하다, 讚)- + -더(회상)- + -라(← -다 : 평종)
   ※ '일ᄏᆞᆺ더라'는 '일ᄏᆞᆮ더라'의 /ㄷ/을 'ㅅ'으로 표기한 형태이다.

朋友

吳郭相報 唐 *

> 오보안¹⁾은 당나라 위쥬²⁾ 사름이니 곽듕샹³⁾으로 더브러⁴⁾ 한 무을에셔
> 사다가⁵⁾ 듕샹이 요쥬⁶⁾ 도독⁷⁾ 니몽⁸⁾의 판관⁹⁾이 되여 보안의 궁박ᄒᆞ믈¹⁰⁾
> 불샹이¹¹⁾ 너겨 니몽의게 힘뼈 쳔거ᄒᆞ여¹²⁾ 댱셔긔¹³⁾ 벼슬을 ᄒᆞ엿더니¹⁴⁾

　　오보안(吳保安)은 당(唐)나라 위주(魏州)의 사람이니, 곽중상(郭仲翔)과 더불어 한 마
을에서 살다가, 중상이 요주(姚州)의 도독(都督)인 이몽(李蒙)의 판관(判官)이 되어 보
안이 궁박(窮迫)한 것을 불쌍히 여겨, 이몽(李蒙)에게 힘써 천거(薦擧)하여 장서기(掌書
記)의 벼슬을 시켰더니

> 후에 듕샹이 남방 오랑캐게¹⁵⁾ 잡히여 깁¹⁶⁾ 일쳔 필을¹⁷⁾ 밧고¹⁸⁾ 노ᄒᆞ리라¹⁹⁾

---

　* 吳郭相報 唐(오곽상보 당) : 오보안과 곽중상이 서로 보답하다. 당나라 때의 일. [卷4 朋友8]

1) 오보안 : 오보안(吳保安). 사람 이름이다.
2) 위쥬 : 위주(魏州). 땅 이름이다.
3) 곽듕샹 : 곽중상(郭仲翔). 사람 이름이다.
4) 더브러 : 더블(더불다, 與)- + -어(연어)
5) 사다가 : 사(← 살다 : 살다, 居)- + -다가(연어, 동작의 전환)
6) 요쥬 : 요주(姚州). 땅 이름이다.
7) 도독 : 도독(都督). 중국의 관직명으로 위(魏)나라 문제(文帝) 때 도독이 군사권을 장악한 이
　　후 당나라 때까지 군대의 실권을 장악하였고 당나라 중기 이후 절도사로 개칭하였다.
8) 니몽 : 이몽(李蒙). 사람 이름이다.
9) 판관 : 판관(判官). 당나라 때의 벼슬 이름이다.
10) 궁박ᄒᆞ믈 : 궁박ᄒᆞ[궁박하다 : 궁박(궁박, 窮迫 : 명사) + -ᄒᆞ(형접)-]- + -ㅁ(← -음 : 명전) + -
　　을(목조) ※ '궁박(窮迫)'은 몹시 가난하여 구차한 것이다.
11) 불샹이 : [불쌍히(부사) : 불샹(불쌍 : 불어) + -Ø(← -ᄒᆞ- : 형접)- + -이(부접)]
12) 쳔거ᄒᆞ여 : 쳔거ᄒᆞ[쳔거하다 : 쳔거(천거, 薦擧 : 명사) + -ᄒᆞ(동접)-]- + -여(← -아 : 연어)
13) 댱셔긔 : 장서기(掌書記). 당나라 때의 벼슬 이름이다.
14) ᄒᆞ엿더니 : ᄒᆞ이[하게 하다, 시키다, 使 : ᄒᆞ(하다, 爲)- + -이(사접)-]- + -엇(완료)- + -더
　　(회상)- + -니(연어, 설명의 계속, 이유)
15) 오랑캐게 : 오랑캐(오랑캐, 蠻) + -게(← -의게 : -에게, 부조, 상대)

ㅎ거늘 보안이 쇽ㅎ여²⁰⁾ 내고져²¹⁾ 호ᄃᆡ 갑시²²⁾ 업스니 힘뻐 댱ᄉ딜ㅎ여²³⁾
십 년 만에 깁 칠빅 필을 엇고²⁴⁾ 쳐ᄌᆞ²⁵⁾는 ᄒᆞᆫ가지로²⁶⁾ 슈쥬싸히²⁷⁾
부티여²⁸⁾ 이셔 두로²⁹⁾ 보안의 잇ᄂᆞᆫ 곳을 춫다가³⁰⁾ 요쥬에셔 몸이
디쳐³¹⁾ 능히 나아가디 못ㅎ더니

후(後)에 중상이 남방(南方)의 오랑캐에게 잡히어, (오랑캐들이) "비단 일천 필(疋)
을 받고 (중상을) 놓아 주겠다."고 하거늘, 보안이 속(贖)하여 (비단을) 내고자 하되,
값(= 돈)이 없으니 힘써서 장사질하여 십 년 만에 비단 칠백 필(疋)을 얻고, 처자(妻
子)는 마찬가지로 수주(遂州)의 땅에 붙이어 있어서, 두루 보안이 있는 곳을 찾다가,
요주(姚州)에서 몸이 지쳐 능(能)히 나아가지 못하더니,

도독 양안게³²⁾ 그 일을 알고 긔이히³³⁾ 너겨 위ㅎ여 보안을 ᄎᆞ자

---

16) 깁 : 명주실로 바탕을 조금 거칠게 짠 비단(縑)이다.
17) 필을 : 필(필, 疋 : 의명) + -을(목조) ※ '필(疋)'은 피륙을 헤아리는 단위이다.
18) 밧고 : 밧(← 받다 : 받다, 受)- + -고(연어, 계기) ※ '밧고'는 '받고'의 /ㄷ/을 'ㅅ'으로 표기한
    형태이다.
19) 노호리라 : 놓(놓다, 放)- + -ᄋᆞ리(미시)- + -라(←-다 : 평종) ※ '놓다'는 '놓아 주다'나 '석
    방하다'의 뜻으로 쓰였다.
20) 쇽ㅎ여 : 쇽ㅎ[속하다 : 쇽(속, 贖 : 불어) + -ㅎ(동접)-]- + -여(←-아 : 연어)
    ※ '쇽(贖)'은 죄를 면하기 위하여 돈을 바치는 것이다.
21) 내고져 : 내(내다 : 나(나다, 出)- + -ㅣ(←-이- : 사접)-]- + -고져(-고자 : 연어, 의도)
22) 갑시 : 값(돈, 밑천, 資) + -이(주조)
23) 댱ᄉ딜 : 댱ᄉ딜ㅎ[장사질하다, 居貨 : 댱ᄉ(장사, 商) + -딜(-질 : 접미) + -ㅎ(동접)-]- + -
    여(←-아 : 연어)
24) 엇고 : 엇(← 얻다 : 얻다, 得)- + -고(연어, 계기) ※ '엇고'는 '얻고'의 /ㄷ/을 'ㅅ'으로 표기한
    형태이다.
25) 쳐ᄌᆞ : 처자(妻子)
26) ᄒᆞᆫ가지로 : ᄒᆞᆫ가지[한가지, 마찬가지, 同 : ᄒᆞᆫ(한, 一 : 관사) + 가지(가지, 類 : 의명)] + -로(부
    조, 방편) ※ 여기서 'ᄒᆞᆫ가지로'는 '함께, 같이'의 뜻으로 쓰였다.
27) 슈쥬 싸히 : 슈쥬(수주, 遂州 : 땅 이름) # 싸ㅎ(땅, 地) + -이(-에 : 부조, 위치)
28) 부티여 이셔 : 부티(붙이다, 의탁하다, 客 : 붙(붙다, 附)- + -이(사접)-]- + -여(← 어 : 연어)
    # 이시(있다 : 보용, 완료 지속)- + -어(연어)
29) 두로 : [두루, 周(부사) : 두르(두르다, 周)- + -오(부접)]
30) 춫다가 : 춫(← ᄎᆞ다 : 찾다, 求)- + -다가(연어, 동작의 전환) ※ '춫다가'는 'ᄎᆞᆾ다가'의 /ㄷ/을
    'ㅅ'으로 표기한 형태이다.
31) 디쳐 : 디치(지치다, 困)- + -어(연어)

어드니 안게³⁴⁾ 쳥ᄒ여 닐러 굴오ᄃᆡ 그ᄃᆡ³⁵⁾ 집을 ᄇᆞ리고 벗의 환란을 급히 너기미³⁶⁾ 이대도록³⁷⁾ ᄒᆞ냐³⁸⁾ 쳥컨대³⁹⁾ ᄌᆡ믈을⁴⁰⁾ 내여 그ᄃᆡ 부죡⁴¹⁾ᄒᆞᆫ 거슬 도으리라⁴²⁾ 보안이 크게 깃거 깁을 가져 오랑캐를 주고 듕샹을 어더 도라오니 후에 듕샹이 모샹⁴³⁾을 만나 삼 년을 ᄆᆞᄎᆞ매⁴⁴⁾ 탄식ᄒᆞ여 굴오ᄃᆡ 내 오공⁴⁵⁾을 힙닙어⁴⁶⁾ 사랏ᄂᆞᆫ디라⁴⁷⁾ 이제ᄂᆞᆫ 어버이 업스니 가히 내 ᄠᅳ들 ᄒᆡᆼᄒᆞ리라⁴⁸⁾ ᄒᆞ고

도독(都督)인 양안거(楊安居)가 그 일을 알고 기이(奇異)히 여겨 (보안의 처자를) 위(爲)하여 보안을 찾아 얻으니, 안거(安居)가 (보안을) 청(請)하여 일러 말하되, "그대가 집을 버리고 벗의 환란(患亂)을 급히 여기는 것이 이토록 하느냐? 청(請)컨대 재물(財物)을 내어 그대의 부족(不足)한 것을 도우리라." 보안이 크게 기뻐하여 비단을 가져 오랑캐를 주고 중상을 얻어 돌아오니, 후(後)에 중상이 모상(母喪)을 만나 삼 년을 마침에 탄식(歎息)하여 가로되, "내 오공(吳公)에게 힘입어 살아 있는지라, 이제는 어

32) 양안게 : 양안거(楊安居 : 사람 이름) + -ㅣ (← -이 : 주조)

33) 긔이히 : [기이하게(부사) : 긔이(기이, 奇異 : 불어) + -ᄒᆞ(←-ᄒᆞ- : 형접)- + -이(부접)]

34) 안게 : 안거(안거, 安居 : 양안거, 사람 이름) + -ㅣ (←-이 : 주조)

35) 그ᄃᆡ : 그ᄃᆡ[그대, 汝(인대, 2인칭, 예사 높임) : 그(그, 彼 : 지대) + -ᄃᆡ(접미, 높임)] + -Ø(← -이 : 주조)

36) 너기미 : 너기(여기다, 慮)- + -ㅁ(명전) + -이(주조)

37) 이대도록 : 이토록, 이다지, 至是(부사). ※ 참고로 '이대도록'을 [이(이, 是 : 지대) + 대(← ᄃᆡ : 데, 것, 의명) + -도록(보조사▷부접)]과 같이 분석할 가능성이 있다.

38) ᄒᆞ냐 : ᄒᆞ(하다, 爲)- + -Ø(현시)- + -냐(의종, 판정)

39) 쳥컨대 : 쳥ᄒᆞ[청하다 : 쳥(청, 請 : 명사) + -ᄒᆞ(←-ᄒᆞ- : 동접)-]- + -건대(← 건대 : 조건)

40) ᄌᆡ믈을 : ᄌᆡ믈(재물, 財) + -을(목조)

41) 부죡 : 부족(不足)

42) 도으리라 : 도으(← 도오다 ← 돕다, ㅂ불 : 돕다, 助)- + -리(미시)- + -라(←-다 : 평종)
   ※ '도으리라'는 '도오리라'를 오각한 형태이다.

43) 모샹 : 모상(母喪). 어머니의 상(喪)이다.

44) ᄆᆞᄎᆞ매 : 몿(마치다, 終)- + -음(명전) + -애(-에 : 부조, 이유, 근거)

45) 오공 : 오공(吳公). '오보안(吳保安)'을 높여서 부르는 말이다.

46) 힙닙어 : 힙닙[← 힙닙다(힘입다, 賴) : 힘(힘, 力) + 닙(입다, 被)-]- + -어(연어) ※ '힙닙어'는 '힘닙어'를 오각한 형태이다.

47) 사랏ᄂᆞᆫ디라 : 살(살다, 生)- + -앗(완료)- + -ᄂᆞ(현시)- + -ㄴ디라(-ㄴ지라 : 연어, 이유)
   ※ '-앗-'과 '-ᄂᆞ-'가 결합된 형태인 '-앗ᄂᆞ-'는 '현재 완료'의 의미를 나타낸다.

48) ᄒᆡᆼᄒᆞ리라 : ᄒᆡᆼᄒᆞ[행하다 : ᄒᆡᆼ(행, 行 : 불어) + -ᄒᆞ(동접)-]- + -리(미시)- + -라(←-다 : 평종)

버이가 없으니 가히 내 뜻을 행(行)하리라." 하고

이 째에[49] 보안이 핑산승[50] 벼슬에셔 죽고 그 안히도 쏘흔 죽어
능히 티상ᄒᆞ여[51] 도라오디 못ᄒᆞ니 듕샹이 위ᄒᆞ여 복[52]을 닙고 죽엄[53]을
거두어 지고 도라와 장ᄉᆞ[54]를 ᄆᆞ츠매 삼 년을 슈묘[55]ᄒᆞ고 보안의
아ᄃᆞᆯ을 마ᄌᆞ와[56] 댱가드리고[57] 벼슬을 ᄉᆞ양ᄒᆞ여[58] 주니라[59]

이때에 보안이 팽산승(彭山丞)의 벼슬에서 죽고, 그 아내도 또한 죽어 능히 치상(治喪)하여 (고향으로) 돌아오지 못하니, 중상이 위(爲)하여 복(服)을 입고 주검을 거두어 지고 (고향으로) 돌아와서, 장사(葬事)를 마침에 삼 년을 수묘(守墓)하고, 보안의 아들을 맞아 장가들이고 (자신의) 벼슬을 사양(辭讓)하여 (보안의 아들에게) 주었느니라.

---

49) 째에 : 째(때, 時 : 의명) + -에(부조, 위치)

50) 핑산승 : 팽산승(彭山丞). 벼슬의 이름이다.

51) 티상ᄒᆞ여 : 티상ᄒᆞ[치상하다 : 티상(치상, 治喪) + -ᄒᆞ(동접)-] + -여(←-아 : 연어) ※ '티상 (治喪)'은 초상을 치르는 것이다.

52) 복 : 복(服), 상복(喪服)이다.

53) 죽엄 : [주검, 시체, 屍(명사) : 죽(죽다, 死)- + -엄(명접)]

54) 장ᄉᆞ : 장사(葬事). 죽은 사람을 땅에 묻거나 화장하는 일이다.

55) 슈묘 : 수묘(守墓). 묘를 지키는 것이다.

56) 마ᄌᆞ와 : 맞(맞이하다, 迎)- + -ᄋᆞ오(공손)- + -아(연어)

57) 댱가드리고 : 댱가드리[장가들이다, 爲娶妻 : 댱가(장가, 杖家) + 들(들다, 入)- + -이(사접)-] + -고(연어, 계기)

58) ᄉᆞ양ᄒᆞ여 : ᄉᆞ양ᄒᆞ[사양하다 : ᄉᆞ양(사양, 辭讓 : 명사) + -ᄒᆞ(동접)-] + -여(←-아 : 연어)

59) 주니라 : 주(주다, 授)- + -∅(과시)- + -니(원칙)- + -라(←-다 : 평종)

19세기   옛글   **3부**

1. 규합총서

『규합총서』(閨閤叢書)는 빙허각(憑虛閣) 이씨(李氏)가 1809년(순종 9년)에 지은 가정 살림에 관한 내용을 적은 책이다. 빙허각 이씨는 1759년(영조 35)에 태어나서 1824년(순조 24)에 사망한 조선 후기의 여류 실학자(實學者)이다.

빙허각 이씨의 저서로는 『빙허각전서』(憑虛閣全書)의 3부 11책이 전한다. 『빙허각전서』의 제1부는 『규합총서』(閨閤叢書)의 5책으로 1809(순조9년)에 저술하였다. 제2부는 『청규박물지』(淸閨博物志)로 4책이며, 제3부는 『빙허각고략』(憑虛閣稿略)이다. 현재 전하는 책은 제1부인 『규합총서』뿐이고 나머지 책은 아직 발견되지 않았다.

여기서 『빙허각전서』의 제1부인 『규합총서』는 1권 1책으로 된 부인(婦人)의 필지(筆紙)와 더불어 필사본과 목판본이 전하는데, 그 내용은 다음과 같다. 첫째, '주사의(酒食議)'은 술과 음식 갖은 반찬 등 식생활 전반을 다루었다. 둘째, '봉임측(縫任則)'은 복건, 털옷, 도포 등의 여러 가지 옷을 짓고, 수를 놓고, 물을 들이고, 빨래하는 법 등 의생활 전반의 일을 다루었다. 셋째, '산가락(山家樂)'은 밭을 가는 길일(吉日), 꽃 기르기, 실과 나무를 가꾸기, 가축 기르기, 벌 치기 등, 벼슬을 하지 않은 선비가 자급자족하며 살아가는 시골의 실생활을 다루었다. 넷째, '청낭결(靑囊訣)'은 태교(胎敎)를 비롯한 여러 가지 구급방(救急方)을 민간 요법으로 제시하였다. 다섯째, '술수략(術數略)'은 진택(鎭宅), 정거(淨居), 음양 구기(陰陽拘忌), 부주(符呪), 축마(逐魔)하는 일체(一切)의 속방(俗方)으로서, 미신에 빠지는 것을 예방코자 하였다.

『규합총서』의 판본은 현재 목판본(총 29장) 1책으로 된 '가람 문고본'과 2권 1책의 '필사본', 1권 1책으로 된 부인이 직접 쓴 '필지(筆紙)', 총 68장으로 된 '국립중앙도서관본', 필사본 6권으로 된 '정양완(鄭良婉) 소장본' 등이 남아 있다. 이 책에서는 정양완 교수가 교주(校註)하여 1975년에 보진재에서 간행한 『규합총서』(2003년 판)의 텍스트를 근간으로 해서 내용을 분석하고 해석했다.

정양완 교수가 교주한 『규합총서』에 나타난 표기와 국어사적인 특징은 다음과 같다.

첫째, 어두 합용 병서는 'ㅂ'계와 'ㅅ'계가 모두 사용되고 있는데, 'ㅅ'계가 더 많이 쓰인다. 반면에 각자 병서는 'ㅆ'만 나타난다.

    (보기) ① 'ㅂ계' : 싸볼고, 쁜코, 뻐, 뻑워, 쓰니, 쓸노, 싸, 뜻기, 뜬, 찌코
          ② 'ㅅ계' : 쎄는, 긋째, 쓸히다, 쓸혀, 쌔혀, 쌕리고 ; 써, 쓔어

  둘째, 앞 음절 종성 /ㄹ/과 뒤 음절의 초성 /ㄹ/이 이어서 발음될 때에, 'ㄹㄹ'을 'ㄹㄴ'으로 표기한 예가 보인다.

    (보기) 별로→별노, 살림→살님, 멀리→멀니, 쓸로→쓸노, 발라→발나, 말릐여
        →말늬여

  셋째, 종성의 /ㄷ/을 'ㅅ'으로 표기한 예가 나타난다.

    (보기) 므롯, 긋디, 갓다가

  넷째, 전통적인 이어적기 뿐만 아니라 끊어적기와 거듭 적기의 예가 많이 보인다.

    (보기) ① 끊어적기의 예 : 겨을의, 우연이, 산야, 말을, 졀목이라, 요법이라
          ② 거듭 적기의 예 : ᄀᆞ쵸아→굿쵸아, 지빅ᄒᆞᄆᆞ로브터→지빅ᄒᆞᄆᆞ로붓터,
      함당ᄒᆞᄂᆞᆫ→함당혼ᄂᆞᆫ, 펴니→펀니, 도츠로→돗츠로, ᄀᆞ티→굿치, 져를
      →졀를

  다섯째, /ㆍ/가 완전히 소실됨에 따라서 'ㆍ'와 'ㅏ'가 혼기된 예가 많이 나타난다.

    (보기) ᄆᆞᅀᆞᆷ>마음, 둘고>달고, ᄀᆞᆯ히여>갈희여 ; 내>닉, 내여>닉여, 개을>긱을, 내여>
    닉여, 새로>식로, 나는>ᄂᆞᆫ, 배요>빅요, 나죵>ᄂᆞ죵

  여섯째, 종성이 /ㅎ/으로 끝나는 체언의 /ㅎ/이 탈락한 예가 보인다.

    (보기) 우콰>우와

  일곱째, 이 책에는 구개음화와 원순 모음화 현상이 일어나고 있으며, 'ㄹ' 두음 법칙뿐만 아니라 'ㄴ' 두음 법칙의 예도 많이 발견된다. 아울러 비음화와 모음 동화의 예가 드물게 발견된다.

(보기) ① 구개음화 : ᄀᆺ토디〉ᄀᆺ쵸지, 궐티〉궐치, 디뇌닉복지일〉지뇌닉복지일, 뎌거시〉져거시, ᄀᆯ티〉ᄀᆯ치, 다티ᄂᆞᆫ〉다치ᄂᆞᆫ, 고티다〉곳치게

② 원순 모음화 : 므릇〉무릇, 므리로〉무리로, 시므단〉시무단, 잡플이라〉잡풀이라, 슬프도다〉슬푸도다, 베프러〉베푸러

③ 비음화 : 이틄날〉잇튼날, 심력〉심녁

④ 'ㄹ' 두음 법칙 : 록〉녹, 룡간〉뇽간, 립신〉닙신

⑤ 'ㄴ' 두음 법칙 : 류〉뉴〉유, 닐니〉일니, 니로미라〉이로미라, 료법〉뇨법〉요법

⑥ 모음 동화 : ᄉᆞ이예〉신이예

여덟째, 주격 조사 '-가'의 쓰임이 많이 보인다.

(보기) 졍ᄉᆞ가, 직조가, 다과가, ᄭᅩ리가

아홉째, 선어말 어미 '-엇-/-어시-, -앗-/-아시-, -엿-/-여시-' 등이 쓰여서 완료의 의미를 나타내는 선어말 어미로 쓰였다.

(보기) 왓ᄂᆞᆫ고, ᄒᆞ엿ᄂᆞ니라, ᄒᆞ여시니

열째, 인칭법과 대상법의 선어말 어미가 완전히 소멸하였으나, 일부의 용언에서는 인칭법 선어말 어미의 흔적이 일부 보이기도 한다.

(보기) 쥬노라, ᄒᆞ노니

열한째, 명사형 전성 어미의 형태가 '-옴/-움'에서 /오/와 /우/가 탈락하여 '-음/-ㅁ'의 형태로 바뀌어서 쓰였다.

(보기) ① 심그미라, ᄲᅩ츠미라, 덕으믈, 올흐믈, 이로미라, 잇슴이

② ᄀᆡ록ᄒᆞ미, 직비ᄒᆞ므로붓터

열두째, 자음으로 끝나는 용언의 어간 뒤에 현재 시제의 선어말 어미인 '-ᄂᆞᆫ-'이 쓰인 예가 나타난다.

(보기) 아닛ᄂᆞᆫ다

규합[1] 춍서[2]

규합춍서 권지일

쥬스의[3]

녜긔[4] 닉측편의[5] 왈 쇠고기을[6] 쓰거든[7] 쌀노[8] 밥을 ᄒᆞ고 양을
쓰거든 피[9]로 밥을 ᄒᆞ고 돗ᄎᆞ로[10] 쓰거든 기장으로 밥을 ᄒᆞ고 기을[11]
쓰거든 죠ᄒᆞ로[12] 밥을 ᄒᆞ고 기력이로[13] 쓰거든 보리로 밥을 ᄒᆞ고
싱션을[14] 쓰거든 외를[15] 쓰라 ᄒᆞ니 존비와[16] ᄉᆞ시를[17] 니ᄅᆞ미라[18]。밥

---

1) 규합 : 규합(閨閤). 원래 궁중의 작은 문이나 침전(寢殿)을 뜻하는데, 여기서는 규방(閨房)의
   여자를 뜻한다.
2) 춍서 : 춍서(叢書). 일정한 형식과 체재로, 계속해서 출판되어 한 질을 이루는 책들이나, 혹은
   통일하지 않고 지은 가지가지의 책을 모음 것이다.
3) 쥬스의 : 주사의(酒食議). 술(酒)과 밥(食)에 대한 논의(議)이다.
4) 녜긔 : 예기(禮記). 중국 한나라의 무제 때에 집대성한 유학 오경(五經)의 하나이다. 의례의
   해설 및 음악·정치·학문에 걸쳐 예의 근본 정신에 대하여 서술하였다. 49권. ※ '례긔〉녜긔'
   의 변화는 'ㄹ' 두음 법칙이 적용된 예이다.
5) 닉측편의 : 닉측편(내칙편, 內側篇) + -의(-에 : 부조, 위치)
6) 쇠고기을 : 쇠고기[쇠고기, 牛肉 : 쇼(소, 牛) + -ㅣ(사잇) + 고기(고기, 肉)] + -을(←-를 : 목조)
7) 쓰거든 : 쓰(쓰다, 用)- + -거든(연어, 조건)
8) 쌀노 : 쌀(쌀, 米) + -노(←-로 : 부조, 방편) ※ '쌀노'는 '쌀로'의 'ㄹㄹ'을 'ㄹㄴ'으로 표기한
   형태이다.
9) 피 : 볏과의 한해살이풀이다. 높이는 1미터 정도이며, 잎은 가늘고 긴데 잎 면이 칼집 모양으
   로 줄기를 싸고 있다. 여름에 연한 녹색 또는 자갈색의 꽃이 원추(圓錐) 화서로 피고 열매는
   영과(穎果)를 맺는다. 열매는 식용하거나 사료로 쓴다.
10) 돗ᄎᆞ로 : 돗ᄎ(←돝 : 돝, 돼지, 豚) + -ᄋᆞ로(부조, 방편) ※ '돗ᄎᆞ로'는 /ㅌ/ 종성을 가진 체언
    에 조사가 붙을 때에 구개음화 현상과 관련없이 불규칙하게 /ㅌ/이 /ㅊ/으로 바뀐 예이다.
    '돗ᄎᆞ로'는 '도ᄎᆞ로'의 /ㅊ/을 'ㅅㅊ'으로 거듭 적은 형태이다.
11) 기을 : 기(개, 犬) + -을(←-를 : 목조)
12) 죠ᄒᆞ로 : 죠ᄒᆞ(조, 粟) + -으로(부조, 방편)
13) 기력이로 : [기력이, 雁 : 기력(기력 : 부사, 의성어) + -이(명접)] + -로(부조, 방편)
14) 싱션을 : 싱션(생선, 生鮮) + -을(목조)
15) 외를 : 외(오이, 瓜) + -를(목조)
16) 존비와 : 존비(존비, 尊卑) + -와(접조)

먹기는 봄 굿치[19] 호고 깅[20] 먹기는 녀름 굿치 호고 장 먹기는
구을 굿치 호고 술마시기는[21] 겨을 굿치 호라 호니 밥은 다스훈[22]
거시 올코[23] 깅은 더운 것이 올코 장은 서늘훈 거시 올코 술은
(춘) 거시 올흐믈[24] 니로미니라[25]。

예기(禮記)의 내칙편(內則篇)에 왈(曰), "쇠고기를 쓰거든 쌀로 밥을 하고, 양(羊)을
쓰거든 피(稷)로 밥을 하고, 돼지로 쓰거든 기장으로 밥을 하고, 개(犬)를 쓰거든 조
(粟)로 밥을 하고, 기러이(雁)로 쓰거든 보리로 밥을 하고, 생선(生鮮)을 쓰거든 오이를
쓰라."고 하니, 존비(尊卑)와 사시(四時)를 이르는 것이다. "밥 먹기는 봄같이 하고,
갱(羹) 먹기는 여름같이 하고, 장(醬) 믹기는 가을같이 하고, 술 마시기는 겨울같이
하라."고 하니, 밥은 따스한 것이 옳고, 갱(羹)은 더운 것이 옳고, 장(醬)은 서늘한
것이 옳고, 술은 (찬) 것이 옳은 것을 이르는 것이니라.

므릇 봄의는[26] 싄[27] 거시 만코 녀름의는 쁜[28] 거시 만코 구을의는
미온[29] 거시 만코 겨을의는 쫀[30] 거시 만흐니 마슬[31] 고로면[32] 밋그러고[33]

---

17) 스시를 : 스시(사시, 四時) + -룰(목조)

18) 니르미라 : 니르(이르다, 曰)- + -ㅁ(명전) + -이(서조)- + -∅(현시)- + -라(←-다 : 평종)

19) 봄 굿치 : 봄(봄, 春) # 굿치[같이(부사) : 굿ᄎ(← 굳다 : 같다, 如)- + -이(부접)] ※ '구티〉굿
치'는 /티/이 /치/으로 구개음화한 형태이며, '굿치'는 '구치'의 /치/을 'ㅅㅊ'을 거듭 적은 형
태이다.

20) 깅 : 갱(羹). 국이다.

21) 술 마시기는 : 술(술, 酒) # 마시(마시다, 飮)- + -기(명전) + -는(보조사, 주제, 대조)

22) 다스훈 : 다스ᄒ[따스하다, 溫 : 다스(따스 : 불어) + -ᄒ(형접)-]- + -∅(현시)- + -ㄴ(관전)

23) 올코 : 옳(옳다, 是)- + -고(연어, 나열)

24) 올흐믈 : 옳(옳다, 是)- + -음(명전) + -을(목조)

25) 니로미니라 : 닐(← 니르다 : 이르다, 말하다, 曰)- + -옴(←-음 : 명전) + -이(서조)- + -∅(현
시)- + -니(원칙)- + -라(←-다 : 평종)

26) 봄의는 : 봄(봄, 春) + -의(-에 : 부조, 위치) + -는(보조사, 주제)

27) 싄 : 싀(시다, 酸)- + -∅(현시)- + -ㄴ(관전)

28) 쁜 : 쁘(쓰다, 苦)- + -∅(현시)- + -ㄴ(관전)

29) 미온 : 미오(← 밉다, ㅂ불 : 맵다, 辛)- + -∅(현시)- + -ㄴ(←-은 : 관전)

30) 쫀 : 쫏(짜다, 鹽)- + -∅(현시)- + -ㄴ(관전)

31) 마슬 : 맛(맛, 味) + -올(목조)

32) 고로면 : 고로(← 고르다 : 고르다, 조절하다, 調)- + -면(연어, 조건)

둗다[34] ᄒᆞ여시니[35] 이 네 가지 마시 목화금슈의[36] 다치ᄂᆞᆫ[37] 바라. 긋ᄹᅢ[38] 마스로ᄡᅥ[39] 긔운을 기ᄅᆞᄂᆞ니[40] ᄉᆞ시ᄅᆞᆯ 다 고론즉[41] 달고[42] 믿그러오믄[43] 토ᄅᆞᆯ[44] 상ᄒᆞᄆᆡ니[45] 토는 비위[46] 비친[47] 고로[48] 비우을 열게 ᄒᆞᄆᆡ니라.

무릇 봄에는 신 것이 많고, 여름에는 쓴 것이 많고, 가을에는 매운 것이 많고, 겨울에는 짠 것이 많으니, "맛을 조절하면 부드럽고 달다."고 하였으니, 이 네 가지의 맛이 '목(木), 화(火), 금(金), 수(水)'에 관계하는 바이다. 그때 맛으로써 기운(氣運)을 기르나니, 사시(四時)를 다 조절한즉, 달고 부드러운 것은 '토(土)'를 상(象)하는 것이니, 토(土)는 비위의 빛인 고로 비위(脾胃)를 열게 하는 것이다.

---

33) 믿그러고 : 믿그러[← 믿그럽다, ㅂ불(미끄럽다, 부드럽다, 滑) : 믿글(미끌 : 불어) + −어(← −업 − : 형접)−]− + −고(연어, 나열) ※ '믿그러고'는 '믿그럽고'의 오기이다.

34) 둗다 : 둗(← 둘다 : 달다, 甘)− + −∅(현시)− + −다(평종)

35) ᄒᆞ여시니 : ᄒᆞ(하다, 謂)− + −여시(←−아시− : 완료)− + −니(연어, 설명 계속, 이유)

36) 목화금슈의 : 목화금슈(목화금수, 木火金水) + −의(−에 : 부조, 위치) ※ '목화금슈(木火金水)'는 오행(五行)을 이루는 요소로서 각각 계절과 맛(味)에 관련되어 있다. 곧, '목(木)'은 봄과 신맛, '화(火)'는 여름과 쓴맛, '금(金)'은 가을과 매운맛, '슈(水)'는 겨울과 짠맛에 관계한다.

37) 다치ᄂᆞᆫ : 다치(스치다, 건드리다, 觸)− + −ᄂᆞ(현시)− + −ㄴ(관전) ※ '다치다'는 원래 '스치다'나 '건드리다(觸)'의 뜻으로 쓰이는 말이나 여기는 '관계하다'로 의역한다.

38) 긋ᄹᅢ : [그때 : 긋(← 그 : 그, 관사) + ᄹᅢ(때, 時)] ※ '긋ᄹᅢ'는 '그때'의 'ㅅ'을 'ㅅㅅ'으로 거듭 적은 형태이다.

39) 마스로ᄡᅥ : 맛(맛, 味) + −으로ᄡᅥ(−으로써 : 부조, 방편)

40) 기로ᄂᆞ니 : 기로[기르다 : 길(길다, 長 : 형사)− + −오(사접)−]− + −ᄂᆞ(현시)− + −니(연어, 설명 계속)

41) 고론즉 : 고로(← 고ᄅᆞ다 : 고르다, 조절하다, 調)− + −ㄴ즉(연어, 조건, 근거)

42) 달고 : 달(← 둘다 : 달다, 甘)− + −고(연어, 나열)

43) 믿그러오믄 : 믿그러오[← 믿그럽다, ㅂ불(미끄럽다, 부드럽다, 滑) : 믿글(미끌 : 불어) + −업(형접)−]− + −ㅁ(명전) + −ㄴ(← −은 : 보조사, 주제)

44) 토ᄅᆞᆯ : 토(토, 土) + −ᄅᆞᆯ(목조) ※ 오행(五行)의 하나이다. 방위로는 중앙, 계절로는 철마다 18일이 있어 그때를 토왕(土旺)이라 하며, 빛깔로는 황색을 가리킨다.

45) 상ᄒᆞᄆᆡ니 : 상ᄒᆞ[상하다 : 상(상, 象 : 불어) + −ᄒᆞ(동접)−]− + −ㅁ(명전) + −이(서조)− + −니(연어, 설명 계속) ※ '상(象)'은 본뜨거나 따르는 것이다.

46) 비위 : 비우(비위, 脾胃) + −ㅣ(←−의 : 관조) ※ '비위(脾胃)'는 ① 지라와 위를 통틀어 이르는 말이다. ② 어떤 음식물이나 일에 대하여 먹고 싶거나 하고 싶은 마음이다.

47) 비친 : 빛(빛, 光) + −이(서조)− + −∅(현시)− + −ㄴ(관전)

48) 고로 : 고로(고로, 까닭 : 의명) ※ '고로'는 [고(까닭, 이유, 故 : 의명) + −로(부조, 방편)]으로 분석되는 부사성 의존 명사이다.

○ 녜긔 팔진[49] 텬ㅈ[50] 먹던 것

일왈[51] 슌오[52]

슌은 쓸히다[53] 말이오 오는 지〃다[54] 말이니 오려 뿔노[55] 밥을 짓고 육장으로[56] 쓸혀 밥 우희[57] 더ㅎ고 기름을 ㅾ치는 고로[58] 슌오라[59]。

예기(禮記)의 '팔진(八珍)' – 천자(天子)가 먹던 것

일왈(一曰) 슌오(淳熬)

슌(淳)은 '끓이다' (하는) 말이요, 오(熬)는 '지지다' (하는) 말이니, 오려 쌀로 밥을 짓고 육장(肉醬)을 끓여 밥 위에 더하고 기름을 끼치는 고로 슌오(淳熬)이다.

이왈 슌모[60]

모란[61] 모방ㅎ야 형상ㅎ단[62] 말이니 슌오를 모박ㅎ야[63] 민도릐[64] 다만

---

49) 팔진 : 팔진(八珍). 성대한 식상(食床)에 갖추어 올렸다는 진귀한 여덟 가지의 음식으로서, 팔진미(八珍味)라고도 한다. 팔진은 슌오(淳熬), 슌모(淳母), 포돈(炮豚), 포장(炮牂), 도진(擣珍), 지(漬), 오(熬), 간료(肝膋)를 이른다.

50) 텬ㅈ : 천자(天子). 천제(天帝)의 아들, 즉 하늘의 뜻을 받아 하늘을 대신하여 천하를 다스리는 사람이라는 뜻으로, 군주 국가의 쳐고 통치자를 이르는 말이다.

51) 일왈 : 일왈(一曰), 첫째.

52) 슌오 : 슌오(淳熬). 볶음의 한 가지이다.

53) 쓸히다 : 쓸히[끓이다 : 쓿(끓다, 沸)- + -이(사접)-]- + -다(평종)

54) 지지다 : 지지(지지다, 煎)- + -다(평종)

55) 오려 뿔노 : 오려[오려, 올벼 : 올(← 올ㅎ : 그 해) + -여(← 벼 : 벼, 穆)] # 뿔(쌀, 米) + -노(← -로 : 부조, 방편) ※ '뿔노'는 '뿔로'의 'ㄹㄹ'을 'ㄹㄴ'으로 표기한 형태이다. '오려'는 '올ㅎ'과 '벼'가 결합하여 합성어가 되는 과정에서 '벼'의 /ㅂ/이 탈락한 형태이다.

56) 육장으로 : 육장(육장, 肉醬) + -으로(부조, 방편) ※ '육장(肉醬)'은 새나 짐승의 고기를 끓인 국물이다.

57) 밥 우희 : 밥(밥, 飯) # 우ㅎ(위, 上) + -의(-에 : 부조, 위치)

58) ㅾ치는 고로 : ㅾ치[끼뜨리다, 潑 : ㅾ(끼다, 덧붙이거나 겹치다)- + -치(강접)-]- + -ㄴ(현시)- + -ㄴ(관전) # 고로(고로, 까닭 : 의명) ※ 'ㅾ치다'는 흩어지게 내어던져 버리는 것이다. 'ㅾ티다>ㅾ치다'는 구개음화의 예이다.

59) 슌오라 : 슌오(슌오) + -∅(← -이- : 서조)- + -∅(현시)- + -라(← -다 : 평종) ※ 이 시기에는 모음으로 끝나는 체언 뒤에서 서술격 조사는 '-∅-'의 형태로 실현되기도 하였다.

60) 슌모 : 슌모(淳母). 슌오(淳熬)를 모방(模倣)하여 만든 음식이다.

61) 모란 : 모(모, 母) + -란(-는 : 보조사, 주제) ※ '모(母)'는 모방(模倣)하거나 본뜨는 것이다.

밥을 기장으로 지어⁶⁵⁾ ᄒᆞᄂᆞ니라。

이왈(二日), 순모(淳母)

　모(母)란 "모방하여 형상(形象)하다."라고 (하는) 말이니, 순오(淳熬)를 모방(模倣)하여 만들되, 다만 밥을 기장으로 지어서 하느니라.

　삼왈　포돈⁶⁶⁾

　도출⁶⁷⁾ 잡아 ᄂᆡ쟝을⁶⁸⁾ ᄂᆡ고 ᄃᆡ초을⁶⁹⁾ 그 속에 너허⁷⁰⁾ 굴ᄃᆡ로⁷¹⁾ ᄡᅡ⁷²⁾ 그 우희⁷³⁾ 흙을 발나⁷⁴⁾ 블에 구어 오려 ᄡᆞᆯ을 죽 쓔어⁷⁵⁾ 돗치⁷⁶⁾ 몸의다⁷⁷⁾ ᄇᆞ르고 기름의 돗치⁷⁸⁾ 듬기게 부어 가마의 믈을 ᄭᅳᆯ히고 돗츨 너허

---

62) 형상ᄒᆞ단 : 형상ᄒᆞ[형상하다 : 형상(형상, 形象 : 명사) + -ᄒᆞ(동접)-] + -다(평종) + -ㄴ(관전)
　　※ '형상ᄒᆞ단'은 '형상ᄒᆞ다 ᄒᆞᄂᆞᆫ'이 줄어진 형태이다.

63) 모박ᄒᆞ야 : 모박ᄒᆞ[← 모방하다 : 모방(모방, 模倣 : 명사) + -ᄒᆞ(동접)-] + -야(← -아 : 연어)

64) 민도ᄃᆡ : 민도(← 민ᄃᆞᆯ다 : 만들다, 製)- + -ᄃᆡ(← -되 : -되, 연어, 설명 계속)
　　※ '민도ᄃᆡ'는 '민ᄃᆞᆯ되'의 오기이다.

65) 지어 : 지(← 짓다, ㅅ불 : 짓다, 製)- + -어(연어)

66) 포돈 : 포돈(炮豚). 돼지를 통으로 구워서 만든 요리이다.

67) 도츨 : 돗(← 돝 : 돼지, 豚) + -을(목조) ※ '돗'은 '돝'을 오기한 형태이다.

68) ᄂᆡ쟝을 : ᄂᆡ쟝(내장, 內臟) + -을(목조)

69) ᄃᆡ초을 : ᄃᆡ초(← 대초 : 대추, 棗) + -을(목조) ※ 'ᄃᆡ초'는 /ㆍ/가 없어짐에 따라서 'ㅏ'를 'ㆍ'로 혼기한 예이다.

70) 너허 : 넣(넣다, 솜)- + -어(연어)

71) 굴ᄃᆡ로 : 굴ᄃᆡ[← 굴대(갈대, 蘆) : 굴(갈대, 蘆) + 대(대, 竹)] + -로(부조, 방편)
　　※ '굴ᄃᆡ'는 'ㅏ'를 'ㆍ'로 혼기한 예이다.

72) ᄡᅡ : ᄡᅡ(싸다, 包)- + -아(연어)

73) 우희 : 우ᄒᆞ(위, 上) + -의(-에 : 부조, 위치)

74) 발나 : 발ㄹ(← ᄇᆞᄅᆞ다, ᄇᆞᄅᆞ다 : 바르다, 塗)- + -아(연어) ※ '발나'는 'ᄇᆞᆯ라'의 'ㄹㄹ'을 'ㄹㄴ'으로 표기하고, 'ㆍ'를 'ㅏ'로 혼기한 예이다. 이 시기에는 'ㆍ'와 'ㅏ'의 혼기 현상은 아주 흔하게 나타나므로, 이하의 분석에서는 'ㆍ'와 'ㅏ'의 혼기 현상은 별도로 기술하지 않는다.

75) 쓔어 : 쓔(← 쑤다 : 쑤다)- + -어(연어) ※ '쑤다'는 곡식의 알이나 가루를 물에 끓여 익히는 것이다.

76) 돗치 : 돗ㅊ(← 돝 : 돌, 돼지, 豚) + -이(관조) ※ '돗치'는 '도틱'의 /ㅌ/을 'ㅅㅊ'으로 거듭 적은 형태이다. 그리고 '돗치'는 '돗틱'나 '도틱'로 표기해야 올바른 표기이다.

77) 몸의다 : 몸(몸, 身) + -의(-에 : 부조, 위치) + -다(← -다가 : 보조사, 강조)

78) 돗치 : 돗ㅊ(← 돝 : 돼지, 豚) + -이(← -이 : 주조) ※ 문맥을 감안하면 '돝'은 주격으로 쓰였으므로 '돗치'는 '도치(← 돝 + -이)'의 오기이다.

삼쥬야을[79] 쓸여[80] 닉여[81] 졈여[82] 초[83] 육장[84] 양념ᄒ여 쓰ᄂᆞ니라。

삼왈(三日) 포돈(炮豚)

돼지를 잡아 내장(內臟)을 내고, 대추를 그 속에 넣어 갈대로 싸서, 그 위에 흙을 발라 불에 구어, 올벼 쌀로 죽을 쑤어 돼지의 몸에다가 바르고, 기름에 돼지가 잠기 게 부어, 가마에 물을 끓이고 돼지를 넣어 삼주야(三晝夜)를 끓여 내어 저며서, 초(醋), 육장(肉醬)으로 양념하여 쓰느니라.

ᄉ왈 포양[85]

포양법은 우와[86] ᄀᆞᄐᆞᄃᆡ[87] 다만 골[88] 석[89] 양육을 졈이고 오려[90] 죽을[91] 브르ᄂᆞ니라。

사왈(四日) 포장(炮牂)

포장법(炮牂法)은 위와 같되, 다만 (양고기를) 골 적에 양육(羊肉)을 저미고, 오려서 죽을 바르느니라.

오왈 도진[92]

---

79) 삼쥬야을 : 삼쥬야(삼주야, 三晝夜) + -을(← -를 : 목조) ※ '삼쥬야(三晝夜)'는 삼일 동안이다.
80) 쓸여 : 쓸이[← 쓸히다 : 끓이다 : 끓(끓다, 沸)- + -이(사접)-]- + -어(연어)
81) 닉여 : 닉(← 내다 : 내다, 보용, 완료)- + -여(← -어 : 연어)
82) 졈여 : 졈이(← 져미다 : 저미다, 刜) +-여(← -어 : 연어) ※ '졈여'는 '져며'를 과잉 분철한 예다.
83) 초 : 초(醋). 식초(食醋)이다.
84) 육장 : 육장(肉醬). 쇠고기를 잘게 썰어서 간장에 넣고 조린 반찬이다.
85) 포양 : 포장(炮牂). 암양을 통째로 구워서 만든 요리이다. 여기서 '포양'은 '포장(炮牂)'을 오기한 형태이다.
86) 우와 : 우(위, 上) + -와(부조, 비교) ※ '우ᄒ>우'는 체언의 끝소리 /ㅎ/이 탈락한 형태이다.
87) ᄀᆞᄐᆞᄃᆡ : ᄀᆞᄐᆞ(← ᄀᆞᆮ다 : 같다, 如) + -ᄃᆡ(-되 : 연어, 설명 계속) ※ 'ᄀᆞᄐᆞᄃᆡ'는 'ᄀᆞᄐᆞᄃᆡ'의 /ㅌ/ 을 /ㄷ/과 /ㅎ/으로 재음소화한 뒤에, /ㄷ/을 'ㅅ'으로 표기한 예이다.
88) 골 : 고(고다, 湯)- + -ㄹ(관전)
89) 석 : 석(← 적 : 적, 때, 時, 의명) ※ '석'는 '적'을 오기한 형태이다.
90) 오려 죽을 : 오려[올벼 : 올(올ᄒ) + 여(← 벼 : 벼, 稻)]
91) 죽을 : 죽(죽, 鬻) + -을(목조) ※ '오려 죽'은 '올벼'로 쑨 죽이다.
92) 도진 : 도진(擣珍). 여러 가지 고기를 짓두드려서 만드는 음식이다.

우와 양과 미와[93] 녹과[94] 균의[95]【셰혼[96] 다 사슴 유[97]】 등ᄆ로[98] 고기을 다과가[99] 마치[1] ᄀᆾ치[2] 갓다가[3] 즛두ᄃ려[4] 힘줄을[5] 쌔혀[6] 먹고 블의[7] 닉여[8] 초의 육장 양념 너허 먹ᄂ니라.

오왈(五日) 도진(擣珍)

우(牛)와 양(羊)과 미(麋)와 녹(鹿)과 균(麇)의【 셋은 다 사슴의 유(類)이다. 】등마루 고기를 다과(多寡)가 거의 비슷하게[9] 같이 가져다가 짓두드려서 힘줄을 빼어 먹고, 불에 익혀 초(醋)에 육장(肉醬) 양념을 넣어 먹느니라.

뉵왈 ᄌ[10]

쇠고기 싀로[11] 잡은 거슬 얇게 뼈흐되[12] 힘줄은 ᄇᆫ코[13] 조혼 슐의

---

93) 미와 : 미(미, 麋) + -와(접조) ※ '미(麋)'는 '고라니'이다.

94) 녹과 : 녹(녹, 鹿) + -과(접조) ※ '녹(鹿)'은 '사슴'이다. '록〉녹'은 'ㄹ' 두음 법칙의 예이다.

95) 균의 : 균(균, 麇) + -의(관조) ※ '균(麇)'은 '노루'이다.

96) 셰혼 : 셰ㅎ(← 셰ㅎ : 셋, 三, 수사) + -은(보조사, 주제)

97) 사슴 유 : 사슴(사슴, 鹿) # 유(유, 종류, 類) ※ '류〉유'의 변화는 'ㄹ' 두음 법칙이 적용된 예이다.

98) 등ᄆ로 : 등ᄆ로[등마루 : 등(등, 背) + ᄆ로(마루, 宗)] ※ '등ᄆ로'는 척추뼈가 있는 두두룩하게 줄진 곳이다.

99) 다과가 : 다과(다과, 多寡) + -가(주조) ※ '다과(多寡)'는 '많고 적은 것', 곧 수량을 뜻한다.

1) 마치 : [거의 비슷하게(부사) : 맞(맞다, 是)- + -히(사접)- + -Ø(부접)]

2) ᄀᆾ치 : [같이, 如(부사) : ᄀᆾ(← ᄀᇀ다 : 같다, 如)- + -이(부접)] ※ 'ᄀᆾ치'는 'ᄀᆾ치'의 /ㅊ/을 'ㅅㅊ'으로 거듭 적은 형태이며, 'ᄀᇀ이〉ᄀᆾ치'는 /ㅌ/이 /ㅊ/으로 구개음화한 예이다.

3) 갓다가 : 갓(← 갓다 : 가지다, 持)- + -Ø(←-어 : 연어) + -다가(보조사, 상태의 유지) ※ '갓다가'는 '가져다가'의 준말이며, 종성 /ㄷ/을 'ㅅ'으로 표기한 형태이다.

4) 즛두ᄃ려 : 즛두ᄃ리[짓두드리다 : 즛(짓- : 마구, 접두)- + 두ᄃ리(두드리다, 打)-]- + -어(연어)

5) 힘줄을 : 힘줄[힘줄, 筋 : 힘(힘, 力) + 줄(줄, 線)] + -을(목조)

6) 쌔혀 : 쌔혀[힘주어 빼다 : 쌔(빼다, 拔)- + -혀(강접)-]- + -어(연어)

7) 블의 : 블(불, 火) + -의(-에 : 부조, 위치)

8) 닉여 : 닉이[익히다 : 닉(익다, 熟 : 자동)- + -이(사접)-]- + -어(연어)

9) '다과(多寡)가 거의 비슷하게' : 각 고기의 분량이 적당하게.

10) ᄌ : ᄌ(← 지 : 지, 漬). 담그는 것이다. 여기서 'ᄌ'는 '지(漬)'의 오기이다.

11) 싀로 : [새로, 新(부사) : 싀(← 새 : 새것, 新, 명사) + -로(부조▷부접)]

12) 뼈흐되 : 뼈흐(← 뼈흐다 : 썰다, 剝)- + -되(연어, 설명 계속)

13) ᄇᆫ코 : ᄇᆰ(← ᆭ다 : 끊다, 斷)- + -고(연어, 나열)

둠가[14] 그 잇튼날[15] 너턴[16] 씨[17] 아춤의 내여[18] 육장의나[19] 초의나[20] 미장의나[21] 먹느니라。

육왈(六日) 지(漬)

쇠고기를 새로 잡은 것을 얇게 썰되 힘줄은 끊고 좋은 술에 담가, 그 이튿날 (고기를 술에) 넣던 때의 아침에[22] 내어 육장(肉醬)이나 초(醋)나 매장(梅醬)이나 먹느니라.

칠왈 오[23]

우양녹[24] 세 가지 고기 중의 졈몌[25] 두드려[26] 힘줄을 업시고[27] 닉롤[28] 엿거[29] 보 우의[30] 펴고[31] 그 우희 고기를 노코 계피와 싱강을[32] 작말ᄒᆞ야[33]

---

14) 둠가 : 둠ㄱ(← 둠ᄀ다 : 담그다, 漬)- + -아(연어)
15) 잇튼날 : [← 이튼날(이튿날, 翌日) : 잇튼(← 이틀 : 이틀, 二日) + 날(날, 日)] ※ '이틄날'에서 /ㄹ/이 탈락한 다음에, 'ㅅ'이 음절 평파열음화에 따라서 /ㄷ/으로 바뀌었다. 그 뒤에 /ㄷ/이 /ㄴ/으로 비음화된 예이다. '이틄날〉이틋날〉이튼날〉이튿날'의 변화 과정을 거쳤다.
16) 너턴 : 넣(넣다, 숨)- + -더(회상)- + -ㄴ(관전)
17) 씨 : 때, 時.
18) 내여 : 내[내다, 出 : 내(← 나다 : 나다, 出)- + -ㅣ(←-이- : 사접)]- + -여(←-어 : 연어)
19) 육장의나 : 육장(肉醬) + -의(-에 : 부조, 위치) + -나(보조사, 선택)
20) 초의나 : 초(초, 醋) + -의(-에 : 부조, 위치) + -나(보조사, 선택)
21) 미장의나 : 미장(매장, 梅醬) + -의(-에 : 부조, 위치) + -나(보조사, 선택) ※ '미장(梅醬)'은 매실나무의 열매로 만든 초(醋)이다.
22) 그 이튿날 넣던 때의 아침에 : 이 구절은 '고기를 술에 넣은 지 꼭 하루만에'라는 뜻이다.
23) 오 : 오(鰲). '자라'이다.
24) 우양녹 : 우(우 : 소, 牛), 양(양 : 양, 羊), 녹(녹 : 녹, 사슴, 鹿)
25) 졈몌 : 졈미(← 져미다 : 저미다)- + -어(연어)
26) 두드려 : 두드리(두드리다, 打)- + -어(연어)
27) 업시고 : 업시[없이하다(부사) : 없(없다, 無)- + -이(부접)] + -Ø(←-ᄒᆞ- : 동접)-]- + -고(연어, 나열, 계기) ※ '업시고'는 '업시ᄒᆞ고'를 오기한 형태이다.
28) 닉롤 : 닉(← 대 : 대, 竹) + -롤(목조) ※ '닉'는 '대(竹)'을 오기한 형태이다.
29) 엿거 : 엮(엮다, 編)- + -어(연어)
30) 우의 : 우(← 우ㅎ : 위, 上) + -의(-에 : 부조, 위치) ※ '우희〉우의'는 종성 /ㅎ/이 탈락한 형태이다.
31) 펴고 : 펴(← 펴다 : 펴다, 展)- + -고(연어, 나열)
32) 싱강을 : 싱강(생강, 生薑) + -을(목조)
33) 작말ᄒᆞ야 : 작말ᄒᆞ[작말하다 : 작말(작말, 作末 : 명사) + -ᄒᆞ(동접)-]- + -야(←-아 : 연어) ※ '작말(作末)'은 가루로 만드는 것이다.

우희 샫리고[34] 말뇌여[35] 먹ᄂ느니라。

칠왈(七日) 오(熬)

우(牛)·양(羊)·녹(鹿)의 세 가지 고기 중에서, (하나를 골라서) 저며서 두드려 힘줄을 없이 하고, 대(竹)를 엮어 보 위에 펴고, 그 위에 고기를 놓고, 계피(桂皮)와 생강(生薑)을 작말(作末)하여 위에 뿌리고 말리어 먹느니라.

팔왈 간뇨[36]

기[37] 간을 뇨롤【뇨ᄂ 창ᄌ[38] ᄉ이 기름 덩니라[39] 말】 씌워[40] 약념 아니 코[41] 먹ᄂ느니라[42]。

팔왈(八日) 간료(肝膋)

개(犬)의 간(肝)을 요(膋)를【요(膋)는 '창자 사이에 있는 기름 덩이라고 하는 말이다.】씌워 양념을 아니 하고 먹느니라.

---

34) 샫리고 : 샫리(뿌리다, 撒)- + -고(연어, 계기) ※ '쓰리고>샫리고'는 /ㅡ/가 /ㅜ/로 원순 모음화한 형태이다.

35) 말뇌여 : 말뇌[← 물뢰다 : 물ㄴ(← 물르- ← ᄆᆞ르다 : 마르다, 乾)- + -ᄋ(← -오- : 사접)- + -ㅣ(← -이- : 사접)-]- + -여(← -어 : 연어) ※ '말뇌여'는 '물뢰여'의 'ㄹㄹ'을 'ㄹㄴ'으로 표기한 형태이다.

36) 간뇨 : 간료(肝膋). 개(犬)의 간(肝)에 발기름인 요(膋)을 씌어 만든 음식이다. ※ '간료>간뇨'는 /ㄹ/이 /ㄴ/으로 비음화한 형태이다.

37) 기 : 개, 犬.

38) 창ᄌ : 창자. 腸.

39) 덩니라 : 덩니(← 덩이 : 덩어리, 塊) + -Ø(← -이- : 서조)- + -Ø(현시)- + -라(← -다 : 평종) ※ '덩니라'는 '덩니라 ᄒᆞᄂ'이 줄어진 말이다.

40) 씌워 : [씌우다 : 쓰(쓰다, 着)- + -ㅣ(← -이- : 사접)- + -우(사접)-]- + -어(연어)

41) 아니 코 : 아니(아니, 不 : 부사, 부정) # ㅎ(← ᄒᆞ다 : 하다, 爲)- + -고(연어, 계기)

42) 먹ᄂ느니라 : 먹(먹다, 食)- + -ᄂ(현시)- + -니(원칙)- + -라(← -다 : 평종)

2. 태상감응편도설언해

1852년(철종 3)에 최성환(崔瑆煥)이 중국의 도교 경전인 『태상감응편도설』(太上感應篇圖說)을 언문으로 번역한 책이다.(5권 5책의 목판본)

1655년에 명나라의 허남증(許纘曾)이 『태상감응편도설』을 편찬하였다.(7책) 그 뒤에 1848년(헌종 14)에 조선에서 최성환이 허남증이 지은 『태상감응편도설』을 다시 편집하여 한문본인 『태상감응편도설』을 간행하였다. 이어서 1852년(철종 3)에는 최성환이 다시 한문과 만주어 번역문으로 간행된 『선악소보도설』(善惡所報圖說)을 구하여 그림과 한문은 원본대로 두고 만주어만 한글로 고쳐 책판(冊板)에 박아 내었는데, 이 책이 『태상감응도설언해』이다. 그 후에 1880년(고종 17)에 고종의 명으로 『태상감응도설언해』을 다시 간행하였으나, 이는 1852년(철종 3)에 간행된 책의 판목(版木)을 그대로 사용한 것이기 때문에 철종 3년의 판본과 내용이나 표기에 차이가 전혀 없다.

이 책은 '인(仁)·의(義)·예(禮)·지(智)·신(信)'의 5책으로 되어 있다. 간행도(刊行圖)를 비롯하여, 선악지보(善惡之報), 산감(算減), 유인자소(惟人自召), 불기암실(不欺暗室), 적덕루공(積德累功) 등의 주제에 따라서 중국인 207명에 관련된 일을 기술하고 500여 장의 그림을 삽입하였다. 참고로 책의 제목에 있는 '태상(太上)'이라는 말은 '극히 존신(尊神)하는 것'을 의미한다.

1852년에 간행된 『태상감음도설언해』에 나타난 국어사상의 특징은 다음과 같다.

첫째, 어두 된소리 표기는 'ㅂ'계, 'ㅅ'계와 'ㅆ'이 다 쓰였는데, 대부분 'ㅅ'계 합용 병서가 쓰였다. 그리고 각자 병서 글자로는 'ㅆ'만 쓰였다.

  (보기) ① 'ㅂ'계 합용 병서의 예 : 돈으로써, 벗는지라, 뜻
      ② 'ㅅ'계 합용 병서의 예 : 꿈의, 쑤여, 씨여, 쏘흔, 뜻, 찍를, 쌘, 미쯔롤
      ③ 각자 병서의 예 : 쓸, 일노써, 글노써, 쏘하

둘째, 앞 음절의 종성 /ㄹ/과 뒤 음절의 초성 /ㄹ/이 이어서 발음될 때, 'ㄹㄹ'를 'ㄹㄴ'로 표기한 예가 많이 발견된다.

(보기) 불러 → 불너, 일로 → 일노, 의슐로 → 의슐노, 일러 → 일너, 물러가니라 → 물너가니라, 닐러 → 닐너, 길러 → 길너, 글로써 → 글노써

셋째, 종성의 /ㄷ/을 'ㅅ'으로 표기한 예가 나타난다.

(보기) 곧 → 곳, 얻을가 → 엇을가, 얻으니 → 엇으니, 얻어 → 엇어, 얻으뇨 → 엇으뇨

넷째, /ㅌ/ 종성을 가진 체언에 조사가 붙을 때에는, 구개음화 현상과 관련없이 /ㅌ/이 /ㅊ/으로 바뀐 예가 있다.

(보기) 도틀〉돗츨, 밥소틀 → 밥솟츨

다섯째, 전통적인 이어적기 뿐만 아니라 끊어적기와 거듭적기의 예가 많이 보인다. 특히 용언이 활용할 때에도 끊어적기가 많이 쓰인 것이 특징이다.

(보기) ① 끊어적기의 예 : 집이, 몸을 ; 삼으시고, 엇으니, 엇을가, 엇어, 엇으뇨, 붉으믹, 늙고, 낡으면, 붉지, 넉여
② 거듭적기의 예 : 이시니 → 잇스니, 이시어 → 잇셔, 타시라 → 탓시라, 굴와이시되 → 굴왓시되, 이스려든 → 잇스려든, ᄒᆞ여시되 → ᄒᆞ엿시되, ᄒᆞ여시니 → ᄒᆞ엿시니, 비치〉빗치

여섯째, /지/와 /치/ 앞에 /ㄴ/이 첨가되는 일이 있다.

(보기) 고치다〉곤치다, 여치〉연치, 까치〉깐치, 더디다〉더지다〉던지다

일곱째, 하나의 음소를 두 개의 음소로 재음소화하여 표기한 예가 보인다.

(보기) 알픽〉앏희, 가플〉갑홀, 가파〉갑하, 구틔여〉굿ᄒᆞ여, ᄀᆞ탓더라〉ᄀᆞᆺ흐엿더라, 미틔〉밋희

여덟째, /·/가 소실됨에 따라서 '·'와 'ㅏ'가 혼기된 예가 대단히 많이 나타난다.

(보기) 대신〉딕신, 내〉닉, 디내기롤〉디닉기롤, 사는〉스는

아홉째, 종성이 /ㅎ/으로 끝나는 체언의 /ㅎ/이 탈락한 예가 보인다.

(보기) 하늘히>하늘이, 나라희>느라의

열째, 이 책에는 구개음화와 원순 모음화 현상이 일어나고 있으며, 'ㄹ' 두음 법칙 뿐만 아니라 'ㄴ' 두음 법칙의 예도 발견된다. 이들 변동 현상과 아울러서 비음화의 예가 일부 발견된다.

 (보기) ① 구개음화의 예 : 맛뎌>맛져, 엇디>엇지, 디>지, ᄀ티>ᄀ치
    ② 원순 모음화의 예 : 블러>불러, 브르듸>부루듸, 블의>불의 므리>무리, 블
     이>불이, 믈리치고>물니치고, 눈믈>눈물
    ③ 두음 법칙의 예 : 쇽량>쇽냥, 렴>념 ; 니마의>이마의, 닐러>일너, 닉히>익이
    ④ 자음 동화의 예 : 동리>동니, 듣니며>단니며, 이틀날>이튼날

열한째, '-이다'와 '아니다'의 어간 뒤에 실현되는 연결 어미 '-고'나 '-거늘' 등에 서 /ㄱ/이 탈락된 뒤에, '-오'나 '-어늘' 등이 /ㅣ/에 동화된 형태가 나타난다.

 (보기) 이십칠이오>이십칠이요, 부지기슈오>부지기슈요, 인이오>인이요

열두째, 선어말 어미인 '-엇-/-어시-, -앗-/-아시-, -엿-/-여시-' 등이 쓰여서 완료상을 나타내는 선어말 어미로 쓰였다.

 (보기) 나타낫더니, 나아갓더니, 되엿더니, ᄒ엿더니, 보뉘엿더니, 못ᄒ엿기로, ᄒ엿
   시니

열셋째, 인칭법의 선어말 어미가 완전히 소멸하였으나, 일부의 용언에서는 '-노 라'의 형태로 인칭법 선어말 어미의 흔적이 일부 보이기도 한다.

 (보기) ᄒ노라, 갑흐렷노라

열넷째, 명사형 전성 어미의 형태가 '-음/-ㅁ' 대신에 '-기'의 형태로 실현되는 경우가 많다.

 (보기) ᄉ로기를, 죽기를, 디늬기를, 쥬기를, 못ᄒ엿기로, 울기를

感應篇 仁

至孝之報 *

趙居先

> 됴거션¹⁾의 부뷔²⁾ 부모 셤기믈³⁾ 지극히 ᄒ여 미야의⁴⁾ 분향ᄒ고 부모의 슈⁵⁾를 하늘ᄭᅴ 축원ᄒ더니⁶⁾ 샹졔⁷⁾ 비텬⁸⁾ 디신⁹⁾을 보ᄂᆡ샤¹⁰⁾ 날마다 그 졍셩을 슬피시고 이에 칠ᄌ¹¹⁾ 삼녀¹²⁾를 두게 ᄒ샤 다 관작¹³⁾을 더으시고¹⁴⁾ 거션으로 신션 졍과¹⁵⁾를 엇게¹⁶⁾ ᄒ시니라¹⁷⁾

---

* **至孝之報** : 지효지보. 지극한 효심에 대한 보답.

1) 됴거션 : 조거선(趙居先). 사람 이름이다.

2) 부뷔 : 부부(夫婦) + -ㅣ(←-이 : 주조)

3) 셤기믈 : 셤기(셤기다, 奉)- + -ㅁ(명전) + -을(목조)

4) 미야의 : 미야(매야, 매일 밤, 每夜) + -의(-에 : 부조, 위치, 시간)

5) 슈 : 수(壽). 목숨. 여기서는 장수(長壽), 곧 오래 사는 것을 뜻한다.

6) 축원ᄒ더니 : 축원ᄒ[축원하다 : 축원(축원, 祝願 : 명사) + -ᄒ(동접)-]- + -더(회상)- + -니 (연어, 설명 계속)

7) 샹졔 : 샹졔(상제, 하느님, 上帝) + -Ø(←-이 : 주조)

8) 비텬 : 비천(飛天). 하늘을 날아다니며 하계 사람과 왕래한다는 여자 선인(仙人)이다. 머리에 화만(華鬘)을 쓰고 몸에는 깃옷을 입고 있으며, 음악을 좋아한다고 한다.

9) 디신 : 디신(← 대신 : 대신, 大神). ※ 이 시기에 /·/가 소멸됨에 따라서 'ㅏ'를 '·'로 혼기한 형태이다.

10) 보ᄂᆡ샤 : 보ᄂᆡ(← 보내다 : 보내다, 遣)- + -시(주높)- + -아(연어) ※ 'ㅏ'를 '·'로 혼기한 형태이다.

11) 칠ᄌ : 칠자(七子). 일곱 아들이다.

12) 삼녀 : 삼녀(三女), 세 명의 딸이다. ※ 한문 원문에는 '三壻(삼서)', 곧 세 명의 '사위'로 되어 있다.

13) 관작 : 관작(官爵). 관직(官職)과 작위(爵位)를 아울러 이르는 말이다.

14) 더으시고 : 더으(더하다, 加)- + -시(주높)- + -고(연어, 나열, 계기)

15) 졍과 : 정과(證果). 수행의 인연으로 얻는 깨달음의 결과이다.

16) 엇게 : 엇(← 얻다 : 얻다, 得)- + -게(연어, 사동) ※ '엇게'는 종성 /ㄷ/을 'ㅅ'으로 표기한 형태이다.

17) ᄒ시니라 : ᄒ(하다, 爲)- + -시(주높)- + -Ø(과시)- + -니(원칙)- + -라(←-다 : 평종)

조거선(趙居先)의 부부가 부모를 섬기는 것을 지극히 하여, 매야(每夜)에 분향(焚香)하고 부모의 수(壽)를 하늘께 축원(祝願)하더니, 상제(上帝)가 비천(飛天) 대신(大神)을 보내시어 날마다 그 정성(精誠)을 살피시고, 이체 칠자(七子)와 삼녀(三女)를 두게 하시어, 다 관작(官爵)을 더하시고, 거선(居先)으로 (하여금) 신선(神仙)의 증과(證果)를 얻게 하셨느니라. 【1 : 1】

董永

　　셔한[18] 적[19] 동영이[20] 집이 가난ᄒ여 부상[21]을 당ᄒ미[22] 댱ᄉᄒᆯ[23] 길이[24] 업ᄂᆫ지라[25] 몸을 팔아 영댱ᄒ고[26] 사ᄅᆷ의 고공이[27] 되엿더니[28] 샹졔 어엿비[29] 너기샤 직녀[30]를 ᄂᆞ리워[31] 그 쳐를[32] 삼으시고 날마다 비단 ᄒᆞᆫ 필식[33] ᄧᄋ[34] 그 몸을 속냥케[35] ᄒᆞ시고 귀ᄌᆞ[36]를 두게 ᄒᆞ시니 이[37]

---

18) 셔한 : 서한(西漢). 중국 전한(前漢)'의 다른 이름이다. '셔한'은 기원전 202년부터 기원후 220년까지 중국을 지배하던 왕조이다.

19) 적 : 적, 때, 時 (의명)

20) 동영이 : 동영(동영, 董永 : 사람 이름) + -이(주조)

21) 부상 : 부상(父喪). 아버지의 상(喪)이다.

22) 당ᄒ미 : ① 당ᄒ(당하다, 當)- + -미(연어, 원인) ② 당ᄒ[당하다 : 당(당, 當 : 불어) + -ᄒ(동접)-]- + -ㅁ(명전) + -이(-에 : 부조, 위치, 근거) ※ 중세 국어의 '-ㅁ(명전) + -이(부조)'가 이 시기에는 이유나 원인을 나타내는 연결 어미인 '-(으)미'로 굳어서 쓰이기 시작하였다.

23) 댱ᄉᄒᆯ : 댱ᄉᄒ[장사하다 : 댱ᄉ(장사, 葬事 : 명사) + -ᄒ(동접)-]- + -ㄹ(관전)

24) 길이 : 길(길, 방법, 수단) + -이(주조)

25) 업ᄂᆫ지라 : 업(← 없다 : 없다, 無)- + -ᄂᆫ(현시)- + -ㄴ지라(연어, 이유, 근거)

26) 영댱ᄒ고 : 영댱ᄒ[영장하다 : 영댱(영장, 營葬 : 명사) + -ᄒ(동접)-]- + -고(연어, 계기) ※ '영댱(營葬)'은 장례를 치르는 것이다.

27) 고공이 : 고공(고공, 머슴, 雇工) + -이(보조)

28) 되엿더니 : 되(되다, 爲)- + -엿(← -엇- : 완료)- + -더(회상)- + -니(연어, 설명 계속)

29) 어엿비 : [불쌍히, 憐(부사) : 어엿ㅂ(← 어엿브다 : 불쌍하다, 憐)- + -이(부접)]

30) 직녀 : 직녀(織女). 피륙을 짜는 여자이다.

31) ᄂᆞ리워 : ᄂᆞ리워[내리게 하다 : ᄂᆞ리(내리다, 降)- + -우(사접)-]- + -어(연어)

32) 쳐를 : 쳐(쳐, 妻) + -를(-로 : 목조, 보조사적 용법)

33) 필식 : [필씩 : 필(필, 疋 : 의명) + -식(-씩 : 접미, 각자)]

34) ᄧᄋ : ᄧᄋ(← ᄧᄋ다 : 짜다, 織)- + -ᄋ(← -아 : 연어) ※ 'ᄧᄋ(← ᄧᆞ)'는 'ㅏ'를 'ㆍ'로 혼기하였다.

35) 속냥케 : 속냥ᄒ[← 속냥ᄒ다(속량하다) : 속냥(속량, 贖良 : 명사) + -ᄒ(동접)-]- + -게(연어, 사동) ※ '속냥(贖良)'은 몸값을 받고 노비의 신분을 풀어 주어서 양민이 되게 하던 일이다. '속량〉속냥'은 /ㄹ/이 /ㄴ/으로 비음화한 형태이다.

곳³⁸⁾ 동즁셔라³⁹⁾ 후의 쟝원급제ᄒ여 강도⁴⁰⁾ 왕틱부⁴¹⁾ 벼슬을 ᄒ니라⁴²⁾

서한(西漢) 때에 동영(董永)이 집이 가난하여, 부상(父喪)을 당함에 장사(葬事)할 길이 없는지라, 몸을 팔아서 영장(營葬)하고 사람(＝ 남, 타인)의 고공(雇工)이 되었더니, 상제(上帝)가 불쌍하게 여기시어 직녀(織女)를 내리게 하여 그 처(妻)를 삼으시고, 날마다 비단 한 필(疋)씩 짜서 그 몸을 속량(贖良)하게 하시고, 귀자(貴子)를 두게 하시니, 이 사람이 곧 동중서(董仲舒)이다. (동중서는) 후에 장원 급제(壯元及第)하여, 강도(江都) 왕태부(王太傅)의 벼슬을 하였느니라. 【1 : 2】

---

36) 귀ᄌ : 귀자(貴子). 귀한 아들이다.

37) 이 : 이(이, 이 사람 : 인대, 정칭) + -Ø(←-이 : 주조)

38) 곳 : 곧(← 곧 : 곧, 即, 부사) ※ '곳'은 종성 /ㄷ/을 'ㅅ'으로 표기한 형태이다.

39) 동즁셔라 : 동즁셔(동중셔, 董仲舒 : 사람 이름) + -Ø(←-이- : 서조)- + -라(←-다 : 평종) ※ '동즁셔(董仲舒)'는 중국 전한(前漢)의 유학자이다.(B.C.176~B.C.104)

40) 강도 : 강도(江都). 중국 쟝쑤셩(강소성, 江蘇省) 양저우(揚州)에 있는 시(市)이다.

41) 왕틱부 : 왕태부(王太傅). 왕의 스승이 되는 직책이다.

42) ᄒ니라 : ᄒ(하다, 爲)- + -Ø(과시)- + -니(원칙)- + -라(←-다 : 평종)

不淫之報 *

曹鼐

선덕[1] 년간의[2] 조 문튱공의[3] 명은 닉니[4] 미시의[5] 틔화현[6] 뎐ᄉ[7]
벼슬을 ᄒ엿더니[8] 도젹을 잡을ᄉ[9] ᄒ 녀즈를 엇으니[10] 심히 아름답고
공의게[11] 향ᄒᄂ 쯧이[12] 잇ᄂ지라[13] 공이 그 쯧을 알고 분연ᄒ여[14]
왈 닉[15] 엇지 급ᄒ ᄣ를[16] 인ᄒ여 남의 쳐녀를 더러이리오[17] ᄒ고
조각 조희를[18] 가져 조닉불가라[19] 네 ᄌ를[20] 뻐[21] 불의[22] ᄉ로기를[23]

---

* **不淫之報** : 불음지보. 음행을 하지 않은 것에 대한 보답.
1) 선덕 : 선덕(宣德). 명조(明朝) 제5대 황제인 명선종(明宣宗) 주첨기(朱瞻基)의 연호로 1426
   부터 1435년까지 10년간 사용되었다.
2) 년간의 : 년간(연간, 年間) + -의(-에 : 부조, 위치, 시간) ※ '년간(年間)'은 어느 왕이 왕위에
   있는 동안이다.
3) 조문튱공의 : 조문튱공(조문충공, 曹文忠公) + -의(관조) ※ '조문튱공(曹文忠公)'은 '조내'의
   시호이다. '조(曹)'는 조내(曹鼐)의 성이며, '문튱공(文忠公)'은 시호이다.
4) 닉니 : 닉(내, 鼐 : 사람이 이름) + -Ø(← -이- : 서조) + -니(연어, 설명 계속)
5) 미시의 : 미시(미시, 微時) + -의(-에 : 부조, 위치, 시간) ※ '미시(微時)'는 사람이 이름나기
   전에 미천(微賤)하여 보잘것없던 때이다.
6) 틔화현 : 태화현, 泰和縣(땅 이름)
7) 뎐ᄉ : 전사(典史). 벼슬의 이름이다. ※ '뎐ᄉ(典史)'는 현(縣)의 치안을 맡아 보던 관직이다.
8) ᄒ엿더니 : ᄒ(하다, 爲)- + -엿(완료)- + -더(회상)- + -니(연어, 설명 계속)
9) 잡을ᄉ : 잡(잡다, 捕)- + -을ᄉ(-므로 : 연어, 이유) ※ 한문 원문에 '因捕'로 되어 있으므로,
   '도적을 잡는 것을 인하여'로 옮길 수 있다.
10) 엇으니 : 엇(← 얻다 : 얻다, 得)- + -으니(연어, 설명 계속) ※ '엇으니'는 종성 /ㄷ/을 'ㅅ'으
    로 표기한 형태이다.
11) 공의게 : 공(공, 公) + -의게(-에게 : 부조, 상대)
12) 쯧이 : 쯧(뜻, 意) + -이(주조)
13) 잇ᄂ지라 : 잇(있다, 有)- + -ᄂ(현시)- + -ㄴ지라(연어, 이유, 근거)
14) 분연ᄒ여 : 분연ᄒ[분연하다 : 분연(분연, 奮然 : 명사) + -ᄒ(동접)-]- + -여(← -아 : 연어)
    ※ '분연(奮然)'은 세차게 떨쳐 일어서는 것이다.
15) 닉 : ᄂ(← 나 : 나, 我 인대, 1인칭) + -ㅣ(← -이 : 주조) ※ '닉'는 'ㅏ'를 'ㆍ'로 혼기한 형태이다.
16) ᄣ를 : ᄣ(때, 時) + -를(목조)
17) 더러이리오 : 더러이[더럽히다 : 더러(← 더럽다, ㅂ불 : 더럽다, 犯)- + -이(사접)-]- + -리(미
    시)- + -오(-느냐 : 의종, 설명)

밤이 진토록[24] 마지 아니ᄒ고 날이 붉으미[25] 그 어미를 불너[26] 맛져[27] 보닉엿더니[28] 그 후 졍시의[29] 나아가 글을 지을셰[30] 홀연 ᄒ 조각 조희 알희[31] 나려[32] 지며 조닉불가란[33] 네 글지[34] 잇ᄂ지라 일노[35] 조츠[36] 글 싱각이[37] 신긔ᄒ여[38] 쟝원급제ᄒ니라

---

18) 조희를 : 조희(← 죠히 : 종이, 紙) + -를(목조)

19) 조닉불가라 : 조닉불가(조내불가, 曹鼐ᄑ不可 : 명사구) + -∅(←-이- : 서조)- + -∅(현시)- + -라(←-다 : 평종) ※ '조닉불가(曹鼐不可)'는 '조내(曹鼐)는 그 일이 불가(不可)하다'의 뜻이다.

20) ᄌ를 : ᄌ(자, 글자) + -를(목조)

21) 뻐 : 쓰(← 쓰다 : 쓰다, 書)- + -어(연어)

22) 불의 : 불(불, 火) + -의(-에 : 부조, 위치)

23) ᄉ로기를 : ᄉ로(사르다, 태우다, 燒)- + -기(명전) + -를(목조) ※ 중세 국어의 '술다'가 'ᄉ로다'로 형태가 변화했다.

24) 진토록 : 진ᄒ[← 진ᄒ다(진하다, 다하다) : 진(진, 盡 : 불어) + -ᄒ(←-ᄒ- : 동접)-]- + -도록(연어, 도달)

25) 붉으미 : 붉(밝다, 明)- + -으미(-니 : 연어, 이유)

26) 불너 : 불ㄴ(← 불르- ← 부르다 : 부르다, 召)- + -어(연어) ※ '불너'는 '불러'의 'ㄹㄹ'을 'ㄹㄴ'으로 표기했으며, '블러>불러'는 /ㅡ/가 /ㅜ/로 원순 모음화한 형태이다.

27) 맛져 : 맛지[맡기다, 任 : 맜(맡다, 任)- + -이(사접)-]- + -어(연어) ※ '맛뎌>맛져'는 /ㄷ/이 /ㅈ/으로 구개음화한 예이다.

28) 보닉엿더니 : 보닉(← 보내다 : 보내다, 遣)- + -엿(←-엇- : 완료, 과시)- + -더(회상)- + -니(연어, 설명 계속) ※ '보닉엿더니'는 'ㅏ'를 'ㆍ'로 혼기한 형태이다.

29) 졍시의 : 졍시(정시, 廷試) + -의(-에 : 부조, 위치) ※ '졍시(廷試)'는 중국의 과거 제도에서, 천자가 셩시(省試) 급제자를 궁정에 불러 친히 고시를 보이던 일이다.

30) 지을셰 : 지(← 짓다, ㅅ불 : 짓다, 作)- + -을셰(-으니 : 연어, 이유)

31) 알희 : 알ㅎ(← 앒 : 앞, 前) + -의(-에 : 부조, 위치) ※ '알희'는 '알픠'의 /ㅍ/을 /ㅂ/과 /ㅎ/으로 재음소화하여 표기한 형태이다.

32) 나려 : 나리(내리다, 墜)- + -어(연어)

33) 조닉불가란 : 조닉불가(조내불가, 曹鼐不可) + -∅(←-이- : 서조)- + -∅(현시)- + -라(←-다 : 평종) + -ㄴ(관전) ※ '조닉불가란'은 '조닉불가라 ᄒᄂ'이 줄어진 말이다.

34) 글지 : 글ᄌ(글자, 字) + -ㅣ(←-이 : 주조)

35) 일노 : 일(← 이 : 이, 是) + -노(←-로 : 부조, 방편) ※ '일노'는 '일로'의 'ㄹㄹ'을 'ㄹㄴ'으로 표기한 형태이다.

36) 조츠 : 좇(좇다, 따르다, 從)- + -ᄋ(←-아 : 연어) ※ '조츠'는 'ㅏ'를 'ㆍ'로 혼기한 형태이다. ※ 이하에서는 /ㆍ/의 소실에 따라서 생긴 'ㆍ'와 'ㅏ'의 혼기 현상은 별도로 기술하지 않는다.

37) 글 싱각이 : 글(글) 싱각(생각, 文思) + -이(주조) ※ '글 싱각'은 한문 원문의 '文思'을 직역한 것인데, 글을 짓기 위한 생각을 이른다.

38) 신긔ᄒ여 : 신긔ᄒ[신기하다 : 신긔(신기, 詵起 : 불어) + -ᄒ(형접)-]- + -여(←-아 : 연어) ※ '신긔(詵起)'는 한문 원문의 '沛然(패연)'을 의역한 것이다. 여기서 '沛然'은 원래 비나 폭

선덕(宣德) 연간(年間)에 조 문충공(曹 文忠公)의 명(名)은 내(鼐)이니, 미시(微時)에 태화현(泰和縣)의 전사(典史) 벼슬을 하였더니, 도적(盜賊)을 잡는 것을 인(因)하여 한 여자를 얻으니, (그 여자가) 심히 아름답고 공(公)에게 향하는 뜻이 있는지라, 공이 그 뜻을 알고 분연(奮然)하여 왈(曰), "내 어찌 급한 때를 인하여 남의 처자(處子)를 더럽히겠느냐?" 하고 조각 종이를 가져 '조내불가(曹鼐不可)이다.'라는 네 글자를 써 불에 살르기를 밤이 다하도록 마지 아니하고, 날이 밝음에 그 어머니를 불러 맡겨 보내였더니, 그 후 (조내가) 정시(廷試)에 나아가 글을 지으니, 홀연 한 조각의 종이가 앞에 내려지며 '조내불가(曹鼐不可)'라는 네 글자가 있는지라, 이를 좇아서 (조내에게) 글 생각이 신기(詵起)하여 장원급제(壯元及第)하였느니라. 【1 : 5】

何澄

하징이란³⁹⁾ 사름은 의슐노⁴⁰⁾ 일홈이⁴¹⁾ 나타낫더니⁴²⁾ 동니⁴³⁾ 사름 손개⁴⁴⁾ 잇셔⁴⁵⁾ 병들어 오릭⁴⁶⁾ 낫지 못ᄒᄆᆡ⁴⁷⁾ 징을 쳥ᄒ여 두어 번 나아갓더니⁴⁸⁾ 손가의 쳬⁴⁹⁾ 징을 ᄃᆞ리여⁵⁰⁾ 가만이⁵¹⁾ 일너⁵²⁾ 왈 가부의⁵³⁾ 병이 오릭

포 따위가 세차게 쏟아지는 것이다. '신긔(詵起)'는 어떤 일이 한꺼번에 모여서 일어나는 것이다.

39) 하징이란 : 하징(하징, 何澄 : 사람 이름) + -이(서조)- + -Ø(현시)- + -라(←-다 : 평종) + -ㄴ(관전)

40) 의슐노 : 의슐(의술, 醫術) + -노(←-로 : 부조, 방편) ※ '의슐노'는 '의슐로'의 'ㄹㄹ'을 'ㄹㄴ'으로 표기한 형태이다.

41) 일홈이 : 일홈(이름, 名) + -이(주조)

42) 나타낫더니 : 나타나[나타나다, 유명하다, 著 : 낱(나타나다, 現)- + -아(연어) + 나(나다, 出)-]- + -앗(완료)- + -더(회상)- + -니(연어, 설명 계속)

43) 동니 : 동니(← 동리 : 동리, 洞里) ※ '동리>동니'는 /ㄹ/이 /ㄴ/으로 비음화한 형태이다.

44) 손개 : 손가[손가, 孫哥 : 손(손, 孫 : 사람의 성이다) + -가(-가, 哥 : 접미)] + -ㅣ(←-이 : 주조)

45) 잇셔 : 잇시(← 이시다 : 있다, 有)- + -어(연어) ※ '잇셔'는 '이셔'를 거듭 적어서 표기한 형태이다.

46) 오릭 : [오래, 久(부사) : 오릭(← 오라다 : 오래다, 久)- + -Ø(부접)] ※ '오릭'는 '오래'의 'ㅏ'를 'ㆍ'로 혼기한 형태이다.

47) 못ᄒᄆᆡ : 못ᄒ[못하다(보용, 부정) : 못(부사, 부정) + -ᄒ(동접)-]- + -ᄆᆡ(-매 : 연어, 이유)

48) 나아갓더니 : 나아가[나아가다, 次 : 나(나다, 出)- + -아(연어) + 가(가다, 去)-]- + -앗(완료)- + -더(회상)- + -니(연어, 설명 계속)

49) 쳬 : 쳐(처, 妻) + -ㅣ(←-이 : 주조)

50) ᄃᆞ리여 : ᄃᆞ리(← 들이다 : 당기다, 引)- + -여(←-어 : 연어)

낫지 못ᄒᆞ고 가샨이 탕진ᄒᆞ니 의약의⁵⁴⁾ 슈고를⁵⁵⁾ 갑홀⁵⁶⁾ 길이 업눈지라 원컨ᄃᆡ⁵⁷⁾ 이 몸으로ᄡᅥ⁵⁸⁾ 약 갑슬 갑고져 ᄒᆞ노라⁵⁹⁾ 징이 정ᄉᆡᆨ⁶⁰⁾ 왈 낭ᄌᆞ⁶¹⁾ 엇지 이런 말을 ᄒᆞ시ᄂᆞ뇨⁶²⁾ 다만 안심⁶³⁾ 물녀ᄒᆞ오시면⁶⁴⁾ ᄂᆡ 맛당이⁶⁵⁾ 치료홀지니⁶⁶⁾ 굿ᄒᆞ여⁶⁷⁾ 이 닐로⁶⁸⁾ 인ᄒᆞ여 셔로 더러인즉⁶⁹⁾ ᄂᆡ 소인이 될 ᄲᅮᆫ 아니라 낭ᄌᆞ ᄯᅩᄒᆞᆫ⁷⁰⁾ 실졀ᄒᆞᆫ⁷¹⁾ 사름이 될 거시니 텬벌을 가히 면티⁷²⁾ 못ᄒᆞ리로다⁷³⁾ 그 체 붓그리며⁷⁴⁾ 감격ᄒᆞ여 물너가니라⁷⁵⁾

---

51) 가만이 : [가만히, 密(부사) : 가만(가만 : 불어) + -∅(←-ᄒᆞ- : 형접)- + -이(부접)]

52) 일너 : 일ㄴ(←일르- ← 이르다 : 이르다, 說)- + -어(연어) ※ '일너'는 '일러'의 'ㄹㄹ'을 'ㄹ ㄴ'으로 표기한 형태이다.

53) 가부의 : 가부(가부, 家夫) + -의(관조) ※ '가부(家夫)'는 남에게 자기 남편을 이르는 말이다.

54) 의약의 : 의약(의약, 醫藥) + -의(관조) ※ '의약(醫藥)'은 병을 고치는 데 쓰는 약이다.

55) 슈고를 : 슈고(수고, 受苦) + -롤(목조)

56) 갑홀 : 갑ᄒ(← 갚다 : 갚다, 酬)- + -을(관전) ※ '갑홀'은 '가플'의 /ㅍ/을 /ㅂ/과 /ㅎ/으로 재음소화하여 표기한 형태이다.

57) 원컨ᄃᆡ : 원ᄒ[원하다 : 원(원, 願 : 불어) + -ᄒ(←-ᄒᆞ- : 동접)]- + -건ᄃᆡ(-건대 : 연어, 조건)

58) 몸으로ᄡᅥ : 몸(몸, 身) + -으로ᄡᅥ(-으로써 : 부조, 방편)

59) ᄒᆞ노라 : ᄒ(하다, 爲)- + -노라(평종, 현시, 1인칭)

60) 정ᄉᆡᆨ : 정색(正色). ※ '정색(正色)'은 얼굴에 엄정한 빛을 나타내는 것이다.

61) 낭ᄌᆞ : 낭ᄌ(낭자, 娘子) + -ㅣ(←-이 : 주조)

62) ᄒᆞ시ᄂᆞ뇨 : ᄒ(하다, 謂)- + -시(주높)- + -ᄂᆞ(현시)- + -뇨(-냐 : 의종, 설명)

63) 안심 : 안심(安心). 모든 걱정을 떨쳐 버리고 마음을 편히 가지는 것이다.

64) 물녀ᄒᆞ오시면 : 물녀ᄒ[← 물려ᄒᆞ다(물려하다) : 물려(물려, 勿慮 : 불어) + -ᄒ(동접)-]- + -오(공손)- + -시(주높)- + -면(연어, 조건) ※ '물려(勿慮)'는 염려하지 아니하는 것이다. '물녀'는 '물려'의 'ㄹㄹ'을 'ㄹㄴ'으로 표기한 형태이다.

65) 맛당이 : [마땅히, 반드시, 當(부사) : 맛당(마땅 : 불어) + -∅(←-ᄒᆞ- : 형접)- + -이(부접)]

66) 치료홀지니 : 치료ᄒ[치료하다 : 치료(치료, 治療 : 명사) + -ᄒ(동접)-]- + -ㄹ지니(ㄹ지니, -ㄹ 것이니 : 연어, 당연)

67) 굿ᄒᆞ여 : 굿ᄒᆞ여(← 구틔여 : 구태여, 苟, 부사) ※ '굿ᄒᆞ여'는 '구틔여'의 /ㅌ/을 /ㄷ/과 /ㅎ/으로 재음소화하여, 종성인 /ㄷ/을 'ㅅ'으로 표기한 형태이다.

68) 닐로 : 닐(← 일 : 일, 事) + -로(부조, 방편)

69) 더러인즉 : 더러이[더럽히다 : 더러(← 더럽다, ㅂ불 : 더럽다, 汚)- + -이(사접)-]- + -ㄴ즉(연어, 이유, 근거)

70) ᄯᅩᄒᆞᆫ : [또한(부사) : ᄯᅩ(또, 又 : 부사) + ᄒ(하다, 爲)- + -ㄴ(관전▷관접)]

71) 실졀ᄒᆞᆫ : 실졀ᄒ[실졀하다 : 실졀(실절, 失節 : 명사) + -ᄒ(동접)-]- + -∅(과시)- + -ㄴ(관전) ※ '실졀(失節)'은 정절을 잃어버리는 것이다.

72) 면티 : 면ᄒ[← 면ᄒᆞ다 : 면(면, 免 : 불어) + -ᄒ(←-ᄒᆞ- : 동접)-]- + -디(-지 : 연어, 부정)

73) 못ᄒᆞ리로다 : 못ᄒ[못하다(보용, 부정) : 못(부사, 부정) + -ᄒ(동접)-]- + -리(미시)- + -로(←-도- : 느낌)- + -다(평종)

하징(何澄)이라는 사람은 의술(醫術)로 이름이 나타났더니, 동리(洞里) 사람인 손가(孫哥)가 있어 병들어 오래 낫지 못하매, 징(澄)을 청하여 두어 번 (징이 손가에게) 나아갔더니, 손가의 처(妻)가 징을 당기어 가만히 일러 말하기를, "가부(家夫)의 병이 오래 낫지 못하고 가산(家産)이 탕진(蕩盡)하니, 의약(醫藥)의 수고(受苦)를 갚을 길이 없는지라, 원컨대 이 몸으로써 약 값을 갚고자 한다." 징이 정색(正色)하여 말하되, "낭자(娘子)가 어찌 이런 말을 하시느냐? 다만 안심(安心)하고 물려(勿慮)하오시면 내가 반드시 치료(治療)할지니, 구태여 이 일로 인(因)하여 서로 더럽히다면, 내가 소인(小人)이 될 뿐 아니라 낭자(娘子)가 또한 실절(失節)한 사람이 될 것이니, 천벌(天罰)을 가(可)히 면(免)하지 못하겠구나. 그 처가 부끄러워하며 감격하여 물러갔나라.

타일의⁷⁶⁾ 징이 몸이 곤ᄒ여⁷⁷⁾ 상의⁷⁸⁾ 비겨⁷⁹⁾ 됴을더니⁸⁰⁾ ᄒᆫ 마을의 니르니 ᄒᆫ 신명이⁸¹⁾ 잇셔⁸²⁾ 닐너⁸³⁾ 왈 네 의술을 힝ᄒ여 공이 만코 쏘 급ᄒᆫ 씌의⁸⁴⁾ 사름의 부녀를 어즈러이지⁸⁵⁾ 아니ᄒ니 상제⁸⁶⁾ 아름다이⁸⁷⁾ 너기샤 너를 ᄒᆫ 벼슬과 돈 오만 냥을 쥬시ᄂ니라⁸⁸⁾ ᄒ더니 오릭지⁸⁹⁾

---

74) 붓그리며 : 붓그리(부끄러워하다, 慚)- + -며(연어, 동시)

75) 물너가나라 : 물너가[← 물러가다 : 믈ᄂ(← 믈르- ← 므르다 : 므르다, 退)- + -어(연어) + 가(가다, 去)]- + -Ø(과시)- + -니(원칙)- + -라(← -다 : 평종) ※ '물너가나라'는 '물러가니라'의 'ㄹㄹ'을 'ㄹㄴ'으로 표기한 형태이다.

76) 타일의 : 타일(타일, 다른 날, 他日) + -의(-에 : 부조, 위치)

77) 곤ᄒ여 : 곤ᄒ[곤하다, 피곤하다 : 곤(곤, 困 : 불어) + -ᄒ(형접)-]- + -여(← -어 : 연어)

78) 상의 : 상(상, 책상, 床) + -의(-에 : 부조, 위치)

79) 비겨 : 비기(비스듬하게 기대다)- + -어(연어)

80) 됴을더니 : 됴올(← 조올다 : 졸다, 假寐)- + -더(회상)- + -니(연어, 설명 계속)

81) 신명이 : 신명(신명, 神明) + -이(주조) ※ '신명(神明)'은 천지의 신령을 이른다.

82) 잇셔 : 잇ᄉ(← 이시다 : 있다, 有)- + -어(연어) ※ '잇셔'는 '이셔'의 /ㅅ/을 'ㅅㅅ'으로 거듭 적은 형태이다.

83) 닐너 : 닐ㄴ(← 닐ㄴ- ← 니르다 : 이르다, 謂)- + -어(연어) ※ '닐너'는 '닐러'의 'ㄹㄹ'을 'ㄹㄴ'으로 표기한 형태이다.

84) 씌의 : 씌(때, 時 : 의명) + -의(-에 : 부조, 위치, 시간)

85) 어즈러이지 : 어즈러이[어지럽히다 : 어즈리(어지럽히다, 亂)- + -어(← -업- : 형접, ㅂ불)- + -이(사접)-]- + -지(연어, 부정) ※ '어즈러이다'는 '어즐(불어) → 어즈리다(어지럽히다 : 사동사) → 어즈럽다(어지럽다 : 형용사) → 어즈러이다(어지럽혀 : 사동사)'의 순으로 파생되었다.

86) 상제 : 상제(상제, 하느님, 上帝) + -ㅣ(← -이 : 주조)

87) 아름다이 : [아름답게(부사) : 아름(아름 : 불어) + -다(← -답- : 형접, ㅂ불)- + -이(부접)]

아니ᄒ여 동궁의⁹⁰⁾ 병환이 겨시미⁹¹⁾ 징의 약을 진어ᄒ샤⁹²⁾ ᄒ 첩의 나으시니 됴셔ᄒ여⁹³⁾ 벼슬과 돈을 쥬시되⁹⁴⁾ 다 그 말과 ᄀᆺᄒ엿더라⁹⁵⁾

타일(他日)에 징이 몸이 곤(困)하여 상(床)에 기대어 졸더니, (꿈에) 한 마을에 이르니 한 신명(神明)이 있어서 일어 말하기를, "네가 의술(醫術)을 행하여 공이 많고 또 급(急)한 때에 사람의 부녀(婦女)를 어지럽히지 아니하니, 상제(上帝)가 아름답게 여기시어 너에게 한 벼슬과 돈 오만 냥을 주시느니라."라고 하더니, 오래지 아니하여 동궁(東宮)의 병환(病患)이 있으시매 (동궁이) 징의 약을 진어(進御)하시어 한 첩에 나으시니, 조서(詔書)하여 벼슬과 돈을 주시되, 다 그 말(= 상제의 말)과 같았더라. 【1:6~1:7】

---

88) 쥬시ᄂ니라 : 쥬(주다, 受)- + -시(주높)- + -ᄂ(현시)- + -니(원칙)- + -라(← -다 : 평종)

89) 오리지 : 오리(← 오래다 : 오래다, 久)- + -지(연어, 부정) ※ '오리디〉오리지'는 /ㄷ/이 /ㅈ/으로 구개음화한 예이다.

90) 동궁의 : 동궁(동궁, 東宮) + -의(관조) ※ '동궁(東宮)'은 '황태자'나 '왕세자'를 이르던 말이다.

91) 겨시미 : 겨시(계시다, 有)- + -미(-매, -므로 : 연어, 이유)

92) 진어ᄒ샤 : 진어ᄒ[진어하다 : 진어(진어, 進御 : 명사) + -ᄒ(동접)-]- + -시(주높)- + -아(연어) ※ '진어(進御)'는 임금이 먹고 입는 일을 높여 이르던 말이다.

93) 됴셔ᄒ여 : 됴셔ᄒ[조서하다 : 됴셔(조서, 詔書 : 명사) + -ᄒ(동접)-]- + -여(← -아 : 연어) ※ '됴셔(詔書)'는 임금이 임금의 명령을 일반에게 알릴 목적으로 적은 문서이다. 그리고 '됴셔ᄒ다'는 이러한 조서를 내리는 것이다.

94) 쥬시되 : 쥬(← 주다 : 주다, 賜)- + -시(주높)- + -되(연어, 설명 계속)

95) ᄀᆺᄒ엿더라 : ᄀᆺᄒ(← ᄀᆮᄒ다 : 같다, 如)- + -엿(완료, 과시)- + -더(회상)- + -라(← -다 : 평종) ※ 'ᄀᆺᄒ엿더라'는 종성 /ㄷ/을 'ㅅ'으로 표기한 형태이며, 'ᄀᆺᄒ-'는 'ᄀᆮᄒ-'를 오각한 형태이다.

好義之報 *

竇禹鈞

송나라 두우균은[1] 오딘[2] 시의[3] 간의딘부라[4] 년이[5] 삼십의 무즈ㅎ더니[6] 숨의[7] 그 부친이 니르되 네 팔진[8] 무즈ㅎ고 쏘흔 단슈ㅎ니[9] 일죽이[10] 착흔 힝실을 닷그라[11] ㅎ거늘 우균이 일노[12] 조츠[13] 슈힝홀시[14] 그 위인이 본딘 쟝진라[15] 집의 부리는 亽환이[16] 잇더니 쥬인의 돈 이빅천을[17]

---

* **好義之報** : 호의지보. 호의를 베푼 데에 대한 보답.

1) 두우균 : 두우균(竇禹鈞 : 사람 이름, 936~946). 중국의 후오대(五代) 시절에 범양(范陽) 땅에 살았다는 인물이다. 30세가 되도록 슬하에 자식이 없었는데, 선행을 쌓아서 늦은 나이에 다섯 아들을 차례로 얻어서 엄정한 교육을 행하여 다섯 모두가 과거에 급제하였다.

2) 오딘 : 오대(五代). 중국에서 당나라가 망한 뒤부터 송나라가 건국되기 전까지의 과도기에 흥망한 다섯 왕조이다. 후량(後梁), 후당(後唐), 후진(後晉), 후한(後漢), 후주(後周)를 이른다.

3) 시의 : 시(때, 時) + -의(관조)

4) 간의딘부라 : 간의딘부(간의대부, 諫議大夫) + -Ø(←-이- : 서조) + -Ø(현시)- + -라(←-다 : 평종) ※ '간의딘부(諫議大夫)'는 임금에게 잘못을 고치도록 간하는 일을 맡아보던 벼슬이다.

5) 년이 : 년(연, 나이, 年) + -이(주조)

6) 무즈ㅎ더니 : 무즈ㅎ[무자하다 : 무즈(무자, 자식이 없음, 無子) + -ㅎ(형접)-]- + -더(회상)- + -니(연어, 설명 계속)

7) 숨의 : 숨[꿈, 夢 : 꾸(꾸다, 夢 : 동사)- + -ㅁ(명접)] + -의(-에 : 부조, 위치)

8) 팔진 : 팔즈(팔자, 八字) + -ㅣ(←-이 : 주조)

9) 단슈ㅎ니 : 단슈ㅎ[단수하다 : 단슈(단수, 短壽 : 명사) + -ㅎ(형접)-]- + -니(연어, 설명 계속) ※ '단슈(短壽)'는 수명이 짧은 것이다.

10) 일죽이 : [← 일즈기(일찌기 : 부사) : 일죽(← 일즉 : 일찍, 早, 부사) + -이(부접)]

11) 닷그라 : 닭(닦다, 修)- + -으라(명종)

12) 일노 : 일(← 이 : 이, 是) + -노(←-로 : 부조, 방편) ※ '일노'는 '일로'의 'ㄹㄹ'를 'ㄹㄴ'로 표기한 형태이다.

13) 조츠 : 좇(좇다, 따르다, 말미암다, 從)- + -ㅇ(←-아 : 연어) ※ '조츠'는 'ㅏ'를 'ㆍ'로 혼기한 형태이다.

14) 슈힝홀시 : 슈힝ㅎ[수행하다 : 슈힝(수행, 遂行 : 명사) + -ㅎ(동접)-]- + -ㄹ시(-니 : 연어, 설명 계속)

15) 쟝진라 : 쟝즈(장자, 큰 부자, 長者) + -ㅣ(←-이- : 서조)- + -Ø(현시)- + -라(←-다 : 평종)

16) 亽환이 : 亽환(사환, 使喚) + -이(주조) ※ '亽환(使喚)'은 관청이나 회사, 가게 따위에서 잔심부름을 시키기 위하여 고용한 사람이다.

쓰고 죄 엇을가[18] 두려[19] 도망홀식 흔 똘이 이시니 년이 십이 셰라[20] 스스로 문셔를[21] 써 똘의 팔의 미고 가니 ᄒᆞ엿시되[22] 이 똘을 듸의[23] 팔아 진[24] 바 돈을 갑ᄒᆞ렷노라[25] ᄒᆞ엿거늘 우균이 보고 불샹이[26] 넉여[27] 그 문셔를 불지르고 그 똘을 됴히[28] 길너[29] 나히[30] 차미 착실흔 사름을 갈희여[31] 싀집보늬고[32] 또 돈 이빅쳔을 쥬어[33] 보늬니 그 ᄉᆞ환이 감읍ᄒᆞ여[34] 도라와 쳥죄ᄒᆞ니라[35]

---

17) 이백쳔을 : 이백쳔(이백쳔, 二百千) + -을(목조) ※ '이빅쳔(二百千)'은 '십만(十萬)'의 수이다.

18) 엇을가 : 엇(← 얻다 : 얻다, 得)- + -을가(의종, 판정, 미시) ※ '엇을가'는 '얻을가'의 종성 / ㄷ/을 'ㅅ'으로 표기한 형태이다.

19) 두려 : 두리(두려워하다, 걱정하다, 慮)- + -어(연어)

20) 셰라 : ① 셰(세, 歲) + -∅(← -이- : 서조)- + ∅(현시)- + -라(← -다 : 평종) ② 셰(세, 歲) + -∅(← -이- : 서조)- + -라(← -아 : 연어, 근거)

21) 문셔를 : 문셔(문서, 글, 文書) + -를(목조)

22) ᄒᆞ엿시되 : ᄒᆞ(하다, 云)- + -엿ㅅ(← -엿- ← -앗- : 완료)- + -되(연어, 설명 계속) ※ 'ᄒᆞ엿시되'는 'ᄒᆞ여시되'의 'ㅅ'을 'ㅅㅅ'으로 거듭 적은 형태이다.

23) 듸의 : 듸(댁, 宅) + -의(-에 : 부조, 위치)

24) 진 : 지(지다, 빚을 지다, 負)- + -∅(과시)- + -ㄴ(관전)

25) 갑ᄒᆞ렷노라 : 갑ᄒᆞ(← 갚다 : 갚다, 償)- + -으려(연어, 의도) # ㅅ(← ᄒᆞ- : 하다, 보용, 의도)- + -노라(평종, 현시, 1인칭) ※ '갑ᄒᆞ렷노라'는 '가프려 ᄒᆞ노라'가 줄어진 말이다. '갑ᄒᆞ렷노라'는 '가프렷노라'의 /ㅍ/을 /ㅂ/과 /ᄒᆞ/으로 재음소화하여 표기한 예이다.

26) 불샹이 : [불상히, 憐(부사) : 불샹(불상, 憐 : 불어) + -∅(← -ᄒᆞ- : 형접)- + -이(부접)]

27) 넉여 : 넉이(← 너기다 : 여기다, 思)- + -어(연어) ※ '넉여'는 '너겨'를 과잉 분철한 형태이다.

28) 됴히 : [좋게, 善(부사) : 둏(좋다, 善)- + -이(부접)]

29) 길너 : 길ㄴ(← 길ㄹ- ← 기르다 : 기르다, 養)- + -어(연어) ※ '길너'는 '길러'의 'ㄹㄹ'을 'ㄹ ㄴ'으로 표기한 형태이다.

30) 나히 : 나ᄒᆞ(나이, 年) + -이(주조)

31) 갈희여 : 갈희(← 굴히다 : 가리다, 擇)- + -여(← -어 : 연어)

32) 싀집보늬고 : 싀집보늬[시집보내다, 嫁 : 싀(시-, 媤 : 접두)- + 집(집, 家) + 보늬(← 보내다, 보내다, 遣)-]- + -고(연어, 계기) ※ '싀집보늬고'는 '싀집보내고'의 'ㅏ'를 'ㆍ'로 혼기한 형태이다.

33) 쥬어 : 쥬(← 주다 : 주다, 贈)- + -어(연어)

34) 감읍ᄒᆞ여 : 감읍ᄒᆞ[감읍하다 : 감읍(감읍, 感泣 : 명사) + -ᄒᆞ(동접)-]- + -여(← -어 : 연어) ※ '감읍(感泣)'은 감격하여 목메어 우는 것이다.

35) 쳥죄ᄒᆞ니라 : 쳥죄ᄒᆞ[청죄하다 : 쳥죄(청죄, 請罪 : 명사) + -ᄒᆞ(동접)-]- + -∅(과시)- + -니(원칙)- + -라(← -다 : 평종) ※ '쳥죄(請罪)'는 저지른 죄에 대하여 벌을 줄 것을 청하는 것이다.

송(宋)나라 두우균(竇禹鈞)은 오대(五代) 시(時)의 간의대부(諫議大夫)이다. 연(나이, 年)이 삼십에 무자(無子)하더니, 꿈에 그 부친이 이르되 "너의 팔자(八字)가 무자(無子)하고 또한 단수(短壽)하니, 일찍이 착한 행실을 닦으라."라고 하거늘, 우균이 이를 좇아 수행(遂行)하니, 그 위인(爲人)이 본디 장자(長者)이라서 집에 부리는 사환(使喚)이 있더니, (그 사환이) 주인의 돈 이백천(二百千)을 쓰고 죄를 얻을까 두려워하여 도망하니, (사환에게) 한 딸이 있으니, 연(나이, 年)이 십이 세(歲)이다. (사환이) 스스로 문서(文書)를 써서 딸의 팔에 매고 가니, (문서에) 하였으되, "이 딸을 댁(宅)에 팔아 (내가 빚) 진 바 돈을 갚으려 한다." 고 하였거늘, 우균이 보고 불쌍히 여겨 그 문서를 불지르고, 그 딸을 잘 길러 나이가 차매, 착실한 사람을 가리어 시집보내고, 또 돈 이백천(二百千)을 주어 보내니, 그 사환이 감읍(感泣)하여 돌아와 청죄(請罪)하였느니라.

또 산수의[36] 가 노다가 들닌[37] 금 두 덩이와 은 슈십 냥을 엇어[38] 도라오더니 명일의[39] 가지고 그 절의[40] 가 기드리다가 님즈를[41] 츠즈[42] 쥬니 그 사름이 글노써[43] 기부의[44] 죄를 속ㅎ여[45] 죽기를 면ㅎ고 또 사름의 혼상을[46] 당ㅎ여 가난ㅎ여 홀 슈[47] 업스믈 보면 돈을 닉여[48]

---

36) 산수의 : 산수(산사, 山寺) + -의(-에 : 부조, 위치)

37) 들닌 : 들니[← 흘리다(흘리다, 遺) : 흘ㄴ(← 흘ㄹ- ← 흐르다 : 흐르다, 流)- + -이(사접)-]- + -ㄴ(관전) ※ 한문 원문의 '遺'를 감안하면 '들닌'은 '흘닌'을 오각한 형태로 추정된다.

38) 엇어 : 엇(← 얻다 : 얻다, 得)- + -어(연어) ※ '엇어'는 '얻어'의 /ㄷ/을 'ㅅ'으로 표기한 형태이다.

39) 명일의 : 명일(명일, 다음날, 明日) + -의(-에 : 부조, 위치, 시간)

40) 절의 : 절(절, 寺) + -의(-에 : 부조, 위치)

41) 님즈를 : 님즈(임자, 主) + -를(목조)

42) 츠즈 : 츳(찾다, 索)- + -ㅇ(← -아 : 연어) ※ '츠즈'는 '츠자'의 'ㅏ'를 'ㆍ'로 혼기한 형태이다. ※ 이하에서는 /ㆍ/의 소실로 인하여 'ㅏ'와 'ㆍ'가 혼기되는 현상을 언급하지 아니한다.

43) 글노써 : 글(← 그 : 그, 彼, 지대) + -노써(← -로써 : 부조, 방편) ※ '글노써'는 '글로써'의 'ㄹㄹ'을 'ㄹㄴ'으로 표기한 형태이다.

44) 기부의 : 기부(기부, 그 아버지, 其父) + -의(관전)

45) 속ㅎ여 : 속ㅎ[속하다 : 속(속, 贖 : 불어) + -ㅎ(동접)-]- + -여(← -아 : 연어)

46) 혼상을 : 혼상(혼상, 婚喪 : 명사) + -을(목조) ※ '혼상(婚喪)'은 혼인에 관한 일과 초상에 관한 일을 아울러서 이르는 말이다.

47) 슈 : 수(수, 방법, 手 : 의명)

48) 닉여 : 닉(← 내다 : 내다, 出)- + -여(← -어 : 연어)

도으니[49] 무릇 가난훈 상ᄉ의[50] 장ᄉ[51] 디ᄂᆞ기를[52] 이십칠이요[53] 가난훈 녀ᄌ의 혼인ᄒᆞ여 쥬기를 이십팔이며 친지간 궁곤훈[54] 사름이면 다소간 돈을 ᄯᅮ여[55] 싱이ᄒᆞ게[56] ᄒᆞ니 공을 인ᄒᆞ여 ᄉᆞᄂᆞᆫ[57] 지 슈십[58] 가요[59] ᄉᆞ방[60] 현ᄉᆡ[61] 공을 ᄒᆞ여[62] 쳔거훈 지[63] 부지기슈요[64] ᄯᅩ 집의 셔당 ᄉᆞ십 간을 지어 셔ᄎᆡᆨ[65] 쳔 권을 두고 착훈 션비를 엇어 스승을 ᄉᆞᆷ고 ᄉᆞ방의 빈한훈[66] 션비를 모하[67] 지여부지간[68] 공궤ᄒᆞ고[69] 집이 검소ᄒᆞ여 일 년 쓸 거슬 계교ᄒᆞ여[70] 둔 후 그 남져지ᄂᆞᆫ[71] 다 사름을 구제ᄒᆞ더니

---

49) 도으니 : 도으(↞ 도우-/도오-, 돕다, ㅂ불 : 돕다, 助)- + -니(↞ -으니 : 연어, 설명 계속)
    ※ '도으니'는 '도오니/도우니'를 오각한 형태이다.
50) 상ᄉ의 : 상ᄉ(상사, 喪事) + -의(-에 : 부조, 위치) ※ '상ᄉ(喪事)'는 사람이 죽은 일이다.
51) 장ᄉ : 장사(葬事). 죽은 사람을 땅에 묻거나 화장하는 일이다.
52) 디ᄂᆞ기를 : 디ᄂᆞ(↞ 디내다 : 지내다, 爲)- + -기(명전) + -를(목조)
53) 이십칠이요 : 이십칠(이십칠, 二十七) + -이(서조)- + -요(↞ -오 ↞ -고 : 연어, 나열)
    ※ '-고'에서 /ㄱ/이 탈락한 뒤에 '-오'가 /ㅣ/에 동화되어서 '-요'로 실현되었다.
54) 궁곤훈 : 궁곤ᄒᆞ[궁곤하다 : 궁곤(궁곤, 窮困 : 명사) + -ᄒᆞ(형접)-]- + -Ø(현시)- + -ㄴ(관전)
55) ᄯᅮ여 : ᄯᅮ이[꾸이다, 빌리게 하다 : ᄯᅮ(꾸다, 빌리다, 借)- + -이(사접)-]- + -어(연어)
56) 싱이ᄒᆞ게 : 싱이ᄒᆞ[↞ 싱애ᄒᆞ다(생애하다) : 싱애(생애, 生涯 : 명사) + -ᄒᆞ(동접)-]- + -게(연어, 사동) ※ '싱애(生涯)'는 살림을 살아 나가는 것이다.
57) ᄉᆞᄂᆞᆫ : ᄉᆞ(↞ 살다 : 살다, 活)- + -ᄂᆞ(현시)- + -ㄴ(관전)
58) 슈십 : 슈십(↞ 수십 : 수십, 數十, 관사).
59) 가요 : 가(가, 家) + -ㅣ(↞ -이- : 서조)- + -요(↞ -오 ↞ -고 : 연어, 나열) '-고'의 /ㄱ/이 탈락한 뒤에 '-오'가 /ㅣ/에 동화되어서 '-요'로 실현되었다.
60) ᄉᆞ방 : 사방(四方).
61) 현ᄉᆡ : 현ᄉᆞ(현사, 어진 선비, 賢士) + -ㅣ(↞ -이 : 주조)
62) ᄒᆞ여 : ᄒᆞ이[하게 하다, 賴 : ᄒᆞ(하다, 爲)- + -이(사접)-]- + -어(연어) ※ 'ᄒᆞ여'에 대응되는 한문 원문이 '賴(뢰)'이므로 '의뢰하다'로 의역할 수 있다.
63) 지 : ᄌᆞ(자, 者 : 의명) + -ㅣ(↞ -이 : 주조)
64) 부지기슈요 : 부지기슈(↞ 부지기수 : 부지기수, 不知其數) + -ㅣ(↞ -이 : 서조)- + -요(↞ -오 ↞ -고 : 연어, 나열) ※ '-고'에서 /ㄱ/이 탈락한 뒤에 '-오'가 /ㅣ/에 동화되어서 '-요'로 실현되었다.
65) 셔ᄎᆡᆨ : 서책(書冊).
66) 빈한훈 : 빈한ᄒᆞ[빈한하다 : 빈한(빈한, 貧寒 : 불어) + -ᄒᆞ(형접)-]- + -Ø(현시)- + -ㄴ(관전)
67) 모하 : 모ᄒᆞ(↞ 뫼호다 : 모으다, 聚)- + -아(연어) ※ '모하'는 '뫼화'을 오각한 형태이다.
68) 지여부지간 : 지여부지간(知與不知間). 알게 모르게(부사).
69) 공궤ᄒᆞ고 : 공궤ᄒᆞ[공궤하다 : 공궤(공궤, 供饋 : 명사) + -ᄒᆞ(동접)-]- + -고(연어, 나열, 계기) ※ '공궤(供饋)'는 음식을 주는 것이다.
70) 계교ᄒᆞ여 : 계교ᄒᆞ[계교하다 : 계교(계교, 計較 : 명사) + -ᄒᆞ(동접)-] + -여(↞ -아 : 연어)

또 산사(山寺)에 가 놀다가 (어떤 사람이) 흘린 금 두 덩이와 은 수십 냥을 얻어 돌아오더니, 명일(明日)에 가지고 그 절에 가 기다리다가 임자를 찾아 주니, 그 사람이 그로써 기부(其父)의 죄를 속(贖)하여 (기부가) 죽기를 면(免)하고,[72] 또 사람이 혼상(婚喪)을 당하여 가난하여 (혼상을) 할 수 없음을 보면 돈을 내어 도우니, 무릇 가난한 상사(喪事)에 장사(葬事)를 지내기를 이십칠이요, 가난한 여자에게 혼인하여 주기를 이십팔이며, 친지간(親知間) 궁곤(窮困)한 사람이면 다소간 돈을 꾸게 하여 생애(生涯)하게 하니, 공(公)을 인(因)하여 사는 자(者)가 수십 가(家)이요, 사방(四方) 현사(賢士)가 공(公)을 인하여 천거(薦擧)한 자가 부지기수(不知其數)요, 또 집에 서당(書堂) 사십 칸(間)을 지어 서책(書冊) 천 권을 두고 착한 선비를 얻어 스승을 삼고, 사방의 빈한(貧寒)한 선비를 모아 지여부지간(知與不知間)에 공궤(供饋)하고, 집이 검소하여 일 년 쓸 것을 계교(計較)하여 둔 후에 그 나머지는 다 사람을 구제(救濟)하더니

일일은 꿈의 그 조븨[73] 쏘 닐너[74] 왈 네 슈년[75] 닉로 음덕을 쏘하[76] 이믜[77] 일홈이 쳔조의[78] 올나실셰[79] 샹졔[80] 특별이 슴긔지슈[81]를 늘이시고 오즈를[82] 쥬어 지히[83] 되게 ᄒ시니라 ᄒ더니 그 후 과연 오즈 팔손이

※ '계교(計較)'는 서로 견주어 살펴보는 것이다.

71) 남져지ᄂᆞ : 남져지(나머지, 餘) + -ᄂᆞᆫ(보조사, 주제)

72) 기부(其父)의 죄를 속(贖)하여 죽기를 면(免)하고 : 금 덩어리를 잃어버린 사람은 그의 아버지가 죄를 지어서 죽을 처지에 있었다. 이에 금덩어리를 잃어버린 사람은 그 금 덩어리로써 자신의 아버지의 죄를 속(贖)하려고 했다. 이에 '두우균'이 준 금 덩어리를 잃어버린 사람에게 돌려줌으로써, 그 사람의 아버지가 죽는 것을 면했다는 것이다.

73) 조븨 : 조부(조부, 祖父) + -ㅣ (←-이 : 주조)

74) 닐너 : 닐ㄴ(← 닐르- ← 니르다 : 이르다, 謂)- + -어(연어) ※ '닐너'는 '닐러'의 'ㄹㄹ'을 'ㄹㄴ'으로 표기한 형태이다.

75) 슈년 닉로 : 슈년(수년, 數年) # 닉(← 내 : 내, 內) + -로(부조, 방편)

76) 쏘하 : 쏘(← 쌓다 : 쌓다, 積)- + -아(연어)

77) 이믜 : 이미, 已(부사).

78) 쳔조의 : 쳔조(천조, 天曹) + -의(-에 : 부조, 위치) ※ '쳔조(天曹)'는 천상(天上)의 관부 혹은 관리라는 뜻이다. 도교(道敎)에서 사람의 공죄(功罪)에 따라 수명을 가감하는 권한이 있는 신(神)을 이르는 말이다.

79) 올나실셰 : 올ㄴ(← 올르- ← 오르다 : 오르다, 掛)- + -아시(-았- : 완료)- + -ㄹ셰(-므로 : 연어, 이유) ※ '올나실셰'는 '올라실셰'의 'ㄹㄹ'을 'ㄹㄴ'으로 표기한 형태이다.

80) 샹졔 : 샹졔(상제, 上帝) + -Ø(←-이 : 주조)

81) 슴긔지슈 : 삼기지수(三紀之壽). '一紀(일기)'는 12년이므로, '슴긔(三紀)'는 36년을 이른다. 따라서 '슴긔지슈(三紀之壽)'는 36년의 수명을 이른다.

다 지흔⁸⁴⁾ 벼슬 흐고 공이 향슈⁸⁵⁾ 팔십이셰⁸⁶⁾ 흐니라⁸⁷⁾

일일(一日)은 꿈에 그 조부(祖父)가 또 일러 말하기를, "네가 수년(數年) 내(內)로 음덕(陰德)을 쌓아 이미 이름이 천조(天曹)에 올랐으므로, 상제(上帝)가 특별히 삼기지수(三紀之壽)를 늘이시고 오자(五子)를 주어 (지위가) 높게 되게 하셨느니라."고 하더니, 그 후 과연 오자(五子) 팔손(八孫)이 다 높은 벼슬을 하고 공(公)이 향수(享壽) 팔십이세(八十二歲) 하였니라.【1 : 10~1 : 11】

---

82) 오주롤 : 오주(오자, 다섯 아들, 五子) + -롤(목조)

83) 지히 : [지위가 높게(부사) : 지흐(← 지흐다 : 높다, 顯, 형사)- + -이(부접)] ※ '지히'의 형태와 의미를 알 수 없다. 다만, '지히'는 한문 원문의 '귀현(貴顯)'에 대응되는데, 이때의 '귀현(貴顯)'은 존귀하고 벼슬이나 명성, 덕망 따위가 높은 것이다. 이러한 원문을 감안하면 '지히'는 '지흐다(높다)'에서 파생되어서 '존귀하게'의 의미로 쓰이는 부사인 것으로 보인다. '지'를 '宰'의 한자음으로 볼 가능성이 있다.

84) 지흔 : 지흐(높다, 顯)- + -Ø(현시)- + -ㄴ(관전) ※ '지흔 벼슬'에 대응되는 한자가 '顯秩(= 높은 벼슬)'이므로, '지흔 벼슬'을 '높은 벼슬'로 옮긴다.

85) 향슈 : 향수(享壽). 오래 사는 복을 누리는 것이다.

86) 팔십이셰 : 팔십이세(八十二歲)

87) 흐니라 : 흐(하다, 爲)- + -Ø(과시)- + -니(원칙)- + -라(← -다 : 평종)

宰相善報 *

司馬光

스마온공[1]이 낙양으로 조ᄎᆞ[2] 셔울의 드러오니 군ᄉᆞ의 무리 셔로
손을 들어 이마의 더ᄋᆞ며[3] 빅셩이 길을 막아 부루딗[4] 원컨딗 공은
도라가지 말고 머믈너[5] 텬ᄌᆞ를 도아[6] 우리 빅셩을 슬오라[7] ᄒᆞ며
디ᄂᆞᄂᆞ바[8] 촌민이 쳔빅이[9] 무리 지어 쮜눌며[10] 불너 왈 스마공이
졍승[11]ᄒᆞ니 우리 무리 슬니로다[12] ᄒᆞ며 거란[13]이 듯고[14] 제[15] ᄂᆞ라의[16]

---

* 宰相善報 : 재상상보. 재상이 좋게 보답받다.
1) 스마온공 : 사마온공(司馬溫公, 1019~1086). '사마광'의 다른 이름이다. 중국 북송 때의 학
   자·정치가(1019~1086)이다. 신종 초에 왕안석의 신법(新法)에 반대하여 은퇴하고 철종 때
   에 재상이 되자, 신법을 폐하고 구법(舊法)으로 통치하였다. 저서에『자치통감』(資治通鑑)
   등이 있다.
2) 조ᄎᆞ : 좇(쫓다, 따르다, 말미암다, 從)- + -ᄋᆞ(←-아 : 연어)
3) 더ᄋᆞ며 : 더ᄋᆞ(더하다, 加)- + -며(연어, 나열) ※ '더ᄋᆞ다'는 문맥상 '얹다'의 뜻으로 쓰였다.
   ※ "손을 들어 이마에 얹는다."라는 것은 군사들이 사마온공에게 경례를 하는 것이다.
4) 부루딗 : 부루(부르다, 呼)- + -딗(연어, 설명 계속) ※ '브르딗〉부루딗'는 /ㅡ/가 /ㅜ/로 원순
   모음화한 형태이다.
5) 머믈너 : 머무ㄴ(←머무르-←머무르다 : 머무르다, 留)- + -어(연어) ※ '머믈너'는 '머믈러'
   의 'ㄹㄹ'을 'ㄹㄴ'으로 표기한 형태이며, '머믈너〉머물너'는 원순 모음화의 예이다.
6) 도아 : 도(←도오-←돕다 : 돕다, 相)- + -아(연어) ※ '도아'는 '도와'를 오각한 형태
   이다.
7) 슬오라 : 슬오[←살오다(살리다, 活) : 슬(←살다 : 살다, 生)- + -오(사접)-]- + -라(명종, 아
   주 낮춤)
8) 디ᄂᆞᄂᆞ바 : 디ᄂᆞ(지나다, 過)- + -ᄂᆞ(현시)- + -ㄴ바(-ᄂᆞ바 : 연어, 상황 제시) ※ 한문 원문
   에는 '王過靑州道'으로 되어 있으므로, '디ᄂᆞ다'에 대응되는 주어인 '왕(王)'이 언해문에서 빠
   졌다.
9) 쳔빅이 : 쳔빅(천백, 千百) + -이(주조)
10) 쮜눌며 : 쮜눌[←쮜놀다(뛰놀다, 踊躍) : 쮜(뛰다, 踊)- + 눌(놀다, 遊)]- + -며(연어, 나열)
11) 졍승 : 정승(政丞).
12) 슬니로다 : 슬(←살다 : 살다, 活)- + -니(←-리- : 미시)- + -로(←-도- : 느낌)- + -다(평
   종) ※ '슬니로다'는 '슬리로다'의 'ㄹㄹ'을 'ㄹㄴ'으로 표기한 형태이다.
13) 거란 : 거란(거란, 契丹). 5세기 중엽부터 내몽골의 시라무렌 강(Siramuren江) 유역에 나타나
   살던 유목 민족. 몽골계와 퉁구스계의 혼혈종으로, 10세기 초 야율아보기가 여러 부족을 통
   일하여 요나라를 건국한 후 발해를 멸망시키고 고려에도 세 차례나 쳐들어왔다.

경계ᄒ여 왈 즁국이 ᄉ마를 졍승 ᄒ엿시니[17] 변방의 틈을 늬지 말나[18]
ᄒ더라

사마온공(司馬溫公)이 낙양(洛陽)으로 쫓아서 서울에 들어오니, 군사(軍士)의 무리가 서로 손을 들어 이마에 얹으며, 백성(百姓)이 길을 막아 부르되, "원컨대 공(公)은 돌아가지 말고 (낙양에) 머물러서, 천자(天子)를 도와 우리 백성을 살려라."고 하며, (왕이) (길을) 지나는바 촌민(村民)이 천백(千百)이 무리를 지어 뛰놀며 불러 왈(曰), "사마공이 정승(政丞)을 하니 우리 무리가 살겠구나."라고 하며, (그때에) 거란(契丹)이 (그 소식을) 듣고 제 나라에 경계(警戒)하여 왈(曰), "중국(中國)이 사마(司馬)를 정승을 시켰으니 변방(邊方)에 틈을 내지 말라."고 하더라.

맷[19] 공이 훙ᄒ민[20] 도하[21] 빅셩이 져ᄌ를[22] 파ᄒ고 오슬 팔아 티졔ᄒ며[23]
ᄉ방 사름이 회댱ᄒᄂ[24] 지[25] 슈만 인이요[26] 무덤을 ᄇ라고[27] 울기를

---

14) 듯고 : 듯(← 듣다 : 듣다, 聞)- + -고(연어, 계기) ※ '듯고'는 '듣고'의 /ㄷ/을 'ㅅ'으로 표기한 형태이다.

15) 졔 : 져(← 저 : 자기, 己, 인대, 재귀칭) + -ㅣ(← -의 : 관조)

16) ᄂ라의 : ᄂ라(← 나라ㅎ : 나라, 國) + -의(-에 : 부조, 위치) ※ '나라희〉나라의'는 체언의 종성 /ㅎ/이 탈락한 예이다.

17) ᄒ엿시니 : ᄒ이[하게 하다, 시키다, 使 : ᄒ(하다, 爲)- + -이(사접)-]- + -엇시(-었- : 완료)- + -니(연어, 설명 계속) ※ 'ᄒ엿시니'는 'ᄒ여시니'의 'ㅅ'을 'ㅅㅅ'으로 거듭 적은 형태이다.

18) 말나 : 말(말다, 勿 : 보용, 부정)- + -나(← -라 : 명종) ※ '말나'는 '말라'의 'ㄹㄹ'을 'ㄹㄴ'으로 표기한 형태이다.

19) 맷 : 맷(← 및 : 및, 그리고, 접속 부사)

20) 훙ᄒ민 : ① 훙ᄒ[훙하다 : 훙(훙, 薨 : 불어) + -ᄒ(동접)-]- + -민(연어, 이유, 원인) ② 훙ᄒ[훙하다 : 훙(훙, 薨 : 불어) + -ᄒ(동접)-]- + -ㅁ(명전) + -익(-에 : 부조, 위치, 원인) ※ '훙(薨)'은 제후가 죽는 것이다.

21) 도하 : 도하(都下). 서울 지방 또는 서울 안이다.

22) 져ᄌ를 : 져ᄌ(저자, 시장, 市) + -를(목조)

23) 티졔ᄒ며 : 티졔ᄒ[치제하다 : 티졔(치제, 致祭 : 명사) + -ᄒ(동접)-]- + -며(연어, 나열) ※ '티졔(致祭)'는 임금이 제물과 제문을 보내어 죽은 신하를 제사 지내는 것이다. 여기서는 '제사를 지내다.'의 뜻으로 쓰였다.

24) 회댱ᄒᄂ : 회댱ᄒ[회장하다 : 회댱(회장, 會葬 : 명사) + -ᄒ(동접)-]- + -ᄂ(현시)- + -ㄴ(관전) ※ '회댱(會葬)'은 장례를 지내는 자리에 참여하는 것이다.

25) 지 : ᄌ(자, 者) + -ㅣ(← -이 : 주조)

26) 인이요 : 인(인, 사람, 人) + -이(서조)- + -요(← -오 ← -고 : 연어, 나열) ※ 연결 어미인 '-

삼빅여 리의 디ᄂᆞ니²⁸⁾ 공의 나라의 튱셩ᄒᆞ고 빅셩의게²⁹⁾ 은혜ᄒᆞ오미³⁰⁾ 천고의 드믄³¹⁾ 비라³²⁾ 지금거지³³⁾ 그 셩덕을 일ᄏᆞ라³⁴⁾ 오니라³⁵⁾

　그리고 공(公)이 훙(薨)함에, 도하(都下) 백성이 시장을 파(破)하고 옷을 팔아 치제(致祭)하며, 사방(四方)의 사람이 회장(會葬)하는 자(者)가 수만 인이요, 무덤을 바라보고 울기를 삼백여 리(里)에 지나니, 공이 나라에 충성(忠誠)하고 백성에게 은혜(恩惠)하는 것이 천고(千古)에 드문 바이라, 지금까지 그 성덕(性德)을 일컬어 왔니라.【1 : 34~1 : 35】

　고'에서 /ㄱ/이 탈락한 뒤에 '-오'가 앞선 모음 /ㅣ/에 동화되어서 '-요'로 실현되었다.
27) ᄇᆞ라고 : ᄇᆞ라(바라보다, 쳐다보다, 望)- + -고(연어, 나열)
28) 디ᄂᆞ니 : 디ᄂᆞ(지나다, 過)- + -니(연어, 설명 계속)
29) 빅셩의게 : 빅셩(백성, 百姓) + -의게(-에게 : 부조, 상대)
30) 은혜ᄒᆞ오미 : 은혜ᄒᆞ[은혜하다 : 은혜(은혜, 恩惠 : 명사) + -ᄒᆞ(동접)-]- + -옴(명전) + -이(주조) ※ '은혜(恩惠)'는 신세나 혜택을 고맙게 베풀어 주는 것이다.
31) 드믄 : 드므(← 드믈다 : 드물다, 稀)- + -Ø(현시)- + -ㄴ(관전)
32) 비라 : ᄇ(← 바 : 바, 의명) + -ㅣ(←-이- : 서조)- + -라(←-아 : 연어, 이유)
33) 지금거지 : 지금(지금, 至今) + -거지(←-ᄭᅵ지 : -까지, 보조사, 범위의 끝)
34) 일ᄏᆞ라 : 일ᄏᆞ(← 일ᄏᆞᆮ다, ᄃᆞ볼 : 일컫다, 칭찬하다, 謂)- + -아(연어)
35) 오니라 : 오(오다 : 보용, 진행)- + -Ø(과시)- + -니(원칙)- + -라(←-다 : 평종)

宰相惡報 *

王安石

　　왕안셕[1]이 졍승 되여 시 법[2]을 챵기ᄒᆞ니[3] 일시의[4] 착ᄒᆞᆫ 지[5] 불편타[6] 말ᄒᆞ면 다 믈니치고[7] 항상 니르ᄃᆡ 텬변이[8] 죡히[9] 두릴[10] 비[11] 아니요 인언이[12] 죡히 도라볼 비 아니요 조종의 법[13]이 죡히 직흴[14] 비 아니라 ᄒᆞ며 기ᄌᆞ[15] 왕방[16]이 더옥 표한각박ᄒᆞ여[17] 아비를 도아[18] 잔인ᄒᆞᆫ 닐을[19]

---

　* **宰相惡報** : 재상악보. 재상이 악하게 보답받다.

1) 왕안셕 : 왕안석(王安石). 중국 송(宋, 960~1279) 때의 문필가이자 시인으로서, 그는 뛰어난 산문과 서정시를 남겨 이른바 당송팔대가(唐宋八大家) 가운데 한 명으로 꼽히며 후대에 큰 영향을 끼쳤다. 또한 북송(北宋)의 6대 황제인 신종(神宗, 재위 1067~1085)에게 발탁되어 1069~1076년에 신법(新法)이라고 불리는 여러 정책을 입안하고 추진한 개혁적 정치 사상가로 널리 알려져 있다.

2) 시 법 : 시(← 새 : 새, 新, 관사) # 법(법, 法) ※ '시 법(新法)'은 왕안석이 1069년에서 1076년까지 만든 '청묘법(靑苗法), 모역법(募役法), 시역법(市易法), 보갑법(保甲法), 보마법(保馬法)' 등의 개혁적 정책이다.

3) 챵기ᄒᆞ니 : 챵기ᄒᆞ[창개하다(창시하다) : 챵기(창개, 創開 : 명사) + -ᄒᆞ(동접)-]- + -니(연어, 설명 계속, 이유)

4) 일시의 : 일시(일시, 한때, 一時) + -의(-에 : 부조, 위치, 시간)

5) 지 : ᄌᆞ(자, 者 : 의명) + -ㅣ(← -이 : 주조)

6) 불편타 : 불편ᄒᆞ[← 불편ᄒᆞ다(불편하다) : 불편(불편, 不便 : 명사) + -ᄒᆞ(← -ᄒᆞ- : 형접)-]- + -Ø(현시)- + -다(평종)

7) 믈니치고 : 믈니치[← 믈리티다(물리치다, 排斥) : 믈르(← 므르다 : 물러나다, 退)- + -이(사접)- + -치(←-티- : 강접)-]- + -고(연어, 나열) ※ '믈니치고'는 '믈리치고'의 'ㄹㄹ'을 'ㄹㄴ'으로 표기한 형태이다. 그리고 '믈리티다〉물리치다'는 원순 모음화와 구개음화가 적용된 형태이다.

8) 텬변이 : 텬변(천변, 天變) + -이(주조) ※ '텬변(天變)'은 하늘에서 생기는 자연의 큰 변동, 곧 동풍, 번개, 일식, 월식 따위를 이른다.

9) 죡히 : [죡히(부사) : 죡(족, 足 : 불어) + -Ø(← -ᄒᆞ- : 형접)- + -이(부접)]

10) 두릴 : 두리(두려워하다, 畏)- + -ㄹ(관전)

11) 비 : 보(← 바 : 바, 의명) + -ㅣ(← -이 : 보조)

12) 인언이 : 인언(인언, 人言) + -이(주조) ※ '인언(人言)'은 사람의 말이다.

13) 조종의 법 : 조종(조종, 祖宗) + -의(관조) # 법(법, 法) ※ '조종(祖宗)'은 시조가 되는 조상을 이른다. 따라서 '조종의 법'은 옛날의 법을 이르는 말이다.

14) 직흴 : 직희(지키다, 守)- + -ㄹ(관전)

힝ᄒ더니 방이 죽으미[20] 안셕이 ᄯᅩ흔 파샹ᄒ여[21] 일즉[22] 황홀흔[23] ᄀ온ᄃᆡ[24] 보니 방이 쇠칼[25]을 매엇거늘[26] ᄆ음의 두려ᄒ더니[27] 안셕이 이믜[28] 죽으미 그 ᄠᅴ의[29] 그 친척 곽권이 병들어 죽엇다가[30] ᄃᆡ시[31] ᄭᅢ여[32] 말ᄒ여 왈 지부의[33] 흔 옥[34]이 잇고 그 즁의 흔 귀인이 이셔 빅발이 드리오고[35] 눈이 크고 칼을 메워[36] 잇더라 ᄒ고 그 셩명은 니르지

---

15) 기ᄌ : 기자(其子), 그 아들.

16) 왕방 : 왕방(王雱). 북송 때에 무주(撫州) 임천(臨川, 강서성)의 사람이며, 왕안석(王安石)의 아들이다. 왕안석의 아들이다.(1044년~1076년) 성격이 민첩하여 약관(弱冠)도 되기 전에 저서 수만 언(言)을 지었다. 아버지를 도와 『삼경신의』(三經新義)를 찬술했다.

17) 표한각박ᄒ여 : 표한각박ᄒ[표한각박ᄒ다 : 표한각박(剽悍刻薄 : 명사구) + -ᄒ(형접-)- + -여(←-아 : 연어) ※ '표한각박(剽悍刻薄)'은 성질이 급하고 사나우며 인정이 없고 삭막한 것이다.

18) 도아 : 도(←도오- ←돕다, ㅂ불 : 돕다, 助)- + -아(연어) ※ '도아'는 '도와'를 오각한 형태이다.

19) 닐을 : 닐(←일 : 일, 事) + -을(목조) ※ '닐'은 '일(事)'의 오각한 형태이다.

20) 죽으미 : ① 죽(←죽다 : 죽다, 死)- + -으미(연어, 원인) ② 죽(←죽다 : 죽다, 死)- + -음(명전) + -ᄋᆡ(-에 : 부조, 위치, 원인)

21) 파샹ᄒ여 : 파샹ᄒ[파샹하다 : 파샹(파상, 破傷 : 명사) + -ᄒ(동접)-]- + -여(←-아 : 연어) ※ '파샹(破傷)'은 몸이 다치거나 물건, 건물 따위가 부서져서 상하는 것이다.

22) 일즉 : 일찍이, 嘗(부사)

23) 황홀흔 : 황홀ᄒ[황홀하다 : 황홀(황홀, 恍惚 : 명사) + -ᄒ(형접)-]- + -Ø(과시)- + -ㄴ(관전) ※ '황홀(恍惚)'은 정신이 흐릿하여 분명하지 아니한 것이다.

24) ᄀ온ᄃᆡ : [가운데, 中 : 가온(가운-, 中, 半 : 접두)- + ᄃᆡ(데, 處 : 의명)] 'ᄀ온-'은 용언의 관형 사형처럼 보이지만, 어근이 분명하지 않아서 접두사로 처리한다.(허웅 1975 : 143)

25) 쇠칼 : 쇠로 만든 칼(鐵枷). 여기서 '칼'은 죄인에게 씌우던 형틀이다. 두껍고 긴 널빤지의 한 끝에 구멍을 뚫어 죄인의 목을 끼우고 비녀장을 질렀다.

26) 매엇거늘 : 매(매다, 荷)- + -엇(완료)- + -거늘(연어, 상황)

27) 두려ᄒ더니 : 두려ᄒ[두려워하다, 懼 : 두리(두렵다, 畏)- + -어(연어) + ᄒ(하다, 爲)-]- + -더(회상)- + -니(연어, 설명 계속)

28) 이믜 : 이미, 旣(부사)

29) ᄠᅴ의 : ᄠᅴ(때, 時) + -의(-에 : 부조, 위치, 시간)

30) 죽엇다가 : 죽(←죽다 : 죽다, 死)- + -엇(완료, 과시)- + -다가(연어, 동작 전환)

31) ᄃᆡ시 : ᄃᆡ시(←다시 : 다시, 復, 부사)

32) ᄭᅢ여 : ᄭᅢ(깨다, 蘇)- + -여(←-어 : 연어)

33) 지부의 : 지부(지부, 저승, 地府) + -의(-에 : 부조, 위치)

34) 옥 : 옥(獄). 감옥이다.

35) 드리오고 : 드리오(드리우다, 被枚)- + -고(연어, 나열)

36) 메워 : 메우(메우다)- + -어(연어) ※ '메우다'는 말이나 소의 목에 멍에를 얹어서 매는 것이다.

아니ᄒᆞ니 안셕의 ᄯᆞᆯ이³⁷⁾ 사름으로 ᄒᆞ여곰³⁸⁾ 무르되³⁹⁾ 가히 부친을 만나 보앗ᄂᆞᆫ가⁴⁰⁾ ᄒᆞ거늘 권 왈 못 보왓거니와⁴¹⁾ 아모려나⁴²⁾ 됴흔 공덕을 만히 지으라⁴³⁾ ᄒᆞ니 이ᄂᆞᆫ 그 칼 쁜 지 곳⁴⁴⁾ 왕안셕이미러라⁴⁵⁾

왕안석(王安石)이 정승이 되어 새 법(法)을 창개(創開)하니, 일시(一時)에 착한 자(者)가 "(새 법이) 불편(不便)하다."고 말하면, 다 물리치고 항상 이르되 "천변(天變)이 족(足)히 두려워할 바가 아니요, 인언(人言)이 족히 돌아볼 바가 아니요, 조종(祖宗)의 법(法)이 족히 지킬 바가 아니다."고 하며, 그(其) 자(子)인 왕방(王雱)이 더욱 표한각박(剽悍刻薄)하여 아버지를 도와 잔인(殘忍)한 일을 행(行)하더니, 왕방이 죽으매 왕안석(王安石)이 또한 파상(破傷)하여 일찍 황홀(恍惚)한 가운데 보니, 왕방이 쇠칼을 매었거늘 마음에 두려워하더니, 왕안석이 이윽고 죽으매, 그때의 그 친척(親戚)인 곽권(郭權)이 병들어 죽었다가 다시 깨어 말하여 왈(曰), "지부(地府)에 한 옥(獄)이 있고 그 중에 한 귀인(貴人)이 있어, 백발(白髮)이 드리우고 눈이 크고 칼을 씌워 있더라."고 하고 (그 귀인의) 그 성명(姓名)은 이르지 아니하니, 왕안석의 딸이 사람으로 시켜서 권(權)에게 묻되 "가히 (나의) 부친을 만나 보았는가?" 하거늘, 권(權)이 왈(曰), "못 보았지만 아무쪼록 좋은 공덕(功德)을 많이 지으라."고 하니, 이는 그 칼 쓴 자(者)가 곧 왕안석인 것이더라.【1 : 43】

---

37) ᄯᆞᆯ이 : ᄯᆞᆯ(딸, 女) + -이(주조)
38) ᄒᆞ여곰 : ᄒᆞ이[시키다, 使 : ᄒᆞ(하다, 爲)- + -이(사접)-]- + -어(연어) + -곰(보조사, 강조)
39) 무르되 : 물(← 묻다, ㄷ불 : 묻다, 問)- + -으되(← -되 : 연어, 설명 계속) ※ '무르되'는 '묻되'의 오기이다.
40) 보앗ᄂᆞᆫ가 : 보(보다, 見)- + -앗(완료)- + -ᄂᆞ(현시)- + -ㄴ가(-ㄴ가 : 의종, 판정)
41) 보왓거니와 : 보오(← 보다 : 보다, 見)- + -앗(완료)- + -거니와(-거니와, -지만 : 연어, 인정 대조)
42) 아모려나 : 아무쪼록. 但(부사)
43) 지으라 : 지(← 짓다, ㅅ불 : 짓다, 作)- + -으라(명종, 아주 낮춤)
44) 곳 : 곳(← 곧 : 곧, 卽, 부사) ※ '곳'은 '곧'의 /ㄷ/을 'ㅅ'으로 표기한 형태이다.
45) 왕안셕이미러라 : 왕안셕(왕안석) + -이(서조)- + -ㅁ(명전) + -이(서조)- + -러(← -더- : 회상)- + -라(← -다 : 평종) ※ '왕안셕이미러라'는 '왕안석임이더라'로 직역되는데, 이를 의역하면 '왕안석인 것이더라.'로 옮길 수 있다.

3. 사민필지

『스민필지』(士民必知)는 미국인 선교사인 H. B. 헐버트(Hulbert, H. B.)가 1889년(고
종 26)에 세계 각국의 산천, 풍토, 정령(政令), 학술 등을 한글로 간략하게 소개한 세계
지리서이다.(2권 1책) 책 이름인 『스민필지』(士民必知)는 '선비와 백성이 반드시 알아
야 할 지식'이라는 뜻이다. 이 책은 한국 최초의 세계지리 교과서로서 한국에 세계지
리 지식을 심어주어 근대화의 문을 열게 하였다는 의의가 있다.

이 책은 1889년(고종 26)에 한글본으로 초판이 간행되고, 그 후 1895년에 학부(學部)
에서 백남규(白南圭), 이명상(李明翔) 등이 한문으로 번역하고, 김택영(金澤榮)이 보완하
여 1895년에 간행하였다. 초판 한글본은 총 161쪽으로 구성되어 있고, 10장의 지도가
수록되었다. 반면에 한문본은 총 71쪽으로 구성되었고 지도는 실려 있지 않다.

한글본 내용은 '짜덩이(지구), 유로바(유럽), 아시아, 아메리까(아메리카), 아프리가,
오스트렐랴' 등으로 구성되어 있다. 이 가운데에서 총론에 해당하는 '짜덩이(지구)'
에서는 태양계와 그 현상, 지구의 모습, 기후, 인력, 일월식, 그 밖의 지구상의 현상,
대륙과 해양, 인종 등에 관한 내용을 담고 있다.

이 책은 한글 전용으로 편찬되어서 1890년대 국어의 연구의 중요한 자료가 된다.

첫째, 된소리를 표기하는 데에 전통적인 'ㅅ'계 합용 병서만 쓰고, 'ㅂ'계 합용 병서
는 쓰지 않았다. 그리고 'ㄲ, ㄸ, ㅃ, ㅆ, ㅉ' 등의 각자 병서 글자를 모두 사용한 것이
큰 특징이다.

    (보기) ① 'ㅅ'계 합용 병서의 예 : 거리낌이, 째도, 쓰ㄹ더니, 쌴더러, 쎄도, 리쏰이오,
        쓰기

    ② 각자 병서의 예 : 꼴렌벨드ㅣ란 ; 뺄니, 쁘르고, 드리쁘ㄴ, 뺄나, 쁘레스로,
        뽕나무 ; 똑똑이, 뚤코, 별똥 ; 언문으로써, 써야, 길쑴, 쓸 ; 쫏고, 쫏기여

둘째, /·/의 소리가 이미 없어졌지만 표기의 보수성으로 인해 그 이전 시대에 쓰였
던 '·'가 그대로 쓰였다. 따라서 당시의 문헌에 많이 나타났던 'ㅏ'와 '·'의 혼기 현상
은 잘 나타나지 않는다.

셋째, 앞 음절의 종성 /ㄹ/과 뒤 음절의 초성 /ㄹ/이 이어서 발음될 때, 'ㄹㄹ'을 'ㄹㄴ'으로 표기한 예가 대단히 많이 발견된다.

  (보기) 별로 → 별노, 널리 → 널니, 빨리 → 빨니, 줄로 → 줄노, 틀리지 → 틀니지, 갈라진 → 갈나진

넷째, 종성의 /ㄷ/이나 /ㄴ/을 'ㅅ'으로 표기한 예가 많이 보인다.

  (보기) ① 긑지 → 긋지, 받아 → 밧아, 굳어져 → 굿어저, 받는 → 밧는
        ② 요긴ᄒᆞᆫ건마는 → 요긴ᄒᆞᆫ것마는

다섯째, 전통적인 이어적기보다는 끊어적기나 거듭적기로 표기한 예가 아주 많이 보인다. 특히 체언과 조사뿐만 아니라 용언이 활용할 때에도 어간과 어미를 끊어 적은 예가 보이는 것이 특징이다.

  (보기) ① 끊어적기의 예 : 지금이, 엇더홈을, 통홈에, 지금은 ; 적이, 적은, 잇으니, 얼어, 녹인, 긋어
        ② 거듭적기의 예 : 마치 → 맛치, 잇되 → 잇스되, 쇽ᄒᆞ여시니 → 쇽ᄒᆞ엿시니, 다ᄉᆞᆫ → 다슷슨, 비치 → 빗치, 미처 → 밋처, 며치 → 몃치

여섯째, 하나의 음소를 두 개의 음소로 재음소화하여 표기한 예가 보인다.

  (보기) 바퀴를 → 박휘를, 노피 → 놉히, 기픈 → 깁흔, 더피니 → 덥히니, 비츨 → 빗홀

일곱째, 종성이 /ㅎ/으로 끝나는 체언의 /ㅎ/이 탈락한 예가 일부 보인다.

  (보기) 길히오〉길이오, 네히오〉넷시오, 사름들홀〉사름들을

여덟째, '-이다'와 '아니다'의 어간 뒤에 실현되는 연결 어미 '-고' 등에서 /ㄱ/이 탈락된 뒤에, '-오' 등이 선행 모음인 /ㅣ/에 동화된 형태가 나타난다.

  (보기) 쥬비더요, 비너스요, 마스요, 리요

아홉째, 관형격 조사나 사잇소리를 표기하는 글자로서, 'ㅅ'을 사용한 예가 많이 나타난다.

(보기) ① 흔 둘스 동안에, 일 년스 동안에, 틈스 스이는, 털스 빗흔

② 글스자, 언문스법, 도스슈, 살스빗치

열째, 이 책에는 구개음화와 원순 모음의 예가 흔히 발견되며, 아울러 비음화의 예도 일부 발견된다. 다만 'ㄴ' 두음 법칙의 예는 매우 드물게 발견된다.

(보기) ① 구개음화의 예 : 고티디>곳치지, ᄀ티>ᄀ치, 엇디>엇지, 듕국>즁국, ᄃ라나디>지ᄃ라나지, 디ᄂ>지ᄂ, 써러딘다ᄂ>써러진다ᄂ, 디니>지니, 믄딜러>문질러

② 원순 모음화의 예 : 븍극>북극, 검븕으며>검붉으며, 플이>풀이, 믈건>물건, 믄딜러>문질러

③ 비음화의 예 : 써ᄃ니다가>써ᄂ니다가, 듣니ᄂ>듣니ᄂ

④ 'ㄴ' 두음 법칙의 예 : 닉지>익지

열한째, 선어말 어미 '-엇-/-어시-, -앗-/-아시-, -엿-/-여시-' 등이 쓰여서, 완료의 의미를 나타내는 선어말 어미로 쓰였다.

(보기) 왓다가, 낫ᄂ니라, 쇽ᄒ엿시니, 되엿ᄂ니라

열두째, 동사가 서술어로 쓰일 때 과거 시제를 나타내는 무형의 형태소 '-Ø-'는 실현되지 않았으며, '-엇-/-어시-, -앗-/-아시-, -엿-/-여시-'의 어미로 대체되었다.

열셋째, 명사형 전성 어미의 형태가 '-음/-ㅁ' 대신에 '-기'의 형태로 실현되는 경우가 많다.

(보기) 통ᄒ기를, 알기, 보시기를, 도라가기ᄂ, 도라가기만, 말ᄒ기, 되기, 살기에

열넷째, 모음으로 끝나는 체언 뒤에서 주격 조사의 형태로 '-가'가 아주 활발하게 쓰였다.

(보기) 졍의가, 별셜기가, 샹거가, 도스슈가, 빗가, 돌스덩이가

亽민필지

[서문]

> 텬하 형세가 녜와[1] 지금이 크게 곳지[2] 아니ㅎ야 전에는 각국이 각각
> 본 디방을[3] 직희고[4] 본국 풍속만 쏘르더니[5] 지금은 그러치 아니ㅎ여
> 텬하 만국이 언약을 서로 밋고[6] 사름 믈건과 풍속이 서로 통ㅎ기를
> 맛치[7] 흔 집안과 곳ㅎ니[8] 이는 지금 텬하 형세의 곳치지[9] 못홀 일이라

천하의 형세(形勢)가 옛날과 지금이 크게 같지 아니하여, 전(前)에는 각국이 각각
본(本) 지방(地方)을 지키고 본국(本國)의 풍속(風俗)만 따르더니, 지금은 그렇지 아니
하여, 천하(天下) 만국(萬國)이 언약(言約)을 서로 맺고, 사람과 물건과 풍속이 서로
통하기를 마치 한 집안과 같으니, 이는 지금 천하(天下) 형세(形勢)의 고치지 못할
일이다.

> 이 곳치지 못홀 일이 잇슨즉[10] 각국이 전과 곳치[11] 본국 글亽즈와[12]

---

1) 녜와 : 녜(옛날, 昔) + -와(← -과 : 접조)
2) 곳지 : 곳(← 곹다 : 같다, 如) + -지(연어, 부정) ※ '곳지'는 '곹지'의 종성 /ㄷ/을 'ㅅ'으로
   표기한 형태이며, '곹디>곳지'는 /ㄷ/이 /ㅈ/으로 구개음화한 예이다.
3) 본디방을 : 본(본, 本 : 관사) # 디방(지방, 地方) + -을(목조)
4) 직희고 : 직희(지키다, 守)- + -고(연어, 나열) ※ '직희고'는 '지키고'의 /ㅋ/을 /ㄱ/과 /ㅎ/으
   로 재음소화하여 표기한 형태이다.
5) 쏘르더니 : 쏘르(따르다, 從)- + -더(회상)- + -니(연어, 설명 계속)
6) 밋고 : 밋(← 밎다 : 맺다, 結)- + -고(연어, 나열) ※ '밋고'는 '밎고'의 종성 /ㄷ/을 'ㅅ'으로
   표기한 형태이다.
7) 맛치 : 맛치(← 마치 : 마치, 如, 부사) ※ '맛치'는 '마치'의 /ㅊ/을 'ㅅㅊ'으로 거듭 적은 형태다.
8) 곳ㅎ니 : 곳ㅎ(← 곹다 : 같다, 如)- + -니(연어, 이유) ※ '곳ㅎ니'는 'ᄀᆞ트니'의 /ㅌ/을 /ㄷ/과
   /ㅎ/으로 재음소화한 뒤에, 앞의 /ㄷ/을 'ㅅ'으로 표기한 형태이다.
9) 곳치지 : 곳치[← 고치다(고치다, 改) : 곳(← 곧다 : 곧다, 直)- + -히(사접)-]- + -지(연어, 부
   정) ※ '고티디>곳치지'는 /ㅌ/이 /ㅊ/으로 구개음화한 예이다. 그리고 '곳치지'는 '고치지'의
   /ㅊ/을 'ㅅㅊ'으로 거듭 적은 형태이다.
10) 잇슨즉 : 잇ㅅ(← 잇다 : 있다, 有)- + -은즉(연어, 근거, 이유) ※ '잇슨즉'은 '이슨즉'의 /ㅅ/
    을 'ㅅㅅ'으로 거듭 적은 형태이다. 혹은 '잇다'의 형태가 '있다'로 바뀐 결과로 볼 수도 있다.

ᄉ적만[13] 공부흠으로는 텬하 각국 풍긔[14]를 엇지 알며 아지 못ᄒ면 서로 교접ᄒᄂ 스이에 유상치[15] 못흠과 인정을 통흠에 거리씸이[16] 잇슬 거시오 거리씸이 잇스면 졍의가[17] 서로 도탑지[18] 못홀지니[19] 그런즉[20] 불가불[21] 이젼에 공부ᄒ던 학업 외에 ᄯ 각국 일홈과 디방[22]과 폭원[23]과 산쳔과 소산[24]과 국졍[25]과 국셰[26]와 국ᄌ[27]와 군ᄉ와 풍속과 학업과 도학의 엇더흠을 알아야 홀 거시니 이런고로[28] 태셔[29] 각국은 남녀를 무론ᄒ고[30] 칠팔 세 되면 몬져[31] 텬하 각국 디도[32]와 풍속을 ᄀᄅ친

---

11) ᄀᆺ치 : [같이, 如(부사) : ᄀᆺᄎ(← ᄀᇀ다 : 같다, 如, 형사)- + -이(부접)] ※ 'ᄀᆺ치'는 'ᄀᆺ치'의 /ᄎ/ 을 'ᄉᄎ'으로 거듭 적기은 형태이며, 'ᄀᆺ티〉ᄀᆺ치'는 /ᄐ/이 /ᄎ/으로 구개음화한 예이다.

12) 글ᄉᄌ와 : 글ᄉᄌ[글자, 字 : 글(글, 書) + -ᄉ(사잇) + ᄌ(자, 字)] + -와(← -과 : 접조)

13) ᄉ적만 : ᄉ적(사적, 史蹟) + -만(보조사, 한정) ※ 'ᄉ적(史蹟)'은 역사적으로 중요한 사건이 나 시설의 자취이다.

14) 풍긔 : 풍기(風氣). 옛날부터 그 사회에 전해 오는 생활 전반에 걸친 습관 따위이다.

15) 유상치 : 유상ᄒ[← 유상ᄒ(유상하다) : 유상(유상, 有償 : 불어) + -ᄒ(← -ᄒ- : 형사)-]- + -지(연어, 부정) ※ '유상(有償)'은 어떤 행위에 대하여 보상이 있는 것이다. '유상티〉유상치' 는 /ᄐ/이 /ᄌ/으로 구개음화한 예이다.

16) 거리씸이 : 거리씸[거리낌(명사) : 거리끼(거리끼다 : 동사)- + -ㅁ(명접)] + -이(주조)

17) 졍의가 : 졍의(정의, 情意 : 명사) + -가(주조) ※ '정의(情意)'는 마음과 참된 의사를 통틀어 이르는 말이다.

18) 도탑지 : 도탑(도탑다, 敦)- + -지(연어, 부정) ※ '도탑디〉도탑지'는 /ᄃ/이 /ᄌ/으로 구개음 화한 예이다.

19) 못홀지니 : 못ᄒ[못하다, 不能(보용, 부정) : 못(못, 不能 : 부사, 부정) + ᄒ(동접)-]- + -ㄹ지 니(연어, 당위적 근거)

20) 그런즉 : 그러[← 그러ᄒ다(그러하다, 如彼 : 형사) : 그러(그러 : 불어) + -ᄒ(형접)-]- + -ㄴ 즉(연어) ※ '-ㄴ즉'은 앞 절의 일이 뒤 절의 근거나 이유임을 나타내는 연결 어미이다.

21) 불가불 : 불가불, 不可不(부사). 하지 아니할 수 없이.

22) 디방 : 지방(地方)

23) 폭원 : 폭원(幅員). 땅이나 지역의 넓이이다.

24) 소산 : 소산(所産). 어떤 지역에서 생산되는 물건이다.

25) 국졍 : 국정(國情). 나라의 정세나 형편이다.

26) 국셰 : 국세(國勢). 인구, 산업, 자원 따위의 방면에서 한 나라가 지니고 있는 힘이다.

27) 국ᄌ : 국재(國財). 나라의 재산이다.

28) 이런고로 : [이러므로(부사) : 이러(불어) + -∅(← -ᄒ- : 형접)- + -ㄴ(관전▷관접) + 고(고, 故 : 의명) + -로(부조▷부접)]

29) 태셔 : 태서(泰西). 서양을 예스럽게 이르는 말이다.

30) 무론ᄒ고 : 무론ᄒ[← 물론ᄒ다(물론하다) : 무론(← 물론 : 물론, 勿論) + -ᄒ(동접)-]- + -고 (연어, 나열) ※ '무론(勿論)'은 말할 것도 없는 것이다.

후에 다른 공부를 시작ᄒ니 텬하의 산천 슈륙[33]과 각국 풍속 정치를
모르ᄂᆫ 사름이 별노[34] 업ᄂᆫ지라[35] 죠션도 불가불 이와 ᄀᆺ치 ᄒᆫ 연후에야
외국 교졉에 거리낌이 업슬 거시오

이 고치지 못할 일이 있으면, 각국이 전(前)과 같이 본국(本國)의 글자와 사적(事蹟)
만 공부하는 것으로는 천하 각국(各國)의 풍기(風氣)를 어찌 알며, (천하 각국의 풍기를)
알지 못하면 서로 교접(交接)하는 사이에 유상(有償)하지 못하는 것과 인정(人情)을
통(通)하는 것에 거리낌이 있을 것이요, 거리낌이 있으면 정의(情意)가 서로 도탑지
못할 것이니, 그런즉 불가불(不可不) 이전에 공부하던 학업 외에 또 각국 이름과 지방
(地方)과 폭원(幅員)과 산천(山川)과 소산(所産)과 국정(國情)과 국세(局勢)와 국재(國財)
와 군사(軍事)와 풍속(風俗)과 학업(學業)과 도학(道學)의 어떠함을 알아야 할 것이니,
이런고로 태서(泰西) 각국은 남녀를 물론(勿論)하고 칠팔 세가 되면, 먼저 천하 각국
의 지도(地圖)와 풍속(風俗)을 가르친 후에 다른 공부를 시작하니, 천하(天下)의 산천
(山川)과 수륙(水陸)과 각국의 풍속(風俗)과 정치(政治)를 모르는 사람이 별로 없는지라,
조선(朝鮮)도 불가불(不可不) 이와 같이 한 연후(然後)에야 외국과 교접(交接)에 거리낌
이 없을 것이요,

ᄯᅩ 싱각건대[36] 중국 글ᄉᄌ로ᄂᆫ[37] 모든 사름이 ᄲᆞᆯ니[38] 알며 널니[39]

---

31) 몬져 : 먼저, 先(부사)

32) 디도 : 지도(地圖)

33) 산천 슈륙 : 산천(山川)과 수륙(水陸)이다.

34) 별노 : [← 별로(별로, 부사) : 별(별, 別 : 불어) + -노(← -로 : 부조▷부접)] ※ '별노'는 '별로'
    의 'ㄹㄹ'을 'ㄹㄴ'으로 표기한 형태이다.

35) 업ᄂᆫ지라 : 업(← 없다 : 없다, 無)- + -ᄂ(현시)- + -ㄴ지라(연어, 이유, 근거) ※ '업ᄂᆫ디라〉
    업ᄂᆫ지라'는 /ㄷ/이 /ㅈ/으로 구개음화한 예이다.

36) 싱각건대 : 싱각[← 싱각ᄒ다(생각하다) : 싱각(생각 : 명사) + -∅(← -ᄒ- : 동접)-]- + -건
    대(연어, 전제)

37) 글ᄉᄌ로ᄂᆫ : 글ᄉᄌ[글자, 字 : 글(글, 書) + -ㅅ(사잇) + ᄌ(자, 字)] + -로(부조, 방편) + -ᄂᆫ
    (보조사, 주제)

38) ᄲᆞᆯ니 : [← 셜리(빨리, 速 : 부사) : ᄲᆞᆯᄂ(← ᄲᆞᆯ르- ← ᄲᆞ르다 : 빠르다, 速, 형사)- + -이(부접)]
    ※ 표기 형태가 'ᄲᆡ르다〉ᄲᆞ르다'로 변화했는데, 된소리 표기에 각자 병서인 'ㅃ'이 쓰였다. 그
    리고 'ᄲᆞᆯ니'는 'ᄲᆞᆯ리'의 'ㄹㄹ'을 'ㄹㄴ'으로 표기한 형태이다.

39) 널니 : [널리, 廣(부사) : 널ᄂ(← 널르- ← 너르다 : 너르다, 廣, 형사)- + -이(부접)] ※ '널니'
    는 '널리'의 'ㄹㄹ'을 'ㄹㄴ'으로 표기한 형태이다.

볼 수가 업고 죠선 언문은 본국 글ㅅ쑨더러[40] 션비와 빅셩과 남녀가 널니 보고 알기 쉬오니 슬프다 죠선 언문이 즁국 글ㅈ에 비ㅎ야 크게 요긴ㅎ것마는[41] 사름들이 긴ㅎ[42] 줄노[43] 아지 아니ㅎ고 도로혀[44] 업수히넉이니[45] 엇지 앗갑지[46] 아니리오[47] 이러므로[48] 외국 용우ㅎ[49] 인믈이 죠선말과 언문ㅅ 법에[50] 익지 못ㅎ 거스로 붓그러움을[51] 니져ㅂ리고[52] 특별히 언문으로써 텬하 각국 디도와 이문목견ㅎ[53] 풍긔를 대강 긔록홀시 몬져 따덩이와[54] 풍우 박뢰[55]의 엇더홈과 ᄎ례로 각국을 말슴ㅎ니 ᄌ셰히 보시면 각국 일을 대총은[56] 알 거시오 ᄯ 외국

---

40) 글ㅅ쑨더러 : 글ㅅ[↩ 글ㅅㅈ(글자, 字) : (글, 書) + -ㅅ(사잇) + ㅈ(자, 字)] + -Ø(↩ -이- : 서조) + -ㄹ쑨더러(↩ -ㄹ쑨더러 : -ㄹ뿐더러, 연어, 첨가) ※ '글ㅅ쑨더러'는 '글ㅅㅈ일쑨더러'을 오기한 형태이다.

41) 요긴ㅎ것마는 : 요긴ㅎ[요긴하다 : 요긴(요긴, 要緊 : 명사) + -ㅎ(형접)-]- + -것마는(↩ -건마는 : 연어, 대조)

42) 긴ㅎ : 긴ㅎ[긴하다 : 긴(긴, 緊 : 불어) + -ㅎ(형접)-]- + -Ø(현시)- + -ㄴ(관전) ※ '긴(緊)ㅎ다'는 꼭 필요한 것이다.

43) 줄노 : 줄(줄 : 의명) + -노(↩ -로 : 부조, 방편) ※ '줄노'는 '줄로'의 'ㄹㄹ'을 'ㄹㄴ'으로 표기한 형태이다.

44) 도로혀 : [도리어, 猶(부사) : 돌(돌다, 回 : 자동)- + -오(사접)- + -혀(강접)- + -어(연어▷부접)]

45) 업수히넉이니 : 업수히넉이[↩ 업슈이너기나(입신여기다, 蔑視) : 없(없다, 無)- + -우(사접)- + -이(부접) + 넉이(↩ 너기다 : 여기다, 念)-]- + -니(연어, 이유)

46) 앗갑지 : 앗갑[아깝다, 惜 : 앗기(아끼다, 惜 : 동사)- + -압(형접)-]- + -지(연어, 부정)

47) 아니리오 : 아니(↩ 아니ㅎ다 : 보용, 부정)- + -리(미시)- + -오(의종, 설명)

48) 이러므로 : 이러(↩ 이러ㅎ다 : 이러하다, 如此)- + -므로(연어, 이유)

49) 용우ㅎ : 용우ㅎ[용우ㅎ다 : 용우(용우, 庸愚 : 불어) + -ㅎ(형접)-]- + -Ø(현시)- + -ㄴ(관전) ※ '용우(庸愚)'는 용렬하고 어리석은 것이다.

50) 언문ㅅ 법에 : 언문(언문, 諺文) + -ㅅ(-의 : 관조) # 법(법, 法) + -에(부조, 위치)

51) 붓그러움을 : 붓그러움[부끄러움, 恥(명사) : 붓그리(부끄러워하다, 恥)- + -어우(↩ -업- : 형접)- + -음(명접)] + -을(목조)

52) 니져ㅂ리고 : 니져ㅂ리[잊어버리다, 忘 : 닛(잊다, 忘)- + -어(연어) + 버리(버리다 : 보용, 완료)-]- + -고(연어, 나열)

53) 이문목견ㅎ : 이문목견ㅎ[이문목견 : 이문목견(이문목견, 耳聞目見 : 명사구) + -ㅎ(동접)-]- + -Ø(과시)- + -ㄴ(관전) ※ '이문목견(耳聞目見)'은 귀로 듣고 눈으로 본다는 것으로 실지로 경험하는 것이다.

54) 따덩이와 : 따덩이[땅덩이, 地 : 따(↩ 따ㅎ : 땅, 地) + 덩이(덩이, 塊)] + -와(↩ -과 : 접조)

55) 풍우 박뢰 : 풍우 박뢰(風雨雹雷). 바람과 비와 우박과 벼락을 아울러서 이르는 말이다.

56) 대총은 : 대총(대총, 大總) + -은(보조사, 주제) ※ '대총(大總)'은 '대충'의 원말이다.

교졉에 적이[57] 긴홈이 될 둣ㅎ니 말슴의 잘못됨과 언문의 셔투른[58] 거슨 용셔ㅎ시고 이야기만 ㅈ세히 보시기를 그윽히 브라옵ㄴ이다[59]

죠션 육영공원[60] 교ᄉ 헐벗

또 생각건대 중국 글자로는 모든 사람이 빨리 알며 널리 볼 수가 없고, 조선 언문 (諺文)은 본국 글자일뿐더러 선비와 백성과 남녀가 널리 보고 알기 쉬우니, 슬프다. 조선 언문이 중국 글자에 비하여 크게 요긴(要緊)하건마는, 사람들이 긴(緊)한 줄로 알지 아니하고, 도리어 업신여기니 어찌 아깝지 아니하리오? 이러므로 외국의 용우 (庸愚)한 인물(= 필자인 헐벗)이 조선말과 언문의 법(法)에 익지 못한 것으로 부끄러움 을 잊어버리고, 특별히 언문으로써 천하 각국 지도와 이문목견(耳聞目見)한 풍기(風 氣)를 대강 기록하니, 먼저 땅덩이와 풍우(風雨)와 박뢰(雹雷)의 어떠한 것과 차례(次 例)로 각국을 말씀하니, 자세히 보시면 각국의 일을 대충은 알 거시요, 또 외국 교접 (交接)에 적이 긴(緊)한 것이 될 듯하니, 말씀이 잘못된 것과 언문이 서툰 것은 용서(容 恕)하시고, 이야기만 자세히 보시기를 그윽이 바라옵나이다.

조선(朝鮮) 육영공원(育英公院) 교사(敎師) **헐벗**

히와 여듧 별의 그림

히ㅅ ㄱ혜[61] 히를 에워[62] 도라가ᄂ 여듧 별이 잇스니 이 그림에 둥군 줄은 여듧 별이 도라가ᄂ 길이오[63] 그 줄에 박힌 뎜은[64] 여듧

---

57) 적이 : [적이, 어느 정도, 少(부사) : 적(적다, 少 : 형사)- + -이(부접)]

58) 셔투른 : 셔투르(서투르다, 未熟)- + -Ø(현시)- + -ㄴ(관전)

59) 브라옵ㄴ이다 : 브라(바라다, 望)- + -옵(공손)- + -ㄴ(현시)- + -이(상높, 아주 높임)- + -다 (평종) ※ '-옵ㄴ이다'는 이후에 '-옵ㄴ이다〉옵닌다〉옵니다'의 형태로 변화하여, 이후에 현대 국어의 아주 높임 등분의 평서형 종결 어미인 '-옵니다/-ㅂ니다'의 형태로 발전한다. 참고로 현대 국어의 '-습니다'는 '-습ㄴ이다'가 줄어져서 형성된 평서형의 종결 어미이다.

60) 육영공원 : 육영공원(育英公院). 구한말의 교육 기관이다. 고종 23년(1886)에 나라에서 세운 최초의 현대식 학교로, 미국인 교사를 초빙하여 수학·지리학·외국어·정치 경제학 따위를 가 르쳤는데, 한국 현대식 공립 학교의 효시이다. 고종 31년(1894)에 폐지되었다.

61) 히ㅅ ㄱ혜 : 히(해, 日) + -ㅅ(-의 : 관조) # ㄱㅎ(가, 邊) + -에(부조, 위치)

62) 에워 : 에우(에우다, 둘러싸다, 圍)- + -어(연어)

63) 길이오 : 길(← 길ㅎ : 길, 路) + -이(서조)- + -오(← -고 : 연어, 나열)

별이오 별ㅅ ᄀᆞ혜 젹은[65] 뎜들은 그 별에 속흔 둘이니 엇던[66] 별은 둘이 혹[67] 여덟 혹 여숫 혹 넷시오[68] 이 ᄯᅡ혜는[69] 둘이 ᄒᆞ나히며[70] ᄯᅩ ᄒᆞᆫ가온대는[71] ᄒᆡ니 여덟 별이 ᄒᆞᆼ샹[72] ᄒᆡ를 에워 도라가고 ᄯᅩ ᄭᅩ리[73] 잇는 뎜은 미셩이니[74] 그 별은 ᄒᆡ를 에워 도라가지 아니ᄒᆞ고 다만 ᄒᆡ에게로 왓다가[75] 도로 ᄯᅥ나 멀니 나가니 그 도ㅅ수는[76] 혀아릴[77] 수가 업ᄂᆞ니라[78]

(해와 여덟 별의 그림)

해(日)의 가(邊)에 해를 에워 돌아가는 여덟 별이 있으니, 이 그림에 둥근 줄은 여덟 별이 돌아가는 길이요, 그 줄에 박힌 점(點)은 여덟 별(星)이요, 별의 가의 적은 점들은 그 별에 속한 달이니, 어떤 별은 달이 혹(或)은 여덟, 혹(或)은 여섯 혹(或)은 넷이요, 이 땅에는 달이 하나이며, 또 한 가운데는 해(日)이니, 여덟 별이 항상 해를 에워 돌아가고, 또 꼬리 있는 점은 미성(尾星)이니, 그 별은 해를 에워 돌아가지 아니하고 다만 해에게로 왔다가 도로 떠나 멀리 나가니, 그 도수(度數)는 헤아릴 수가 없느니라.

---

64) 뎜은 : 뎜(섬, 點) + -은(보조사, 주제)

65) 젹은 : 젹(작다, 小)- + -Ø(현시)- + -은(관전)

66) 엇던 : [어떤, 何(관사) : 엇더(어떠 : 불어) + -Ø(←-ᄒ- : 형접)- + -ㄴ(관전▷관접)]

67) 혹 : 혹은(或 : 부사)

68) 넷시오 : 넷ㅅ(← 넷 ← 네ㅎ : 넷, 四, 수사, 양수) + -이(서조)- + -오(←-고 : 연어, 나열)
    ※ '넷시오'는 '네시오'의 'ㅅ'을 거듭 적기은 형태인데, 수사 '네ㅎ'이 '넷'의 형태로 변화했다.

69) ᄯᅡ혜는 : ᄯᅡㅎ(← ᄯᅡᄒ : 땅, 地) + -에(부조, 위치) + -는(보조사, 주제, 대조)

70) ᄒᆞ나히며 : ᄒᆞ나ㅎ(하나, 一 : 수사, 양수) + -이(서조)- + -며(연어, 나열)

71) ᄒᆞᆫ가온대는 : ᄒᆞᆫ가온대[한가운데 : ᄒᆞᆫ(한, 정확한 : 접두) + 가온대(가운데, 中)] + -는(보조사, 주제)

72) ᄒᆞᆼ샹 : ᄒᆞᆼ샹(← 항샹 : 항상, 常, 부사)

73) ᄭᅩ리 : ᄭᅩ리(꼬리, 尾) + -Ø(←-이 : 주조)

74) 미셩이니 : 미셩(미성, 尾星) + -이(서조)- + -니(연어, 설명 계속) ※ '미셩(尾星)'은 혜성이다.

75) 왓다가 : 오(오다, 來)- + -앗(완료)- + -다가(연어, 동작의 전환)

76) 도ㅅ수는 : 도ㅅ수[도수, 度數 : 도(度) + -ㅅ(사잇) + 수(數)] + -는(보조사, 주제) ※ '도ㅅ수(度數)'는 거듭하는 횟수이다.

77) 혀아릴 : 혀아리(← 혜아리다, 算)- + -ㄹ(관전)

78) 업ᄂᆞ니라 : 업(← 없다 : 없다, 無)- + -ᄂᆞ(현시)- + -니(원칙)- + -라(←-다 : 평종)

싸뎡이[79]

　태허[80] 챵명ᄒᆫ[81] 즈음에 무수ᄒᆫ 별쎨기가[82] 잇스ᄃᆡ[83] 쎨기마다 각각 큰 별 ᄒᆞ나ㅅ식[84] 잇서 젹은 별들을 거ᄂᆞ려 ᄒᆞᆫ 쎨기를 일우고 젹은 별들은 그 큰 별을 ᄯᆞ라[85] 에워 도라가니 태양이 ᄒᆞᆫ 큰 별이라 극히 빗나며 움즉임이 업고 그 ᄀᆞ헤 도ᄂᆞᆫ 별 여덟이 쇽ᄒᆞ엿시니[86] ᄒᆞ나흔[87] 쥬비더요[88] 둘흔 비너스요 세흔 싯언이오[89] 네흔 마스요[90] 다ᄉᆞᆺᄉᆞᆫ[91] 이 ᄯᅡ히오 여ᄉᆞᆺᄉᆞᆫ 넵츈[92]이오 닐곱은 유레너스오[93] 여덟은 머규릐니[94] 각각 샹거가[95] 혹 멀고 갓가오며[96] 히를 에워 도라가ᄂᆞᆫ

---

79) 싸뎡이 : [ᄯᅡᆼ뎡이 : ᄯᅡ(←ᄯᅡᇂ : ᄯᅡᆼ, 地) + 뎡이(덩이, 덩어리, 塊)]
80) 태허 : 태허(太虛). '하늘'을 달리 이르는 말이다.
81) 챵명ᄒᆫ : 챵명ᄒᆞ[챵명하다 : 챵명(창명, 蒼冥 : 불어) + -ᄒᆞ(형접)-] + -Ø(현시)- + -ㄴ(관전)
　　※ '창명(蒼冥)'은 푸르고 어두운 것이다.
82) 별 쎨기가 : 별(별, 星) # 쎨기(무더기, 叢) + -가(주조) ※ '별 쎨기'는 '태양계'처럼 항성(恒星)을 중심으로 그에 딸려 있는 행성(行星)과 그 위성(衛星)을 아울러서 이르는 말이다.
83) 잇스ᄃᆡ : 잇스(← 있다 : 있다, 有)- + -으ᄃᆡ(←-되 : 연어, 설명 계속) ※ '잇스ᄃᆡ'은 '이스ᄃᆡ'의 /ㅅ/을 'ㅅㅅ'으로 거듭 적은 형태로도 볼 수도 있고, 혹은 '잇다'의 형태가 '있다'로 바뀐 결과로 볼 수도 있다.
84) ᄒᆞ나ㅅ식 : ᄒᆞ나(하나, 一) + -ㅅ식(←-씩 : 보조사, 각자)
85) ᄯᆞ라 : ᄯᆞᆯ(← ᄯᆞᆯ다 : 따르다, 從)- + -아(연어)
86) 쇽ᄒᆞ엿시니 : 쇽ᄒᆞ[쇽하다 : 쇽(속, 屬 : 불어) + -ᄒᆞ(동접)-] + -엿시(←-였- : 완료)- + -이니(←-으니 : 연어, 설명 계속)
87) ᄒᆞ나흔 : ᄒᆞ낳(하나, 一 : 수사, 양수) + -은(보조사, 주제)
88) 쥬비더요 : 쥬비더(주피터, Jupiter, 목성, 木星) + -이(서조)- + -오(←-고 : 연어, 나열)
　　※ 연결 어미 '-고'에서 /ㄱ/이 탈락한 형태인 '-오'가 선행하는 /ㅣ/에 동화되어서 '-요'로 바뀌었다.
89) 싯언이오 : 싯언(새턴, Saturn, 토성, 土星) + -이(서조)- + -오(←-고 : 연어, 나열)
90) 마스요 : 마스(마르스, Mars, 화성, 火星) + -Ø(←-이- : 서조)- + -요(←-오←-고 : 연어, 나열)
91) 다ᄉᆞᆺᄉᆞᆫ : 다ᄉᆞᆺ(← 다ᄉᆞᆺ : 다섯, 五) + -은(보조사, 주제) ※ '다ᄉᆞᆺᄉᆞᆫ'은 '다ᄉᆞᆺ은'의 /ㅅ/을 'ㅅㅅ'으로 거듭 적은 형태이다.
92) 넵츈 : 넵튠, Neptune. 해왕성(海王星)이다.
93) 유레너스오 : 유레너스(유러너스, Uranus, 천왕성, 天王星) + -Ø(←-이- : 서조)- + -오(←-고 : 연어, 나열)
94) 머규릐니 : 머규릐(머규리, Mercury, 수성, 水星) + Ø(←-이- : 서조)- + -니(연어, 설명 계속)
95) 샹거가 : 샹거(상거, 相距) + -가(주조) ※ '샹거(相距)'는 서로 떨어져 있는 두 곳의 거리이다.

도ㅅ슈가 ᄲᆞᄅ고[97] 더딈과 형톄의 크고 젹은 분별이 서로 ᄀᆞᆺ지[98] 아니ᄒ고 이 도ᄂᆞᆫ 별 여듧 즁예 각각 제게[99] 쇽ᄒᆞᆫ 일빅여 별이 잇고 ᄯᅩ 제게 쇽ᄒᆞᆫ ᄃᆞᆯ이 잇ᄂᆞᆫ 것도 잇ᄋᆞ니 이 ᄯᅡᄒᆞᆫ[1] ᄃᆞᆯ ᄒᆞ나히 잇서 흥샹 ᄯᅡᄒᆞᆯ 에워 도라가딕 ᄒᆞᆫ ᄃᆞᆯ ᄉ 동안에 ᄒᆞᆫ 박휘를[2] 돌고 형톄ᄂᆞᆫ ᄯᅡ보다 삼분지일이오[3] ᄯᅡ헤셔 샹거ᄂᆞᆫ 거의 구십만 리나 되고 싯언에 쇽ᄒᆞᆫ ᄃᆞᆯ은 여듧이오 쥬비더에 쇽ᄒᆞᆫ ᄃᆞᆯ은 네히오 유레너스에 쇽ᄒᆞᆫ ᄃᆞᆯ도 네히오 그 늠아ᄂᆞᆫ[4] 다 ᄃᆞᆯ이 업ᄂᆞ니라

(땅덩이)

태허(太虛)가 창명(蒼冥)한 즈음에 무수한 별무더기가 있되, 덩이마다 각각 큰 별 하나씩 있어 적은 별들을 거느려 한 덩이를 이루고, 적은 별들은 그 큰 별을 따라 에워 돌아가니, 태양(太陽)이 한 큰 별이라 극히 빛나며 움직임이 없고, 그 가에 도는 별 여덟이 속하였으니, 하나는 주피터요 둘은 비너스요 셋은 새턴이요 넷은 마르스 요 다섯은 이 땅이요 여섯은 넵튠이요 일곱은 유레너스요 여덟은 머큐리니, 각각 상거(相距)가 혹은 멀고 가까우며, 해를 에워서 돌아가는 도수(度數)가 빠르고 더딤과 형체(形體)의 크고 적은 분별(구분, 分別)이 서로 같지 아니하고, 이 도는 별 여덟 중에 각각 자기에게 속(屬)한 일백어 별이 있고 또 자기에게 속한 달이 있는 것도 있으니, 이 땅은 달 하나가 있어 항상 땅을 에워 돌아가되 한 달의 동안에 한 바퀴를 돌고, 형체는 땅보다 삼분지일(삼분)이요, 땅에서 상거(相距)는 거의 구십만 리나 되고, 새

---

96) 갓가오며 : 갓가오(← 갓갑다, ㅂ불 : 가깝다, 近)- + -며(←-으며 : 연어, 나열)

97) ᄲᆞᄅ고 : ᄲᆞᄅ(← ᄲᆞᄅ다 : 빠르다, 速)- + -고(연어, 나열) ※ 된소리인 /ㅃ/의 표기에 'ᄲ' 대신에 'ㅃ'이 쓰인 예이다.

98) ᄀᆞᆺ지 : ᄀᆞᆺ(← ᄀᆞᇀ다 : 같다, 如)- + -지(연어, 부정) ※ 'ᄀᆞᆺ디〉ᄀᆞᆺ지'는 /ㄷ/이 /ㅈ/으로 구개음화 된 형태이며, 'ᄀᆞᆺ디'는 종성인 /ㄷ/을 'ㅅ'으로 표기한 형태이다.

99) 제게 : 저(저, 자기, 己 : 지대, 재귀칭) + -ㅣ게(-에게 : 부조, 상대)

1) ᄯᅡᄒᆞᆫ : ᄯᅡᄒ(땅, 地) + -은(보조사, 주제)

2) 박휘를 : 박휘(← 바퀴 : 바퀴, 回, 의명) + -를(목조) ※ '박휘'는 '바퀴'의 /ㅋ/을 /ㄱ/과 /ㅎ/ 으로 재음소화하여 표기한 형태이다.

3) 삼분지일이오 : 삼분지일(三分之一 : 수사, 양수) + -이(서조)- + -오(←-고 : 연어, 나열)

4) 늠아ᄂᆞᆫ : 늠아(← 나마 : 나마, 나머지, 餘 : 의명) + -ᄂᆞᆫ(보조사, 주제)

턴에 속한 달은 여덟이요, 주피터에 속한 달은 넷이요, 유레너스에 속한 달도 넷이요, 그 나머지는 다 달이 없느니라.

이 싸흘 의론컨대[5] 히와 샹거가 삼만 일쳔팔빅오십만 리쯤이오[6] 히를 에워 도라가기는 흔 시ㅅ 동안에 스십칠만 륙쳔 리를 가고 일 년ㅅ 동안에 흔 박휘를 돌며 형톄는 둥글고 히에 비ㅎ야 일빅이십륙만 비가[7] 젹고 쥬회[8]는 팔만여 리요 바로 쩨뚤흐면[9] 이만 칠쳔륙빅여 리며 남극과 북극이 곳곳이[10] 바름은[11] 맛치[12] 곳쟝이로[13] 탄ㅈ[14]를 쩨인[15] 것 굿고 남북극 흔가온대 젹도ㅣ라[16] ㅎ는 한뎡이[17] 잇서 젹도 남북편에 각 스쳔팔빅오십 리에 황도[18]ㅣ라 ㅎ는 한뎡이 잇서 남황도ㅣ라 북황도ㅣ라 ㅎ고 남황도 남편 팔쳔구빅 리와 북황도 북편 팔쳔구빅 리에 흑도[19]ㅣ라 ㅎ는 한뎡이 잇서 남흑도ㅣ라 북흑도ㅣ라 ㅎ고 남흑도 남편 스쳔팔빅오십 리와 북흑도 북편 스쳔팔빅오십 리에는 남극이라 북극이라 ㅎ니

이 땅을 의논(議論)하건대, 해와 상거(相距)가 삼만 일천팔백오십만 리(里)쯤이요,

---

5) 의론컨대 : 의론ㅎ[← 의논ㅎ다 : 의론(의논, 議論 : 명사) + -ㅎ(←-ㅎ- : 동접)-]- + -건대(연어, 조건, 전제)

6) 리쯤이오 : 리쯤[리쯤 : 리(리, 里 : 의명) + -쯤(-쯤 : 접미)] + -이(서조)- + -오(←-고 : 연어, 나열)

7) 비가 : 비(배, 倍) + -가(주조)

8) 쥬회는 : 주회(周回). 둘레이다.

9) 쩨뚤흐면 : 쩨뚤ㅎ[쩨뚧다 : 쩨(쩨다, 貫)- + 뚧(뚫다, 鑿)-]- + -으면(연어, 조건)

10) 곳곳이 : [꼿꼿이, 直(부사) : 꼿꼿(꼿꼿 : 불어) + -∅(←-ㅎ- : 형접)- + -이(부접)]

11) 바름은 : 바르(바르다, 正)- + -ㅁ(명전) + -은(보조사, 주제)

12) 맛치 : 마치, 如(부사) ※ '맛치'는 '마치'의 /ㅅ/을 'ㅅㅊ'으로 거듭 적은 형태이다.

13) 곳쟝이로 : 곳쟝이(꼬챙이, 串) : 곳(← 곶 : 꼬챙이)- + -쟝이(-장이 : 접미)] + -로(부조, 방편)

14) 탄ㅈ : 탄자(彈子), 탄알.

15) 쩨인 : 쩨이(←쩨다 : 꿰다, 串)- + -∅(과시)- + -ㄴ(관전) ※ '쩨인'은 '쩬'을 오기한 형태이다.

16) 젹도ㅣ라 : 젹도(적도, 赤道) + -ㅣ(←-이- : 서조)- + -∅(현시)- + -라(←-다 : 평종)

17) 한뎡이 : 한뎡(한정, 限定) + -이(주조)

18) 황도 : 황도(黃道). 태양의 둘레를 도는 지구의 궤도가 천구(天球)에 투영된 궤도이다.

19) 흑도 : 흑도(黑道). 태음(太陰)의 궤도이다. 황도(黃道)에서 43도 4분, 양극(兩極)에서 28도 38분 기울어져 있다.

해를 에워 돌아가기는 한 시(時)의 동안에 사십칠만 육천 리(里)를 가고, 일년의 동안에 한 바퀴를 돌며, 형체는 둥글고 해에 비하여 일백이십륙만 배(倍)가 적고, 주회(周回)는 팔만여 리(里)요, 바로 꿰뚫으면 이만 칠천육백여 리(里)며, 남극(南極)과 북극(北極)이 꼿꼿이 바른 것은 마치 꼬챙이로 탄자(彈子)를 꿴 것과 같고, 남북극의 한가운데 '적도(赤道)이다' 하는 한정(限定)이 있어서, 적도 남북편에 각 사천팔백오십 리에 '황도(黃道)이다' 하는 한정(限定)이 있어 '북황도(北黃道)이다', '남황도(南黃道)이다' 하고, 남황도의 남편(南便) 팔천구백 리와 북황도 북편(北便) 팔천구백 리에 '흑도(黑道)이다' 하는 한정이 있어서 '남흑도이다' '북흑도이다' 하고, 남흑도 남편 사천팔백오십 리와 북흑도 북편 사천팔백오십 리에는 '남극이다', '북극이다' 하니

적도 남북 구천칠빅 리는 흥샹 히ㅅ빗흘²⁰⁾ 바로 밧아²¹⁾ ᄉ시²²⁾ 분별이 격고 흥샹 뜨거운 고로²³⁾ 열딕라²⁴⁾ 닐ᄋ고²⁵⁾ 남황도 밧²⁶⁾ 팔천구빅 리와 북황도 팔천구빅 리는 일 년에 ᄒᆞᆫ 번ㅅ식²⁷⁾ 히ㅅ빗흘 바로 밧는 고로 여름과 겨을 분별이 잇스니 온딕라²⁸⁾ 닐ᄋ고 남흑도 밧 ᄉ천팔빅오십 리와 북흑도 밧 ᄉ천팔빅오십 리 남북극신지는²⁹⁾ 흥샹 히ㅅ빗흘 보지 못ᄒᆞ여 치운³⁰⁾ 고로 링딕라³¹⁾ 닐ᄋ며 쏘 남북극 근쳐에는 흥샹 얼고 풀이 나지 못ᄒᆞ며 흥샹 얼어 잇는 바다가 잇스니 빙ᄒᆡ라³²⁾

---

20) 히ㅅ빗흘 : 히ㅅ빗ᄒᆞ[햇빛(日光) : 히(해, 日) + -ㅅ(사잇) + 빗ᄒᆞ(빛, 光)] + -을(목조) ※ '빗흘'은 '비츨'의 /ㅊ/을 /ㅅ/과 /ㅎ/으로 재음소화한 뒤에, 종성 /ㅅ/을 'ㅅ'으로 표기한 형태이다.
21) 밧아 : 밧(← 받다 : 받다, 受)- + -아(연어) ※ '밧아'는 /바다/의 /ㄷ/을 'ㅅ'으로 표기한 형태이다.
22) ᄉ시 : 사시(四時). 네 계절이다.
23) 고로 : [고로(의명) : 고(고, 故 : 의명) + -로(부조▷명접)] ※ '고로'는 부사어성 의존 명사이다.
24) 열딕라 : 열딕(열대, 熱帶) + -Ø(←-이- : 서조)- + -Ø(현시)- + -라(←-다 : 평종)
25) 닐ᄋ고 : 닐ᄋ(← 니르다 : 이르다, 謂)- + -고(연어, 나열) ※ '닐ᄋ고'는 '니르고'를 과잉 분철한 형태이다.
26) 밧 : 밧(← 밝 : 밖, 外)
27) ᄒᆞᆫ 번ㅅ식 : ᄒᆞᆫ(한, 一 : 관사, 양수) # 번(번, 番 : 의명) + -ㅅ식(-씩 : 접미, 각자)
28) 온딕라 : 온딕(온대, 溫帶) + -Ø(←-이- : 서조)- + -Ø(현시)- + -라(←-다 : 평종)
29) 남북극신지는 : 남북극(남북극, 南北極) + -신지(-까지 : 보조사, 도달점) + -는(보조사, 주제)
30) 치운 : 치우(← 칩다, ㅂ불 : 춥다, 寒)- + -Ø(현시)- + -ㄴ(←-은 : 관전)
31) 링딕라 : 링딕(냉대, 冷帶) + -Ø(←-이- : 서조)- + -Ø(현시)- + -라(←-다 : 평종)
32) 빙ᄒᆡ라 : 빙ᄒᆡ(빙해, 氷海) + -Ø(←-이- : 서조)- + -Ø(현시)- + -라(←-다 : 평종)

닐으고 쏘 반 년이 늦이오[33] 반 년이 밤이며

적도(赤道)의 남북 구천칠백 리는 항상 햇빛을 바로 받아 사시(四時)의 분별(分別)이 적고 항상 뜨거운 고(故)로 '열대(熱帶)이다' 이르고, 남황도 밖 팔천구백 리와 북황도(밖) 팔천구백 리는 일 년에 한 번씩 햇빛을 바로 받는 고로 여름과 겨울의 분별이 있으니 '온대(溫帶)이다' 이르고, 남흑도 밖 사천팔백오십 리와 북흑도 밖 사천팔백오십 리의 남북극(南北極)까지는 항상 햇빛을 보지 못하여 추운 고로 '냉대(冷帶)이다.' 이르며, 또 남북극 근처에는 항상 얼고 풀이 나지 못하며 항상 얼어 있는 바다가 있으니 '빙해(氷海)이다' 이르고, 또 반 년이 낮이요 반 년이 밤이며,

쏘 이 싸히 둥글듸 남북극편은 좀 납쪽ᄒ고[34] 도는 모양이 두 가지니 일 쥬야[35]에 ᄒᆞᆫ 번 뒤집히고 일 년에 ᄒᆡ를 에워[36] ᄒᆞᆫ 박휘를 도듸[37] 남북극 솟솟ᄒᆞᆷ은 조곰도 틀니지[38] 아니ᄒᆞ고 다만 좀 비스듬ᄒᆞ게 도는 고로 남극편이 ᄒᆡ를 향ᄒᆞ는 째도[39] 잇고 북극편이 ᄒᆡ를 향ᄒᆞ는 째도 잇스니 아모 째나 아모 곳이나 ᄒᆡᄉ빗흘 바로 밧으면 곳 여름이오 ᄒᆡᄉ빗흘 바로 밧지 못ᄒᆞ면 겨울이며 쏘 ᄒᆡᄉ빗흘 보면 늦이오[40] ᄒᆡᄉ빗흘 보지 못ᄒᆞ면 밤이며 쏘 이 싸덩이는 ᄃᆞ라나는[41] 힘이 잇고

---

33) 늦이오 : 늦(←낮 : 낮, 晝)-+-이(서조)-+-오(←-고 : 연어, 나열) ※ '늦이오'는 '나지오'의 /ス/을 'ㅅ'으로 표기한 형태이다.

34) 납쪽ᄒ고 : 납쪽ᄒ[납작하다 : 납(납- : 불어)-+-쪽(-작- : 접미)-+-ᄒ(형접)-]-+-고(연어, 나열)

35) 쥬야 : 주야(晝夜)

36) 에워 : 에우(에우다, 圍)-+-어(연어) ※ '에우다'는 사방을 빙 둘러싸는 것이다.

37) 도듸 : 도(←돌다 : 돌다, 回)-+-듸(-되 : 연어, 설명 계속)

38) 틀니지 : 틀니[←틀리다(틀리다, 틀어지다, 偏) : 틀(틀다, 偏)-+-리(피접)-]-+-지(연어, 부정) ※ '틀니지'는 '틀리지'의 'ㄹㄹ'을 'ㄹㄴ'으로 표기한 형태이다. '틀니디〉틀니지'는 /ㄷ/이 /ス/으로 구개음화한 예이다. /ㄹ/ 아래에서 피동 접미사인 '-이-'가 '-리-'로 변동한 형태이다.

39) 째도 : 째(때, 時)+-도(보조사, 첨가)

40) 늦이오 : 늦(←낮 : 낮, 晝)+-이(서조)-+-오(←-고 : 연어, 나열) ※ '늦이오'는 '늦이오'의 종성 /ス/을 'ㅅ'으로 표기한 형태이다.

41) ᄃᆞ라나는 : ᄃᆞ라나[달아나다, 逃走 : ᄃᆞᆯ(←ᄃᆞᆮ다 : 달리다, 走)-+-아(연어)+나(나다, 出)-]-+-ᄂᆞ(현시)-+-ㄴ(관전)

히는 드리쌘는⁴²⁾ 힘이 잇는 고로 멀니 드라나지 못ᄒ고 흥샹 히를 에워 도라가기만 ᄒ니 대개 크고 무거운 거슨 젹고 가ᄇ야운⁴³⁾ 거슬 드리쌘는지라⁴⁴⁾ 이 셰샹의 만믈로 의론컨대 일ㅅ 쥬야에 흔 번ㅅ식 뒤집히되 써러지는⁴⁵⁾ 믈건이 ᄒ나토⁴⁶⁾ 업는 거슨 이 ᄯᅡ히 만믈 즁에 크고 무거워 드리쌘는 고로 써러지지 못ᄒ는 연고ㅣ니라⁴⁷⁾

또 이 땅이 둥글되 남북극편(南北極便)은 좀 납작하고 도는 모양이 두 가지이니, 일(一) 주야(晝夜)에 한 번 뒤집히고 일 년에 해를 에워 한 바퀴를 돌되, 남북극의 꼿꼿함은 조금도 틀리지 아니하고 다만 좀 비스듬하게 도는 고로, 남극편(南極便)이 해를 향하는 때도 있고 북극편(北極便)이 해를 향하는 때도 있으니, 아무 때나 아무 곳이나 햇빛을 바로 받으면 곧 여름이요 햇빛을 바로 받지 못하면 겨울이며, 또 햇빛을 보면 낮이요 햇빛을 보지 못하면 밤이며, 또 땅덩이는 달아나는 힘(= 원심력)이 있고 해는 들이빠는 힘(= 구심력)이 있는 고로 멀리 달아나지 못하고 항상 해를 에워 돌아가기만 하니, 대개 크고 무거운 것은 적고 가벼운 것을 들이빠는지라, 이 세상의 만물로 의논하건대, 일(日)의 주야(晝夜)에 한 번씩 뒤집히되 떨어지는 물건이 하나도 없는 것은, 이 땅이 만물 중(中)에 크고 무거워 들이빠는 고로 떨어지지 못하는 연고(緣故)이니라.

---

42) 드리쌘는 : 드리쌘[← 드리셜다(들이빨다, 吸入) : 들(들다, 入)- + -이(부접) + 쌜(빨다, 吸)-]- + -ᄂ(현시)- + -ㄴ(관전) ※ /ㅃ/을 표기하는 데에 'ㅆ' 대신에 각자 병서인 'ㅃ'이 쓰였다.

43) 가ᄇ야운 : 가ᄇ야우(← 가ᄇ얍다, ㅂ불 : 가볍다, 輕)- + -∅(현시)- + -ㄴ(← -은 : 관전)

44) 드리쌘는지라 : 드리쌘[← 들이쌜다(들이빨다, 吸入) : 들(들다, 入)- + -이(부접) + 쌜(빨다, 吸)-]- + -ᄂ(현시)- + -ㄴ지라(-ㄴ지라 : 연어, 당위)

45) 써러지는 : 써러지[떨어지다 : 쩔(떨다, 振)- + -어(연어) + 지(지다, 落)-]- + -ᄂ(현시)- + -ㄴ(관전) ※ '써러디는>써러지는'는 /ㄷ/이 /ㅈ/으로 구개음화한 예이다.

46) ᄒ나토 : ᄒ나ᄒ(하나, 一 : 수사, 양수) + -도(보조사, 강조)

47) 연고ㅣ니라 : 연고(연고, 緣故) + -ㅣ(← -이- : 서조)- + -∅(현시)- + -니(원칙)- + -라(← -다 : 평종)

헐버트

H. B. 헐버트(Hulbert, H. B.)는 미국인으로 1862년 1월 26일 미국 버몬트 주 뉴헤이번에서 태어났다. 1884년에 다트머스 대학을 졸업하고 그 해에 유니언 신학교에 들어가서 2년 간 수학하였다.

1886년(조선 고종 23년)에 조선 정부의 요청으로 길모어, 벙커등과 함께 조선에 들어와 조선 최초의 근대식 교육기관인 육영공원(育英公院)에서 교사직으로 영어를 가르쳤다. 그는 자비로 한글 개인 교사를 고용하여 한글을 배워, 3년 만에 한글로써 『사민필지』와 같은 책을 저술할 정도로 한국어 구사 능력을 갖추었다.

1905년에 을사조약이 체결되자, 한국의 자주 독립을 주장하여 고종의 밀서를 휴대하고 미국에 돌아가 국무장관과 대통령을 면담하려 했으나 실패하였다. 1908년에는 매사추세츠주 스프링필드에 정착하면서 한국에 관한 글을 썼고, 1919년에 삼일 독립 운동을 지지하는 글을 서재필(徐載弼)이 주관하는 잡지에 발표하였다.

대한민국이 수립된 후 1949년에 국빈으로 초대를 받고 내한한 직후에 병사하여 양화진(楊花津)에 있는 외국인 묘지에 묻혔다. 1950년 3월 1일에 대한민국 정부에서 외국인 최초로 건국 공로훈장 태극장을 추서했다. 그리고 2014년 10월 9일에 한글 보전과 보급에 헌신한 공로로 대한민국 정부에서 금관문화훈장을 추서했다.

헐버트는『스민필지』,『한국사』(The History of Korea),『대동기년』(大東紀年),『대한제국 멸망사』(The Passing of Korea) 등의 저서를 남겼다.

4. 독립신문

〈독립신문〉은 서재필(徐載弼)이 갑신정변(1884년) 후 미국으로 망명했다가 귀국한 뒤에, 정부로부터 자금을 받아서 1896년 4월 7일에 창간한 신문이다. 창간하던 해에는 가로 22cm, 세로 33cm의 크기로 4면 가운데 3면은 한글 전용으로 〈독립신문〉을 편집하고, 마지막 1면은 영문판인 〈The Independent〉로 편집하였다. 창간 이듬해인 1897년 1월 5일자부터는 국문판과 영문판을 분리하여 발행하였다. 그러나 〈독립신문〉은 외세의 영향하에 있었던 정부 관료와 개화 사상에 반감을 가졌던 수구파의 미움을 사게 되었는데, 그 결과로 정부가 〈독립신문〉을 인수하여 1899년 12월 4일자로 폐간하였다.

〈독립신문〉은 19세기 말 한국 사회의 발전과 민중의 계몽을 위하여 매우 큰 역할을 수행한 기념비적인 신문으로 평가받고 있다. 그리고 현대 국어로 넘어가는 개화기 국어의 모습을 잘 반영하고 있다는 점에서도 큰 의의가 있다. 특히 불완전하기는 하지만 한글 표기에서 최초로 띄어쓰기를 시도한 점은 높이 평가할 수 있다.

〈독립신문〉에 나타난 국어사적인 특징을 다음과 같이 정리할 수 있다.

첫째, 된소리를 표기하는 데에는 'ㅂ'계 합용 병서는 잘 쓰이지 않았으며, 주로 'ㅅ'계 합용 병서가 쓰였다. 그리고 'ㄲ, ㄸ, ㅃ, ㅆ, ㅉ' 각자 병서 글자가 쓰였다.

(보기) ① 'ㅂ'계 합용 병서 : 뻐드면, 건강으로뻐
　　　　② 'ㅅ'계 합용 병서 : 까둙에, 싱각홀까, 곳치기, 폐하끠, 쏘, 쏙, 쎼여, 흔쪽
　　　　③ 각자 병서 : 끼돍이라, 떡국, 뻬기도, 써야, 언짠흔

둘째, 종성의 /ㄷ/을 'ㅅ'으로 표기한 예가 많이 나타난다.

(보기) 듣고 → 듯고, 믿노라 → 밋노라, 듣기에 → 듯기에, 곧 → 곳, 믿고 → 밋고

셋째, 앞 음절의 종성 /ㄹ/과 뒤 음절의 초성 /ㄹ/이 이어서 발음될 때에, 'ㄹㄹ'을 'ㄹㄴ'으로 표기한 예가 대단히 많이 발견된다.

(보기) 들로→들노, 달리→달니, 몰라셔→몰나셔, 불란셔→불난셔,

　　　 달라고→달나고, 갈린→갈년

넷째, 전통적인 이어적기 뿐만 아니라 끊어적기와 거듭적기의 예가 많이 보인다. 특히 용언이 활용할 때에도 끊어적기가 많이 쓰인 것이 특징이다.

　(보기) ① 끊어적기의 예 : 분국이, 소문을, 일을, 일년에, 일년간으로 ; 적어, 알어셔,

　　　　 알아보기, 먹은, 붓잡아 ; 죽음을, 붉히

　　　　 ② 거듭적기의 예 : 쓰는고로→쓴는고로, 쓰시니→쯧시니, 쓰슨→쯧슨

다섯째, 최초로 띄어쓰기를 시도하였는데, 이는 1933년에 재정된 〈한글 맞춤법 통일안〉에서 띄어쓰기를 규정한 것보다 35년 정도나 앞선다.

　(보기) 독닙신문이 본국과 외국 스졍을 자셰이 긔록홀터이요

여섯째, 거센소리의 음소를 예사소리와 /ㅎ/으로 '재음소화(在音素化)'하여 표기한 예가 나타난다.

　(보기) 노픈→놉흔, 아픠→압희

일곱째, /ㆍ/의 소리가 이미 없어졌지만 보수적인 표기법 때문에 'ㆍ'가 그대로 쓰인 경우가 많으며, 이에 따라서 'ㆍ'와 'ㅏ'가 혼기된 경우가 있다.

　(보기) 아래〉아릭, 딕졉ᄒ쟈〉딕졉ᄒ즈, 보내는딕〉보닉는딕

여덟째, 종성이 /ㅎ/으로 끝나는 체언의 /ㅎ/이 탈락한 예가 대단히 많이 보인다.

　(보기) 사름들흰고로〉사름드린고로, 사름들히〉사름들이

아홉째, 구개음화와 원순 모음화가 활발히 일어났으며, 비음화의 예가 일부 발견된다. 다만 'ㄹ' 두음 법칙과 'ㄴ' 두음 법칙, 모음 동화의 예는 드물게 발견된다.

　(보기) ① 구개음화의 예 : 뎡부〉졍부, 인텬항〉인쳔항, 엇디〉엇지, 한심티〉한심치,

　　　　 맛당티〉맛당치

　　　　 ② 원순 모음화의 예 : 더브러〉더부러, -브터〉-부터, 드믈미라〉드물미라, 브

터는지>부터는지

③ 비음화의 예 : 독립신문>독닙신문, 명령>명녕, 실례>실네

④ 'ㄹ' 두음 법칙의 예 : 론셜>논셜, 령>녕, 로인>노인

⑤ 'ㄴ' 두음 법칙의 예 : 닐그니>일그니, 니르도록>이르도록, 닉지>익지

⑥ 모음 동화('ㅣ' 모음 역행 동화, 움라우트 현상) : 펴일터이요>폐일터이요,
느리다>늬리다

열째, '-이다'와 '아니다'의 어간 뒤에 실현되는 연결 어미 '-고'나 의문형 어미 '-고/-가' 등에서 /ㄱ/이 탈락된 뒤에, '-오' 등이 선행 모음인 /ㅣ/에 동화된 형태가 나타난다.

(보기) 터이요, 글이요, 아니ᄒ리요, 법이요

열한째, 명사형 전성 어미의 형태가 '-옴'에서 '-(으)ㅁ'으로 바뀐 예가 많이 나타 난다.

(보기) 보기 쉽도록 홈이라, 알아 보게 홈이라, 드물미라, 병신이 됨이라

열두째, 평서문의 문장을 명사형 전성 어미인 '-ㅁ'으로써 끝맺는 예가 광고 부분 과 사설의 첫 부분에서 더러 나타난다. 이렇게 종결 어미 대신에 명사형 전성 어미인 '-ㅁ'을 실현하여 문장을 끝맺음으로써, 문장을 간결하게 끝맺는 효과가 나타난다.

(보기) 이 신문샹 ᄆ일 긔록홈(긔록ᄒ + -오- + -ㅁ), 속히 성명을 보내기 ᄇ라옴,
내기도 홀 터이옴, 한문으로ᄒ 편지는 당초에 샹관 아니홈, 빅쟝에 여든쟝만
세음홈, 젼 국인민을 위ᄒ여 무슴 일이든지 ᄃ언ᄒ여 주랴홈

열셋째, 명사형 전성 어미로서 '-기'의 쓰임이 활발하였다.

(보기) 모도 언문 으로 쓰기는, 빅호기가 수혼이, 알아 보기가 쉬혼터이라, 싸홈되기
가 쉽다더라, 우리가 듯기에

열넷째, 인칭법, 대상법의 문법 범주가 완전히 소멸하였다. 다만, 평서형으로 종결 어미로 쓰인 용언에서 인칭법의 흔적이 보인다.

(보기) ᄒᆞ노라, ᄇᆞ라노라, 아노라

열다섯째, 선어말 어미 '-엇-/-어시-, -앗-/-아시-, -엿-/-여시-' 등이 쓰여서, '완료'의 동작상을 나타내는 선어말 어미로 쓰였다.

(보기) 먹는듸(넘- + -엇- + -ᄂᆞ- + -ㄴ듸)
쑤지져든이(쑤짖- + -엇- + -더- + -니)
갓다더라(가- + -앗- + -다 # (ᄒᆞ)- + -더- + -라)
힛든이(ᄒᆞ + -엿- + -더- + -니)

열여섯째, 동사가 서술어로 쓰일 때에 실현되는 과거 시제의 형태소 '-∅-'는 거의 실현되지 않았고, '-엇-/-어시-, -앗-/-아시-, -엿-/-여시-'의 완료상을 나타내는 선어말 어미로 대체되었다. 다만 극히 일부의 예에서 과거 시제 표현의 선어말 어미인 '-∅-'가 실현되었다.

(보기) 출발ᄒᆞ다, 반포ᄒᆞ다

열일곱째, 현재 시제의 선어말 어미가 '-ㄴ-'과 '-ᄂᆞ-'의 형태로 실현된 예가 대단히 많이 쓰였다.

(보기) ① 보호ᄒᆞᆫ다, 즈퇴ᄒᆞᆫ다니, 간다고
② 쏫ᄂᆞᆫ다든지, 짓ᄂᆞᆫ다든지, 먹ᄂᆞᆫ다더라

열여덟째, 미래 시제의 선어말 어미의 형태로 '-겟-'이 많이 쓰였다.

(보기) 몰오겟더라, 다ᄉᆞ리겟다, 말ᄒᆞ겟노라, 살겟고, ᄒᆞ겟다

열아홉째, 중세 국어에 쓰였던 객체 높임법의 선어말 어미인 '-오-'가 그 기능을 상실하여 공손 표현의 선어말 어미로 바뀌었다.

(보기) 기록홈(기록ᄒᆞ + -오- + -ㅁ)
ᄇᆞ라옴(ᄇᆞ라- + -오- + -ㅁ)
샹관아니홈(아니ᄒᆞ- + -오- + -ㅁ)
세음홈(ᄒᆞ- + -오- + -ㅁ)

주랴홈(ᄒᆞ- + -오- + -ㅁ)

스물째, '-옵ᄂᆞ이다'와 '-옵니다'의 형태가 쓰였는데, 이는 '-옵(공손)- + -ᄂᆞ(현시)- + -이(상높, 아주 높임)- + -다(평종)'으로 분석된다. 이 형태는 20세기 초부터는 아주 높임의 등분의 평서형 종결 어미인 '-ㅂ니다/-습니다'로 변한다.

　(보기) ① 알외옵ᄂᆞ이다, ᄒᆞ옵ᄂᆞ이다, 기다리옵ᄂᆞ이다
　　　　② 알외옵니다

스물한째, 모음으로 끝나는 체언 뒤에서 주격이나 보격 조사의 형태로 '-가'가 아주 활발하게 쓰였다.

　　(보기) 우리가, 얼마가, 보기가, 쳐치가, 화가, 앙화가, 맛길 슈가

스물두째, 인용을 나타나는 부사격 조사로서 '-고'의 예가 많이 나타난다.

　　(보기) ᄌᆞ하하여 달나고, 드러오라고 ᄒᆞ미, 오원봉이라고 ᄒᆞᆫ 이가, 되라고 ᄒᆞ기로

뎨일권 독닙신문 뎨일호

조션 셔울 건양[1] 원년 ᄉ월 초칠일 금요일

광고

> 독닙신문이 본국과 외국 ᄉ졍을 자셰이 긔록ᄒ터이요[2] 졍부속과[3] 민간 소문을 다보고 ᄒ터이라[4] 졍치샹일과[5] 농ᄉ 쟝ᄉ 의슐샹 일을 얼만콤식[6] 이신문샹[7] 미일 긔록홈[8] 갑슨 일년에 일원삼십젼 ᄒᄃᆞᆯ에 십이젼 ᄒ쟝에 동젼 ᄒ푼 독닙신문 분국이 졔물포 원산 부산 파주 숑도 평양 슈원 강화 등지에 잇더라[9]

제일 권 독립신문 제일호

조선 서울 건양 원년 사월 초칠일 금요일

광고

---

1) 건양 : 건양(建陽). 조선 고종 때인 1896년에 제정한 조선(朝鮮)의 연호(年號)이다.

2) 긔록ᄒ터이요 : 긔록ᄒ[기록하다 : 긔록(기록, 記錄 : 명사) + -ᄒ(동접)-]- + -ㄹ(관전) # 터(터, 것 : 의명) + -이(서조)- + -요(←-오←-고 : 연어, 나열) ※ 연결 어미 '-고'에서 /ㄱ/이 탈락한 '-오'가 선행하는 /ㅣ/에 동화되어서 '-요'로 바뀌었다.

3) 졍부속과 : 졍부(정부, 政府) # 속ᄒ(← 속 : 속, 안, 內) + -과(접조)

4) 다보고 ᄒ터이라 : 다(다 : 다, 悉, 부사) # 보고ᄒ[보고하다 : 보고(보고, 報告 : 명사) + -ᄒ(동접)-]- + -ㄹ(관전) # 터(터, 것 : 의명) + -이(서조)- + -Ø(현시)- + -라(←-다 : 평종)

5) 졍치샹일과 : 졍치샹[정치상 : 졍치(정치, 政治) + -샹(-상, 上 : 접미)] # 일(일, 事) + -과(접조)

6) 얼만콤식 : 얼(← 얼마 : 명사) + -만콤(←-만큼 : 부조, 흡사) + -식(-씩 : 보조사, 접미, 각자) ※『고등학교 문법』에서는 '-식(-씩)'을 접미사로 처리하고 있으나, 보조사적인 성격이 짙다.

7) 신문샹 : 신문(신문, 新聞) # 샹(상, 上)

8) 긔록홈 : 긔록ᄒ[기록하다 : 긔록(기록, 記錄 : 명사) + -ᄒ(동접)-]- + -오(공손)- + -ㅁ(명전 ▷평종) ※ '-ㅁ'은 원래 명사형 어미인데 여기서는 평서형 종결 어미로 기능했다. 이 시기에는 명사형 전성 어미가 '-(으)ㅁ'으로 바뀌었는데, 여기서 평서형으로 쓰일 때에는 공손 표현의 선어말 어미인 '-오-'를 실현하여 '-옴'의 형태로 평서문을 끝맺었다.

9) 잇더라 : 잇(있다, 在)- + -더(회상)- + -라(←-다 : 평종)

독립신문이 본국과 외국 사정을 자세히 기록할 터이요, 정부 속(안)과 민간(의) 소문을 다 보고할 터이다. 정치상의 일과 농사, 장사, 의술상의 일을 얼마만큼씩 이 신문 상(에) 매일 기록하옴. 값은 일 년에 일 원 삼십 전, 한 달에 십이 전, 한 장에 동전 한 푼. 독립신문 분국(分局)이 '제물포, 원산, 부산, 파주, 송도, 평양, 수원 강화' 등지에 있더라.

신문을 들노졍ᄒ든지[10] 일년간으로 졍ᄒ여 사보고스분이ᄂ[11] 졍동[12] 독닙신문샤로 와셔 돈을 미리 내고 셩명과 집이 어듸라고[13] 젹어 노코 가면 ᄒ로걸어[14] 신문을 보내줄터이니[15] 신문 보고 스분이ᄂ[16] 속히 셩명을 보내기 ᄇ라옴[17]

신문을 달(月)로 정하든지 일 년간으로 정하여 사 보고 싶은 이는, 정동(貞洞) 독립신문사로 와서 돈을 미리 내고 성명과 집이 어디라고 적어 놓고 가면, 하루 걸러 신문을 보내 줄 것이니, 신문을 보고 싶은 이는 속히 성명을 보내기 바람.

무론[18] 누구든지[19] 무러볼 말이 잇든지[20] 셰샹사름의게[21] ᄒ고스분말잇ᄉ

---

10) 들노졍ᄒ든지 : 들(달, 月) + -노(← -로 : 부조, 방편) # 졍ᄒ[정하다 : 졍(졍, 定 : 불어) + -ᄒ(동접)-] + -든지(연어, 선택) ※ '들노'는 '들로'의 'ㄹㄹ'을 'ㄹㄴ'으로 표기한 형태이다.

11) 사보고스분이ᄂ : 사(사다, 買)- + -아(연어) # 보(보다 : 보용, 시도)- + -고(연어) # 스부(← 시프다 : 싶다, 보용, 희망)- + -Ø(현시)- + -ㄴ(관전) # 이(사람, 者 : 의명) + -ᄂ(보조사, 주제)

12) 졍동 : 정동(貞洞). 서울특별시 중구에 있는 마을 이름이다.

13) 어듸라고 : 어듸(어디, 何 : 지대, 미지칭) + -Ø(← -이- : 서조)- + -Ø(현시)- + -라(← -다 : 평종) + -고(부조, 인용) ※ '인용'을 나타내는 부사격 조사인 '-고'가 쓰인 것이 주목할 만하다.

14) ᄒ로걸어 : ᄒ로(하루, 一日) # 걸(← 걸르- ← 거르다 : 거르다, 缺)- + -어(연어)

15) 보내줄터이니 : 보내(보내다, 送)- + -어(연어) # 주(주다 : 보용, 봉사)- + -ㄹ(관전) # 터(터, 것, 者 : 의명) + -이(서조)- + -니(연어, 설명 계속)

16) 스분이ᄂ : 스부(← 시프다 : 싶다, 보용, 희망)- + -Ø(현시)- + -ㄴ(관전) # 이(이, 者 : 의명) + -ᄂ(보조사, 주제)

17) ᄇ라옴 : ᄇ라(바라다, 望)- + -오(공손) + -ㅁ(명전 ▷ 평종)

18) 무론 : 무론(無論, 毋論). 물론(勿論), 말할 것도 없이(부사)

19) 누구든지 : 누구(누구, 誰 : 인대, 미지칭) + -든지(보조사, 선택)

20) 잇든지 : 잇(있다, 有)- + -든지(연어, 선택)

21) 셰샹사름의게 : 셰샹(세상, 世上) # 사름(사람, 人) + -의게(-에게 : 부조, 상대)

면²²⁾ 이신문샤로²³⁾ 간단ᄒ게 귀절²⁴⁾ 쎄여셔²⁵⁾ 편지ᄒ면 ᄃᆡ답ᄒᆯ만ᄒᆫ말이든지²⁶⁾ 신문에 낼만ᄒᆫ²⁷⁾ 말이면 ᄃᆡ답ᄒᆯ터이요²⁸⁾ 내기도 ᄒᆯ터이옴 한문으로 ᄒᆫ²⁹⁾ 편지는 당초에³⁰⁾ 샹관아니홈³¹⁾

무론(毋論) 누구든지 물어볼 말이 있든지 세상 사람에게 하고 싶은 말이 있으면, 이 신문사로 간단하게 구절(句節)을 떼어서 편지하면, 대답할 만한 말이든지 신문에 낼 만한 말이면 대답할 것이요, (신문에) 내기도 할 터이옴. 한문(漢文)으로 한 편지는 당초에 상관 아니 하옴.

경향간에³²⁾ 무론 누구든지 길거리에서 쟝ᄉᆞᄒᆞᄂᆞᆫ이³³⁾ 이신문을 가져다가³⁴⁾ 노코 팔고져 ᄒᆞ거든 여긔와셔³⁵⁾ 신문을 가져다가 팔면 열쟝에 여ᄃᆞᆯ쟝만 셰음ᄒᆞ고³⁶⁾ 빅쟝에 여든쟝만 셰음홈

---

22) ᄒ고스분말잇스면 : ᄒ(하다, 謂)-＋-고(연어) # 스부(←시프다 : 싶다, 보용, 희망)-＋-Ø(현시)-＋-ㄴ(관전) # 말(말, 言) # 잇스(←있다 : 있다, 有)-＋-ᄋ면(연어, 조건) ※ '잇다'의 형태가 '있다'로 바뀐 예이다.

23) 이신문샤로 : 이(이, 此 : 관사, 지시, 정칭) # 신문샤(신문사, 新聞社)＋-로(부조, 방향)

24) 귀절 : 구절(句節)

25) 쎄여셔 : 쎄(떼다, 離)-＋-여셔(←-어셔 : 연어)

26) ᄃᆡ답ᄒᆯ만ᄒᆫ말이든지 : ᄃᆡ답ᄒ[대답하다 : ᄃᆡ답(대답, 對答)＋-ᄒ(동접)-]-＋-ㄹ(관전) # 만(의명, 흡사) # ᄒ(하다 : 보형)-＋-Ø(현시)-＋-ㄴ(관전) # 말(말, 言)＋-이(서조)-＋-든지(연어, 선택)

27) 낼만ᄒᆫ : 내[내다 : 나(나다, 出)-＋-ㅣ(←-이- : 사접)-]-＋-ㄹ(관전) # 만(의명, 흡사) # ᄒ(하다 : 보형)-＋-Ø(현시)-＋-ㄴ(관전)

28) ᄃᆡ답ᄒᆯ터이요 : ᄃᆡ답ᄒ[대답하다 : ᄃᆡ답(대답, 對答)＋-ᄒ(동접)-]-＋-ㄹ(관전) # 터(터, 것, 者 : 의명)＋-이(서조)-＋-요(←-오←-고 : 연어)

29) 한문으로ᄒᆫ : 한문(한문, 漢文)＋-으로(부조, 방편) # ᄒ(하다, 爲, 製)-＋-Ø(과시)-＋-ㄴ(관전)

30) 당초에 : 당초(당초, 일이 생기기 시작한 처음, 當初)＋-에(부조, 위치)

31) 샹관아니홈 : 샹관(상관, 相關) # 아니(부사, 부정) # ᄒ(하다, 爲)-＋-오(공손)-＋-ㅁ(명전 ▷평종) ※ '샹관아니홈'은 '다루지 아니한다'의 뜻으로 쓰였다.

32) 경향간에 : 경향(경향, 京鄕) # 간(간, 間 : 의명)＋-에(부조, 위치) ※ '경향'은 서울과 지방이다.

33) 쟝ᄉᆞᄒᆞᄂᆞᆫ이 : 쟝ᄉᆞᄒ[장사하다 : 쟝ᄉᆞ(장사 : 명사)-＋-ᄒ(동접)-]-＋-ᄂᆞ(현시)-＋-ㄴ(관전) # 이(이, 者 : 의명)＋-Ø(←-이 : 주조)

34) 가져다가 : 가지(가지다, 持)-＋-어(연어)＋-다가(보조사, 동작의 유지, 강조)

35) 여긔와셔 : 여긔(여기, 此 : 지대, 정칭) # 오(오다, 來)-＋-아셔(-아셔 : 연어)

36) 셰음ᄒᆞ고 : 셰음ᄒ[셈하다 : 셰(세다, 算)-＋-음(←-ㅁ : 명접)-＋-ᄒ(동접)-]-＋-고(연어, 나

경향(京鄕) 간에 물론(하고) 누구든지 길거리에서 장사하는 이가 이 신문을 가져다
가 놓고 팔고자 하거든, 여기 와서 신문을 가져다가 팔면 열 장에 여덟 장만 셈하고
백 장에 여든 장만 셈하옴.

논셜

> 우리가 독닙신문을 오늘 처음으로 츌판ᄒᆞᄂᆞᄃᆡ[37] 조선속에 잇는 ᄂᆡ외
> 국[38] 인민의게 우리 쥬의[39]를 미리 말슴ᄒᆞ여 아시게 ᄒᆞ노라[40]

우리가 독립신문을 오늘 처음으로 출판하는데, 조선 속(안)에 있는 내외국 인민에
게 우리 주의를 미리 말씀하여 아시게 하노라.

> 우리는 첫ᄌᆡ[41] 편벽[42] 되지 아니ᄒᆞᆫ고로[43] 무슴당애도[44] 상관이 업고
> 샹하귀쳔을 달니ᄃᆡ졉아니ᄒᆞ고[45] 모도죠션[46] 사름으로만 알고 죠션만
> 위ᄒᆞ며공평이[47] 인민의게 말 ᄒᆞᆯ터인ᄃᆡ[48] 우리가 셔울 ᄇᆡᆨ셩만 위ᄒᆞᆯ게[49]

열) ※ '세음ᄒᆞ고'는 '셈ᄒᆞ고'의 오기이다.

37) 츌판ᄒᆞᄂᆞᄃᆡ : 츌판ᄒᆞ[출판하다 : 츌판(출판, 出版 : 명사) + -ᄒᆞ(동접)-]- + -ᄂᆞ(현시)- + -ᆫᄃᆡ
(-ㄴ데 : 연어, 설명 계속)

38) ᄂᆡ외국 : ᄂᆡ외국(내외국, 內外國). 내국와 외국이다.

39) 쥬의 : 주의(主義)

40) ᄒᆞ노라 : ᄒᆞ(하다, 爲)- + -노라(평종, 현시, 1인칭)

41) 첫ᄌᆡ : [첫째(수사, 서수) : 첫(관사, 서수) + -ᄌᆡ(-째 : 접미, 서수)]

42) 편벽 : 편벽(偏僻). 생각 따위가 한쪽으로 치우쳐 있는 것이다.

43) 아니ᄒᆞᆫ고로 : 아니ᄒᆞ[아니하다, 不(보용, 부정) : 아니(아니, 不 : 부사, 부정) + -ᄒᆞ(형접)-]-
+ -∅(현시)- + -ᆫ(관전) # 고로(까닭으로, 故로 : 의명) ※ '고로'는 [고(고, 故 :) + -로(부
조▷부접)]의 방식으로 형성된 의존 명사이다.

44) 무슴당애도 : 무슴(무슨, 何 : 관사, 지시, 미지칭) # 당(당, 黨) + -애(-에 : 부조, 위치) + -도
(보조사, 강조)

45) 달니ᄃᆡ졉아니ᄒᆞ고 : 달니[← 달리(부사) : 달ᄅᆞ(← 다ᄅᆞ다 : 다르다, 異, 형사)- + -이(부접)] #
ᄃᆡ졉(대접, 待接) # 아니(아니, 不 : 부사, 부정) # ᄒᆞ(하다, 爲)- + -고(연어, 나열) ※ '달니'
는 '달리'의 'ㄹㄹ'을 'ㄹㄴ'으로 표기한 형태이다.

46) 모도죠션 : 모도[모두, 皆(부사) : 몯(모이다, 會 : 자동)- + -오(부접)] # 죠션(조선, 朝鮮 : 나
라 이름)

47) 위ᄒᆞ며공평이 : 위ᄒᆞ[위하다, 爲 : 위(위, 爲 : 불어) + -ᄒᆞ(동접)-]- + -며(연어, 나열) # 공평
이[공평히(부사) : 공평(공평, 公平 : 명사) + -∅(←-ᄒᆞ- : 형접)- + -이(부접)]

아니라 죠션 젼국인민을 위ᄒᆞ여 무슴일이든지[50] 디언ᄒᆞ여[51] 주랴홈[52] 정부에서 ᄒᆞ시ᄂᆞᆫ일을 빅셩의게 젼홀터이요[53] 빅셩의 졍셰을 정부에 젼홀터이니 만일 빅셩이 정부일을 자셰이알고 정부에셔 빅셩에[54] 일을 자셰이 아시면 피ᄎᆞ에 유익ᄒᆞᆫ 일만히[55] 잇슬터이요[56] 불평ᄒᆞᆫ ᄆᆞ음과 의심ᄒᆞᄂᆞᆫ 싱각이 업서질 터이옴

우리는 첫째 편벽(偏僻)되지 아니한 고로, 무슨 당(黨)에도 상관이 없고 상하귀천(上下貴賤)을 달리 대접 아니 하고, 모두 조선 사람으로만 알고 조선만 위하며 공평히 인민(人民)에게 말 할 터인데, 우리가 서울의 백성만 위할 게 아니라 조선의 전국 인민을 위하여 무슨 일이든지 대언(代言)하여 주려 하옴. 정부에서 하시는 일을 백성에게 전할 터이요, 백성의 정세(情勢)를 정부에 전할 터이니, 만일 백성이 정부 일을 자세히 알고 정부에서 백성의 일을 자세히 아시면, 피차(彼此)에 유익한 일이 많이 있을 터이요, 불평한 마음과 의심하는 생각이 없어질 터임.

우리가 이신문 츌판 ᄒᆞ기는 취리ᄒᆞ랴ᄂᆞᆫ게[57] 아닌고로[58] 갑슬 헐허도록[59]

---

48) 홀터인디 : ᄒᆞ(ᄒᆞ다, 爲)-+-ㄹ(관전) # 터(터, 것, 者 : 의명)+-이(서조)-+-ㄴ디(-ㄴ데 : 연어, 설명 계속)

49) 위홀게 : 위ᄒᆞ(위하다, 爲)-+-ㄹ(관전) # 거(← 것 : 것, 의명)+- ㅣ(←-이 : 주조)

50) 무슴일이든지 : 무슴(무슨, 何 : 관사, 지시, 미지칭) # 일(일, 事)+-이든지(보조사, 선택 나열)

51) 디언ᄒᆞ여 : 디언ᄒᆞ[대언하다 : 디언(대언, 代言 : 명사)+-ᄒᆞ(동접)-]+-여(←-어 : 연어) ※ '디언(代言)'은 남을 대신하여 말하는 것이다.

52) 주랴홈 : 주(주다 : 보용, 봉사)-+-랴(-려 : 연어, 의도) # ᄒᆞ(하다 : 보용)-+-오(공손)+-ㅁ (명전▷평종)

53) 젼홀터이요 : 젼ᄒᆞ[전하다 : 젼(전, 傳 : 불어)+-ᄒᆞ(동접)-]+-ㄹ(관전) # 터(터, 것, 者 : 의명)+-이(서조)-+-요(←-오←-고 : 연어, 나열)

54) 빅셩에 : 빅셩(백성, 百姓)+-에(←-의 : 관조) ※ '-에'는 관형격 조사 '-의'인데, 이 시기에 관형격 조사인 '-의'의 발음이 단모음인 /ㅔ/로 바뀌었음을 알 수 있다.

55) 일만히 : 일(일, 事) # 만히[많이(부사) : 많(많다, 多 : 형사)-+-이(부접)]

56) 잇슬터이요 : 잇ㅅ(← 있다 : 있다, 有)-+-을(관전) # 터(터, 것 : 의명)+-이(서조)-+-요 (←-오←-고 : 연어, 나열)

57) 취리ᄒᆞ랴ᄂᆞᆫ게 : 취리ᄒᆞ[취리하다 : 취리(취리, 取利 : 명사)+-ᄒᆞ(동접)-]+-랴(-려 : 연어) # ∅(← ᄒᆞ(하다, 爲)-+-ᄂᆞ(현시)-+-ㄴ(관전) # 거(← 것 : 것, 者, 의명)+- ㅣ(←-이 : 주조) ※ '취리ᄒᆞ랴ᄂᆞᆫ게'는 '취리ᄒᆞ랴 ᄒᆞᄂᆞᆫ 것이'에서 보조 용언의 어간인 'ᄒᆞ-'가 탈락한 형태이다.

ᄒᆞ엿고 모도 언문 으로 쓰기는 남녀 샹하귀쳔이모도 보게홈이요 ᄯᅩ 귀졀을[60] ᄶᅦ여[61] 쓰기는 알어[62] 보기 쉽도록 홈이라 우리는 바른 ᄃᆡ로만[63] 신문[64]을 홀터인고로[65] 정부 관원이라도 잘못ᄒᆞ는이 잇스면[66] 우리가 말홀터이요 탐관오리 들을[67] 알면 셰샹에 그사ᄅᆞᆷ의 ᄒᆡᆼ젹을 폐일터이요[68] ᄉᆞᄉᆞ빅셩이라도[69] 무법ᄒᆞᆫ일ᄒᆞ는 사람은 우리가 차져[70] 신문에 셜명홀터이옴 우리는 죠션 대군쥬폐하와[71] 됴션정부와 죠션인민을 위ᄒᆞ는 사ᄅᆞᆷ드린고로[72] 편당잇는[73] 의논이든지 ᄒᆞᆫ쪽만[74] 싱각코[75] ᄒᆞ는 말은 우리 신문샹에 업실터이옴[76] ᄯᅩ ᄒᆞᆫ쪽에 영문으로 기록ᄒᆞ기는 외국인민이 죠션

---

58) 아닌고로 : 아니(아니다, 非 : 형사, 부정)- + -Ø(현시)- + -ㄴ(관전) # 고로(까닭으로, 때문에 : 의명) ※ '고로'는 [고(고, 故 : 명사) + -로(부조▷부접)]으로 분석되는 파생 명사이다.

59) 헐허도록 : 헐허[← 헐하다(헗다, 값이 싸다, 低價) : 헐(헐, 歇 : 불어) + -ᄒᆞ(형접)-]- + -도록 (연어, 도달)

60) 귀졀을 : 귀졀(구절, 句節) + -을(목조)

61) ᄶᅦ여 : ᄶᅦ(떼다, 離)- + -여(← -어 : 연어)

62) 알어 : 알(알다, 知)- + -어(← -아 : 연어)

63) ᄃᆡ로만 : ᄃᆡ(데, 處 : 의명) + -로(부조, 방편) + -만(보조사, 한정)

64) 신문 : 신문(訊問). 알고 있는 사실을 캐어묻는 것이다.

65) 홀터인고로 : ᄒᆞ(하다, 爲)- + -ㄹ(관전) # 터(터, 것, 者 : 의명) + -이(서조)- + -Ø(현시)- + -ㄴ(관전) # 고로(까닭으로, 故로 : 의명)

66) 잇스면 : 잇ㅅ(← 있다 : 있다, 有)- + -으면(연어, 조건)

67) 탐관오리 들을 : [탐관오리들 : 탐관오리(탐관오리, 貪官汚吏) + -들(복접)] + -을(목조)

68) 폐일터이요 : 폐이[펴게 하다 : 펴(펴다, 伸)- + -ㅣ(← -이- : 사접)- + -이(사접)-]- + -ㄹ(관전) # 터(터, 것 : 의명) + -이(서조)- + -요(← -오 ← -고 : 연어, 나열) ※ '폐이-'는 '펴이-'에서 모음 동화(움라우트 현상)가 일어난 형태이다.

69) ᄉᆞᄉᆞ빅셩이라도 : ᄉᆞᄉᆞ(사사, 私事) # 빅셩(백성, 百姓) + -이라도(보조사, 양보) ※ 'ᄉᆞᄉᆞ 빅셩'은 '사사로운 백성'이다.

70) 차져 : 찾(찾다, 索)- + -어(← -아 : 연어)

71) 대군쥬폐하와 : 대군쥬(대군주, 大君主) # 폐하(폐하, 陛下) + -와(접조) ※ 여기서 '대군쥬'는 고종(高宗) 임금을 가리킨다.

72) 사ᄅᆞᆷ드린고로 : 사ᄅᆞᆷ들[사람들 : 사ᄅᆞᆷ(사람, 人) + -들(복접)] + -이(서조)- + -Ø(현시)- + -ㄴ (관전) # 고로(까닭으로, 故로 : 의명)

73) 편당잇는 : 편당(편당, 偏黨) # 잇(← 있다 : 있다, 有)- + -ᄂᆞ(현시)- + -ㄴ(관전) ※ '편당(偏黨)'은 한 당파에 치우치는 것이다.

74) ᄒᆞᆫ쪽만 : ᄒᆞᆫ(한 : 관사) # 쪽(쪽, 偏) + -만(보조사, 한정)

75) 싱각코 : 싱각ᄒᆞ[← 싱각ᄒᆞ다(생각하다, 思) : 싱각(생각, 思 : 명사) + -ᄒᆞ(← -ᄒᆞ- : 동접)-]- + -고(연어, 나열)

76) 업실터이옴 : 없(없다, 無)- + -일(← -을 : 관전) # 터(터, 것 : 의명) + -이(서조)- + -오(공손)-

스졍⁷⁷⁾을 자셰이몰은즉⁷⁸⁾ 혹 편벽 된 말만 듯고⁷⁹⁾ 죠션을 잘못 싱각홀까⁸⁰⁾ 보아 실상⁸¹⁾ 스졍을 알게ᄒ고져ᄒ여⁸²⁾ 영문으로 조곰 긔록홈

우리가 이 신문을 출판하기는 취리(取利)하려는 게 아닌 고로 값을 헐(歇)하도록 하였고, 모두 언문으로 쓰기는 남녀 상하귀천(上下貴賤)이 모두 보게 하옴이요, 또 구절(句節)을 떼어 쓰기는 알아보기 쉽도록 함이다. 우리는 바른 대로만 신문(訊問)을 할 터인 고로 정부 관원이라도 잘못하는 이가 있으면 우리가 말할 터이요, 탐관오리(貪官汚吏)들을 알면 세상에 그 사람의 행적(行績)을 펴게 할 터이요, 사사(私私)로운 백성이라도 무법(無法)한 일을 하는 사람은 우리가 찾아 신문에 설명할 터이옴. 우리는 조선 대군주 폐하와 조선 정부와 조선 인민을 위한 사람들인 고로, 편당(偏黨)이 있는 의논이든지 한 쪽만 생각하고 하는 말은 우리 신문 상(上)에 없을 터이옴. 또 한쪽에 영문(英文)으로 기록하는 것은 외국 인민이 조선 사정을 자세히 모르는즉, 혹 편벽(偏僻)된 말만 듣고 조선을 잘못 생각할까 보아서, 실상(實相) 사정을 알게 하고자 하여 영문(英文)으로 조금 기록하옴.

그리ᄒ즉 이신문은 쏙⁸³⁾ 죠션만 위흠을 가히 알터이요 이신문을 인연ᄒ여 ᄂ괴 남녀 샹하 귀쳔이 모도 죠션일을 서로알터이옴⁸⁴⁾ 우리가 쏘 외국 사졍도 죠션 인민을 위ᄒ여 간간이 긔록홀터이니 그걸 인연ᄒ여 외국은 가지 못ᄒ드릭도⁸⁵⁾ 죠션인민이 외국 사졍도 알터이옴 오날은

+-ㅁ(명전▷평종) ※ '업실터이옴'은 '업슬터이옴'의 오기이다.

77) 스졍 : 사정(事情)

78) 자셰이몰은즉 : 자셰이[자세히(부사) : 자셰(자세, 仔細 : 불어) + -Ø(←-ᄒ- : 형접)+ -이(부접)] # 몰(← 모ᄅ다 : 모르다, 不知)- + -은즉(연어, 이유, 근거)

79) 듯고 : 듯(← 듣다 : 듣다, 聞)- + -고(연어, 계기) ※ '듯고'는 '듣고'의 종성 /ㄷ/을 'ㅅ'으로 표기한 형태이다.

80) 싱각홀까 : 싱각ᄒ[생각하다 : 싱각(생각 : 명사) + -ᄒ(동접)-]- + -ㄹ까(-ㄹ까 : 의종, 판정, 미시)

81) 실샹 : 실상(實狀)

82) 알게ᄒ고져ᄒ여 : 알(알다, 知)- + -게(연어, 사동) # ᄒ(하다, 爲)- + -고져(-고자 : 연어, 의도) # ᄒ(하다, 爲)- + -여(←-어 : 연어)

83) 쏙 : 똑, 꼭, 반드시, 必(부사)

84) 서로알터이옴 : 서로(서로, 相 : 부사) # 알(알다, 知)- + -ㄹ(관전) # 터(터, 것 : 의명) + -이(서조)- + -오(공손)- + -ㅁ(명전▷평종)

처음인 고로 대강 우리 쥬의만 셰샹에 고호고 우리신문을 보면 죠션인민이 소견과 지혜가 진보홈을 밋노라[86] 논셜긋치기전에[87] 우리가 대균쥬 폐하씌[88] 숑덕호고 만셰을 부르ᄂᆞ이다[89]

그리한즉 이 신문은 꼭 조선(朝鮮)만 위함을 가(可)히 알 터이요, 이 신문을 인연(因緣)하여 내외 남녀 상하귀천이 모두 조선 일을 서로 알 터이옴. 우리가 또 외국 사정도 조선 인민을 위하여 간간이 기록할 터이니, 그것을 인연하여 외국은 가지 못하더라도 조선 인민이 외국 사정도 알 터옴. 오늘은 처음인 고로 대강 우리의 주의(主義)만 세상에 고하고, 우리 신문을 보면 조선 인민이 소견(所見)과 지혜가 진보함을 믿는다. 논설 그치기 전에 우리가 대군주 폐하께 송덕(頌德)하고 만세를 부릅니다.

우리신문이 한문은 아니쓰고 다만 국문로로만[90] 쓰ᄂᆞ거슨 샹하귀쳔이 다보게 홈이라 쏘 국문을 이러케 귀졀을 쎄여[91] 쓴즉[92] 아모라도[93] 이신문 보기가 쉽고 신문속에 잇ᄂᆞ말을 자세이 알어 보게 홈이라 각국에셔ᄂᆞ 사람들이 남녀 무론ᄒᆞ고 본국 국문을 몬저 비화[94] 능통ᄒᆞ 후에야 외국 글을 비오ᄂᆞ 법인듸[95] 죠션셔ᄂᆞ[96] 죠션 국문은 아니

---

85) 못ᄒᆞ드리도 : 못ᄒᆞ[못하다(보용, 부정) : 못(못, 不能 : 부사, 부정) + -ᄒᆞ(동접)-]- + -드(← -더- : 회상)- + -리도(← -라도 ← -아도 : 연어, 양보)

86) 밋노라 : 밋(← 믿다 : 믿다, 信)- + -노라(평종, 현시, 1인칭) ※ '밋노라'는 '믿노라'의 종성 /ㄷ/을 'ㅅ'으로 표기한 형태이다.

87) 논셜긋치기전에 : 논셜(논설, 論說) # 긋치(← 그치다 : 그치다, 止)- + -기(명전) # 전(전, 前) + -에(부조) ※ '론셜〉논셜'의 변화는 'ㄹ' 두음 법칙이 적용된 결과이며, '긋치기'는 '끄치기'의 /ㅊ/을 'ㅅㅊ'으로 거듭 적은 형태이다.

88) 폐하씌 : 폐하(폐하, 陛下) + -씌(-께 : 부조, 상대, 높임)

89) 부르ᄂᆞ이다 : 부르(부르다, 唱)- + -ᄂᆞ(현시)- + -이(상높, 아주 높임)- + -다(평종)

90) 국문로로만 : 국문(국문, 國文) + -로로(← -으로 : 부조, 방편) + -만(보조사, 한정) ※ '-로로'는 '-으로'를 오기한 형태이다.

91) 쎄여 : 쎄(떼다, 離)- + -여(← -어 : 연어)

92) 쓴즉 : 쓰(쓰다, 書)- + -ㄴ즉(연어, 이유, 근거)

93) 아모라도 : 아모(아무, 某 : 인대, 부정칭) + -라도(보조사, 양보)

94) 비화 : 비호(배우다, 學)- + -아(연어)

95) 법인듸 : 법(법, 法) + -이(서조)- + -ㄴ듸(-ㄴ데 : 연어, 설명 계속)

96) 죠션셔ᄂᆞ : 죠션(조선, 朝鮮) + -셔(← -서 : 보조사, 강조) + -ᄂᆞ(보조사, 주제)

빈오드릐도⁹⁷⁾ 한문만 공부 ᄒᆞᄂᆞᆫ 까둙에⁹⁸⁾ 국문을 잘아ᄂᆞᆫ 사름이 드물미
라⁹⁹⁾

우리 신문이 한문을 아니 쓰고 다만 국문으로만 쓰는 것은 상하(上下) 귀천(貴賤)
이 다 보게 함이다. 또 국문을 이렇게 구절(句節)을 떼어 쓴즉, 아무라도 이 신문 보
기가 쉽고 신문 속에 있는 말을 자세히 알아보게 함이다. 각국에서는 사람들이 남
녀 물론하고 본국 국문을 먼저 배워 능통한 후에야 외국 글을 배우는 법인데, 조선
서는 조선 국문은 아니 배우더라도 한문만 공부하는 까닭에 국문을 잘 아는 사람이
드문 것이다.

죠선 국문ᄒᆞ고¹⁾ 한문ᄒᆞ고 비교ᄒᆞ여 보면 죠선국문이 한문 보다²⁾
얼마가³⁾ 나흔거시⁴⁾ 무어신고ᄒᆞ니⁵⁾ 첫지ᄂᆞᆫ⁶⁾ 빈호기가 쉬흔이⁷⁾ 됴흔
글이요 둘지ᄂᆞᆫ 이글이 죠션글이니 죠션 인민 들이 알어셔 빅ᄉᆞ⁸⁾을
한문디신⁹⁾ 국문으로 써야 샹하 귀천이 모도보고¹⁰⁾ 알어 보기가 쉬흘터이
라¹¹⁾ 한문만 늘써¹²⁾ 버릇ᄒᆞ고 국문은 폐흔 까둙에 국문만 쓴 글을

---

97) 빈오드릐도 : 빈오[← 빈호다 : 배우다, 學)- + -드(← -더- : 회상)- + -릐도(← -라도 ← -아
  도 : 연어, 양보) ※ '빈호다〉빈오다〉배우다'의 형태 변화의 과정을 보인다.
98) 까둙에 : 까둙(까닭, 由) + -에(부조, 위치, 이유)
99) 드물미라 : 드물(드물다, 稀)- + -ㅁ(명전) + -이(서조)- + -∅(현시)- + -라(← -다 : 평종)
 1) 국문ᄒᆞ고 : 국문(국문, 國文) + -ᄒᆞ고(-하고 : 접조)
 2) 한문 보다 : 한문(한문, 漢文) + -보다(부조, 비교)
 3) 얼마가 : 얼마(얼마, 幾何 : 명사) + -가(주조)
 4) 나흔거시 : 낳(← 낫다, ㅅ불 : 낫다, 優)- + -∅(현시)- + -은(관전) # 것(것 : 의명) + -이(주조)
  ※ '나흔거시'는 '나은것이'을 오기한 형태이다.
 5) 무어신고ᄒᆞ니 : 무엇(무엇, 何 : 지대, 미지칭) + -이(서조)- + -∅(현시)- + -ㄴ고(-ㄴ가 : 의
  종, 설명) # ᄒᆞ(하다, 爲)- + -니(연어, 설명 계속)
 6) 첫지ᄂᆞᆫ : 첫지[첫째(수사, 서수) : 첫(첫, 第一) + -지(-째 : 접미, 서수)] + -ᄂᆞᆫ(보조사, 주제)
 7) 쉬흔이 : 쉬ᄒᆞ(← 쉬우- : 쉽다, ㅂ불, 易)- + -은이(← -으니 : 연어) ※ '쉬흔이'는 '쉬우니'를
  오기한 형태이다.(과잉 분철)
 8) 빅ᄉᆞ을 : 빅ᄉᆞ(백사, 여러 가지 일, 百事) + -을(← -를 : 목조)
 9) 한문디신 : 한문(한문, 漢文) # 디신(대신, 代身 : 명사)
10) 모도보고 : 모도[모두, 皆(부사) : 몯(모이다, 集 : 자동)- + -오(부접)] # 보(보다, 見)- + -고
  (연어, 계기)
11) 쉬흘터이라 : 쉬ᄒᆞ(← 쉬우- : 쉽다, ㅂ불, 易)- + -을(관전) # 터(터, 것 : 의명) + -이(서조)-

조선 인민이 도로혀[13] 잘 아러보지못ᄒ고 한문을 잘알아보니 그게 엇지[14] 한심치[15] 아니ᄒ리요[16]

조선 국문하고 한문하고 비교하여 보면, 조선 국문이 한문보다 얼마가 나은 것이 무엇인고 하니, 첫째는 배우기가 쉬우니 좋은 글이요, 둘째는 이 글이 조선 글이니, 조선 인민들이 알아서 백사(百事)를 한문 대신 국문으로 써야, 상하 귀천(貴賤)이 모두 보고 알아보기가 쉬울 터이다. 한문만 늘 써 버릇하고 국문은 폐(廢)한 까닭에, 국문만 쓴 글을 조선 인민이 도리어 잘 알아보지 못하고 한문을 잘 알아보니, 그게 어찌 한심치 아니하리요?

ᄯᅩ 국문을 알아보기가 어려운건[17] 다름이 아니라 첫지ᄂᆞᆫ 말마ᄃᆡ을[18] 쎄이지[19] 아니ᄒ고 그져 줄줄ᄂᆡ려[20] 쓰ᄂᆞᆫ 까ᄃᆞᆰ에 글ᄌᆞ가 우희[21] 부터ᄂᆞᆫ지[22] 아리 부터ᄂᆞᆫ지 몰나셔[23] 몃번 일거 본후에야 글ᄌᆞ가 어ᄃᆡ부터ᄂᆞᆫ지 비로소[24]

+ -∅(현시)- + -라(←-다 : 평종) ※ '쉬홀터이라'는 '쉬울터이라'의 오기이다.

12) 늘써 : 늘(늘, 항상, 常 : 부사) # 쓰(쓰다, 用)- + -어(연어)

13) 도로혀 : [도리어, 오히려, 猶(부사) : 돌(돌다, 回 : 자동)- + -오(사접)- + -혀(강접)- + -∅ (부접)]

14) 엇지 : 어찌, 何(부사, 지시, 미지칭)

15) 한심치 : 한심ᄒ[← 한심ᄒ다(한심하다) : 한심(한심, 寒心 : 불어) + -ᄒ(←-ᄒ- : 형접)-]- + -지(연어, 부정) ※ '한심티〉한심치'는 /ㅌ/이 /ㅊ/으로 구개음화한 예이다.

16) 아니ᄒ리요 : 아니ᄒ[아니하다(보용, 부정) : 아니(아니, 不 : 부사, 부정) + -ᄒ(형접)-]- + -리(미시, 추정)- + -요(←-오 : 의종, 하오체)

17) 어려운건 : 어려우(← 어렵다, ㅂ불 : 어렵다, 難)- + -ㄴ(←-은 : 관전) # 거(← 것 : 것, 者) + -ㄴ(←-은 : 보조사, 주제)

18) 말마ᄃᆡ을 : 말마ᄃᆡ[어절, 語節 : 말(말, 言) + 마ᄃᆡ(마디, 節)] + -을(←-를 : 목조)

19) 쎄이지 : 쎄이(←쎄다 : 떼다, 離)- + -지(연어, 부정) ※ '쎄이지'는 '쎄지'를 오기한 형태이다.

20) 줄줄ᄂᆡ려 : 줄줄(줄줄 : 부사) # ᄂᆡ리(내리다, 降)- + -어(연어) ※ 'ᄂᆞ리다〉ᄂᆡ리다'은 모음 동화가 적용된 예다.

21) 우희 : 우ᄒ(위, 上) + -의(-에 : 부조, 위치)

22) 부터ᄂᆞᆫ지 : 붙(붙다, 附)- + -어(←-엇- : 완료, 과시)- + -ᄂᆞ(현시)- + -ㄴ지(-ㄴ지 : 의종) ※ '부터ᄂᆞᆫ지'는 '부텃ᄂᆞᆫ지'를 오기한 형태이다. 그리고 '브터ᄂᆞᆫ지〉부터ᄂᆞᆫ지'는 /ㅡ/가 /ㅜ/로 원순 모음화한 예이다.

23) 몰나셔 : 몰ㄴ(← 몰ㄹ- ← 모ㄹ다 : 모르다, 不知)- + -아셔(-아서 : 연어) ※ '몰나셔'는 '몰라셔'의 'ㄹㄹ'을 'ㄹㄴ'으로 표기한 형태이다.

24) 비로소 : [비로소, 始(부사) : 비롯(비롯하다, 始 : 동사)- + -오(부접)]

알고 일그니 국문으로 쓴편지 흔쟝을 보자ᄒᆞ면²⁵⁾ 한문으로 쓴것보다 더듸²⁶⁾ 보고 ᄯᅩ 그나마 국문을 자조아니²⁷⁾ 쓰는고로²⁸⁾ 셔툴어셔²⁹⁾ 잘못봄이라 그런고로³⁰⁾ 정부에셔³¹⁾ ᄂᆡ리는 명녕과 국가 문적³²⁾을 한문으로만 쓴즉 한문못ᄒᆞ는 인민은 나모³³⁾ 말만 듯고 무슴 명녕인줄³⁴⁾ 알고 이편이³⁵⁾ 친이³⁶⁾ 그글을 못 보니 그사름은 무단이³⁷⁾ 병신이 됨이라

또 국문을 알아보기가 어려운 건 다름이 아니라, 첫째는 말마디를 떼지 아니하고 그저 줄줄 내려 쓰는 까닭에, 글자가 위에 붙었는지 아래 붙었는지 몰라서, 몇 번 읽어 본 후에야 글자가 어디 붙었는지 비로소 알고 읽으니, 국문으로 쓴 편지 한 장을 보자 하면, 한문으로 쓴 것보다 더디 보고, 또 그나마 국문을 자주 아니 쓰는 고로, 서툴러서 잘못 봄이다. 그런고로 정부에서 내리는 명령과 국가 문적(文籍)을 한문으로만 쓴즉, 한문 못 하는 인민은 남의 말만 듣고 무슨 명령인 줄 알고, 이편이 친(親)히 그 글을 못 보니, 그 사람은 무단(無斷)히 병신이 됨이다.

한문 못 ᄒᆞ다고 그 사름이 무식ᄒᆞᆫ사름이 아니라 국문만 잘ᄒᆞ고 다른 물졍과³⁸⁾ 학문이잇스면³⁹⁾ 그사름은 한문만ᄒᆞ고 다른 물졍과 학문이

---

25) 보자ᄒᆞ면 : 보(보다, 見)-+-자(청종) # ᄒᆞ(하다, 爲)-+-면(연어, 조건)

26) 더듸 : 더듸[더디, 더디게, 遲(부사) : 더듸(더디다, 遲)-+-∅(부접)]

27) 자조아니 : 자조[자주(부사) : 잦(잦다, 頻 : 자동)-+-오(부접)] # 아니(아니, 不 : 부사, 부정)

28) 쓰는고로 : 쓰(쓰다)-+-ᄂᆞᆫ(←-ᄂᆞ- : 현시)-+-ㄴ(관전) # 고로(까닭으로, 故로 : 의명)
    ※ '쓰는고로'는 '쓰는고로'의 종성 /ㄴ/을 'ㄴㄴ'으로 거듭 적은 예이다.

29) 셔툴어셔 : 셔툴(← 셔투르다 : 서투르다, 未熟)-+-어셔(-어서 : 연어)

30) 그런고로 : 그런[그런고로, 그러므로(부사, 접속) : 그러(그러 : 불어)-+-∅(←-ᄒᆞ- : 형접)-+-ㄴ(관전 ▷ 관접) + 고로(까닭으로, 故로 : 의명)]

31) 정부에셔 : 정부(정부, 政府) + -에셔(-에서 : 주조) ※ '-에셔'는 원래 부사격 조사이나, 단체 무정 명사 뒤에 실현되어서 주격 조사로 쓰였다.

32) 문적 : 문적(文籍). 책.

33) 나모 : 남(남, 他人) + -오(←-의 : 관조) ※ '나모'는 '나믜'를 오기한 형태이다.

34) 명녕인줄 : 명녕(← 명령 : 명령, 命令) + -이(서조)-+-ㄴ(관전) # 줄(줄 : 의명)
    ※ '명령 → 명녕'의 변동은 비음화의 예이다.

35) 이편이 : 이편[이편, 此便(인대 : 이(이, 此 : 관사, 지시, 정칭) + 편(편, 便 : 의명)] + -이(주조)

36) 친이 : [친히, 親(부사) : 친(친, 親 : 불어) + -∅(←-ᄒᆞ- : 형접)-+-이(부접)]

37) 무단이 : [무단히, 아무 사유가 없이(부사) : 무단(무단, 無斷) + -∅(←-ᄒᆞ- : 형접)-+-이(부접)]

업눈 사룸 보다 유식ᄒ고 눕흔[40] 사룸이 되눈 법이라 죠션부인네도[41] 국문을 잘ᄒ고 각식[42] 물정과 학문을 빈화 소견이 눕고 힝실[43]이 정직ᄒ면 무론[44] 빈부 귀쳔 간에 그부인이 한문은 잘ᄒ고도 다른것 몰으눈[45] 귀죡 남주 보다 눕흔 사룸이 되눈 법이라 우리 신문은 빈부귀쳔을 다름업시 이신문을 보고 외국 물정과 닉지[46] 스졍을 알게 ᄒ랴눈[47] 뜻시니[48] 남녀 노소 샹하 귀쳔 간에 우리 신문을 ᄒ로[49] 걸너[50] 몃둘간[51] 보면 새지각과[52] 새학문이 싱길걸[53] 미리 아노라[54]

한문 못 한다고 그 사람이 무식한 사람이 아니라, 국문만 잘하고 다른 물정(物情)과 학문이 있으면, 그 사람은 한문만 하고 다른 물정과 학문이 없는 사람보다 유식하고

---

38) 물정과 : 물정(물정, 物情) + -과(접조)

39) 잇스면 : 잇스(← 있다 : 있다, 有) - + -으면(연어, 조건)

40) 눕흔 : 눕ᄒ(← 높다 : 높다, 高) - + -은(관전) ※ '눕흔'은 '노픈'의 /ㅍ/을 /ㅂ/과 /ㅎ/으로 재음소화하여 표기한 형태이다.

41) 죠션부인네도 : 죠션(조선, 朝鮮) # 부인네[부인네 : 부인(부인, 婦人) + -네(-네 : 접미)] + -도(보조사, 마찬가지, 강조) ※ '-네'는 '같은 부류나 처지의 사람'이라는 뜻을 더하는 접미사이다. 중세 국어와 근대 초기 국어에서 쓰인 복수 접미사인 '-내'가 변한 형태이다.

42) 각식 : 각색(各色), 각종.

43) 힝실 : 행실(行實)

44) 무론 : 물론(勿論). 말할것도 없이(부사)

45) 몰으눈 : 몰으(← 모르다 : 모르다, 不知) - + -눈(현시) - + -ㄴ(관전)

46) 닉지 : 내지(內地). 한 나라의 영토 안이다.

47) ᄒ랴눈 : ᄒ(하다, 爲) - + -랴(-려 : 연어, 의도) # ∅(← ᄒ다 : 하다, 보용, 의도) - + -눈(현시) - + -ㄴ(관전) ※ 'ᄒ랴눈'은 'ᄒ랴 ᄒ눈'이 축약된 형태이다.

48) 뜻시니 : 뜻ᄉ(← 뜻 : 뜻, 意) + -이(서조) - + -니(연어, 이유) ※ '뜻시니'는 '뜨시니'의 /ㅅ/을 'ㅅㅅ'으로 거듭 적은 형태이다. 현대어의 '뜻(意)'은 '뜯〉뜯〉뜻〉뜻'으로 형태가 바뀌었다.

49) ᄒ로 : 하루, 一日.

50) 걸너 : 걸ㄴ(← 걸르- ← 거르다 : 거르다, 缺) - + -어(연어) ※ '걸너'는 '걸러'의 'ㄹㄹ'을 'ㄹㄴ'으로 표기한 형태이다.

51) 몃둘간 : 몃(← 몇 : 관사) # 둘간[달간 : 둘(달, 月) + -간(-간, 間 : 접미)] ※ '몃'은 '몇'의 종성 /ㄷ/을 'ㅅ'으로 표기한 형태이다.

52) 새지각과 : 새(새, 新 : 관사) # 지각(지각, 지식, 知覺) + -과(접조)

53) 싱길걸 : 싱기(생기다, 生) - + -ㄹ(관전) # 거(← 것 : 것, 의명) + -ㄹ(← -를 : 목조)

54) 아노라 : 아(← 알다 : 알다, 知) - + -노라(평종, 현시, 화자) ※ '-노라'는 '-눈(현시) - + -오(화자) - + -라(← -다 : 평종)'이 축약된 형태이다.

높은 사람이 되는 법이다. 조선 부인네도 국문을 잘하고 각색(各色) 물정과 학문을 배워 소견(所見)이 높고 행실이 정직하면, 물론 빈부(貧富) 귀천(貴賤) 간에 그 부인이 한문은 잘하고도 다른 것 노르는 귀족 남자보다 높은 사람이 되는 법이다. 우리 신문은 빈부 귀천에 다름없이 이 신문을 보고 외국 물정과 내지(內地) 사정을 알게 하려는 뜻이니, 남녀 노소 상하 귀천 간에 우리 신문을 하루 걸러 몇 달간 보면, 새 지각(知覺)과 새 학문이 생길 것을 미리 안다.

참고 문헌

강규선(1992), 「17세기 국어의 경어법 연구」, 『인문과학논집』 11, 청주대.

고명균(1992), 「번역박통사와 박통사언해에 대하여―문장의 종결어미를 중심으로―」, 『한국어문학연구』 4집, 한국외국어대학교 한국어문학연구회.

고영근(2010), 『제3판 표준 중세 국어 문법론』, 집문당.

교육인적자원부(2010), 『고등학교 교사용 지도서 문법』, (주)교학사.

교육인적자원부(2010), 『고등학교 문법』, (주)교학사.

국립국어연구원(1997), 『국어의 시대별 변천 연구―근대국어』, 2.

국립국어원, 『표준 국어 대사전』, 인터넷판.

권영환(1992), 「우리말 도움풀이씨 연구」, 석사학위 논문, 부산대학교.

권인영(1991), 「18세기 국어의 형태 통어적 연구」, 연세대 대학원 박사학위 논문.

기주연(1994), 『근대국어 조어론 연구(1)』, 태학사.

김문웅(1987), 「근대국어 문법형태의 변천―노걸대언해와 중간노걸대언해의 비교를 통하여―」, 『한국어학과 알타이어학』, 효성여대출판부.

김영욱(1995), 『문법형태의 역사적 연구』, 박이정.

김완진(1975), 「번역박통사와 박통사언해의 비교연구」, 『동양학』 5집, 단국대 동양학 연구소.

김완진(1976), 『노걸대의 언해에 대한 비교연구』, 한국연구원.

김정수(1979), 「17세기 초기 국어의 때매김법과 강조·영탄법을 나타내는 안맺음씨끝에 대한 연구」, 『언어학』 4.

김정수(1984), 『17세기 한국말의 높임법과 그 15세기로부터의 변천』, 정음사.

김정수(1985), 「17세기 한국말의 느낌법과 그 15세기로부터의 변천」, 『한국학논집』 8, 한양대.

김정시(1994), 「17세기 국어 종결어미 연구」, 『우리말의 연구』, 우골탑.

김창섭(1997), 「합성법의 변화」, 『국어사 연구』(국어사연구회 편), 태학사.

김철남(1992), 「근대국어 이름씨 파생접미법 연구」, 동아대 석사학위 논문.

김충회(1990), 「겸양법」, 『국어연구 어디까지 왔나』, 동아출판사.

김형수(1967), 「주격 '이'의 어원에 대하여」, 『어문학』 17.

김형철(1984), 「19세기 말엽의 국어에 대하여―독립신문을 중심으로―」, 『어문논집』 1집.

나진석(1971), 『우리말 때매김 연구』, 과학사.

나찬연(2011), 『수정판 옛글 읽기』, 도서출판 월인.

나찬연(2013), 제2판 『훈민정음의 이해』, 도서출판 월인.

나찬연(2017), 『제5판 현대 국어 문법의 이해』, 도서출판 월인.

나찬연(2020), 『제2판(수정) 학교 문법의 이해 2』, 경진출판.

나찬연(2020), 『국어 교사를 위한 고등학교 문법』, 경진출판.

나찬연(2020), 『중세 국어의 이해』, 경진출판.

나찬연(2020), 『중세 국어 강독』, 경진출판.

나찬연(2020), 『중세 국어 입문』, 경진출판.

남광우(1957), 「주격조사 '가'에 대하여」, 『문경』 4, 중앙대.

남광우(1971), 『근세어 연구』, 『아세아연구』 41.

남광우(2009), 『교학 고어 사전』, 교학사.

류성기(1984), 「18세기 국어의 피동문과 사동문에 대한 연구」, 한국정신문화연구원 부속대학교 석사학위 논문.

류성기(1988), 「19세기 국어의 피동문과 사동문에 관한 연구」, 『새국어교육』 43·44, 한국국어교육학회.

류성기(1992), 「17C 국어 사동문 연구」, 이규창박사 정년기념 국어국문학논문집

류성기(1997), 「국어의 시대별 변천 연구 2―근대국어」, 『근대 국어 형태』, 국립국어연구원.

명지연(1995), 「18세기 국어의 파생어형성에 대한 연구―명사파생과 형용사파생을 중심으로―」, 『성심어문논집』 17.

민병도(1949), 『의유당집』(조선역사여류문집), 을유문화사.

박노준(1990), 『고려가요의 연구』, 새문사.

박양규(1991), 「국어 경어법의 변천」, 『새국어생활』 1~3.

박영준(1994), 『명령문의 국어사적 연구』, 국학자료원.

박종은(1984), 「18세기 전반기의 안맺음씨끝 연구―오륜전비언해(오륜전비언해)를 중심으로―」, 한양대학교 석사학위 논문.

박진완(1998), 「17세기 국어의 의문형 종결어미 연구―역학서 자과를 중심으로―」,

고려대 대학원 석사학위 논문.

박진호(1994), 「중세국어 피동적 -어 잇- 구문」, 『주시경학보』 13(주시경연구소), 탑출판사.

박태영(1993), 「사동사 사동법의 변화와 사동사 소멸」, 『국어학』 22.

백두현(1997), 「17세기 초의 한글 편지에 나타난 생활상 자료, 책, 교육—경북 현풍의 진주 하씨묘에서 출토된 곽씨언간을 대상으로—」, 『문헌과 해석』 1, 태학사.

서재극(1969), 「주격 '가'의 생성기반에 대한 연구」, 『신태식박사송수기념논총』.

성기철(1990), 「공손법」, 『국어연구 어디까지 왔나』, 동아출판사.

안주호(1991), 「후기 근대 국어의 인용문 연구」, 『자하어문논집』 8, 문학과지성사.

염광호(1998), 『종결어미의 통시적 연구』, 박이정.

오승세(1984), 「18세기 국어의 종지법 어미 연구」, 한양대 석사학위 논문.

유경종(1995), 「근대국어 피동과 사동 표현의 연구」, 한양대학교 박사학위 논문.

유성기(1984), 「18세기 국어의 피동문과 사동문에 대한 연구」, 한국정신문화연구원 석사학위 논문.

육진경(1990), 「19세기 후기 국어의 형태론적 연구—예수성교 전서를 중심으로—」, 건국대 대학원 석사학위 논문.

이 용(1992), 「18세기 국어의 시상에 관한 연구」, 서울시립대학교 석사학위 논문.

이경우(1990), 「최근세 국어에 나타난 경어법 연구」, 이화여대 대학원 박사학위 논문.

이기갑(1987), 「미정의 씨끝 '-으리-'와 '-겠-'의 역사적 교체」, 『말』 12, 연세대 한국어학당.

이기문(1998), 『국어사개설—신정판』, 태학사.

이병기(1948), 『의유당일기』, 백양당.

이병기·김동욱(1961), 『한중록—閑中漫錄』(한국 고전 문학 대계 14).

이숭녕(1972), 「17세기 초기 국어의 형태론적 고찰」, 『동양학』 2.

이승욱(1971), 「18세기 국어의 형태론적 특징—노걸대류의 국어 관계 자료를 중심으로 하여—」, 『동양학』 1.

이영경(1992), 「17세기 국어의 종결어미에 대한 연구」, 서울대 대학원 석사학위 논문.

이진환(1984), 「18세기 국어의 조어법 연구」, 단국대 석사학위 논문.

이태영(1985), 「주격조사 {가}의 변화기에 대하여」, 『국어문학』 25, 전북대.

이태영(1991), 「근대국어 -씌셔, -겨셔의 변천과정 재론」, 『주시경학보』 8.

이현규(1978), 「국어 물음법의 변천」, 『한글』 162호.

이현희(1982), 「국어 종결어미의 발달에 대한 관견」, 『국어학』 11, 국어학회

이현희(1982), 「국어의 의문법에 대한 통시적 연구」, 『국어연구』 52.

이현희(1993), 「19세기 국어의 문법사적 고찰, 근대이행기의 사회와 사상」, 『서울대 한국문화연구소 제5회 학술토론회』.

장경희(1977), 「17세기 국어의 종결어미 연구」, 『논문집』 16집, 서울대학교 사범대학.

장경희(1993), 「노걸대·박통사의 언해본」, 『국어사 자료와 국어학의 연구』(안병희 선생 회갑기념 논총), 문학과지성사.

전광현(1967), 「17세기국어의 연구」, 『국어연구』 19.

전광현(1978), 「17세기 국어의 접미파생어에 대하여」, 『동양학』 18.

전광현(1978), 「18세기 전기 국어의 일고찰」, 『어학』 5, 전북대.

전광현(1988), 「근대국어연구의 현황과 과제」, 『제21회 동양학학술회의강연초』, 단국대학교 동양학연구소.

정 광(1992), 「근대국어 연구에 대한 반성과 새로운 연구방법의 모색」, 『어문논집』 31, 고려대.

정길남(1992), 「19세기 성서의 우리말 연구」, 서광학술자료사.

정호성(1988), 「17세기 국어의 파생접미사에 대한 연구」, 성균관대 석사학위 논문.

조일규(1997), 『파생법의 변천』 1, 박이정.

주경미(1990), 「근대국어의 선어말어미에 대한 연구—18세기 국어를 중심으로—」, 단국대학교 석사학위 논문.

최기호(1978), 「17세기 국어의 마침법(종지법) 연구」, 『논문집』 2, 목원대.

최기호(1981), 「청자존대법 체계의 변천양상」, 『자하어문논집』 1, 상명여대.

최동주(1994), 「선어말 {-더-}의 통시적 변화」, 『주시경학보』 14.

한동완(1986), 「과거시제 '었'의 통시론적 고찰」, 『국어학』 15.

허웅(1967), 「서기 18세기 후반기의 국어사에 관한 약간의 자료에 대하여」, 『아세아학보』 3집, 영남대.

현종애(1991), 「근대국어 명령형 어미 연구」, 서강대 석사학위 논문.

홍윤표(1975), 「주격어미 가에 대하여」, 『국어학』 3, 국어학회.

홍윤표(1976), 「19세기 국어의 격현상」, 『국어국문학』 72·73.

홍윤표(1981), 「근대국어의 처소표시와 방향표시의 격」, 『동양학』 11, 단국대.

홍종선(1987), 「국어 시제의 발달」, 『어문논집』 27, 고려대.

황문환(1996), 「16·17세기 언간의 상대경어법 연구」, 한국정신문화연구원 박사학위 논문.

황병순(1980), 「국어 부정법의 통시적 고찰」, 『어문학』 40, 한국어문학회.

지은이 **나찬연**은 1960년 부산에서 태어났다. 부산대학교 국어국문학과를 나오고(1986), 같은 학교 대학원에서 문학 석사(1993)와 문학 박사(1997) 학위를 받았다. 지금은 경성대학교 국어국문학과에서 교수로 재직하고 있으면서 국어학과 국어교육 분야의 강의를 하고 있다.

주요 논저

우리말 이음에서의 삭제와 생략 연구(1993), 우리말 의미중복 표현의 통어·의미 연구(1997), 우리말 잉여 표현 연구(2004), 옛글 읽기(2011), 벼리 한국어 회화 초급 1, 2(2011), 벼리 한국어 읽기 초급 1, 2(2011), 제2판 언어·국어·문화(2013), 제2판 훈민정음의 이해(2013), 근대 국어 문법의 이해-강독편(2013), 표준 발음법의 이해(2013), 제5판 현대 국어 문법의 이해(2017), 쉽게 읽는 월인석보 서, 1, 2, 4, 7, 8, 9(2017~2020), 쉽게 읽는 석보상절 3, 6, 9, 11, 13, 19(2017~2019), 제2판 학교 문법의 이해 1, 2(2018), 한국 시사 읽기(2019), 한국 문화 읽기(2019), 국어 어문 규정의 이해(2019), 현대 국어 의미론의 이해(2019), 제2판 벼리 국어 어문 규범 (2020), 국어 교사를 위한 고등학교 문법(2020), 중세 국어의 이해(2020), 중세 국어 강독(2020), 근대 국어 강독(2020), 중세 국어 입문(2020)

*전자메일 : ncy@ks.ac.kr
*전화번호 : 051-663-4212

* '학교문법교실(http://scammar.com)'의 자료실에서는 학교 문법과 관련된 각종 자료를 제공합니다. 그리고 학교문법교실의 '문답방'을 통하여 독자들의 질문에 대하여 지은이가 직접 피드백을 합니다.

근대 국어 강독

©나찬연, 2020

1판 1쇄 인쇄__2020년 04월 20일
1판 1쇄 발행__2020년 04월 30일

지은이__나찬연
펴낸이__양정섭

펴낸곳__경진출판

      등록__제2010-000004호
      이메일__mykyungjin@daum.net
      사업장주소__서울특별시 금천구 시흥대로 57길(시흥동) 영광빌딩 203호
      전화__070-7550-7776 **팩스__**02-806-7282

값 13,000원
ISBN 978-89-5996-737-7 93710

근대 국어 강독

©나찬연, 2020

1판 1쇄 인쇄__2020년 04월 20일
1판 1쇄 발행__2020년 04월 30일

지은이__나찬연
펴낸이__양정섭

펴낸곳__경진출판
　　　　등록__제2010-000004호
　　　　이메일__mykyungjin@daum.net
　　　　사업장주소__서울특별시 금천구 시흥대로 57길(시흥동) 영광빌딩 203호
　　　　전화__070-7550-7776　팩스__02-806-7282

값 13,000원
ISBN 978-89-5996-737-7 93710